博雅·21世纪统计学规划教材

Sampling Techniques and Its Application

抽样技术与应用

刘建平 主编　陈光慧 副主编

北京大学出版社
PEKING UNIVERSITY PRESS

图书在版编目(CIP)数据

抽样技术与应用 / 刘建平主编. — 北京：北京大学出版社, 2021.2
21 世纪统计学规划教材
ISBN 978-7-301-31055-7

Ⅰ. ①抽⋯　Ⅱ. ①刘⋯　Ⅲ. ①抽样调查统计 - 高等学校 - 教材　Ⅳ. ① C811

中国版本图书馆 CIP 数据核字 (2020) 第 015883 号

书　　　名	抽样技术与应用 CHOUYANG JISHU YU YINGYONG
著作责任者	刘建平　主编，陈光慧　副主编
责 任 编 辑	潘丽娜
标 准 书 号	ISBN 978-7-301-31055-7
出 版 发 行	北京大学出版社
地　　　址	北京市海淀区成府路 205 号　100871
网　　　址	http://www.pup.cn　新浪微博：@北京大学出版社
电 子 信 箱	zpup@pup.cn
电　　　话	邮购部 010-62752015　发行部 010-62750672　编辑部 010-62752021
印 刷 者	北京市科星印刷有限责任公司
经 销 者	新华书店 787 毫米 × 1092 毫米　16 开本　17.5 印张　380 千字 2021 年 2 月第 1 版　2021 年 2 月第 1 次印刷
定　　　价	48.00 元

未经许可，不得以任何方式复制或抄袭本书之部分或全部内容。
版权所有，侵权必究
举报电话：010-62752024　电子信箱：fd@pup.pku.edu.cn
图书如有印装质量问题，请与出版部联系，电话：010-62756370

"21世纪统计学规划教材"编委会

主　编：何书元
编　委：(按姓氏拼音排序)
　　　　房祥忠　金勇进　李　勇　唐年胜
　　　　王德辉　王兆军　向书坚　徐国祥
　　　　杨　瑛　张宝学　朱建平

前　　言

抽样技术已然是现代统计学科体系的有机组成部分,然而利用有限容量的样本就可得到与普查相媲美的结果这样的抽样思想源于19世纪末. 1891 年挪威的人口普查首先运用了被称为"代表性方法"(representative method)的抽样技术. Kiaer(1897)对抽样调查的代表性方法做了描述,代表性方法要求样本能反映出目标总体的重要特征. 代表性可以通过两种方法获得:一种是从总体中随机抽取样本,另一种是有目的地选取样本. 哪种方法更好,直到20世纪 30 年代初,争论才有了偏向性结论. Neyman(1934)卓有成效的工作,证明了概率抽样技术优于有目的的抽样技术. 之后的几十年间,概率抽样技术在英国、美国、印度等国家得到了很好的研究和实践. 现在,概率抽样技术已经成为抽样调查的主流方法,在世界各个国家都得到了广泛的应用.

20 世纪 50 年代以来,抽样调查的应用和实践在我国几经起伏,1978 年后,抽样调查理论方法的研究和实践才得到长足的发展. 2009 年修订的《中华人民共和国统计法》再次明确我国统计调查"以抽样调查为主体". 在我国经济体制向社会主义市场经济纵深发展的今天,抽样调查的作用更加重要,抽样调查也逐步成为我国高等院校统计学专业的主要课程之一,在其他学科专业也被认为是技术含量较高的选修课程. 为此,近三十多年来,有关部门和学者相继撰写和翻译了一批专著和教材,如许宝騄著的《抽样论》,张尧庭和吴辉翻译的 Cochran 的《抽样技术》,倪加勋主译的 Kish 的《抽样调查》,黄良文和吴国培编著的《应用抽样方法》,冯士雍、倪加勋和邹国华编著的《抽样调查理论与方法》,樊鸿康编著的《抽样调查技术》,加拿大统计局《调查技能》项目组编写、中国国家统计局《调查技能》项目组翻译的《调查技能教程》,金勇进等编著的《抽样技术》,李金昌主编的《应用抽样技术》,等等. 这些著作和教材,虽然内容都涵盖了抽样调查理论和方法的主要方面,但是在章节的编排,体例的选择,难易的把握上各有千秋,为我国抽样调查课程的教学提供了多种选择和参考. 我们也试图编写一本有自身特色的教材,为对这门课程有兴趣的师生增加一种选择.

本书共 10 章. 第 1 章绪论,简要地介绍了抽样调查的意义和作用,抽样调查的方法特征,重点介绍了概率抽样、抽样框、目标总体和抽样框总体几个抽样调查中的基础概念,并就调查实施、相关误差来源、总调查设计、统计理论在抽样调查中的作用等基本问题做了阐述. 第 2 章介绍了有关抽样调查的基本概念,包括总体、样本、抽样设计、抽样方案、样本示性变量、包含概率、π 估计量、设计方差、设计效应和置信区间等基本概念,它们的特点是都可以定量测度或定量计算,且相互之间具有严密的逻辑关系,逐次递进,共同组成了贯穿于全书的基本概念体系. 这一基本概念体系,是现代抽样理论与方法体系的基础. 在这一章中,基于一般的抽样设计,对结构简单且最重要的总体未知参数——总体总值的估计进行了讨论,给出了总体总值的 π 估计量及其方差和方差估计量,证明了 π 估计量的基本统计性质. 第 3 章对总体比率、总体均值、域均值等常用的总体参数估计进行了讨论,这些总体参数不再像总体总值那样结构简单,其估计量通常由数个 π 估计量构成,本章讨论了这些复杂估计量的统计性质. 这 3 章的内容为本书后续章节奠定了理论基础.

第 4 章和第 5 章介绍了抽样设计技术. 第 4 章讨论了基于总体单位即个体的抽样设计,分别介绍了伯努利抽样、简单随机抽样、系统抽样、泊松抽样、与规模成比例概率抽样、分层抽样,这 6 种抽样设计被广泛应用于抽样调查实践中. 第 5 章讨论了不能或不便于直接抽取总体单位实施调查的抽样设计技术,分别介绍了整群和多阶段抽样设计.

第 6 章到第 8 章介绍了在各种抽样设计下的回归估计技术. 抽样技术主要体现在两个方面: 一方面是利用合适的抽样设计把样本从总体中抽出来,另一方面是利用抽样得到的样本信息对总体参数进行估计. 然而在抽样调查中,除了样本信息外还存在大量的与研究变量相关的已知辅助信息,在大数据时代的今天,这种情况更加突出. 如何利用辅助信息来提高抽样估计精度是现代抽样应用的一个极其重要的特征. 这三章介绍和讨论的就是如何有效利用辅助信息提高抽样估计精度的技术和方法. 第 6 章主要介绍和讨论了回归估计量的统计性质. 第 7 章和第 8 章分别介绍了回归估计在总体单位抽样设计和整群与两阶段抽样设计的不同应用.

第 9 章介绍和讨论了二重抽样和样本轮换两种重要的其他抽样技术.

第 10 章从抽样框误差、无回答误差和测量误差三个方面介绍和讨论了非抽样误差的计量和控制问题.

本书区别于国内同类教材的最大特点是建立了全新的内容框架体系,并给出了符合现代抽样调查理论和方法的基本概念体系. 为了叙述得简洁和便利,本书引入了一套新的符号体系,在本书开始前,对这些符号及其含义做了说明. 抽样调查是一项实践性很强的技术,无论是抽样设计技术还是抽样估计技术,以及其他的相关技术,都要求在实践中得到应用,为此,本书各章都配有适当的例题. 为了帮助对各章内容的理解和掌握,每章之后都配有一定数量的习题. 本教材适用于统计学及相关专业本科生选用.

本书由暨南大学的刘建平教授担任主编,陈光慧教授担任副主编. 刘建平提出本书的编写大纲,承担第 1 章和第 2 章的撰写,并对全书进行了统稿和最后的修改. 陈光慧提供了第 3 章和第 9 章的初稿,并对全书进行了初次修改. 广东工业大学的罗薇副教授提供了第 5 章、第 8 章和第 10 章的初稿. 深圳大学的马志华博士提供了第 4 章、第 6 章和第 7 章的初稿.

本书的大部分内容参考了书末的参考文献,在此向文献的作者致以崇高的敬意和由衷的感谢!

感谢中国人民大学金勇进教授的推荐和鼓励. 感谢北京大学出版社潘丽娜编辑和有关同志对本书的编写和出版给予的大力支持和帮助.

尽管本书在编写过程中对内容和结构几经修改,但是由于我们的水平和教学经验所限,书中错误和对内容的取舍不当在所难免,恳请专家和使用本教材的老师和学生给予批评指正.

本书得到暨南大学重点本科教材资助项目经费的资助.

编者

2019 年 8 月

符 号 说 明

1. 总和

$\sum_A c_k = \sum_{k \in A} c_k$ 对集合 A 中的所有单位 k 的 c_k 值求和

$\sum\sum_A c_{kl} = \sum_{k \in A}\sum_{l \in A} c_{kl}$ 对满足 $k \in A, l \in A$ 的所有 k 和 l 的 c_{kl} 值求和

$\sum\sum_{A,k \neq l} c_{kl} = \sum_{\substack{k \in A\ l \in A \\ k \neq l}} c_{kl}$ 对满足 $k \in A, l \in A$, 且 $k \neq l$ 的所有 k 和 l 的 c_{kl} 值求和

2. 总体, 变量, 参数

$U = \{1, 2, \cdots, k, \cdots, N\}$ 总体

N 总体容量

U_h 第 h 层 $(h = 1, 2, \cdots, H)$

U_d 第 d 个域 $(d = 1, 2, \cdots, D)$

U_g 第 g 个模型组 $(g = 1, 2, \cdots, G)$

U_i 第 i 个初级抽样单元 $(i = 1, 2, \cdots, N_\mathrm{I})$

y_k, z_k 第 k 个总体单位的变量 y 和 z 的值

x_{jk} 第 k 个总体单位的第 j 个辅助变量的值

$t_y = t_{yU} = \sum_U y_k$ 研究变量 y 的总体总值

$\bar{y}_U = t_y/N$ 研究变量 y 的总体均值

$S_{yU}^2 = \sum_U (y_k - \bar{y}_U)^2/(N-1)$ 研究变量 y 的总体方差

$S_{yzU} = \sum_U (y_k - \bar{y}_U)(z_k - \bar{z}_U)/(N-1)$ 变量 y 和 z 的总体协方差

$r_{yzU} = S_{yzU}/S_{yU}S_{zU}$ 变量 y 和 z 的总体相关系数

$R = t_{yU}/t_{zU} = \bar{y}_U/\bar{z}_U$ 变量 y 和 z 的总体总值 (均值) 的比率

$B = S_{yzU}/S_{zU}^2$ 总体线性回归系数

3. 样本

s 样本

n_s 样本量

$\bar{y}_s = \sum_s y_k/n_s$ 研究变量 y 的样本均值

$S_{ys}^2 = \sum_s (y_k - \bar{y}_s)^2/(n-1)$ 研究变量 y 的样本方差

$p(s)$ 抽取样本 s 的概率

$p(\cdot)$ 抽样设计

π_k 第 k 个总体单位的一阶包含概率

π_{kl} 总体单位 k 和 l 的二阶包含概率

$\check{y}_k = y_k/\pi_k$ 第 k 个总体单位的 y 的 π 放大值

I_k, I_{kl} 样本单元的示性变量

$\Delta_{kl} = \pi_{kl} - \pi_k \pi_l$ 示性变量 I_k 和 I_l 的协方差

$\check{\Delta}_{kl} = \Delta_{kl}/\pi_{kl}$ π 放大 Δ 值

p_k 有放回抽样中抽中第 k 个总体单位的概率

4. 抽样设计

SI 无放回简单随机抽样

SIR 有放回简单随机抽样

BE 伯努利抽样

PO 泊松抽样

SY 系统抽样

πps 无放回的与单位规模大小成比例的抽样

pps 有放回的与单位规模大小成比例的抽样

ST 分层抽样

$STSI$ 分层简单随机抽样

SIC 简单随机整群抽样

SI, SI 每一阶都实施简单随机抽样的二阶抽样

5. 估计量

$\hat{\theta}$ 参数 θ 的一般估计量

$E(\hat{\theta})$ 估计量 $\hat{\theta}$ 的期望

$V(\hat{\theta})$ 估计量 $\hat{\theta}$ 的方差

$AV(\hat{\theta})$ 估计量 $\hat{\theta}$ 的近似方差

$\hat{V}(\hat{\theta})$ 估计量 $\hat{\theta}$ 的方差估计量

$\widehat{t}_{y\pi}$　　　总体总值 $t_y = \sum_U y_k$ 的 π 估计量

$\widehat{t}_{y,pwr}$　　有放回抽样下总体总值 t_y 的 p 放大估计量

$\widehat{t}_{yr}$　　　总体总值 t_y 的一般回归估计量

$\widehat{t}_{yra}$　　 总体总值 t_y 的比率估计量

$\widehat{t}_{ylr}$　　　总体总值 t_y 的线性回归估计量

$\widehat{t}_{y,dif}$　　 总体总值 t_y 的差估计量

$\widehat{N} = \sum_s 1/\pi_k$　　总体容量的 π 估计量

$\widetilde{y}_s = \widehat{t}_{y\pi}/\widehat{N}$　　总体均值 $\overline{y}_U = t_y/N$ 的加权样本均值估计量

目 录

第 1 章　绪论 ··· 1
　1.1　经济社会调查 ··· 1
　1.2　抽样调查的特征和相关说明 ····························· 2
　1.3　概率抽样 ··· 6
　1.4　抽样框 ··· 7
　1.5　目标总体与抽样框总体 ································· 10
　1.6　调查实施与相关误差来源 ······························· 12
　1.7　总调查设计 ··· 15
　1.8　统计理论在抽样调查中的作用 ··························· 17
　习题 ··· 19

第 2 章　基本概念 ··· 21
　2.1　总体、样本和样本抽取 ································· 21
　2.2　抽样设计 ··· 24
　2.3　样本示性变量与包含概率 ······························· 26
　2.4　统计量和估计量 ······································· 31
　2.5　π 估计量 ··· 37
　2.6　放回抽样 ··· 42
　2.7　设计效应 ··· 47
　2.8　置信区间 ··· 48
　习题 ··· 51

第 3 章　复杂估计 ··· 54
　3.1　偏差对置信区间的影响 ································· 54
　3.2　渐近无偏性和一致性 ··································· 55
　3.3　方差估计的泰勒线性技术 ······························· 56
　3.4　比率估计 ··· 59
　3.5　总体均值估计 ··· 61
　3.6　域均值估计 ··· 62
　习题 ··· 63

第 4 章　基于总体单位的抽样设计 · · · · · · 65
　4.1　伯努利抽样 · · · · · · 65
　4.2　简单随机抽样 · · · · · · 68
　4.3　系统抽样 · · · · · · 74
　4.4　泊松抽样 · · · · · · 84
　4.5　与规模成比例的概率抽样 · · · · · · 86
　4.6　分层抽样 · · · · · · 97
　习题 · · · · · · 105

第 5 章　整群和多阶段抽样设计 · · · · · · 108
　5.1　一阶 (单阶) 整群抽样 · · · · · · 109
　5.2　两阶段抽样 · · · · · · 115
　5.3　多阶段抽样 · · · · · · 123
　习题 · · · · · · 128

第 6 章　回归估计量 · · · · · · 130
　6.1　辅助变量 · · · · · · 130
　6.2　差估计量 · · · · · · 131
　6.3　回归估计量的一般形式 · · · · · · 135
　6.4　回归估计量的方差 · · · · · · 139
　6.5　模型作用的评价 · · · · · · 142
　习题 · · · · · · 143

第 7 章　总体单位抽样设计的回归估计 · · · · · · 145
　7.1　简要回顾 · · · · · · 145
　7.2　普通比率模型和比率估计量 · · · · · · 147
　7.3　常数均值模型 · · · · · · 155
　7.4　简单回归模型和简单回归估计量 · · · · · · 157
　习题 · · · · · · 160

第 8 章　整群和两阶段抽样的回归估计 · · · · · · 162
　8.1　两阶段抽样辅助信息的分类 · · · · · · 163
　8.2　两阶段抽样方差和方差估计的回顾 · · · · · · 165
　8.3　基于群水平模型的回归估计量 · · · · · · 166
　8.4　基于总体单位水平模型的回归估计量 · · · · · · 170
　习题 · · · · · · 175

第 9 章　其他抽样方法 · · · · · · 180
　9.1　二重抽样 · · · · · · 180
　9.2　样本轮换 · · · · · · 193

习题 · 205

第 10 章　非抽样误差 · 207
　10.1　抽样框误差 · 207
　10.2　无回答误差 · 212
　10.3　测量误差 · 228
　　习题 · 250

部分习题参考答案 · 253

参考文献 · 256

索引 · 260

第 1 章 绪 论

1.1 经济社会调查

人类社会是由众多的个人和住户、众多的法人单位、产业活动单位以及个体经营者组成的一个复杂庞大的系统. 人类是社会活动的主体, 家庭是组成社会的细胞, 经济活动是人类社会活动的核心, 社会围绕人类自身的再生产和为满足人类生存和发展需要的物质再生产开展各种各样的经济社会活动. 要了解一个国家或地区的经济社会活动水平及其发展变化情况, 就需要进行经济社会调查.

当今社会已经步入数字经济时代, 无论国家的宏观管理和决策, 还是企业和个人的微观管理和决策, 都离不开数据, 都需要依据各自不同的目标获得不同的信息. 一个国家或地区, 需要定期或不定期地了解其土地、人口等各种资源的变动情况, 动态掌握经济发展的总量、分布和结构的变动情况. 一个城市的交通运输部门需要知道本市的道路、交通设施, 不同季节、不同时段的人流、物流量等相关信息; 旅游部门需要知道本市的旅游资源、不同季节游客的数量等相关信息; 教育部门需要知道本市的教育资源、学生数量和各种分布的相关信息; 各个行业部门都需要了解和掌握他们各自行业中经营主体的生产经营情况. 作为企业和个人也都需要通过不同的渠道了解决策所需要的各种相关信息. 显然, 现代社会对统计信息的需求是多样的和无止境的, 对信息的需求是以前所未有的速度增长的.

满足上述需求的方式很多, 但无疑最重要、最有效的方式是抽样调查. 抽样调查只对有限总体的部分进行调查, 但它比全面调查所需的时间更短, 耗费更少, 甚至比全面调查还准确. 与其他非全面调查方法相比, 在估计推断总体方面, 抽样调查有着不可替代的优势. 本书将主要介绍有关抽样调查的原理、技术及其应用.

经过多半个世纪的发展, 抽样调查已成为一项每天都在实施应用且范围日益广泛的方法技术. 如今由政府部门、研究部门、私人和大众媒体等部门设置的调查组织机构, 以及其他部门根据自身需要设置的内部调查组织机构组成的部门已经形成了一个范围广泛的调查产业.

为了宏观管理和决策的需要, 大部分国家都通过法律授权给国家统计机构为国家提供有关全国的经济社会统计信息. 比如我国 2009 年修订的《中华人民共和国统计法》授权各级人民政府、县级以上人民政府统计机构和有关部门组织实施统计活动, 规定统计的基本任务是对经济社会发展情况进行统计调查、统计分析, 提供统计资料和统计咨询意见, 实行统计监督. 而调查是这些活动中的第一环节. 国家统计部门定期地对重要的国家事项和活动进行统计调查, 包括人口的性别和年龄分布, 出生率和死亡率, 流动人口等基本特征, 劳动力的就业、健康和生活条件, 法人单位、产业活动单位的数量、结构、分布等基本情况, 农业、工业、建筑业和服务业的总量、分布、结构等, 涉及资源、环境、经济、社会、金融、科技等各个方面. 这些在国家统计机构工作的人员, 为抽样调查技术和应用的发展做出了他们的贡献.

抽样调查在学术研究部门同样得到广泛运用, 许多学术研究部门设有专门的附属调查机构, 他们根据研究的需要, 开展和参与大规模的抽样调查活动, 为各自研究领域涉及的相关问题的研究提供充分和可靠的数据信息. 在社会和公众舆情的研究中, 抽样调查也有着广泛的运用. 在私人和大众传媒行业开展的市场调查、电视观众调查、读者调查和民意调查都十分普遍, 调查内容丰富, 满足了不同层次、不同方面的需求.

我国人口众多, 幅员辽阔, 抽样调查在我国具有巨大的市场发展空间. 试想, 如果一年有十分之一的人口接受一次访问调查, 每人次访问调查 (只是总调查工作的一个组成部分) 费用 10 元, 每年就大约有 14 亿元的开销. 而现实中, 这样的调查何止一种一次. 近一二十年, 我国的市场调查公司和各类调查组织机构如雨后春笋般涌现, 可以想见这是一个发展空间巨大且具有无限想象的产业.

数据搜集的成本是昂贵的, 它既包含费用成本, 又包含时间成本. 比如我国的人口普查, 若人均调查费为 10 元, 该项调查的总费用大约就得 140 亿元, 而且这样的调查从启动到数据的发布, 时间周期大约得 3 年. 无论从费用还是从时间来看, 这样的普查显然不能经常搞. 我国在两次人口普查中间实施的 1% 人口抽样调查 (俗称小普查), 就是从费用和时间成本角度考虑问题的, 通过 1% 的概率样本的调查, 既获得了估计推断的全国人口数据, 又避免了昂贵的费用和时间成本. 无数的实践证明, 一个适度容量的样本能对一个大得多的总体给出一个有效精确的描述. 一个精选的只有几千个个体组成的样本, 它却能非常精确地描述一个由百千万计个个体组成的总体. 出于成本收益的考虑, 充分利用辅助信息, 选用最有效的方法进行抽样设计和估计就变得非常必要和重要. 这就要求统计调查专家在精通统计基本概念、具有丰富的关于测度的实践经验的同时, 还必须有高超的抽样调查技术和能将其合理地运用于抽样调查实践中的能力.

在本书中, 我们将介绍有关抽样调查理论与方法的基本知识.

1.2 抽样调查的特征和相关说明

1.2.1 抽样调查的特征

抽样调查是指, 从有限总体中抽取部分个体组成的样本, 依据样本的调查信息对总体特征或参数进行估计的方法. 抽样调查也称作样本调查 (sample survey), 通常具有如下特征:

(1) 调查为某一有限总体服务. 有限总体 (finite population) 是指由有限个总体单位或个体 (element) 组成的集合. 调查的目的是为研究有限总体的有关问题或有关子总体的特殊问题提供信息. 例如, 某一时点所有学生组成的总体就是一个有限总体, 其中的 "男学生" 和 "女学生" 就是 "学生" 这个总体的两个子总体. 子总体又叫 "研究域".

(2) 样本的抽取通过抽样框实施. 抽样调查只是对从有限总体抽出的样本进行调查. 在大多数调查中, 样本的抽取是通过在抽样框中抽取抽样单元来实现的, 总体单位 (个体) 的进入和观测是通过抽样框建立联系的. 抽样框是一个能通过抽样框中的抽样单元联系到总体单位 (个体) 的形式.

(3) 信息的获取通过样本调查实现. 调查服务的有限总体有许多未知的总体特征 (population characteristic) 或参数 (parameter), 调查的目的就是获取有关这些未知总体特征或参数的信息. 因此, 每项调查都要设置一个或多个调查项目, 这些调查项目都有对应的研究变量 (study variable), 未知的总体参数是研究变量值的函数. 调查的每一个研究变量的取值与每个总体单位 (个体) 都是相关联的, 调查者的兴趣是定量测度. 例如, 调查者对有关总体或特殊研究域的总产出、就业人数、失业人数、总收益、平均收益的定量测度感兴趣. 调查要求对于样本中的每一个个体, 其对应的调查项目都是可观测的 (observed), 即每个研究变量都是可测度的 (measured), 其值是可记录的 (recorded). 记录的变量值是用来计算所关心的有限总体参数 (总量、均值、中位数、比率、回归系数等) 的估计值的. 估计值精度的估计也通过样本信息计算, 最终公布估计结果.

在抽样调查中, 观测被限制在总体的子集中进行, 而整个总体都被观测的这种特殊类型的调查称为普查 (census) 或全面调查 (complete enumeration).

例 1.2.1 大多数国家都开展劳动力调查. 调查的目的是为了回答以下问题: 整个国家或国家的各个地区到底有多少劳动力? 劳动力中失业的人所占的比例是多少?

本例中包括下面这些可能的基本概念:

总体 (population): 这个国家中做了某些排除 (比如未成年人、丧失了劳动能力的人等) 的所有人.

研究域 (domain of study): 总体中不同年龄、性别、职业、地区的人.

变量 (variable): 在调查时刻每个人都可以被描述为: 是否是劳动力; 若是劳动力, 是否就业. 相应地, 每一种描述, 都有与之对应的研究变量. 当一个人属于劳动力时变量值取 1, 不属于劳动力时变量值取 0. 另一个研究变量被定义为当该劳动力失业时, 其值取 1, 否则取 0. 调查前, 每一基本概念都必须精确定义. 例如, 当调查的目的是估计某个月的失业人数, 如果一个被访者说他在那个月工作了一周, 但采访的那一天他失业了, 那么就需要有一个明确的准则来判断他是否应该被记录为失业人口.

研究总体特征 (population characteristic of study): 劳动力人口数、劳动力人口中的失业人数、劳动力中失业人数在劳动力人口中所占的比例.

样本 (sample): 能利用现有工具取得联系并进行观测, 通过有效方式从总体中抽取的由个人组成的样本.

观测 (observation): 经过培训的访员对样本中的每个人进行面访, 按照标准化的问卷向被访者提问并记录答案.

数据处理与估计 (data processing and estimation): 为估计阶段做准备, 编辑所记录的数据; 遵守无回答处理的规则; 计算总体特征的估计值, 计算估计值的不确定性指标 (方差的估计值). 最后公布结果.

例 1.2.2 我国的住户调查是以住户及其家庭成员为调查对象. 因调查对象群体庞大, 采用分层多阶段随机抽样调查方式. 住户调查的内容丰富广泛, 主要包括: 城乡居民的收支和生活状况调查、农民工监测调查、农民工市民化监测调查、农村贫困监测调查和农户固定资产投资调查等.

我们以其中的住户收支与生活状况调查的相关内容为例予以说明. 住户收支与生活状况调查的基础数据来源于调查户记账和调查人员入户访问. 调查户要将每天发生的现金和实物收支情况, 比如工资、奖金、福利、津贴、出售农产品、购买商品、自产自用等信息, 逐项登记在账册上. 记账时, 调查户要一项一项分开记清所有收支项目的数量、单位、金额. 对于实物收入和消费, 要按规定方法折算成现金收入和支出. 住户成员及劳动力从业情况、住房和耐用消费品拥有情况、家庭经营和生产投资情况、社区基本情况及其他民生状况等资料由调查人员入户访问, 使用问卷调查方式采集. 显然, 我们从中看到了实际调查中的多样性和复杂性.

为进一步简化说明, 我们考虑一项全国性的住户调查, 目的仅是获得上年指定耐用消费品的拥有量. 这里一些可能的基本概念如下:

总体: 这个国家的所有住户.

变量: 指定耐用消费品, 如汽车、计算机、电冰箱、洗衣机、空调等的拥有量.

研究总体特征: 全部住户在指定耐用消费品上的拥有量.

样本: 按照如下步骤得到的住户样本: 先按城乡分层, 在每层抽取一组地理区域; 然后在抽中区域中抽取住户.

观测: 样本中的每个住户都收到一份自主填报的问卷. 大多数住户都自主回答并寄回问卷; 没有寄回问卷的住户随后接到电话访问或由经过培训的访员面访, 以便得到需要的信息.

数据处理与估计: 编辑数据, 遵守无回答处理的规则; 计算总体特征的估计值. 这里在进行点估计和计算精度时要考虑分层两阶段抽样设计.

1.2.2 抽样调查的相关说明

抽样调查对总体中的个体进行单独观测, 其目的不是用观测数据对单独的个体做决策, 也不是对样本进行决策, 而是通过抽样调查获得的样本中的个体观测数据对有限总体或指定子总体的参数进行估计.

如果对总体的每个个体都进行了观测, 也就是说调查是以普查的方式进行, 并且不存在测量误差和无回答, 在这种场合, 有限总体参数的确切值是可以得到的. 比如人口普查, 即对一个国家的人口进行全面调查, 通过调查可以得到这个国家的诸如性别、年龄、民族、职业分布、婚姻状况、教育水平、住房条件、家庭结构、迁移模式等等事关社会人口统计的特征.

现实中, 许多国家真正意义上的人口普查通常是通过针对所有个体的 "短表" (只包含很少问题的问卷) 形式来实施的, 而对于需求更广泛的信息, 则在占总体 10% 的样本中利用 "长表" (包含更多问题的问卷) 的形式来实施. 我国的人口普查, 采用的就是这种方式.

通过抽样调查需要估计的有限总体的参数数量可能很大. 有限总体参数是对总体各个方面的数量化度量, 调查之前它们是未知的, 调查之后, 通过样本信息进行估计. 在同一项调查中, 常常会有多个要研究的变量和域, 需要估计的参数数量可能数百甚或数千, 比如例 1.2.2. 在本书中, 我们考察不同类型参数的估计: 研究变量的总量, 均值, 两个变量的比率等.

抽样调查的样本可以是总体的任何一个子集. 实施调查的样本有两种抽取方法: 概率抽样和非概率抽样. 非概率抽样用非随机 (主观) 的方法从总体中抽取构成样本的个体, 是一种快速、简易且省钱的抽选样本的方法, 但是要想依据调查样本信息对总体进行推断, 必须假定样本对总体有代表性, 这样的假定显然依据不充分, 据此做出的估计推断风险很大. 如果样本抽取在随机机制下实现, 也就是说构成样本的个体是基于随机化或偶然性的原则从总体中抽取的, 则称这样的抽样为概率抽样, 抽出的样本称为概率样本. 与非概率抽样相比, 概率抽样较为复杂、费时, 费用也更高; 然而, 由于个体是从总体中随机抽取的, 且能计算总体中每个个体的入样概率, 从而可以依据调查样本的信息估计推断总体参数, 计算和控制参数估计的精度.

实施概率抽样的方法很多, 选择哪种方法 (或称抽样设计), 取决于可利用的抽样框形式, 总体的分布情况, 对总体单位进行调查的费用等多种因素. 概率抽样中最简单、最常用的方法是, 对于固定样本量的每一个可能样本以相同的抽选概率, 也就是我们通常说的无放回的简单随机抽样 (simple random sampling without replacement, SI) 方法.

一个非概率样本的例子是由专家指定的作为总体代表的样本. 非概率样本虽然有时也用来对总体进行估计, 但是这种估计的误差和精度是无法计算和控制的. 只有在十分幸运的情况下, 非概率抽选才会产生精确的估计.

抽样调查中, 正确测量并记录所有被抽出个体的信息不是一件容易的事情, 可能会很难或不可能. 调查时, 由于这样那样的原因, 一些需要调查的个体由于联系不上或拒绝回答, 测量值可能会丢失; 一些可能获得的回答是不准确甚至是错误的. 这些非抽样误差在调查中可能大量存在.

行政记录和大数据可作为辅助信息改善样本调查的估计. 来自样本调查的信息可能与来自一个或多个完整的行政记录的信息相关, 也可能与来自某一或某些数据源的大数据信息相关. 这些行政数据和大数据可用做辅助信息来改善调查的估计.

计算机、互联网、物联网技术的产生和进步使得从行政数据文件中、从各种数据源生产出来的这些大量的辅助信息的使用变成可能. 例如, 在两个完备总体名录中, 个体是匹配的, 信息是共享的, 这些匹配的文件为抽样调查提供了大量可用的辅助信息, 但是, 这种辅助信息的使用可能与对隐私或商业秘密的保护冲突. 虽然来自不同数据源的大数据可为样本调查提供辅助信息，但是这些信息往往存在来源多样、大而不全、真伪难辨、动态更新、结构复杂等特点，使得这些辅助信息的使用存在困难，需要在实践中研究解决.

由于总体规模的大小和接触总体的手段不同，抽样调查的复杂程度可能很悬殊. 例如，调查某个居民小区的住户可能是一件相对简单的事情，总体规模不大，抽样框容易编制或获得. 但是一项全国性住户调查，要调查的是一个分布在全国广大区域的由数以亿万计住户组成的规模庞大的总体，要编制或获得全国住户的抽样框一般是不容易做到的. 因此，样本住户通常需要采用分层多阶段抽样，且每阶段抽样都要分别编制各阶段的抽样框，这样的调查其复杂程度显然远大于前者，这种调查一般由政府统计机构来组织实施，并且需要广泛和大量的行政和财政资源.

1.3 概率抽样

概率抽样 (probability sampling) 是一种满足一定条件的样本选择方法. 下面给出直接从总体抽选个体情形要求满足的条件:

(1) 定义一个样本集合 $\gamma = \{s_1, s_2, \cdots, s_M\}$，该样本集合可以通过抽样程序获得.
(2) 要求已知的抽选概率 $p(s)$ 与每个可能的样本 s 有关.
(3) 确保总体中的每个个体都有一个非零的入样概率，并且能够计算出这些概率.
(4) 通过随机机制选取样本，使得每个可能的样本 s 得到一个确定的概率 $p(s)$.

把满足这四个条件要求实现的样本称为**概率样本** (probability sample).

当调查组织工作就绪，就可以对已实现样本的每个个体进行测量，得到研究变量真实的观测值. 如果对感兴趣的总体参数都有现成的计算其估计值的公式，当把样本数据代入这些公式后，对每个可能的样本，都可以得到一个唯一的估计值.

函数 $p(\cdot)$ 定义为 $\gamma = \{s_1, s_2, \cdots, s_M\}$ 上的概率分布，称为**抽样设计** (sampling design)，或简称为**设计**，更严格的定义在 2.2 节给出.

条件 (3) 中所指的入样概率又称为个体的包含概率 (inclusion probability). 在概率抽样设计中，总体中的每个个体都有一个严格正的包含概率，这个强要求在概率抽样中起着重要的作用.

条件 (4) 中所指的随机机制通常通过一个易于实施的算法来实现. 常见的一种算法是对抽样框中列示的每个个体进行随机试验，试验的结果只有"要么入样"和"要么不入样"两种可能. 不同的算法将在第 2 章和第 4 章讨论.

抽样经常是通过两个或多个阶段来实施的. 初始阶段抽出一些由个体组成的群，随后或许是一次或许是更多次的子抽样阶段，个体本身在最终抽样阶段抽出. 组成样本的个体在有限的阶段中被抽取出来. 为保证是概率抽样设计，上述四个条件必须在每阶段都得到应用. 整个过程必须保证总体中的每个个体都有一个严格正的包含概率.

由于概率抽样遵从了随机选择的机制, 这样做既能消除选择偏差, 保证随机选择样本的"客观"性, 又能达到利用样本信息估计推断总体参数的目的, 它使抽样调查发展成为一种真正科学的调查方法. 因此概率抽样是本书介绍的重点.

1.4 抽 样 框

1.4.1 抽样框的定义

抽样框 (sampling frame) 是指能对目标总体的个体进行界定、识别和连接的工具. 抽样框由抽样单元构成, 抽样单元可以是由个体组成的集合, 也可以直接就是总体中的个体. 抽样框的基础作用在于:

(1) 利用一个给定的概率抽样设计, 就可以识别和选择一个样本;

(2) 能与被选中的个体取得联系 (通过电话、上门拜访、邮寄问卷等方式).

在一项抽样调查中, 抽样框中的单元是指对概率抽样方案适用的单元. 抽样框通常还包含很多辅助信息 (比如总体中抽样单元或个体规模的度量等), 辅助信息的主要作用在于:

(1) 使用特殊的抽样技术, 比如分层、与规模成比例的概率抽样;

(2) 使用特殊的估计技术, 比如比率估计和回归估计.

总的来说, 我们可以把抽样框看成是一组信息, 把它作为一种直接或间接从抽样总体中抽取个体并与之接触的工具.

我们可以这样说, 由个体这样的实体组成总体, 由单元或抽样单元 (units or sampling units) 这样的实体组成抽样框. 后者强调实际操作中样本是从抽样框 (抽样框总体) 中抽出来的.

1.4.2 用于直接个体抽样的抽样框性质

我们用直接个体抽样 (direct element sampling) 表示从一个可直接识别所研究总体中每个个体的抽样框中抽取样本的方法, 即抽样框中的单元正是我们要测量和观察的对象, 个体可以直接从抽样框中选取. 理想的状况是, 在抽样框中识别的个体集合与研究总体中的个体集合相等.

Särndal, Swensson 和 Wretman (2003) 认为, 可直接用于个体抽样的抽样框应该具有如下性质:

(1) 抽样框中的单元是可识别的. 例如, 通过一个从 1 取至 N_F 的标识符 k, 可以识别抽样框中的所有单元, 其中 N_F 为抽样单元数.

(2) 从抽样框抽出的所有单元都能找到. 即联系抽样单元的地址、电话号码、地图上的位置, 或者其他用于联系的方式在抽样框中有详细说明或者能够确定可用.

(3) 抽样框是用系统的方式组织起来的. 例如, 单元按地理位置、时间顺序或规模大小做了排序, 利用这一特征, 样本选取程序可以得到简化.

(4) 抽样框中的每个抽样单元都包含一个附加信息向量, 这些信息可用来提高效率. 比如, 可用来分层或构造包含辅助变量的估计量.

(5) 当要求对域 (子总体) 做估计时, 抽样框需要详细说明每个单元的归属或分类.

(6) 研究总体中的每个个体在抽样框中只能出现一次.

(7) 不是研究总体的个体不会出现在抽样框中.

(8) 研究总体中的每个个体都出现在抽样框中.

性质 (1) 至性质 (5) 是起码的要求, 性质 (6) 至性质 (8) 是希望达到的要求. 其中性质 (6) 和性质 (7) 描述了抽样框单元和研究总体中个体之间关系的性质, 有助于简化许多抽取和估计的程序. 性质 (8) 的重要性在于: 若它不存在, 抽样框就不能对应整个研究总体, 就不能实现对所有研究总体中个体的观测, 也就不能保证对研究总体参数真值的估计.

在实际中, 抽样框通常以计算机数据文件的形式存在. 它是一个具有从 1 取至 N_F 的个体标识符 k 的文件, 可能还包含其他信息, 如在性质 (4) 和性质 (5) 中提到的. 我们可以把抽样框中所有用标识符 k 表示的个体对应的其他信息用向量 $\boldsymbol{x}_k = (x_{1k}, x_{2k}, \cdots, x_{jk}, \cdots, x_{qk})$ 的形式表示出来, 这里 x_{jk} 表示第 k 个个体的第 j 个 x 变量的值. x_{jk} 的值可以是定量的 (比如第 k 个个体的年龄、工资等), 也可以是定性的 (比如第 k 个个体的性别、住址等). 我们可以把抽样框看成是一个由 N_F 行 (记录) 和每行有 $q+1$ 个相关联的数据项组成的矩阵; 一个项目表示标识符 k, q 个项目表示行向量 $\boldsymbol{x}_k$ 中的元素, 如表 1.4.1 所示.

表 1.4.1 一般形式的抽样框列表

标识符	已知向量
1	$\boldsymbol{x}_1$
2	$\boldsymbol{x}_2$
$\vdots$	$\vdots$
k	$\boldsymbol{x}_k$
$\vdots$	$\vdots$
N_F	$\boldsymbol{x}_{N_F}$

1.4.3 抽样框的类型

对下面两种类型的抽样框进行区别是重要的: 一种是可以直接列示或识别个体的抽样框; 一种是可以列示或识别个体集合的抽样框.

第一种类型的抽样框, 可实施直接个体抽样. 这一类型的抽样框通常称为名录框. 名录框定义为一份具有所有总体单位 (个体) 的实际或者概念的名录清单. 实际名录框通常取自各种不同的行政记录,各级政府机构因各自管理的目的都保存一些名录,这些名录就可作为实际的名录框,同时它们也是对抽样框进行维护的最有效的资料来源. 这类名录框的例子有: 公安部门的生命统计登记, 工商管理部门的企业注册登记, 交通管理部门的车辆登记, 邮政部门的地址和邮政编码册、电话号码簿, 等等. 概念名录框的一个例子是: 某天上午 9 点至晚上 10 点之间进入某购物中心停车场的所有车辆的车牌号. 概念名录框通常是基于调查正在进行时才存在的总体.

第二种类型的抽样框, 连接总体中的个体变得更曲折, 也就是说, 需要通过选取个体的集合并对集合中的全部或部分个体进行观测来实现. 在许多情况下, 由于不可能找到或构造出一个包括全部个体的直接名录 (需要巨额的费用), 第二种抽样框就是唯一的选择. 在第二种情况中, 总体包含的个体总数通常是未知的. 比如, 设想我们要对一个大都市的住户总体实施调查, 由于大多数城市都没有完备的住户名录, 因此, 这时必须考虑其他抽样单元, 而不是单个住户. 一种方法是把城市地图上的街区定义为抽样单元, 并抽取一个这样的街区样本. 从被抽中的街区联系适当数量的住户就变得相对容易. 类似地, 将森林地图分为许多小片, 为了观测单棵树, 我们抽取片为样本, 然后对中选片中的全部或部分树进行观测. 以上两例涉及的抽样框称为地域框.

地域框是指由地域单元组成的地理抽样框, 总体中的每个个体属于一个地域单元, 当该地域单元被调查后, 属于该地域单元的个体就可以识别了. 地域单元的范围和它所包含个体的数量可以变化.

地域抽样 (area sampling) 需要借助城市地图、森林地图或俯视图这样的地域抽样框进行抽样. 借助地域抽样框抽出的个体集合通常称作群 (clusters). 下一步, 对抽中的群进行再抽样, 还可以定义和抽取更小的地域样本, 直到最后一步抽出的是个体本身.

当然, 我们并不总是利用地图抽取个体集合 (群), 有时一连串的清单也可以作为替代. 比如, 一个用来研究小学生总体的抽样框, 第一步是由学区组成的名录清单, 接着是每个中选学区所有小学校的名录清单, 再接着是每个被抽中小学校所有班级的清单, 这样下去第四步或最后一步联系到了小学生. "抽样框" 在这里就是具有四个连续层级的名录抽样框. 学区为第一阶段的抽样单元, 小学校为第二阶段的抽样单元, 班级是第三阶段的抽样单元, 每个单独的个体 (小学生) 是第四阶段, 也是最终阶段的抽样单元. 在由多个阶段组成的抽样中, 每阶段都有它独自类型的抽样单元.

有限总体是由个体组成的, 有时我们也将个体叫作分析单元 (units of analysis), 意在强调它们是被观测和记录的实体. 例如, 如果对由家庭组成总体的收入总额的估计感兴趣, 组成总体的个体 (分析单元) 自然应该是家庭住户, 抽样框只是一个能够直接或间接联系这些家庭住户的工具. 方法便是先抽取社区, 然后对中选社区住户的收入进行观测和记录.

前面所举例子给人的印象是: 构成总体的个体总是小于或最多等于抽样单元. 实际并非总是如此. 比如我国曾经实施的职工家计调查, 组成总体的个体是每一个职工家庭, 而最终的抽样单元是作为家庭成员的职工.

1.4.4 编制优良抽样框的基本要求

在许多实际情况中,抽样框对调查计划者来说是一个选择,有时还很关键,因为抽样框不仅要为我们提供一个需要收集什么或所研究现象是什么的清晰的详细说明,还要帮助我们有效地实施研究,并确定研究的可靠性. 一些非常有价值的调查不能实施的根本原因就在于缺乏一个明显的抽样框;还有一些调查,由于抽样框的不完善导致一连串的疑问和错误而结束. 因此,编制优良的抽样框是有效实施抽样调查的基本要求.

一个信息完备、结构清晰、能准确识别、有效联系和方便维护的抽样框,既可以使抽样调查方便顺利地进行,又能在费用和精度上得益. 抽样调查的优势得益于优良的抽样框.

优良的抽样框应该符合以下基本要求,参见刘建平等 (2008):

(1) 抽样框单元与目标总体个体的一致性. 这是要求抽样框中的单元与研究总体的个体必须保持对应连接关系. 抽样框单元与研究总体的个体不一致,如涵盖不全、过涵盖、重复清单等,都会导致抽样框误差. 保证两者的一致性是从源头减少抽样调查误差的重要举措.

(2) 有效辅助信息最大化与费用最小化的均衡性. 抽样框中的有效辅助信息既能提高抽样估计的精度,又能使抽样调查有条不紊地进行,从而节约调查成本和时间. 从理论上讲,抽样框中的有效信息越多越有利于抽样设计方法的选择和估计量的构造. 但是任何信息的收集都是要付出成本的,为提高百分之零点几的精度而付出昂贵的代价是得不偿失的. 所以,对抽样框中辅助信息的要求应该是: 在经费既定的条件下,使抽样框中的有效信息最大化,或在满足辅助信息要求的条件下,使抽样框的编制费用最小化,达到两者的均衡.

(3) 具体操作的实用性. 抽样框是用来实施抽样的,完整、准确、方便、可行是它的本质. 对于一个实用的抽样框,起码要包括识别资料和联系资料. 识别资料是帮助我们识别抽样框中每个抽样单元的项目,如单位的名称、标准代码、准确地址等;联系资料是帮助我们在调查时确定单位所在位置的项目,如单位通信地址或电话号码等. 对于一个好的抽样框,还应包括分类资料、维护资料和连接资料. 识别资料和联系资料可保证抽样的正常进行;分类、维护、连接资料有助于提高抽样的效率和精度.

1.5 目标总体与抽样框总体

在抽样调查中,经常会涉及两个总体概念: 一个是目标总体,一个是抽样框 (抽样) 总体. 两者有联系,但是也有细微的差别,在使用中不应把二者混同,参见加拿大统计局和中国国家统计局 (2002).

目标总体就是希望从它那里得到信息的总体,它是客户或调查者感兴趣的所有个体的集合,需要收集他们的相关信息并对有关参数进行估计. 根据调查的目的和性质,这些组成总体的个体可以是个人、家庭、企业、农场、学校、医院等. 目标总体是概念性的,并不需要一个实际存在的名录. 比如, 下面列举的都可以作为目标总体: 所有年满 16 岁居住在中国的人; 年销售额在 2000 万元以上的批发企业; 正在从业的所有牙科医生等. 这是一些简单的例子, 许多情况给一个目标总体下定义是有困难的, 比如定义一个农场主总体的定义就很困难. 住所有后花园的人能否算作农场主? 没有出售其生产的农产品算不算农场主? 等等.

抽样框总体 (frame population) 则是指所有个体的集合, 个体要么被直接列示为抽样框中的抽样单元, 要么通过一个更复杂的抽样框 (比如用于多阶段选择的抽样框) 概念进行识别.

抽样框的质量可以通过存在于目标总体 (用 U 表示) 与抽样框总体 (用 U_F 表示) 之间的关系来研究. 如果抽样框总体中的每个个体对应于目标总体中的一个且只一个个体, 那么, $U = U_F$. 对目标总体来说, 这时的抽样框是完美的. 在所有其他情形, 抽样框不完美 (frame imperfection), 也就是说, 存在抽样框缺陷. 不满足 1.4.2 小节中的性质 (6), (7), (8) 的三种常见的不完美抽样框, 分别表示重复清单、过涵盖和涵盖不全.

一般来说, 从抽样框编制开始到抽样框编制完成并用于实施抽样往往需要一定的时间, 在这段时间内, 有一些新的个体会 "出生", 而它们却没有机会被包含在抽样框内接受调查. 当目标总体中的这些个体被排除在抽样框总体之外时, 抽样框出现涵盖不全 (undercoverage), 将导致低估目标总体大小并使估计出现偏差, 这时需要对涵盖不全的程度进行计量, 有可能的话要设法纠正.

当抽样框总体包含了不属于目标总体的个体时, 与涵盖不全正好相反, 抽样框出现过涵盖 (overcoverage). 同样, 这通常也是因处理过程中的时间滞后引起的. 在抽样框完成到开始实施调查这段时间内, 有一些个体会 "消亡" (如果一个个体不再属于目标总体, 这个个体就称为 "消亡"), 而这些消亡了的个体还未及时从抽样框中清除, 抽样框总体中的任何个体都有可能被抽中. 除非这些已经消亡的个体能被正确分类, 将它们排除于抽样框总体之外, 否则将导致抽样效率的降低且会引起调查结果的偏差.

当目标总体中的个体不止一次地出现在抽样框总体中时, 抽样框会出现重复清单 (dublicate listing). 重复是指某个个体在抽样框中出现不止一次, 这常常是因为在编制抽样框时使用了有重叠的名录 (例如使用多重抽样框). 例如, 在商业调查中, 一个公司既以它正式的名称又以它另外一个名称重复出现在同一个名录中. 重复将导致对目标总体数量的高估以及估计的偏差. 通常, 只有在调查的数据收集阶段才能发现重复的清单.

错误的分类也会造成涵盖不全或过涵盖. 比如, 在抽样框总体中, 一个女性被误归于男性, 一个零售商被错误归类为批发商, 这会导致抽样策略效率的降低. 例如, 当我们仅对零售商进行调查时, 那些被错误地划入批发商的零售商就不可能被抽到.

如果抽样框总体与目标总体不一致, 当我们从抽样框总体中抽取一个概率样本, 并利用样本的调查信息对总体进行估计推断, 这时对抽样框总体我们可以做出有效的统计推断. 然而关于目标总体的有效的统计推断就可能难以做到, 因此调查的目的可能达不到. 如果抽样框只能与部分目标总体对接, 问题就特别严重.

现实中, 得到一个接近完美的抽样框并不容易. 如果没有超额的费用就不能获得一个完美的抽样框, 那么少许的不完美也是可以接受的. 一项调查, 如果没有一个单一合适的抽样框, 也可以使用多重抽样框.

为目标总体编制一个高质量的抽样框是调查计划的一个重要内容, 并且必须为此留出足够的资源. 对于一个目标总体, 如果由于预算的限制而在现实中不能获得一个好的抽样框, 死盯住这样一个目标总体是没有意义的. 从不完整的抽样框中抽取的样本会产生粗糙而无效的结论. 我们应该避免使用不完整的抽样框, 即使它是廉价的、易获得的. 因此, 应该使目标总体与抽样框总体的差异尽可能小, 而且应该将差异记录在调查的有关文件中. 有时为了与实际被调查的总体相对应, 必要时可以对目标总体重新进行定义.

1.6 调查实施与相关误差来源

每项调查的实施都由若干调查作业 (操作) 组成. 特别是在大型调查中, 这些作业可能需要相当长的时间, 从计划阶段延伸到最终结果的公布, 还会影响调查估计的品质. Särndar, Swensson 和 Wretman (2003) 将调查作业分为五个阶段. 在调查作业的每个阶段都有与之相对应的估计误差来源.

1.6.1 样本抽取 (sample selection)

这一阶段的作业就是执行事先设定的抽样设计. 首先需要确定满足精度要求的必要样本量, 样本量的确定并没有完美的方法, 它是在多种约束条件下进行折中的过程. 然后需要根据事先设定的抽样设计利用合适的抽样框抽取样本. 抽样框可以是一个已经存在的抽样框, 也可以是一个为这项调查专门建立的抽样框.

这一阶段的估计误差来自两个方面: 一是抽样框误差, 其中以抽样框涵盖不全影响最大; 二是抽样误差, 因为实际观测的只是一个从总体中抽出的样本, 而不是全部总体.

1.6.2 数据收集 (data collection)

数据收集是在调查中对每一个被抽取的个体 (个人、住户、企业等) 收集所需要信息的过程. 数据收集的目标是尽可能获得完整且精确的数据. 数据收集耗时较长, 费用很高, 需要利用各种资源, 对数据质量有直接影响. 影响数据收集质量的因素有数据收集的方式, 被调查者或数据的提供者, 访员等. 数据收集方式可以是纸质式的, 也可以是计算机辅助式的. 如果是纸质的, 回答记录在纸质的问卷上; 如果是计算机辅助式的, 问卷出现在计算机屏幕上, 调查时将答案直接输入计算机中. 对于一次性调查来说, 纸质式通常比计算机辅助式更经济, 并且开发所用时间较少. 对于重复性调查来说, 计算机辅助式更适合, 但其不足在于, 它要求填写问卷的人 (被调查者或访员) 是经过培训的, 并熟悉所使用的软件. 计算机辅助式调查要求问卷必须是程序化的, 以使问题能按照逻辑的顺序出现在计算机屏幕上, 且应用程序一定要经过严格的测试, 以确保问题按正确的顺序出现在屏幕上. 开发和测试计算机辅助方式, 可能是一个漫长和昂贵的过程, 然而对于许多重复性调查, 特别是重复性大样本调查, 计算机辅助收集方式的费用可以大大低于纸质收集方式, 而且程序一经开发, 其费用可以分摊到多个收集数据的周期中.

在事先做好的测量计划中, 指定了数据收集的方式 (面访、电话访问、邮寄问卷、其他方式). 首先需要对现场调查进行组织, 抽选访员和调配他们的工作; 其次根据测量计划向样本中的个体收集数据; 最后将记录的数据传送到数据中心.

这一阶段的估计误差包括两个方面. 一是测量误差, 例如, 被访者有意无意的不正确回答, 访员理解的错误或笔误; 访员影响回答; 问卷被错误解释. 二是由无回答引起的误差, 比如被访者拒访, 遗漏了某些观测值等.

1.6.3 数据处理 (data processing)

在完成数据收集后, 所有调查数据最终都要求输入并存储在计算机中. 在这一阶段, 要对收集的数据进行处理, 为下一阶段的估计和分析做准备. 数据处理包括以下要点:

(1) 编码和数据录入. 编码是给每个回答赋予一个数值的过程, 目的是可将它们进行数据录入和处理, 而录入是将调查表中的信息转录到适合估计和数据分析的介质中. 对于纸质式的收集方法, 数据录入是数据收集后的一个单独的过程, 而计算机辅助方式, 可以把数据的收集、编码和录入结合起来一次完成, 这大大提高了数据处理的效率.

(2) 数据审核. 数据审核是应用各种检查规则来辨别缺失、无效或不一致性的录入, 检查观测值是否符合逻辑, 对异常值进行侦查和处理. 审核的目的就是保证调查最后得到的数据的完整性、一致性和有效性. 审核有分布审核、有效性审核和一致性审核三种方式. 有效性和一致性审核是对单张问卷进行的审核, 分布审核是对全部问卷或部分问卷的数据一起进行审核. 数据审核工作贯穿整个调查过程.

(3) 修正数据. 某些审核中发现的错误和问题必要时可联系被访问者更正或重新确认数据资料, 并据此对错误数据进行修正.

(4) 插补数据. 插补就是解决在审核过程中辨别出来的缺失、无效和不一致数据的问题, 为其找到合适的模拟替代值. 当整份问卷无回答时, 需要应用加权调整方法替代插补.

在计算机技术得到普及的今天, 计算机辅助方式在提高效率、节约时间和成本、减少调查误差来源等方面, 有着传统纸质方式无法得到的优势. 它的主要优点是: 数据收集和数据录入可以同步进行, 从而大大提高了数据收集和输入的效率, 减少了转录误差; 允许问卷在问题的设置流程和审核方面做得更细致, 这样便于对数据质量的监督和控制, 例如, 它能减少由于访员产生的误差; 容易生成关于回答率、完成的访问数、未完成的访问数、每次访问所耗时间等有关访问情况的管理报告; 减轻回答的负担, 这是因为访员在这种方式下容易及时发现并改正回答中的错误, 这样就能减少数据收集之后对某些个体的追踪回访; 减少回答误差, 被调查者在以前调查中提供的信息能在以后的调查中得到利用; 通过对类似调查已经开发的软件做少许改造, 即可应用于其他的调查, 从而节省开发费用; 由于无纸化, 更加有利于环境保护.

与这一阶段相关的估计误差是转录误差 (关键误差)、编码误差、推算误差, 以及由编辑错误引起的误差.

1.6.4 估计和分析 (estimation and analysis)

当前面的工作完成之后, 这一阶段就要建立样本数据与所研究总体之间的关系. 根据指定的点估计量公式, 利用调查得到的样本数据, 并适当利用辅助信息进行估计, 计算出来的数值称为估计值. 估计可以是关于总值、均值、比率、百分比的估计, 还包括估计精度的估计, 如方差、变异系数、置信区间等的估计. 对于抽样调查, 估计的基础除了样本数据, 就是样本的权数. 样本中每个个体的原始权数取决于抽样设计, 但有时需要对原始权数进行调整, 比如对无回答的补救, 这时需要利用辅助信息.

分析的实施, 既可以仅局限于分析本次调查的数据, 也可以将本次调查结果和以前调查结果及其他数据资料进行比较. 通常, 数据分析包含了简单的对图表及各种描述性度量的研究分析; 更复杂的数据分析包括为验证假设或研究指标之间的关系而进行的各种统计推断, 如总体的组间比较、相关与回归分析等.

所有来自第一到第三阶段的误差都将影响估计和分析, 它们在精度估计中都应该被考虑进去.

1.6.5 数据发布和调查评估 (dissemination of data and survey evaluation)

数据发布就是通过各种媒介将调查的结果以数据的形式向用户公布, 同时要给出调查所处环境条件的说明, 通常还附有一个详细的质量指引说明. 数据可以通过多种方式发布, 诸如书面出版物、新闻发布会、电视或电台采访、电话或传真、微缩胶片、电子媒体, 如互联网或磁盘上的公用微型数据文件等. 将调查结果提交给用户时, 需要将大量的信息简化为简明扼要的指标, 同时说明数据的优势和不足. 在向用户提供调查结果时, 确保信息的真实、完全、易获取、易理解、有用、及时, 并满足保密条件且价格适当是非常重要的. 通常, 在数据发布前应提前公布数据发布的日期, 如遇意外情况而不能如期发布, 应解释延迟的原因.

调查评估贯穿整个调查过程, 在调查的每个阶段, 都应该对其有效性、效率和费用进行评估, 特别是在重复性调查中, 因为这对改进调查设计和完善其实施有利. 这些评估一是用来检验调查中所使用的方法是否适用, 二是在调查前后及其间整个过程指导与改进有关的概念和使用的方法.

调查评估中的误差通常分为两大类: 抽样误差和非抽样误差.

抽样误差 (sampling error) 是指仅根据对总体的一部分而不是全部的调查来估计总体特征所引起的误差, 是由于用抽取的样本代表整个总体而产生的, 它来自样本到样本之间的变异. 所有的抽样调查都会出现抽样误差, 统计调查机构有责任将抽样误差的大小向调查数据的所有用户提供. 对于概率抽样调查, 抽样误差可以计算出来, 计算方法取决于所用的抽样方法和估计方法.

非抽样误差 (nonsampling error) 是指除抽样误差之外的几乎所有调查活动过程中所产生的误差, 不仅出现在抽样调查中, 也出现在普查中.

非抽样误差的两种主要类型是:

第一种 无观测误差 (error due to nonobservation). 这是指由于没观测到而产生的误差, 也就是在获取目标总体的部分数据时失败. 无观测主要有两种情况:

(1) 抽样框涵盖不全, 即抽样框未能涵盖目标总体的所有个体 (这类个体显然不可能被选中, 更谈不到观测, 也就是说它们的包含概率为零).

(2) 无回答, 有些入选样本的个体, 因为拒绝或者不能回答、不在家等而等同于无观测. 无观测通常导致有偏估计.

第二种 观测误差 (error in observation). 当一个个体被选中并被观测, 但该个体最终记录的值 (涉及估计和分析阶段) 不同于其真值. 观测误差也有两个主要类型:

(1) 测量误差 (measurement error), 主要产生于数据收集阶段, 主要的四种可能来源是: 访员、被访者、问卷、采访方式 (即电话、面访、自主性问卷, 或者其他媒介的运用).

(2) 处理误差 (precessing error), 产生于数据处理阶段. 处理误差包括来自编码、转录、插补、编辑、异常值处理等过程产生的误差. 在现代计算机辅助数据收集方法中, 由于数据收集和数据处理趋向于一体, 处理误差很有可能被消除.

非抽样误差还可以有另外一种划分, 即分为随机误差和系统误差两类. 随机误差是指误差的产生具有随机性, 如果样本量足够大, 这类误差的影响可以忽略, 它只增加估计值的变异性. 系统误差是指误差的产生具有倾向性, 所有个体的测量误差累加起来会导致最终结果的偏差. 非抽样误差的计量, 如果不是不可能的话, 也是极为困难的. 由于样本量大时随机误差的影响可忽略不计, 因此系统误差是影响数据质量的主要原因之一. 与随机误差不同的是, 系统误差导致的偏差不能随样本量的增大而减少.

1.7 总调查设计

1.7.1 总调查设计的概念和要件

总调查设计 (total survey design) 表示给以整体最优化为目标的调查过程做计划. 也就是说, 可以把它看作是一个寻找调查的全面最优化的工具. 如同产品的全面质量管理一样, 统计调查专家需要对统计调查的全过程进行控制和管理, 需要全面了解调查错误的可能来源, 对其评价、控制和管理, 并将其减到尽可能小的范围.

在实际问题中, 一项调查通常都有它产生的背景. 不同的部门机构或不同的客户都会提出工作中出现的问题, 而这些问题都没有现成的答案. 这时就需要进行研究. 研究的方式可以是一次调查, 或者是一次试验, 或者是其他形式的寻求事实真相的方法, 不论是哪种方式, 清楚地陈述是非常必要的. 如果调查被选作研究的手段, 那么统计调查专家就需要有一个陈述清楚的目标才能工作. 调查设计的首要任务就是尽量详细清楚地阐述调查的目标和需要调查的信息. 也就是说, 把抽象的模糊的概念转变成可以计量和测度的统计概念.

例如, 假设一个关于 "贫困者住房条件" 的调查被提出. 这个含糊的陈述只能作为调查信息需求的泛泛描述, 而实施调查需要用更准确和具体的语言来描述. 这里, "贫困者" 这个抽象的概念需要准确地定义和描述, 是通过收入测度 "贫困", 还是通过支出、债务或者将所有这些因素进行综合测量? 准确的 "住房条件" 又指什么? 是指住房的面积呢, 还是公寓其他质量标准呢? 是否包括生活配套设施? 如果包括, 应该包括些什么? 要研究的是哪个时间段? 所包含的概念必须给出清楚的定义并能够计量或测度.

要进行调查设计, 初始问题是否能被准确阐述为从调查中获得答案的术语便成为关键. 一旦有效的定义得到清楚的阐述, 接下来的工作就是为合适的调查设计做一个详尽的陈述. Deming(1950) 把 "清楚地阐述什么是我们需要的 (调查的详尽阐述)" 评价为是对现代理论统计学的伟大贡献之一.

对总调查设计做出详尽的陈述, 要求具备一些基本的要件, 这些要件和它们相互之间的联系构成总调查设计的全部内容. 这些基本的要件包括:

- 调查目标的准确、详细说明.
- 把主题事件问题转换为调查问题.
- 对目标总体 (需要信息的子总体)、已知变量 (辅助变量)、总体所需信息的类型、研究变量和待估计总体参数的详细表述.
- 抽样框的构造或选用 (如果有现成可用的).
- 可用的员工、设备和资源清单及其预算说明.
- 时间安排、估计精度等要求的详细说明.
- 有关数据收集的方法, 包括问卷结构的详细说明.
- 有关抽样设计、样本选择机制和样本量决定的详细说明.
- 有关数据处理方法, 包括编辑和插补的详细说明.
- 有关点估计量和精度度量 (方差估计量) 公式的详细说明.
- 不同调查作业的资源配置、人员培训, 现场调查作业的说明.
- 有关资源配置的控制和评估.

1.7.2 总调查设计的作用和内容

总调查设计需要的基本要件的概念和问题得到准确描述之后, 统计调查专家就可以着手进行总调查设计. 在一项重大调查中, 有太多的相互联系的单一决策和太多的变量需要考虑, 决策要考虑的因素相当复杂, 要想通过一个单一的最优目标值进行决策是很难的. 因此, 通过总调查设计应该形成一个以实现整体最优化为目标的对整个调查来说理想的详细说明.

总调查设计的作用在于: 在有限的调查资源约束下, 帮助调查者在抽样和非抽样误差中寻找全面经济平衡的同时, 使调查的估计获得尽可能高的精度.

从调查设计的逻辑来看, 总调查设计的内容需要从调查需求、调查详细说明、调查作业三个方面考虑问题.

调查需求是指对目标总体信息的需求, 这些需求通常源自专题问题. 与这些需求相对应的是概念性的调查, 在可能的最好环境下实施可以达到调查的理想目标 (ideal goal).

调查详细说明是一系列规则和作业的组合, 它们一起构成了调查的定义目标 (defined goal). 在现实中, 由于客观条件的制约和限制, 定义目标往往和理想目标有一定差异. 定义目标详细说明了调查中的重要因素, 如总体、样本、抽样设计、测量程序、估计量和辅助变量等.

调查设计通常是为了实现定义目标而存在的. 统计调查专家从一组可以实际操作的可实现定义目标的调查设计中选出一个能尽可能接近实现理想目标的调查设计. 被选中的调查设计引起一系列的调查作业. 调查作业的基本内容已在 1.6 节中确定. 调查在尽可能小心地实施这些作业中完成, 最终构成真正的调查作业.

从调查程序的构成来看, 总调查设计内容应该包括调查本身的设计、调查控制体系的设计和评价体系的设计. 调查本身的设计涉及两个方面的内容: 一是抽样框 (待测总体) 的选择和抽样设计; 二是待测参数及其估计量性质的选择和测度方法的设计. 调查控制体系和评价体系的设计贯穿调查本身设计的每一个环节和步骤, 以确保总调查设计目标的实现. 对于这三个方面的设计都应做出相应的作业计划.

在总调查设计过程中还应该设法预见可能发生的问题和困难, 为解决这些可能发生的问题和困难, 要预留资源并确定援助的计划或备选方案. 例如, 一些无回答几乎肯定是可以预料的, 那么在调查设计时就应该把它考虑进去. 无回答应保持在一个低水平, 应该预先确定追踪和重新联系无回答者的步骤, 包括预算考虑, 要预先确定为调整无回答准备的估计量公式.

总调查设计中, 在样本抽取、估计量选择、不同的误差源以及与它们相联系的方差构成分析、估计精度的评价方法、调查数据的统计分析等方面, 统计理论可以为我们提供帮助和指导.

1.8 统计理论在抽样调查中的作用

社会经济统计调查涉及的领域和范围是十分广泛的, 要找一个能统一指导所有社会经济调查工作的理论是困难的. 然而, 统计理论能为统计调查最重要的两个方面提供理论基础: 一方面是抽样设计的理论, 另一方面是利用样本估计推断总体的理论.

抽样设计的理论研究样本如何从总体抽取出来, 估计理论研究依据样本估计总体的变异性. 在调查中, 估计的变异性是和 1.6 节中描述的各种误差相关联的, 其中的一些误差与抽样设计方法密切相关, 因此, 有必要了解和掌握各种误差的概率分布和随机结构. 现实中, 准确了解和掌握这些误差的概率分布和随机结构并不容易, 但是尽管如此, 我们还是需要朝这一方向努力, 即使不是完整详细的, 至少一些一般特征的了解和掌握是必要的, 也是有益的.

为了研究调查估计的可变性, 我们需要对各种误差的随机特征进行尽可能精确的描述. 在 1.6.5 小节中, 我们将调查估计中的误差分为抽样误差和非抽样误差两类, 实际上, 影响调查估计的误差还包括与有限总体变量值随机实现相关的误差. 下面对这三种调查误差的随机结构进行分析.

1. 抽样误差随机结构 (stochastic structure relative to sampling error).

样本是依据给定的概率抽样设计抽取的, 因此抽样误差的随机结构与选用的抽样设计方法有关. 依据不同的抽样设计我们可以确定不同的可能样本的概率, 也就是说, 我们可以确定所有可能样本的概率分布. 这里的关键是对估计量从样本到样本之间变异的描述. 描述估计量统计特性的指标有: 估计量的期望值、偏差、方差等, 进一步的描述还有方差的估计值和置信区间. 这些概念将在第 2 章中详细解释.

随机样本抽选的两个原因: 一是为了防止选择偏差, 二是因为随机抽取的样本被认为是客观的事实. 在本书中, 与随机样本抽选相关联的概率分布还有另一个非常重要的功能, 它为关于目标总体的概率推断提供了基础. 比如一个具有 95% 置信水平的置信区间, 它是指对于依据给定概率抽样设计抽出的所有样本构造的置信区间来说, 它具有 95% 的把握覆盖未知总体参数的性质. 这类结论性的术语是基于设计推断的 (design-based inference), 或称为随机化推断 (randomization inference). 因为样本是依据给定的抽样设计抽取的, 与设计相关联的概率分布是 "真实的", 不是模拟和假设的, 因此基于设计的推断是客观的, 是可以令人信服的.

2. 非抽样误差随机结构 (stochastic structure relative to nonsampling errors).

在 1.6.5 小节中, 我们讨论了非抽样误差的两种主要类型: 无观测误差和观测误差. 无观测误差主要由无回答引起, 观测误差主要由测量误差和数据处理引起. 无回答是如何产生的? 样本中的个体产生无回答的机制是什么? 测量误差和数据处理误差是怎么发生的? 大多数情况下我们都不知道. 关于这些误差和无回答, 都是在模型假定的基础上处理的. 有关这些模型假定的随机结构我们将在第 10 章中进行讨论.

1.6.5 小节中指出, 还可将非抽样误差分为随机误差和系统误差两类. 由于误差的产生机制是随机的, 随机误差随着样本量的增大会逐步缩小, 如果样本量足够大, 这类误差的影响可以忽略. 然而系统误差则不然, 由于它存在系统的倾向性, 对所有个体测量误差累加起来会导致最终结果一致偏大或一致偏小的情况, 而且这种情况不仅不能随样本量的增大而减小, 反而会随样本量的增大而同步放大. 所以, 在调查的实践中, 需要竭力避免系统误差的产生.

3. 与有限总体变量值的由来有关的随机结构.

总体变量值是怎样产生的? 一种理论假设认为, 研究变量 y 的 N 个变量值 $y_1, y_2, \cdots, y_N$

来自一个超总体. 如果超总体这个理念被接受了, 我们必须承认关于这个总体的性质是未知的或者至少部分是未知的. 超总体建模 (superpopulation modeling) 是一种借此可以设定或假定模型具有某些生成机制特征, 进而产生 $y_1, y_2, \cdots, y_N$ 的活动. 超总体建模衍生出基于模型的推断. 由于这部分内容超出本书的范围, 我们不予讨论. 进一步的讨论可参见 Särndal, Swensson 和 Wretman (2003).

在本章中, 我们从理论到概念做了大量重要的区分, 它有助于我们对后面章节的学习. 本书从第 2 章一直到第 9 章讨论的都是基于高质量抽样框的, 不存在非抽样误差的理想概率抽样.

第 2 章基于一般的抽样设计, 引入贯穿全书的基本概念体系, 对结构简单且最重要的总体未知参数 —— 总体总值 $t_y = \sum_U y_k$ 的统计性质进行讨论.

第 3 章讨论复杂估计量的统计性质.

第 4 章和第 5 章介绍抽样设计技术. 第 4 章讨论基于个体的抽样设计, 第 5 章讨论不能或不便于直接抽取个体实施调查的抽样设计技术, 分别介绍整群和多阶段抽样设计及其估计量的估计理论.

第 6 章到第 8 章的重要主题是利用辅助信息估计. 第 6 章介绍回归估计量, 第 7 章介绍总体单位抽样设计下的回归估计量, 第 8 章介绍整群和两阶段抽样的回归估计量.

第 9 章致力于有重要意义的专题, 如二重抽样、样本轮换等问题.

第 10 章讨论几类重要的非抽样误差的计量和控制问题.

习　题

1.1 考虑一项在某高校毕业年级进行的就业意愿调查, 目的在于了解该校毕业生就业意愿的去向, 将来与实际就业情况比较, 为有关部门提供参考. 试定义适合该调查的重要概念, 如总体、研究变量、参数, 并尽可能使你的定义详细.

1.2 对习题 1.1 所提到的调查, 讨论什么工具可用来构造抽样框? 讨论收集数据的可能方式, 并给出避免无回答误差的建议.

1.3 举例说明直接个体抽样所要求抽样框具有的性质.

1.4 说明编制优良抽样框的基本要求.

1.5 考虑一项住户调查, 该项调查的目的是了解某市居民家庭一年的收入和支出情况. 详细定义该项调查可能出现的, 如总体、研究变量、参数等重要概念, 给出的定义要求尽可能详细.

1.6 简要叙述非抽样误差的类型.

1.7 对习题 1.5 提到的调查, 讨论什么工具可用来构造抽样框? 讨论可能的数据收集方式, 对所选方式提出建议, 选择时把避免测量误差的因素考虑进去.

1.8 对比 "简单调查" (比如一个接近 500 人的职业协会的调查) 和 "复杂调查" (比如习题 1.5 提到的调查). 通过调查作业计划详细说明你所预见的在复杂性方面二者之间存在的巨大差距.

第 2 章 基本概念

本章将介绍抽样调查的基本概念和由这些基本概念组成的基本概念体系. 这些基本概念包括: 总体、样本、抽样设计、抽样方案、样本示性变量、包含概率、π 估计量、设计方差、设计效应及基于设计的置信区间. 这些基本概念都是可以定量测度或定量计算的, 它们之间具有严密的逻辑关系, 逐次递进, 共同构成一个抽样及其估计推断的基本概念体系. 这个基本概念体系在本书的研究中起着基本的作用, 是现代抽样理论与方法体系的基础, 因此理解并掌握这些基本概念以及它们之间的内在联系对后面各章内容的学习非常重要.

需要说明的是, 在本章中我们只关注抽样误差, 而忽略所有的非抽样误差. 本章之所以忽略所有的非抽样误差, 只集中关注抽样误差, 是为了方便介绍、准确理解和掌握本章介绍的这些基本概念以及由这些基本概念组成的概念体系.

2.1 总体、样本和样本抽取

考虑一个由 N 个个体组成的有限总体, 我们令第 k 个个体用 k 标识, 其中 $k=1,2,\cdots,N$, 则有限总体可表示为

$$\{u_1\cdots u_k\cdots u_N\}.$$

为了简化, 我们可以定义有限总体为

$$U=\{1,\cdots,k,\cdots,N\}.$$

在本章中, 认为总体容量 N 在开始时就是已知的, 但是在实际中我们所见到的很多总体, N 通常是未知的, 其估计方法将在后面章节中介绍.

令 y 表示一个研究变量, y_k 为总体中第 k 个个体的 y 的值. 比如, 如果 U 是一个由住户构成的总体, y 可以表示为住户的 "可支配收入" 变量, 也可以表示为住户的 "消费支出额" 变量, 等等. 如果 y 表示住户的 "可支配收入" 变量, 则 y_k 为第 k 个住户的可支配收入. 如果 y 表示住户的 "消费支出额" 变量, 则 y_k 为第 k 个住户的消费支出额. 调查之前, y_k 的值是未知的, $k\in U$, 我们需要根据样本调查的数据估计 y 的总体总值:

$$t=\sum\nolimits_U y_k,$$

或者 y 的总体均值:

$$\overline{y}_U=t/N=\sum\nolimits_U y_k/N.$$

在上面这些表达中, $\sum_U y_k$ 是 $\sum_{k \in U} y_k$ 的简要表示. 更一般地, 如果 A 是一个总体中个体的任意集合, 且 $A \subseteq U$, 则 $\sum_{k \in A}$ 简写为 $\sum_A$.

在我们的例子中, 如果考察的变量 y 是住户的 "可支配收入", 则 $t = \sum_U y_k$ 是总体 U 中住户可支配收入的总量, $\bar{y}_U$ 是总体 U 中住户可支配收入的均值. 未知的 t 和 $\bar{y}_U$ 的值是最简单的有限总体的参数. 变量 y 被称为研究变量. 由于观察全部总体的成本太高也不实际, 实际中, 我们只观测总体 U 的一个子集的 y_k 值. 总体的一个子集称为样本, 它首先被抽出来, 其次是对于子集中每个个体 k 的值 y_k 进行观测, 最后, 用这些有限的 y_k 值组成的样本来计算总体参数 t 和 $\bar{y}_U$ 的估计值.

我们通常把样本记为 s, 样本可以是总体 U 的任意一个子集. 然而, 大多数情况下我们考虑的样本都是用概率 (随机) 抽取方法实现的. 在第 2 章和第 3 章, 我们假定抽样框是现成可用的, 它把总体中从 1 到 N 的个体都列示出来了. 样本抽取可以按照 1.4.2 小节定义的直接个体抽样实施. 在实际中, 会有更多的抽样方法被使用. 例如: 在分层抽样中 (详见 4.6 节), 总体首先被划分为多个互不重叠的子总体 (层), 接着各层根据需要选择适合本层的样本抽取方法, 然后按照各自给定的方法抽取样本, 最后得到总样本.

通常, 样本抽取通过一系列随机试验完成, 这些一系列试验共同产生一个被抽选的样本 s. 在实际中, 计算机以很快的速度完成这一系列试验. 有两种样本抽取方案的基本类型: 逐个抽取序列方案和序列清单抽取方案.

逐个抽取序列方案 (draw-sequential scheme) 通过一系列随机抽取完成, 即在整个总体或给定的一个总体子集中随机抽取, 每次抽取得到样本的一个个体.

例 2.1.1 实施无放回的简单随机抽样的一种方法是借助逐个抽取序列方案来实现, "无放回" 的意思是每次都在总体中未入样的个体中抽取. 具体步骤如下:

第一步 第一个个体从 N 个个体中等概率抽取, 抽取概率为 $1/N$.

第二步 第二个个体从剩下的 $N-1$ 个个体中等概率抽取, 抽取概率为 $1/(N-1)$.

······

第 n 步 第 n 个个体从完成前面 $n-1$ 次抽取后剩下的 $N-n+1$ 个个体中等概率抽取, 抽取概率为 $1/(N-n+1)$.

序列清单抽取方案 (list-sequential scheme) 是按以下随机试验方法实施的, 先要给出一个有个体名录的抽样框, 然后对每个个体进行试验, 试验的结果是个体要么被抽中, 要么不被抽中. 尽管没有必要完全列表和对每个个体进行试验, 但在问题中它决定每个个体被抽中与否.

例 2.1.2 (伯努利抽样) 抽样框中的个体以给定的 $k = 1, 2, \cdots, N$ 的顺序出现, 令 π 为固定常数, 且 $0 < \pi < 1$. 令 $\varepsilon_1, \varepsilon_2, \cdots, \varepsilon_N$ 为服从 Unif $(0, 1)$ 分布的 N 个独立随机变量的实现, 这里 Unif $(0, 1)$ 表示区间 $(0, 1)$ 上的均匀分布. 第 k 个个体抽取与否取决于以下准则:

如果 $\varepsilon_k < \pi$, 对应的个体被抽中, 否则不被抽中, $k = 1, 2, \cdots, N$.
显然, 抽取概率为

$$\Pr(\varepsilon_k < \pi) = \pi.$$

对于 N 中的每一个个体, 当 $k \neq l$ 时, 事件 "k 被抽中" 和事件 "l 被抽中" 是相互独立的. 被抽中个体的数量是一个服从参数为 N 和 π 的二项分布的随机变量.

对于无放回简单随机抽样, 初始设想是用一系列抽取来完成, 但是随着计算机技术的发展, 现如今, 借助计算机用序列清单抽取方案来完成非常方便.

例 2.1.3 实施如下试验: 从 $N = 10$ 的总体中抽取 5 个独立的伯努利样本, 令 $\pi = 0.4$, 抽取一完成, 每个样本都被放回总体. 结果见表 2.1.1, 表中 "1" 表示个体被抽中, "0" 表示没有被抽中.

表 2.1.1　例 2.1.3 试验中抽取样本列表

个体	样本				
	1	2	3	4	5
1	1	1	0	0	1
2	0	0	1	1	0
3	0	1	0	1	1
4	0	0	0	0	0
5	0	1	1	0	0
6	0	0	0	1	0
7	1	1	1	1	0
8	0	1	0	0	0
9	0	0	1	1	0
10	0	1	0	0	1
被抽中个体的个数	2	6	4	5	3

在这个试验中, 实现的样本量从 2 变化到 6, 每个样本量都是一个服从参数为 $N = 10$ 和 $\pi = 0.4$ 的二项分布 $\mathrm{Bin}(N, \pi)$ 的随机变量的实现. $\mathrm{Bin}(N, \pi)$ 表示参数为 N 和 π 的二项分布. 样本的期望样本量为 $10 \times 0.4 = 4$. 每个个体被抽中的次数也不同, 在本例中从 0 到 4, 它们是服从 $\mathrm{Bin}(5, 0.4)$ 分布的随机变量的实现. 5 次重复抽取中每个个体被抽中次数的期望为 $5 \times 0.4 = 2$.

2.2 抽样设计

抽样设计这个术语是抽样调查中的一个专有概念, 一般的理解可以把它定义为抽样方法的设计, 即研究样本是怎样从总体中抽出来的, 更专业的表述是研究从总体中抽出某个样本的概率有多大. 显然, 这依然是一个十分抽象的概念, 要使它成为可测度和计量的概念, 还需要给出更严格的定义.

一般来说, 给定一个样本抽取方案, 就能够 (尽管不总是容易的) 陈述指定样本 s 的抽取概率. 为表述方便, 我们用符号 $p(s)$ 表示这个概率. 换一种说法, 假设存在一个函数 $p(\cdot)$, 用这个函数可以给出用抽取方案抽取样本 s 的概率 $p(s)$. 我们把函数 $p(\cdot)$ 称为抽样设计. 由于用它可以描述作为样本函数的所有随机变量 (如样本均值、样本方差等) 的基本统计性质 (抽样分布、期望值、方差), 这使得以它为基础建立的抽样理论方法变得十分简明, 便于我们对基本问题表述, 有助于对问题深入分析和扩展, 因此它在抽样调查的基本概念体系中起着基础的核心作用.

例 2.2.1 考虑例 2.1.1 中的无放回简单随机抽样方案, 从包含 N 个个体的总体 U 中抽出 n 个个体作为样本 s. 那么总共有 $\binom{N}{n}$ 种不同的可能结果, 也就是有 $\binom{N}{n}$ 个不同的可能样本, 那么每个样本被抽中的概率, 即抽样设计为

$$p(s) = \begin{cases} 1/\binom{N}{n}, & \text{如果 } s \text{ 中有 } n \text{ 个个体,} \\ 0, & \text{其他.} \end{cases} \tag{2.2.1}$$

我们用 SI 表示这种设计, 它是一个在固定样本量为 n 的 $\binom{N}{n}$ 个可能样本 s 的集合上的离散均匀概率分布. 对于给定的抽样设计 $p(\cdot)$, 任何样本 s 我们可以认为是随机变量 S 集值的一个结果, 它的概率分布是由函数 $p(\cdot)$ 决定的. 令 γ 为所有样本 s 的集合 (包括空集和总体自身, γ 是 U 的 2^N 个子集的集合). 这样我们有

$$\Pr(S = s) = p(s), \quad \text{对任意的 } s \in \gamma.$$

由于 $p(s)$ 是一个在 γ 上的概率分布, 我们有

(1) $p(s) \geqslant 0$, 对所有的 $s \in \gamma$;

(2) $\sum_{s \in \gamma} p(s) = 1$.

需要注意的是包含在 γ 中的 2^N 个集合中的 s 有很多概率为零. 那些由 $p(s)$ 严格大于零的样本 s 组成的 γ 的子集构成可能样本的集合, 记为 γ_0, 只有这些样本才可以用指定设计抽取.

样本量 (sample size) 指样本中包含的个体的数量, 我们用 n_s 表示, 它是集合 s 的一个基本数量. 对所有可能的样本, n_s 可以相同也可以不同. 对于 SI 设计, 所有可能样本有相同的样本量 n, 但是对伯努利抽样, 不同样本的样本量就不同.

例 2.2.2 在伯努利抽样 (定义见例 2.1.2) 中, 抽样设计过程如下: 令 n_s 为样本 s 的样本量, 任意个体被抽中的概率为 π, 在序列清单抽取方案的程序中, 试验是相互独立的. 因此,

$$p(s) = \underbrace{\pi \cdots \pi}_{n_s \text{ 次}} \underbrace{(1-\pi) \cdots (1-\pi)}_{N-n_s \text{ 次}} = \pi^{n_s}(1-\pi)^{N-n_s}. \tag{2.2.2}$$

这种抽样设计被称为 BE 设计. 随机样本量取确定值为 n_s 的概率为

$$\binom{N}{n_s} \pi^{n_s}(1-\pi)^{N-n_s}, \quad n_s = 0, 1, \cdots, N.$$

因此, 该样本量服从期望为 $N\pi$, 方差为 $N\pi(1-\pi)$ 的二项分布.

抽样设计 $p(\cdot)$ 决定了作为样本函数的随机变量的统计性质. 然而, $p(\cdot)$ 的主要作用是作为一种数学推理的工具, 用它来抽样并不实际.

对于一个给定的抽样设计 $p(\cdot)$, 按照以下算法规则, 样本抽取能在理论上 (并且只能在理论上, 除非 N 非常小) 进行. 这种算法规则直接关注的事实是: $p(\cdot)$ 是一个在 γ 上指定的概率分布. 该算法规则要求:

(1) 列举可能样本集合 γ_0 中的所有 s, 即给出具有 $p(s) > 0$ 的样本 s 的集合;
(2) 给每个 $s \in \gamma_0$ 的样本匹配合适的概率 $p(s)$;
(3) 利用随机数表或计算机辅助随机抽取程序, 用一种服从概率分布 $p(s)$ 的随机机制抽取一个 $s \in \gamma_0$ 的样本.

这种运算法则在样本抽取中几乎是没有实际可能性的, 原因是实际情况中的样本数量通常是一个 "天文数字". 例如, 对于 $N = 1\,000$, 固定样本量为 $n = 20$ 的所有样本的集合 γ_0, 其可能样本的数量为

$$\binom{1\,000}{20} \doteq 3.4 \times 10^{41};$$

如果总体容量和样本量都扩大为原来的 5 倍, 即令 $N = 5\,000, n = 100$, 则样本数量增加到

$$\binom{5\,000}{100} \doteq 3.1 \times 10^{211}.$$

显然, 在总体容量和样本量增加都不多的情况下, 可能样本数量却以惊人的倍数增长. 试想, 若总体容量很大, 达到以亿计, 比如我国的住户调查, 在样本量也不很小的情况下, 即使利用计算机, 列举所有可能样本也是一项近乎不可能完成的工作.

称概率分布 $p(\cdot)$ 为抽样设计已经成为现代文献中的一个标准. 在文献中有一些统计学家还使用样本设计 (sample design) 这个具有不同含义的类似术语. 例如: Hansen, Hurwitz 和 Madow (1953) 这样表述: "样本设计包括抽样计划和估计方法". 这里的 "抽样计划" 粗略地说相应于抽样设计的概念. 显然, 样本设计是一个含义更宽泛的概念, 它既包括抽样设计的选择、实际样本的抽选, 还包括总体参数估计方法的构造和选择.

从专业术语上看, 调查的设计阶段 (design stage) 是指决定样本抽取程序 (抽样设计) 和样本抽取方案的阶段. 而调查的估计阶段 (estimation stage) 是指数据已经收集完毕, 对要求的估计值进行计算的阶段.

需要指出的是, 同一个抽样设计 $p(\cdot)$ 可由不同的样本抽取方案实现. 如果把抽样设计 $p(\cdot)$ 作为起点, 我们必须指定一个合适的样本抽取方案实施这个设计, 由计算机实施这些方案在成本和其他方面应该都是有效的.

例 2.2.3 对于在例 2.2.1 中给出的 SI 设计, 作为对例 2.1.1 中方案的一种替代, 也可以按以下的逐个抽取序列方案完成. 第一个个体从总体的 N 个个体中以等概率 $1/N$ 抽取, 然后放回. 重复这一步骤直到抽得 n 个不同的个体为止. 如果用 v 代表抽取的次数, 因为已经被抽取的个体可能被再次抽到, 所以 $v \geqslant n$ 的概率为 1. 这里, v 是一个具有相当复杂概率分布的随机变量. 可以看出这个抽样方案与 SI 设计要求的条件相符. SI 设计的其他可能的实施方案也存在. 一个经常使用的序列清单抽取方案将在第 4 章中陈述.

调查的目的通常是估计一个或多个总体参数. 因此, 在一项调查中必须做出两个重要的选择:

(1) 抽样设计和样本抽取方案的选择, 以便完成抽样设计.

(2) 估计量的选择, 通过它来计算给定参数的估计值.

这两个选择不是相互独立的. 经常使用的策略是把抽样设计和估计量结合起来考虑. 也就是说, 通常情况下, 估计量的选择依赖于抽样设计的选择, 即对于一个给定参数, 设法找到一个抽样设计和估计量两者尽可能好的组合, 使得用这种组合来估计总体参数尽可能准确.

2.3 样本示性变量与包含概率

由 2.2 节我们知道抽样设计实际上就是讨论某个样本被抽中的概率大小, 而对于总体中包含的 N 个个体, 类似的想法是能否给出某个给定的个体进入样本或者说被包含到样本中的概率. 下面用严格的数学语言来表达这一想法.

假定某种抽样设计已经确定, 即用 $p(s)$ 表示抽取到样本 s 的概率. 样本中是否包含第 k 个个体是一个随机事件, 它可用随机变量 I_k 表示:

$$I_k = \begin{cases} 1, & \text{如果 } k \in S, \\ 0, & \text{如果 } k \notin S, \end{cases} \tag{2.3.1}$$

这里的 S 表示所有可能样本的集合, 而 s 表示某个已经抽出来的具体样本.

注意, $I_k = I_k(S)$ 是随机变量 S 的函数, 我们称 I_k 为第 k 个个体的样本示性变量 (sample membership indicator).

我们把第 k 个个体包含到样本中的概率称为第 k 个个体的包含概率, 记为 π_k, 它可以从给定的抽样设计 $p(\cdot)$ 中取得, 即

$$\pi_k = \Pr(k \in S) = \Pr(I_k = 1) = \sum_{s \ni k} p(s), \tag{2.3.2}$$

这里, $\sum_{s \ni k} p(s)$ 表示对于所有包含第 k 个个体的样本出现概率的总和. 同理, 同时包含个体 k 和 l 的概率记为 π_{kl}, 且用给定的抽样设计 $p(\cdot)$ 表达如下:

$$\pi_{kl} = \Pr(k \& l \in S) = \Pr(I_k I_l = 1) = \sum_{s \ni k \& l} p(s). \tag{2.3.3}$$

对于所有的 k 和 l, 有 $\pi_{kl} = \pi_{lk}$. 注意式 (2.3.3), 同样适用 $k = l$ 的情况, 且有如下结果:

$$\pi_{kk} = \Pr(I_k^2 = 1) = \Pr(I_k = 1) = \pi_k.$$

因此, 以后 π_{kk} 将与 π_k 等同, 其中 $k = 1, 2, \cdots, N$.

在给定的抽样设计 $p(\cdot)$ 下, 总体中 N 个个体各自的包含概率如下:

$$\pi_1, \cdots, \pi_k, \cdots, \pi_N,$$

称它们为**一阶包含概率**. 更进一步, 有 $N(N-1)/2$ 个二阶包含概率, 表示为

$$\pi_{12}, \pi_{13}, \cdots, \pi_{kl}, \cdots, \pi_{N-1,N}.$$

对于给定的抽样设计 $p(\cdot)$, 更高阶的包含概率从理论上说, 也可以被定义和计算, 由于其计算价值不大, 因此不予讨论.

从前面的论述中可知, 包含概率与抽样设计是相联系的, 也就是说, 不同的抽样设计决定了不同的一阶包含概率 π_k 和二阶包含概率 π_{kl}, $k, l = 1, 2, \cdots, N$.

例 2.3.1 考虑例 2.2.1 中给出的 SI 设计, 计算样本量为 n 时的一阶和二阶包含概率.

我们知道, 在所有 $\binom{N}{n}$ 个不同的样本中, 有 $\binom{N-1}{n-1}$ 个样本 s 包含第 k 个个体, 有 $\binom{N-2}{n-2}$ 个样本 s 同时包含第 k 和 l 两个个体 ($k \neq l$). 而且在 SI 设计下, 所有样本量为

n 的样本被抽中的概率都相同, 即为 $1\big/\binom{N}{n}$, 因此从式 (2.3.2) 和式 (2.3.3) 中可得

$$\pi_k = \sum_{s \ni k} p(s) = \binom{N-1}{n-1} \bigg/ \binom{N}{n} = \frac{n}{N}, \quad k = 1, 2, \cdots, N; \tag{2.3.4}$$

$$\pi_{kl} = \sum_{s \ni k\&l} p(s) = \binom{N-2}{n-2} \bigg/ \binom{N}{n} = \frac{n(n-1)}{N(N-1)}, \quad k, l = 1, 2, \cdots, N, k \neq l. \tag{2.3.5}$$

例 2.3.2 对于 BE 设计 (见例 2.2.2) 可用独立同分布的样本示性变量 I_k 表示其特征. 每一个 I_k 都是服从参数为 π 的伯努利分布, 所有的 N 个个体都拥有相同的一阶包含概率:

$$\pi_k = \pi, \quad k = 1, 2, \cdots, N.$$

更进一步, 由于 I_k 独立, 对于任意的 $k \neq l$, 有相同的二阶包含概率:

$$\pi_{kl} = E(I_k I_l) = E(I_k)E(I_l) = \pi^2.$$

需要指出的是, 除非特别给定, 在我们研究的抽样设计中一阶包含概率 π_k 都是严格正的, 即

$$\pi_k > 0, \quad k \in U. \tag{2.3.6}$$

一阶包含概率 π_k 的非负性确保了每个个体都有机会出现在样本中. 如果 π_k 满足式 (2.3.6) (比较 1.3 节中的第 3 个条件), 我们称这样的抽样设计为概率抽样设计 (probability sampling design), 由这样的设计得到的样本 s 称为概率样本.

在直接个体抽样中, 总体中个体的包含概率 π_k ($k = 1, 2, \cdots, N$) 都是事先知道的. 然而, 在复杂的抽样设计 (如多阶抽样或多重抽样) 中, 抽样实施之前并不能知道所有个体的包含概率, 比如在多阶段抽样中, 事先知道的是每一阶段抽样单元的包含概率, 而这并不意味事先知道所有个体 $k \in U$ 的包含概率.

当条件

$$\pi_{kl} > 0, \quad \text{对所有的 } k, l \in U, k \neq l \tag{2.3.7}$$

成立时, 给出另一个重要的设计性质. 如果一个抽样设计满足式 (2.3.6) 和式 (2.3.7), 则称这个抽样设计为可测量的. 一个可测量的设计允许在调查观测数据的基础上计算有效方差估计和有效置信区间.

N 个样本示性变量可以用向量的形式表示为

$$\boldsymbol{I} = (I_1 \cdots I_k \cdots I_N)^{\mathrm{T}}.$$

显然事件 $S = s$ 等价于事件 $\boldsymbol{I} = \boldsymbol{i}_s$, 这里,

$$\boldsymbol{i}_s = (i_{1s} \cdots i_{ks} \cdots i_{Ns})^{\mathrm{T}}.$$

如果 $k \in s$, 则 $i_{ks} = 1$; 如果 $k \notin s$, 则 $i_{ks} = 0$. 那么 2.2 节中介绍的概率分布 $p(\cdot)$ 可以依据随机向量 $\boldsymbol{I}$ 写为

$$\Pr(\boldsymbol{I} = \boldsymbol{i}_s) = \Pr(S = s) = p(s), \quad \text{对于 } s \in \gamma.$$

除非有其他规定, 本书中所考虑的设计有如下概率:

$$\Pr(S = s) = \Pr(\boldsymbol{I} = \boldsymbol{i}_s).$$

显然, 它与研究变量 y, z 等的取值无关. 然而, 概率 $\Pr(S = s)$ 可以依赖于总体中个体的事先知道的其他变量的值, 也就是说调查前已知的辅助变量值可用来帮助抽样设计.

在抽样估计中, 我们所关心的估计量可以表达成式 (2.3.1) 中样本示性变量的函数形式. 因此, 描述样本示性变量 $I_k = I_k(S)$ (其中 $k = 1, 2, \cdots, N$) 的基本性质非常重要. 关于样本示性变量 $I_k = I_k(S)$ 有如下结论:

结论 2.3.1 对于任意一个抽样设计 $p(s)$, 且 $k, l = 1, 2, \cdots, N$, 有

(1) $E(I_k) = \pi_k$,

(2) $V(I_k) = \pi_k(1 - \pi_k)$,

(3) $C(I_k, I_l) = \pi_{kl} - \pi_k \pi_l$,

其中 E 表示数学期望, V 表示方差, C 表示协方差.

证明 (1) $I_k = I_k(S)$ 可以看成是一个伯努利随机变量, 因此, 由式 (2.3.2) 可知, $I_k = I_k(S)$ 的数学期望为

$$E(I_k) = \Pr(I_k = 1) = \pi_k.$$

(2) 因为 $E(I_k) = E(I_k^2) = \pi_k$, 则 $I_k = I_k(S)$ 的方差可以表示为

$$V(I_k) = E(I_k^2) - \pi_k^2 = \pi_k(1 - \pi_k).$$

(3) 当且仅当个体 k 和 l 都在同一样本 s 中时, 有 $I_k I_l = 1$, 则由式 (2.3.3) 可知

$$E(I_k I_l) = \Pr(I_k I_l = 1) = \pi_{kl}.$$

因而样本示性变量 $I_k = I_k(S)$ 和 $I_l = I_l(S)$ 的协方差为

$$C(I_k, I_l) = E(I_k I_l) - E(I_k) E(I_l) = \pi_{kl} - \pi_k \pi_l.$$

在以后的论述中, 为了使数学表达式更简洁, 我们用符号 Δ 来表示 I_k 的方差和协方差, 即对任意 $k, l \in U$, 有

$$C(I_k, I_l) = \pi_{kl} - \pi_k \pi_l = \Delta_{kl}. \tag{2.3.8}$$

当 $k = l$ 时, 由于 $\pi_{kk} = \pi_k$, 有

$$C(I_k, I_k) = V(I_k) = \pi_k(1 - \pi_k) = \Delta_{kk}. \tag{2.3.9}$$

下面的叙述需要一个个体集合的两次求和. 令 a_{kl} 表示关于个体 k 和 l 的任意相关数量, 这里 $k, l \in U$. 令 A 为任意个体的集合, $A \subseteq U$. 例如 A 可以是整个总体 U, 也可能为一个样本 s. 两次求和的形式为

$$\sum\sum\nolimits_A a_{kl},$$

它是下面公式的简记:

$$\sum_{k \in A} \sum_{l \in A} a_{kl} = \sum_{k \in A} a_{kk} + \sum_{k \in A} \sum_{\substack{l \in A \\ k \neq l}} a_{kl}.$$

另一个简单的统计量就是样本量 n_s, 它可以用样本示性变量 I_k 表示为

$$n_s = \sum\nolimits_U I_k.$$

统计量 n_s 的前两阶矩可以容易地从结论 2.3.1 中得出, 即

$$E(n_s) = \sum\nolimits_U \pi_k, \tag{2.3.10}$$

$$V(n_s) = \sum\nolimits_U \pi_k(1 - \pi_k) + \sum\sum\nolimits_{U, k \neq l}(\pi_{kl} - \pi_k \pi_l)$$

$$= \sum\nolimits_U \pi_k - \left(\sum\nolimits_U \pi_k\right)^2 + \sum\sum\nolimits_{k \neq l} \pi_{kl}. \tag{2.3.11}$$

例 2.3.3 我们回到例 2.1.2, 例 2.2.2, 例 2.3.2 中所考虑的 BE 设计, 样本量 n_s 为服从参数为 N 和 π 的二项分布的随机变量, 则

$$E_{BE}(n_s) = N\pi, \quad V_{BE}(n_s) = N\pi(1 - \pi).$$

这个结果也可从式 (2.3.10) 和式 (2.3.11) 得出. 例如, 由式 (2.3.11), 利用对所有的 k, 有 $\pi_k = \pi$; 对所有的 $k \neq l$, 有 $\pi_{kl} = \pi^2$, 则

$$V_{BE}(n_s) = N\pi - (N\pi)^2 + N(N-1)\pi^2 = N\pi(1 - \pi).$$

在第 5 章一阶段整群抽样的描述中, 我们给出另一个随机样本量的例子, 群是个体的集合, 例如, 一个社区的住户或一个班的学生. 如果群是抽取的, 样本是由中选群包含的所有个体组成的, 且群规模不同, 那么样本量, 也就是要观测的个体的数量将是一个变量.

实际操作中, 要尽量避免样本量变化大的设计, 原因之一是易变的样本量对某些类型的估计量会引起方差的增加; 更重要的原因是, 这种不可预见不利于调查计划的制订和执行.

一个固定样本量的设计是指, 只要 $p(s) > 0$, 样本 s 将包含固定个数为 n 的个体. 也就是说, 只有当样本量 n 确定时, 固定样本量设计的样本是可实现的. 但是, 对于一个固定规模的设计, 并不要求所有规模为 n 的样本都实现.

实际中的很多抽样设计, 其样本量都是固定的. 对于这些样本量固定的抽样设计, 其包含概率具有下面一些简单的性质:

结论 2.3.2 对于样本量固定为 n 的设计 $p(s)$, 有

(1) $\sum_U \pi_k = n$,

(2) $\sum\sum_{k \neq l\ U} \pi_{kl} = n(n-1)$,

(3) $\sum_{\substack{l \in U \\ l \neq k}} \pi_{kl} = (n-1)\pi_k$.

证明 如果设计 $p(s)$ 有固定的样本量 n, 则 $n_s = n$ 的概率为 1, 因此有 $E(n_s) = n$ 和 $V(n_s) = 0$. 利用式 (2.3.10) 和 (2.3.11), 我们得到结论的前两个结论, 第三个结论由下面的推导得出:

$$\sum_{\substack{l \in U \\ l \neq k}} \pi_{kl} = \sum_{\substack{l \in U \\ l \neq k}} E(I_k I_l) = E\left[I_k\left(\sum_U I_l - I_k\right)\right]$$

$$= nE(I_k) - E(I_k^2) = (n-1)\pi_k.$$

SI 设计是固定样本量设计的例子, 这个设计关于结论 2.3.2 中的三个部分的证明很容易用例 2.3.1 中计算的包含概率 π_k 和 π_{kl} 验证.

2.4 统计量和估计量

2.4.1 统计量及其统计性质

一般的统计理论用 "统计量" 来表示样本的函数, 函数值随着样本的不同而变化. 而且, 对统计量的一个基本要求是对任何给定样本, 其统计量都是可计算的. 我们想要考察一个统计量如何从随机集合 S 中的一个实现 s 到另一个实现的变化, 也就是说, 我们的兴趣在于它从样本到样本的变化.

如果 $Q(S)$ 是随机集合 S 真实值的函数, 只要满足一旦 S 的一个结果 s 被指定, s 中个体的数据被收集, $Q(s)$ 的值就可计算的条件, 则称任何这样的函数为统计量.

一个简单且重要的统计量是 $I_k(S)$, 该随机变量的定义见式 (2.3.1). 另外一个简单统计

量的例子是样本量 (S 的基数), 定义为

$$n_s = \sum_U I_k(S).$$

其他统计量的例子有随机变量 y 的样本总和 $\sum_S y_k$, 以及两个变量 y, z 的样本总和的比率 $\sum_S y_k / \sum_S z_k$ 等.

这些统计量的一个共同特征是, 一旦样本给定, 它们的值都可以计算出来. 在实际中, 当一个样本被抽取, 也就是说随机集合 S 的一个实现 s 发生了. 一旦 s 实现了, 对于样本 s 中的每一个个体 k, 就可以对所关心的研究变量, 比如变量 y 和 z 进行观测和计量. 当观测和计量完成之后, 就可以计算例中的统计量 $Q(S) = \sum_S y_k / \sum_S z_k$ 的实现值, 即

$$Q(s) = \sum_s y_k / \sum_s z_k.$$

然而, $\sum_S y_k / \sum_U z_k$ 就不是一个统计量, 因为 z 的总体总值是未知的, 是不能通过样本得到的, 除非它可以通过其他途径获得.

在本例中, 对于不同的个体 k, 从可能取得不同值 y_k 和 z_k 的意义上, y 和 z 是两个研究变量, 但是, 不认为它们是随机变量. 统计量 $Q(S)$ 的随机性只与集合 S 的随机性相关.

例中的统计量, 如 $Q(S) = \sum_S y_k / \sum_S z_k$, 一个更有效的表达式为

$$Q(S) = Q[(k, y_k, z_k) : k \in S].$$

用文字表达就是: $Q(S)$ 是 S 的函数, $\boldsymbol{y} = (y_1, y_2, \cdots, y_N)$ 和 $\boldsymbol{z} = (z_1, z_2, \cdots, z_N)$ 仅通过 $k \in S$ 的那些 y_k, z_k 的值依赖于 $\boldsymbol{y}$ 和 $\boldsymbol{z}$. $Q(S)$ 的实现值可从配对 (y_k, z_k) 的集合计算得到, 这些配对 (y_k, z_k) 与实现样本 s 中的个体 k 相联系. 为简化, 我们把 $Q(S)$ 记为统计量, 而 $Q(s)$ 为实现值.

统计量 $Q(S)$ 是随机变量, 它有多种统计性质, 比如期望和方差. 统计量 $Q = Q(S)$ 的期望和方差分别定义如下:

$$E(Q) = \sum_{s \in \gamma} p(s) Q(s),$$
$$V(Q) = E[(Q - E(Q))^2] = \sum_{s \in \gamma} p(s)(Q(s) - E(Q))^2.$$

两个统计量 $Q_1 = Q_1(S)$ 和 $Q_2 = Q_2(S)$ 的协方差定义为

$$C(Q_1, Q_2) = E[(Q_1 - E(Q_1))(Q_2 - E(Q_2))]$$
$$= \sum_{s \in \gamma} p(s)(Q_1(s) - E(Q_1))(Q_2(s) - E(Q_2)).$$

注意，这些定义关系到在给定抽样设计 $p(s)$ 下所有可能样本的变化．为强调这一点，设计期望、设计方差、设计协方差等术语会经常在文献中用到．这里，我们不用 "设计" 这个词也不会产生误解．例如，设计期望 $E(Q)$ 是 $Q(s)$ 值的加权平均值，$Q(s)$ 的权重为 s 被抽中的概率 $p(s)$．

当比较和考察统计量时，通常的兴趣在于确定它们的期望 $E(Q)$，方差 $V(Q)$ 或者协方差 $C(Q_1, Q_2)$．对于简单统计量 $Q(S)$，特别是线性统计量，它们的期望和方差能够很容易地用精确的解析表达式评价，我们将在后面详细说明．而对于复杂统计量，它们的期望和方差用精确的解析表达式进行评价就没么容易．但是不管 $Q(S)$ 是不是简单统计量，它们都存在一个期望 $E(Q)$ 和方差 $V(Q)$ 的 "一长串频率解释"．假设从总体容量为 N 的总体中用 SI 设计抽取 10 000 个样本量为 n 的相互独立的样本，每个样本抽取后，再放回总体，接着抽取下一个样本．对每一个样本，$Q(S)$ 的值都是可以计算的．我们可以利用计算机计算得到这 10 000 个 $Q(S)$ 值的均值和方差．如此获得的这些值将逼近期望 $E(Q(S))$ 和方差 $V(Q(S))$．这种很难用解析式表达的近似计算方法被称为 Monte Carlo 模拟．

在抽样调查中，我们可以把统计量的期望和方差的频率解释 (frequency interpretation) 描述为：在用给定抽样设计 $p(\cdot)$ 从有限总体抽取一长串重复样本的连续过程中，$Q(s)$ 值的均值和方差将分别接近于它们的理论值．被实现样本的数量是决定这些近似值准确性的关键因素．比如，若从 $N = 20$ 的总体中抽取样本量 $n = 10$ 的样本，则可能的样本数为 $\binom{20}{10} = 184\,756$，在模拟中实现的 10 000 个样本占可能样本的 $10\,000/184\,756 \doteq 5.41\%$．再比如，如果从总体容量为 $N = 5\,000$ 的总体中抽取样本量 $n = 100$ 的样本，则全部可能样本的数量约为 3.1×10^{211}．显然，例中 10 000 个重复样本只占全部可能样本很小的比例．但是，依据这两种情况计算的它们的均值和方差都能得到真实期望和真实方差的近似，只是前一种情况接近真实期望和真实方差的近似程度更高．

Monte Carlo 模拟方法是评价复杂估计量统计性质的一个非常有用的工具，统计学家根据需要模拟它所需要的样本数量．虽然模拟需要大量的计算，但是统计学家只把这种模拟方法作为研究复杂统计量统计性质的工具，并不会在实际调查中实施．在实际调查中，通常只抽一个样本，并依据调查样本的信息对有限总体做出估计．

2.4.2 估计量及其统计性质

用来估计总体参数的统计量称为估计量．本书研究的大部分统计量都是不同类型的估计量．估计量是一种统计思想，即对于大多数样本，通过它产生的估计值希望能靠近估计的未知总体的数量．这些未知总体的数量被称为参数，一般用符号 θ 表示．

如果只有一个研究变量 y，我们可把 θ 看作是 $y_1, y_2, \cdots, y_N$ 的函数，即

$$\theta = \theta(y_1, y_2, \cdots, y_N).$$

参数的例子包括: 总体总值
$$\theta = t = \sum\nolimits_U y_k;$$
总体均值
$$\theta = \overline{y}_U = \left(\sum\nolimits_U y_k\right)\Big/N;$$
总体方差
$$\theta = S_{yU}^2 = \sum\nolimits_U (y_k - \overline{y}_U)^2 \Big/ (N-1)$$
$$= \sum\nolimits_U y_k^2 \Big/(N-1) - \left(\sum\nolimits_U y_k\right)^2 \Big/ N(N-1).$$

一个参数可能是两个或多个研究变量值的函数, 比如, y 和 z 的总体总值的比率
$$\theta = \frac{\sum_U y_k}{\sum_U z_k}. \tag{2.4.1}$$

我们用如下形式表示 θ 的估计量:
$$\widehat{\theta} = \widehat{\theta}(S).$$

如果 s 是随机集合 S 的一个实现, 那么依据样本中个体 $k \in s$ 的研究变量值 $y_k, z_k, \cdots$ 来计算 $\widehat{\theta}$ 是可能的. 例如, 在 SI 设计下, 我们经常用
$$\widehat{\theta} = N\frac{\sum_s y_k}{n}$$
作为参数 $\theta = \sum\nolimits_U y_k$ 的估计量; 下式
$$\widehat{\theta} = \frac{\sum_s y_k}{\sum_s z_k}$$
是式 (2.4.1) 给出的参数 θ 的常用估计量.

如何判断一个估计量的好与不好, 直观地看, 一个围绕未知参数 θ 变化微小的估计量好于变化大的估计量. 虽然这种直观的说明易于理解, 但是它无法测度计量, 不便于比较, 我们还需要从理论上讨论估计量的统计性质.

统计量是随机变量, 从而估计量也是随机变量, 统计量是样本的函数, 同样, 估计量也是样本的函数. 一个估计量 $\widehat{\theta}$ 的抽样分布意味着, 对 $\widehat{\theta}$ 的所有可能值以及在所使用的抽样设计 $p(s)$ 下得到的每一个 $\widehat{\theta}$ 值的概率要有一个详细描述. 也就是说, 对于 $\widehat{\theta}$ 的每一个可能值 c, 对 $\widehat{\theta}$ 的抽样分布的精确表述要求一个对其概率的详细说明, 用公式表示为
$$\Pr(\widehat{\theta} = c) = \sum_{s \in \gamma_c} p(s), \tag{2.4.2}$$

这里 γ_c 为 $\widehat{\theta} = c$ 的样本 s 的集合.

对于一个给定 y 值的总体, 即给定 $y_1, y_2, \cdots, y_N$ 值的总体, 一个给定的设计和一个给定的统计量, 从理论上给出一个统计量 $\widehat{\theta}$ 的精确抽样分布是可能的. 然而对于大多数实际研究的有限总体来说, 由于可能的样本数量和 $\widehat{\theta}$ 的可能值的数量都非常大, 所要求的计算量都是难以承受的. 面对巨大的计算量, 描述估计量 $\widehat{\theta}$ 抽样分布重要方面的概要性度量就成为必要. 根据 2.4.1 小节中对统计量 $Q = Q(S)$ 的期望和方差的定义, 下面给出对应于估计量抽样分布的概要性度量. $\widehat{\theta}$ 的期望为

$$E(\widehat{\theta}) = \sum_{s \in \gamma} p(s) \widehat{\theta}(s),$$

它是 $\widehat{\theta}$ 的所有可能值 $\widehat{\theta}(s)$ 的加权平均, 相应概率 $p(s)$ 为它的权重. $\widehat{\theta}$ 的方差为

$$V(\widehat{\theta}) = \sum_{s \in \gamma} p(s) \left(\widehat{\theta}(s) - E(\widehat{\theta}) \right)^2.$$

能够说明估计量质量的两个重要度量指标, 一个是偏差, 另一个是均方误差. $\widehat{\theta}$ 的偏差定义为

$$B(\widehat{\theta}) = E(\widehat{\theta}) - \theta.$$

如果一个估计量的偏差满足:

$$B(\widehat{\theta}) = 0, \quad \text{对所有的 } \boldsymbol{y} = (y_1, y_2, \cdots, y_N)^{\mathrm{T}} \in \mathbb{R}^N,$$

则称该估计量 $\widehat{\theta}$ 为无偏估计量. $\widehat{\theta}$ 的均方误差定义为

$$MSE(\widehat{\theta}) = E(\widehat{\theta} - \theta)^2 = \sum_{s \in \gamma} p(s)(\widehat{\theta}(s) - \theta)^2.$$

一个容易核实的结果是

$$MSE(\widehat{\theta}) = V(\widehat{\theta}) + (B(\widehat{\theta}))^2. \tag{2.4.3}$$

如果 $\widehat{\theta}$ 是 θ 的无偏估计量, 依据式 (2.4.3), 有

$$MSE(\widehat{\theta}) = V(\widehat{\theta}).$$

估计值是由估计量 $\widehat{\theta} = \widehat{\theta}(S)$ 产生的, 当随机集合 S 中指定的结果 s 被观测并且个体 $k \in s$ 的研究变量值 $y_k, z_k, \cdots$ 被观测记录后, 估计值 $\widehat{\theta}(s)$ 是可以计算出来的. 例如, 对于一个有 n 个个体的 SI 样本, 随机变量

$$\widehat{\theta}(S) = N \frac{\sum_S y_k}{n} = N \frac{\sum_U I_k y_k}{n}$$

是 $\theta = \sum_U y_k$ 的一个估计量. 对于特定结果 s, 得到估计值

$$\widehat{\theta}(s) = N\frac{\sum_s y_k}{n}.$$

以后, 在不至于引起混淆的情况下, 我们将忽略这种在随机集合 S 和 S 的实现 s 之间的印刷区别.

如果估计量的加权平均数 (即对所有的可能样本以它的概率 $p(s)$ 作为权重) 等于未知的参数值, 则称该估计量是无偏的. 在概率抽样中, 大多数重要的估计量是无偏的或近似无偏的. 在大样本中, 近似无偏估计量的偏差是不重要的. 只要样本量达到一定的规模, 大部分近似无偏估计量的偏差实际上都很小, 甚至中等规模的样本也如此.

需要强调的是, 估计量 $\widehat{\theta}$ 无偏指的是它的平均性质, 针对的是全部可能样本, 其偏差 $\widehat{\theta}-\theta$ 的概率加权平均数为零. 但是, 说一个估计值有偏或无偏, 严格来说是不准确的, 也是没有意义的. 每一个估计值都是从已实现的特定样本计算得到的一个常数, 允许它们偏离参数值. 只有把所有可能样本都考虑进来, 这种无偏性的讨论才有意义.

尽管无偏性和近似无偏性是合乎需要的性质, 但是它不能说明估计量的不同值离散程度的大小, 而这是考察估计量质量的另一个重要方面. 估计量的离散程度需要用均方误差或方差 (估计量无偏时) 度量.

对于一个参数 θ, 当需要在几个可能的估计量 $\widehat{\theta}_1, \widehat{\theta}_2, \cdots$ 中挑选的时候, 一种直观的想法是挑出一个它的抽样分布比较窄地集中在未知参数值 θ 周围的估计量. 这启发我们用 "小均方误差" 作为挑选估计量的准则. 因为, 如果 $MSE(\widehat{\theta}) = V(\widehat{\theta}) + (B(\widehat{\theta}))^2$ 小, 就有很强的理由认为在调查中实际抽取的样本将会产生一个接近真实值的估计值. 然而, 我们必须有这样的认识, 即使抽样分布紧紧地集中在 θ 的周围, 总还是存在个别坏样本发生的可能性, 依据坏样本计算的估计值远离 θ, 落在分布一侧的尾巴上, 尽管概率很小.

统计调查工作者应该尽量避免选用偏差大的估计量, 要在估计量中寻找至少近似无偏并且有小方差的估计量. 因为偏差大的估计量不能得到有效置信区间 (更进一步的解释见 3.1 节).

方差的平方根 $(V(\widehat{\theta}))^{1/2}$ 被称为估计量 $\widehat{\theta}$ 的标准误. 估计量的标准误与期望的比率

$$CV(\widehat{\theta}) = (V(\widehat{\theta}))^{1/2}/E(\widehat{\theta})$$

称为相对标准误或估计量的变异系数. 除非总体容量 N 很小, 样本量 n 也不大, 估计量的变异系数在实际中是很难获得的, 它只有理论上的意义, 因此又把它称为估计量的理论变异系数. 估计量的理论变异系数是一个相对复杂的有限总体特征.

作为估计阶段的一个部分, 估计量方差的估计值通常从调查数据中计算得到, 记这个估计值为 $\widehat{V}(\widehat{\theta})$, 它的量纲是研究变量计量单位的平方. 比如, 若研究变量的计量单位为人民币

元, 则 $\widehat{V}(\widehat{\theta})$ 的量纲为 (元)^2. 这在实际应用中很不方便: 一是数量很大, 不便于表示; 二是不同量纲的变量, 不便于比较. 因此, 更有效的无量纲数量

$$cve(\widehat{\theta}) = (\widehat{V}(\widehat{\theta}))^{1/2}/\widehat{\theta} \tag{2.4.4}$$

被经常计算并以百分比的形式表示. 当无偏或接近无偏的估计量用来估计参数 θ 时, 它是一个方便且应用广泛的可由调查得到的精度指标. 实际中, 大部分调查统计人员称这个数量 cve 为估计量变异系数. 这样的称谓是不准确的, 一个接近准确的说法是, 可把它看成估计量理论变异系数 $(V(\widehat{\theta}))^{1/2}/E(\widehat{\theta})$ 的一个估计. 一般认为: $cve \leqslant 3\%$ 是好的; $cve \geqslant 10\%$ 不可接受. 这只是一种经验的说法, 在实际问题中, 应该具体问题具体分析. 本书中的许多数值例子和习题都要求根据式 (2.4.4) 的定义计算 cve.

2.5 π 估 计 量

在 2.2 节中, 我们详细论述了抽样设计, 解决了样本是怎样抽出来的问题. 现在的问题是, 在运用某种抽样设计抽取了一个样本, 并且经过实地调查取得了样本数据后, 需要用哪种估计方法或者选择什么样的估计量对总体参数进行估计, 比如对总体总值 $t = \sum_U y_k$ 的估计. 对于这样的估计问题, 我们考察下面的估计量:

$$\widehat{t}_\pi = \sum_s \frac{y_k}{\pi_k}. \tag{2.5.1}$$

这个估计量可以表达成样本示性变量 $I_k(k \in U)$ 的线性函数形式:

$$\widehat{t}_\pi = \sum_U \frac{I_k y_k}{\pi_k}. \tag{2.5.2}$$

y_k/π_k 这一项可以看作是把第 k 个个体的观测值 y_k 扩大 $1/\pi_k$ 倍, 称为第 k 个个体 y_k 的 π 放大值, 估计量 (2.5.1) 只不过是这些 π 放大值的样本总和.

一个变量值的放大是通过除以它的包含概率得到的, 这在本书中会经常出现, 需要用一个特殊的符号来表示, 我们选择 "⌣" 表示, 即 $\breve{y}_k = y_k/\pi_k, \breve{x}_k = x_k/\pi_k$ 等.

式 (2.5.1) 和式 (2.5.2) 中的估计量可用如下形式表示:

$$\widehat{t}_\pi = \sum_s \breve{y}_k = \sum_U I_k \breve{y}_k. \tag{2.5.3}$$

在这里, 随机个体用 s 表示, 或等价地用样本示性变量 $I_1, \cdots, I_k, \cdots, I_N$ 表示, π 放大值 $\breve{y}_k$ 是确定的常数.

π 放大起到增加样本中个体重要性的效果, 因为样本包含的个体比总体少得多, 出现在样本中的第 k 个个体, 它要代表 $1/\pi_k$ 个总体中的个体, 放大是为了达到总体水平. 公式

(2.5.1) 体现了一个极其重要的原理, 即在样本抽取中, 任意 $k \in U$ 的个体的包含概率都为正时, 用 π 放大样本值可以得到一个总体总值的无偏估计量.

式 (2.5.1) 中的估计量 $\widehat{t}_\pi$, 我们称之为 π 估计量 (π estimator). Horvitz 和 Thompson (1952) 曾利用此估计量来估计 $t = \sum_U y_k$, 所以式 (2.5.1) 中的 π 估计量也常称为 Horvitz-Thompson 估计量.

结论 2.5.1 π 估计量

$$\widehat{t}_\pi = \sum_s \widecheck{y}_k \tag{2.5.4}$$

是总体总值 $t = \sum_U y_k$ 的无偏估计量, π 估计量的方差为

$$V(\widehat{t}_\pi) = \sum\sum_U \Delta_{kl} \widecheck{y}_k \widecheck{y}_l, \tag{2.5.5}$$

其中 $\Delta_{kl} = \pi_{kl} - \pi_k \pi_l$. 如果对所有的 $k, l \in U$, 都有 $\pi_{kl} > 0$, 那么 $V(\widehat{t}_\pi)$ 的一个无偏估计量为

$$\widehat{V}(\widehat{t}_\pi) = \sum\sum_s \widecheck{\Delta}_{kl} \widecheck{y}_k \widecheck{y}_l, \tag{2.5.6}$$

其中 $\widecheck{\Delta}_{kl} = \Delta_{kl}/\pi_{kl}$.

证明 (1) 因为 $E(I_k) = \pi_k$, 且对任意的 $k \in U$, 有 $\pi_k > 0$, 则

$$E(\widehat{t}_\pi) = E\left(\sum_U \frac{I_k y_k}{\pi_k}\right) = \sum_U E(I_k) \frac{y_k}{\pi_k}$$

$$= \sum_U \pi_k \frac{y_k}{\pi_k} = \sum_U y_k = t.$$

因而 $\widehat{t}_\pi = \sum_s \widecheck{y}_k$ 是 $t = \sum_U y_k$ 的无偏估计量.

(2) 为了得到 π 估计量的方差, 利用下面的公式:

$$\widehat{t}_\pi = \sum_U \widecheck{y}_k I_k,$$

这里的 $\widecheck{y}_k$ 为常数, I_k 为样本示性随机变量. 上述公式右边可以看成是一个示性随机变量的线性组合的形式, 则 π 估计量的方差可以分解为

$$V(\widehat{t}_\pi) = V(\widecheck{y}_1 I_1 + \cdots + \widecheck{y}_k I_k + \cdots + \widecheck{y}_N I_N)$$

$$= \sum_U V(I_k) \widecheck{y}_k^2 + \sum\sum_{k \neq l\; U} C(I_k, I_l) \widecheck{y}_k \widecheck{y}_l.$$

因为有 $C(I_k, I_l) = \Delta_{kl}, V(I_k) = \Delta_{kk}$, 因此,

$$V(\widehat{t}_\pi) = \sum_U \Delta_{kk} \widecheck{y}_k^2 + \sum\sum_{k \neq l\; U} \Delta_{kl} \widecheck{y}_k \widecheck{y}_l$$

$$= \sum\sum_U \Delta_{kl} \widecheck{y}_k \widecheck{y}_l. \tag{2.5.7}$$

(3) 下面证明式 (2.5.6) 中的方差估计量的无偏性. 利用示性变量 I_k, 且对于所有的 $k, l \in U$, 有 $\pi_{kl} > 0$, 则式 (2.5.6) 可写为

$$\widehat{V}(\widehat{t}_\pi) = \sum\sum_U I_k I_l \, \breve{\Delta}_{kl} \, \breve{y}_k \, \breve{y}_l.$$

又因为以下式子成立:

$$E(I_k I_l \, \breve{\Delta}_{kl}) = \pi_{kl} \, \breve{\Delta}_{kl} = \Delta_{kl},$$

即可得出我们需要的结果:

$$E(\widehat{V}(\widehat{t}_\pi)) = V(\widehat{t}_\pi).$$

式 (2.5.5) 表示的方差可以直接以原始观测值 y_k 表示:

$$V(\widehat{t}_\pi) = \sum\sum_U \left(\frac{\pi_{kl}}{\pi_k \pi_l} - 1\right) y_k y_l = \sum\sum_U \frac{\pi_{kl}}{\pi_k \pi_l} y_k y_l - \left(\sum_U y_k\right)^2; \tag{2.5.8}$$

同样, 式 (2.5.6) 表示的方差估计量也可用原始观测值 y_k 表示:

$$\widehat{V}(\widehat{t}_\pi) = \sum\sum_s \frac{1}{\pi_{kl}} \left(\frac{\pi_{kl}}{\pi_k \pi_l} - 1\right) y_k y_l. \tag{2.5.9}$$

作为惯例, π 放大样本求和的估计量将会在本书中经常出现, 在讨论它们的方差和方差估计量时, 会反复得到类似式 (2.5.5) 和式 (2.5.6) 的表达式. 需要注意的是, 这两个表达式都用了两次求和的结构, 它们是由两部分组成: 一部分为随机变量 I_k 的方差, 另一部分为 I_k 和 I_l 的协方差. 归因于协方差 $C(I_k, I_l) = \Delta_{kl}, k \neq l$ 的这一项在 $\widehat{t}_\pi$ 的方差中起着重要的作用, 它通常是不能忽略的. 一般情况下, I_k 既不是独立的, 也不是同分布的. 如果所有的 y_k 都为正数, 则负的协方差朝减小方差的方向起作用.

SI 设计就是其中的一个例子, 它的抽样比为 $f = n/N$, 则

$$\begin{cases} \Delta_{kk} = f(1-f), & \text{对所有的 } k, \\ \Delta_{kl} = -f(1-f)/(N-1), & \text{对所有的 } k \neq l. \end{cases}$$

对于 BE 设计, I_k 是独立同分布的, 则

$$\begin{cases} \Delta_{kk} = \pi(1-\pi), & \text{对所有的 } k, \\ \Delta_{kl} = 0, & \text{对所有的 } k \neq l. \end{cases}$$

本书中的许多结论都是用结论 2.5.1 所用的方式给出的, 这就是: 一个估计量, 该估计量的方差, 估计量方差的估计量. 估计量的方差通常是一个未知量, 它依赖于总体的完备集 $y_1, y_2, \cdots, y_N$ 的值, 可以作为在几个策略中进行理论比较的工具, 而被估计的估计量方差是可以依据样本数据计算的, 它是一个衡量调查估计值质量的指标.

对于固定样本量的抽样设计,我们还可以给出另外一种估计量方差和方差估计量的表达形式.

结论 2.5.2 如果 $p(s)$ 是一个固定样本量的抽样设计,则 π 估计量的方差可以表达成如下形式:
$$V(\widehat{t}_\pi) = -\frac{1}{2}\sum\sum_U \Delta_{kl}(\breve{y}_k - \breve{y}_l)^2. \tag{2.5.10}$$

假设对于所有 $k \neq l \in U$, 都有 $\pi_{kl} > 0$, 则 $V(\widehat{t}_\pi)$ 的一个无偏估计量为
$$\widehat{V}(\widehat{t}_\pi) = -\frac{1}{2}\sum\sum_s \breve{\Delta}_{kl}(\breve{y}_k - \breve{y}_l)^2. \tag{2.5.11}$$

证明 (1) 当样本量固定为 n 时,我们先证明式 (2.5.10) 与式 (2.5.5) 是等价的. 将式 (2.5.10) 展开并整理,可得
$$V(\widehat{t}_\pi) = \sum\sum_U \Delta_{kl}\breve{y}_k\breve{y}_l - \sum\sum_U \Delta_{kl}\breve{y}_k{}^2, \tag{2.5.12}$$

其中等式右边第二项为
$$\sum\sum_U \Delta_{kl}\breve{y}_k{}^2 = \sum_{k\in U}\breve{y}_k{}^2 \sum_{l\in U}\Delta_{kl}. \tag{2.5.13}$$

利用结论 2.3.2, 在 k 固定的情况下, 可得
$$\sum_{l\in U}\Delta_{kl} = \sum_{l\in U}\pi_{kl} - \sum_{l\in U}\pi_k\pi_l = n\pi_k - n\pi_k = 0.$$

因此,可知式 (2.5.5) 与式 (2.5.10) 等价.

(2) 为了证明式 (2.5.11) 中的方差估计量的无偏性, 对式 (2.5.11) 做如下变形:
$$\widehat{V}(\widehat{t}_\pi) = -\frac{1}{2}\sum\sum_U I_k I_l \breve{\Delta}_{kl}(\breve{y}_k - \breve{y}_l)^2,$$

且假设对所有的 $k, l \in U$, 都有 $\pi_{kl} > 0$. 由于 $E(I_k I_l) = \pi_{kl}$, 则有
$$E(I_k I_l \breve{\Delta}_{kl}) = \Delta_{kl}.$$

由此, 可得出我们所要证明的结论:
$$E(\widehat{V}(\widehat{t}_\pi)) = V(\widehat{t}_\pi).$$

式 (2.5.6) 中的方差估计量是由 Horvitz 和 Thompson (1952) 提出的, 因此一般可称为 Horvitz-Thompson 方差估计量. 式 (2.5.11) 中的方差估计量是由 Yates 和 Grundy (1953)、Sen (1953) 最早提出的, 因此一般又可称为 Yates-Grundy-Sen 方差估计量.

需要指出的是, 只要是固定样本量设计, 式 (2.5.5) 和式 (2.5.10) 给出的两个方差就是等价的. 然而, 对于这样一个设计, 由式 (2.5.6) 和式 (2.5.11) 表示的两个方差估计量虽然都是无偏的, 但未必相等. 冯士雍, 倪加勋和邹国华 (2012) 指出, 式 (2.5.6) 表示的方差估计量不太稳定, 有时可能为负值, 相对而言, 当 n 固定时, 式 (2.5.11) 表示的方差估计量更稳定些.

这里我们有必要回顾一下 2.2 节、2.3 节和 2.4 节的内容. 2.2 节介绍了抽样设计的概念, 2.3 节介绍了样本示性变量和包含概率, 2.4 节介绍了统计量和估计量, 以及它们的统计性质. 本节在前面三节的基础上, 引入了 π 估计量. 这四节内容是一个有机联系的整体, 具体关系为: 对于给定的抽样设计 $p(s)$, 可以确定总体中个体的一阶和二阶包含概率, 利用这些一阶和二阶包含概率以及研究变量值, 就可以得到总体参数的 π 估计量, 以及估计量的方差和估计量方差的估计量. 比如, 最常见的总体参数之一, 总体总值 $t = \sum_U y_k$, 它的 π 估计量为

$$\widehat{t}_\pi = \sum_s y_k/\pi_k,$$

其估计量方差为

$$V(\widehat{t}_\pi) = \sum\sum_U \Delta_{kl}\, \widecheck{y}_k\, \widecheck{y}_l,$$

其估计量方差的估计量为

$$\widehat{V}(\widehat{t}_\pi) = \sum\sum_s \widecheck{\Delta}_{kl}\, \widecheck{y}_k\, \widecheck{y}_l.$$

可见, π 估计量是与抽样设计相联系的一个估计量, 不同的抽样设计, 会给出不同的包含概率, 最终也会使 π 估计量具有不同的形式. 也就是说, π 估计量是一个与具体抽样设计 $p(s)$ 相联系的一般公式. 抽样设计 $p(s)$ 一旦确定, 那么 π 估计量就会变成一个具体抽样设计下的估计量公式. 具体的抽样设计可以为 SI 设计, 也可以为 BE 设计, 还可以是其他复杂的抽样设计. 由于在实际调查中, 往往都是先确定具体的抽样设计, 抽样设计确定了, 包含概率也就随之确定了, 然后再进行调查, 因此 π 估计量就变成确定抽样设计下的一个具体的估计量公式. 这也就是说, 在实际调查中, 是不会应用到 π 估计量的一般公式的.

π 估计量的一般形式是深入研究一般抽样理论非常便利的工具, 运用 π 估计量这个工具, 得出的一般性的理论成果很容易推广到具体抽样设计下的不同情况. 正是基于此, 本书把 π 估计量作为研究的工具, 后面的研究内容大都是以包含概率和 π 估计量为基础的.

为了能更好地理解在具体抽样设计下 π 估计量公式是怎样由一般公式推广到具体的估计量公式的, 我们以 SI 设计为例进行说明.

例 2.5.1 考虑 SI 设计下的 π 估计量.

在例 2.3.1 中, 式 (2.3.4) 和式 (2.3.5) 分别给出了 SI 设计下的一阶和二阶包含概率

$$\pi_k = n/N, \quad \pi_{kl} = n(n-1)/N(N-1), \quad k \neq l = 1, 2, \cdots, N,$$

则 SI 设计下的 π 估计量具体可以表达为

$$\widehat{t}_\pi = \sum_s \frac{y_k}{\pi_k} = \sum_s \frac{N}{n} y_k = N \sum_s \frac{y_k}{n} = N\overline{y}_s,$$

这里 $\overline{y}_s = \sum_s y_k/n$, 即研究变量 y 的样本均值. SI 设计是固定样本量设计, 则由式 (2.5.10)

和式 (2.5.11) 可推出估计量的方差和方差的估计量.

令 $f = n/N$ 为抽样比, 且令

$$S_{yU}^2 = \sum_U (y_k - \overline{y}_U)^2/(N-1)$$

为变量 y 的总体方差, 其中 $\overline{y}_U = \sum_U y_k/N$ 为变量 y 的总体均值. 当 $k \neq l$ 时,

$$\Delta_{kl} = \pi_{kl} - \pi_k \pi_l = -f(1-f)/(N-1).$$

由式 (2.5.10) 可得估计量的方差为

$$\begin{aligned}
V_{SI}(\widehat{t}_\pi) &= -\frac{1}{2} \sum \sum_U \Delta_{kl} (\breve{y}_k - \breve{y}_l)^2 \\
&= -\frac{1}{2} \left[-\frac{f(1-f)}{N-1} \right] \frac{1}{f^2} \sum \sum_U \left[(y_k - \overline{y}_U) - (y_l - \overline{y}_U) \right]^2 \\
&= \frac{(1-f)}{2f(N-1)} \cdot 2N(N-1) S_{yU}^2 \\
&= N^2 \frac{1-f}{n} S_{yU}^2 = N^2 \left(\frac{1}{n} - \frac{1}{N} \right) S_{yU}^2.
\end{aligned}$$

由式 (2.5.11) 可得方差估计量为

$$\widehat{V}_{SI}(\widehat{t}_\pi) = N^2 \frac{1-f}{n} S_{ys}^2,$$

其中 $S_{ys}^2 = \sum_s (y_k - \overline{y}_s)^2/(n-1)$ 为研究变量 y 的样本方差.

通过例 2.5.1 可知, π 估计量的公式及其方差和方差估计量的公式, 在 SI 设计下的具体表达式与我们在其他的抽样教科书中见到的简单随机抽样下的估计量及其方差和方差估计量的公式是一样的. 它验证了作为一般化的 π 估计量的正确性. 在实际的抽样调查中, 我们将用到各种不同的抽样设计, 不同的抽样设计会有不同的包含概率, 我们只要将不同抽样设计下的包含概率带入一般化的 π 估计量公式及其方差和方差估计量的公式中, 就可以得到各种抽样设计下的估计量及其方差和方差估计量的具体公式.

2.6 放 回 抽 样

在 2.1 节中描述了两类基本的样本抽取方案, 一类是逐个抽取序列方案, 另一类是序列清单抽取方案. 逐个抽取序列方案是由从总体中随机抽取的数量组成的, 每抽取一次, 总体的一个个体被选择. 这种方案的实施又有两种方式: 一种是无放回抽样方式, 即每次抽取的个体, 抽取之后不被放回, 除第一个被抽取的个体外, 其余个体都是在前面抽取之后从总体中剩下的个体中抽取, 样本中的个体不会重复; 另一种是放回抽样方式, 即每次抽取的个体,

抽取之后都要放回, 每个个体的抽取都是在相同的总体中抽取, 每次抽取的条件都相同, 但是这种抽取方式, 同一个个体有可能被多次抽中. 在这里区分放回方案和无放回方案很重要. 在放回方案中, 已经抽取的个体可以被再次选择, 在无放回方案中, 已经抽取的个体不能被再次选择.

由于放回抽样存在同一个体被多次抽中的可能, 而无放回抽样则不会发生这种情况. 同样的抽取次数, 二者包含的有效信息量是不同的, 一般来说总是无放回抽取包含的信息量更大, 除非放回抽样每次抽取的个体没有重复, 此时二者包含的信息量相同, 因此在抽样调查的理论和实践中, 更多关注的是无放回抽样的抽取技术. 然而, 考察放回抽样方案的程序也是有益的, 这是因为: 一是关于放回情形的估计量有非常简单的统计性质; 二是现实中某些调查对象受客观条件的限制, 存在只能实施放回抽样的需求; 三是抽样调查的基本原理需要对放回和无放回的基本区别作出描述.

例 2.6.1 考虑一个给定独立抽取次数为 m 的方案, 每次抽取, 总体中 N 个个体的每一个都有相同的被抽取的概率, 这个概率为 $1/N$. 每次抽取完毕, 抽出的个体又被放回总体, 以便所有的 N 个个体能参与每次抽取. 显然, 同一个个体可能被抽取一次以上. 这是有放回的简单随机抽样 (simple random sampling with replacement), 我们将这种抽样设计标记为 SIR.

由于总体中的每个个体都有可能被多次抽中, 我们有必要对下面几种情形予以讨论:

(1) 任一个体在 m 次抽取中正好被抽到 r 次, 其相应的概率为

$$\binom{m}{r}\left(\frac{1}{N}\right)^r\left(1-\frac{1}{N}\right)^{m-r}.$$

(2) 任意给定个体在 m 次抽取中没有一次被抽中, 其相应的概率为

$$\left(1-\frac{1}{N}\right)^m.$$

(3) 第 k 个个体在 m 次抽取中至少被抽中一次, 其相应的概率, 也就是在 SIR 设计下它的包含概率为

$$\pi_k = 1 - \left(1-\frac{1}{N}\right)^m, \quad k=1,2,\cdots,N. \tag{2.6.1}$$

在有放回抽样方案中, 由于同一个个体有可能被多次抽中, 样本的抽取次数和构成样本的不同个体的数量是不同的, 我们通常定义的样本量 n_s 在这里是一个随机变量, 因此, 对 "样本" 这个词的解释我们必须很小心. 这一问题在国内的大多数抽样教材中被忽视了. 令 k_i 表示在第 i 次被抽中的个体, $i=1,2,\cdots,m$, 这里的 m 为抽取的次数. 这个被抽取到个体的向量

$$os = (k_1, k_2, \cdots, k_m) \tag{2.6.2}$$

构成了一个有序样本 (ordered sample). 它既包含了抽取次序的信息, 也包含了个体被重复抽取的信息, 也就是每个个体被抽中次数的信息. 在由式 (2.6.2) 表示的样本中, 同一个个体出现的次数可能超过一次. 有序样本的概率分布称为由该方案引起的有序抽样设计 (ordered sampling design).

这里我们也可以考虑用本章一直使用的理论设置 (set-theoretical) 样本概念, 也就是说, 给定有序样本 (2.6.2), 我们可获得相应的设置样本 s, 即

$$s = \{k : k = k_i \text{ 对某些 } i; i = 1, 2, \cdots, m\}. \tag{2.6.3}$$

s 的样本量 n_s 是一个随机变量, 且 $n_s \leqslant m$ 的概率为 1. 现在, 集合 s 既没包含抽取次序, 也不包含重复性的信息. 从估计的目的看, 它不引起信息的损失. 有序抽样设计为设置样本 s 导出了一个确定的概率分布 $p(\cdot)$.

某些具有非常简单统计性质的估计量能够从有序样本中获得, 然而, 基于相应的设置样本的估计量, 其分析会复杂很多.

例 2.6.2 重新考虑例 2.6.1 中定义的有放回简单随机抽样 (m 次抽取). 对于确定的 m, 有 N^m 个不同 (但是等可能) 的有序样本, 因此任意容量为 m 的有序样本的概率为 $1/N^m$, 任何其他有序样本的概率为 0. 这种与 SIR 相联系的有序设计, 是一个在固定规模为 m 的所有有序样本集合上的均匀分布, 而由 SIR 导出的设置样本的分布却相当复杂. 我们没有必要知道这个分布的精确形式, 但是不难证明它的一阶和二阶包含概率分别为

$$\begin{aligned}\pi_k &= 1 - \left(1 - \frac{1}{N}\right)^m, \quad k = 1, 2, \cdots, N, \\ \pi_{kl} &= 1 - 2\left(1 - \frac{1}{N}\right)^m + \left(1 - \frac{2}{N}\right)^m, \quad k \neq l = 1, 2, \cdots, N.\end{aligned} \tag{2.6.4}$$

以上讨论的有放回抽样, 描述的仅仅是每次抽取时, 总体中每个个体都以相同的概率被抽取的情形. 实际中, 放回抽样还存在另一种情形, 即在每次抽取时, 总体中的个体可能以不同的概率被抽取, 而且这种情形更普遍. 用一个简单的步骤就可以把有放回简单随机抽样一般化, 一般化后的程序允许用不等概率抽取不同个体, 而继续保留其抽取的独立性. 有放回抽样的一般形式有以下特点: 假定 $p_1, \cdots, p_k, \cdots, p_N$ 为给定的正数, 且满足 $\sum_U p_k = 1$. 通过以下形式抽取: 第一个个体的抽取方式为

$$\Pr(\text{抽取个体 } k) = p_k, \quad k = 1, 2, \cdots, N,$$

放回被抽中的个体 k_1, 第二个个体 k_2 以同样的概率集合抽取, 如此直到第 m 个个体 k_m 被抽取. 这 m 次抽取是相互独立的, 每次抽取面对的概率集合是相同的, 这就是我们通常所说的独立同分布. 因此, 所得到的指定有序样本 $(k_1, k_2, \cdots, k_m)$ 的概率为

$$\Pr((k_1, k_2 \cdots, k_m)) = p_{k_1} p_{k_2} \cdots p_{k_m}.$$

以上就是对有序抽样设计的描述.

相应的设置样本分布是复杂的, 然而, 不难看出第 k 个个体至少被抽中一次的概率为

$$\pi_k = 1 - (1 - p_k)^m, \tag{2.6.5}$$

这是第 k 个个体的包含概率. 如果 $m = 1$, 则 $\pi_k = p_k$; 如果 $m > 1$ 且 p_k 很小, 则 $\pi_k \doteq mp_k$.

在有放回抽样下, 我们构造总体总值 $t = \sum_U y_k$ 的一个合适的估计量. 首先定义第 k 个个体的 p 放大值为 y_k/p_k. 注意, 对于 $m \geqslant 2, y_k/p_k$ 将不同于 π 放大值 $\check{y}_k = y_k/\pi_k$.

m 个 p 放大值的平均值为

$$\widehat{t}_{pwr} = \frac{1}{m} \sum_{i=1}^{m} \frac{y_{k_i}}{p_{k_i}}.$$

这个统计量的提出归功于 Hansen 和 Hurwitz (1943), 被称为 pwr 估计量, pwr 是指 "有放回 p 放大", 它是有序样本的函数, 所以有序设计决定了 pwr 估计量的性质. 换种方式, 我们可写成:

$$\widehat{t}_{pwr} = \frac{1}{m} \sum_{i=1}^{m} Z_i,$$

这里的 Z_i 是一个随机变量. 如果 $k_i = k$, 也就是, 当个体 k 在第 i 次被抽中, 则有

$$Z_i = y_k/p_k. \tag{2.6.6}$$

如此, Z_i 的分布 $(i = 1, 2, \cdots, m)$ 为

$$\Pr\left(Z_i = \frac{y_k}{p_k}\right) = p_k, \quad k = 1, 2, \cdots, N.$$

为了简单, 假定所有的 N 个 y_k/p_k 的值是不同的.

$Z_1, Z_2, \cdots, Z_m$ 为独立同分布的随机变量, 因为每次抽取都是用相同的概率集合 $p_1, p_2, \cdots, p_N$ 实施独立抽取. 这是 pwr 估计量的简单统计性质的关键.

结论 2.6.1 pwr 估计量

$$\widehat{t}_{pwr} = \frac{1}{m} \sum_{i=1}^{m} \frac{y_{k_i}}{p_{k_i}} \tag{2.6.7}$$

是 $t = \sum_U y_k$ 的无偏估计量. 它的方差为

$$V(\widehat{t}_{pwr}) = \frac{V_1}{m},$$

其中

$$V_1 = \sum_U \left(\frac{y_k}{p_k} - t\right)^2 p_k. \tag{2.6.8}$$

一个无偏方差估计量为
$$\widehat{V}(\widehat{t}_{pwr}) = \frac{\widehat{V}_1}{m},$$
其中
$$\widehat{V}_1 = \frac{1}{m-1} \sum_{i=1}^{m} \left(\frac{y_{k_i}}{p_{k_i}} - \widehat{t}_{pwr} \right)^2. \tag{2.6.9}$$

证明 应用式 (2.6.6) 中定义的独立同分布的随机变量 Z_i, 我们有
$$\widehat{t}_{pwr} = \frac{1}{m} \sum_{i=1}^{m} Z_i = \overline{Z}.$$
对于 $i = 1, 2, \cdots, m$, Z_i 的期望和方差分别为
$$E(Z_i) = \sum_{U} \frac{y_k}{p_k} p_k = t,$$
$$V(Z_i) = E(Z_i - t)^2 = \sum_{U} \left(\frac{y_k}{p_k} - t \right)^2 p_k = V_1.$$
由于 $\widehat{t}_{pwr}$ 是 m 个独立同分布的随机变量的算术平均数, 因此有
$$E(\widehat{t}_{pwr}) = t, \quad V(\widehat{t}_{pwr}) = V_1/m.$$

下面证明方差估计量的无偏性. 只需注意到, 如果 $Z_1, Z_2, \cdots, Z_m$ 为独立同分布的随机变量, 每个变量的方差为 V_1, 则
$$\frac{1}{m-1} \sum_{i=1}^{m} (Z_i - \overline{Z})^2 = \widehat{V}_1$$
为 V_1 的无偏估计量.

如果 y_k 满足
$$y_k = cp_k, \quad k = 1, 2, \cdots, N,$$
其中 c 为常数, 则很容易看出 $V(\widehat{t}_{pwr}) = 0$. 换句话说, 如果 y_k 与 p_k 成比例, 则 $\widehat{t}_{pwr}$ 的方差为 0. 实际中, 由于通常并不知道适合 $y_1, y_2, \cdots, y_N$ 的比例常数, 因此选择 y_k 与 p_k 成比例是不可能的. 然而, 如果能够选择 p_k 使得 y_k 与 p_k 近似成比例, 那么这个方差依然会很小. 这就是为什么当一个已知的正的 "规模测度值" $x_1, x_2, \cdots, x_N$ 的集合存在, 从而比率 y_k/x_k 在整个总体中近似为一个常数时, pwr 估计量具有的优势. 我们可令 p_k 为
$$p_k = x_k \Big/ \sum_{U} x_k, \quad k = 1, 2, \cdots, N,$$
如此产生的方差很小. 这个有放回抽样的特别应用称为有放回与规模成比例的概率抽样 (probability proportional-to-size sampling with replacement), 或 *pps* 抽样.

在有放回抽样中, 另一个可选择作为 pwr 估计量替代的是 π 估计量

$$\widehat{t}_\pi = \sum_s \breve{y}_k, \tag{2.6.10}$$

这里 s 为有序样本 $(k_1, k_2, \cdots, k_m)$ 中不同个体的集合, 且 $\breve{y}_k = y_k/\pi_k$, π_k 由式 (2.6.5) 给出, s 的规模是随机的. 对 $m \geqslant 2$, π 估计量不同于 pwr 估计量. 这两个估计量哪个更好? 没有简单答案. 这两个估计量都是无偏的, 至于方差, 不能一语而概之. 这两个估计量哪个拥有更小的方差? 这依赖于 y 值, 即 $y_1, y_2, \cdots, y_N$ 的结构.

2.7 设计效应

SI 设计下的抽样, 即无放回简单随机抽样, 在抽样理论中占有重要的地位, 因为它是其他抽样方法的基础, 其理论也最为成熟, 许多其他抽样方法都是在它的基础上发展起来的. 无放回简单随机抽样的效率一般来说也是高的, 即在相同样本量下, SI 设计下的抽样精度比许多实际抽样要高.

在 SI 设计下, 对于从总体抽取的 n 个个体, 总体总值 t 的 π 估计量在例 2.5.1 中用放大的均值形式给出, 即

$$\widehat{t}_\pi = N\overline{y}_s,$$

这里 $\overline{y}_s = \sum_s y_k/n$ 为样本均值. t 的 π 估计量的方差为

$$V_{SI}(\widehat{t}_\pi) = N^2 \left(\frac{1}{n} - \frac{1}{N} \right) S_{yU}^2.$$

为了比较不同抽样设计的效率和相对精确程度, Kish (1965) 提出一个称为设计效应的量, 它被设计为其他抽样设计与简单随机抽样设计估计量的方差之比. 在考虑使用其他方法估计 t 时, 由 SI 设计和它的 π 估计量 $N\overline{y}_s$ 组成的策略经常被作为参考的基准. 令 $p(s)$ 代表除 SI 设计之外的其他抽样设计 (为了保证公平比较, 要求有相同的期望样本量 $\sum_U \pi_k = n$), 如果 $\widehat{t}_\pi$ 为这种设计的 π 估计量, 令

$$\mathrm{deff}(p, \widehat{t}_\pi) = \frac{V_p(\widehat{t}_\pi)}{V_{SI}(N\overline{y}_s)} = \frac{\sum\sum_U \Delta_{kl} \breve{y}_k \breve{y}_l}{N^2(1/n - 1/N)S_{yU}^2}, \tag{2.7.1}$$

这个方差的比率就称为设计效应 (design effect). 设计效应 $\mathrm{deff}(p, \widehat{t}_\pi)$ 表述了在公平比较条件下, 由设计 p 和估计量 $\widehat{t}_\pi$ 组成的策略与由 SI 设计和估计量 $N\overline{y}_s$ 组成的策略相比较的效果. 当 $\mathrm{deff}(p, \widehat{t}_\pi) > 1$ 时, 表示所用设计不如 SI 设计的精度高; 当 $\mathrm{deff}(p, \widehat{t}_\pi) < 1$ 时, 表示相比于 SI 设计, 所用设计的精度提高了. 在比较的两个设计中都考虑了 π 估计量, 它反映了抽样设计和 π 估计量的抽样分布在两个策略之间的不同.

例 2.7.1 考察 BE 的设计效应. 在 BE 设计下, 对所有的 k, 我们有 $\pi_k = \pi, \Delta_{kk} = \pi(1-\pi)$; 对所有的 $k \neq l$, $\Delta_{kl} = 0$. 它的 π 估计量为

$$\widehat{t}_\pi = \frac{1}{\pi}\sum_s y_k.$$

利用式 (2.5.5), 可得方差

$$V_{BE}(\widehat{t}_\pi) = \frac{1-\pi}{\pi}\sum_U y_k^2.$$

进而有

$$\sum_U y_k^2 = (N-1)S_{yU}^2 + N(\overline{y}_U)^2 = \left[1 - \frac{1}{N} + \frac{1}{(cv_{yU})^2}\right]NS_{yU}^2,$$

其中

$$cv_{yU} = \frac{S_{yU}}{\overline{y}_U}$$

是总体中变量 y 的变异系数, 对于非负值 $y_1, y_2, \cdots, y_N$ 的总体, 它是一个重要的描述性度量. 由此, 可得到

$$V_{BE}(\widehat{t}_\pi) = N\frac{1-\pi}{\pi}S_{yU}^2\left[1 - \frac{1}{N} + \frac{1}{(cv_{yU})^2}\right].$$

为了与 SI 设计 (从 N 中抽取 n 个个体) 公平比较, 我们对 BE 设计确定一个期望样本量为 $N\pi$, 按这种方式有 $N\pi = n$, 则

$$\operatorname{deff}(BE, \widehat{t}_\pi) = \frac{V_{BE}(\widehat{t}_\pi)}{V_{SI}(\widehat{t}_\pi)} = 1 - \frac{1}{N} + \frac{1}{(cv_{yU})^2} \doteq 1 + \frac{1}{(cv_{yU})^2}. \tag{2.7.2}$$

一般来说, 对于很多变量和很多总体, 其变异系数都满足 $0.5 \leqslant cv_{yU} \leqslant 1.0$. 当 $cv_{yU} = 1.0$ 时, BE 的设计效应 $\operatorname{deff}(BE) = 2.0$; 当 $cv_{yU} = 0.5$ 时, $\operatorname{deff}(BE) = 5.0$. 这说明当使用 π 估计量时, BE 设计远没有 SI 设计的估计精确高. 一个合理的解释是, 精度的损失是由于 BE 样本量的不确定性造成的.

设计效应在抽样设计中是一个非常有用的工具, 它不仅能比较不同抽样设计下估计量估计的精度高低, 帮助统计调查人员根据实际的需要在不同的抽样设计中进行选择, 还能用于复杂抽样设计下样本量的推算, 参见刘建平和张国校 (2015). 一般来说, 在满足一定精度要求的前提下, 确定复杂抽样设计下的样本量比较困难, 而确定 SI 设计下的样本量比较容易, 这样就可以利用设计效应来推算满足一定精度要求的复杂抽样设计下的样本量. 设计效应还可以为有效的复杂样本设计提供分析和选择的路径.

2.8 置信区间

在 2.4.2 小节中, 我们讨论了估计量的概念及其统计性质. 我们说估计量是一种统计思想, 即对于大多数样本, 通过它产生的估计值希望能靠近估计的未知总体参数的真值. 根据

给定的抽样设计,每抽出一个样本,就可以依据调查样本的信息和所确定的估计量公式计算出一个总体参数的估计值,这样的估计,一般称为点估计. 而依靠一个样本计算得到的点估计值并不能说明估计的精确程度和可靠程度. 所以,为了准确描述一个估计量估计的精确程度和可靠程度,需要我们从估计量的抽样分布的角度考虑问题.

统计学的基础课程一般都介绍构建置信区间的思想,它是以一个确定的概率 (通常接近 1) 包含所研究未知参数值的随机区间. 区间的随机性由抽样设计下的样本抽取的随机性决定. 同样的思想也是研究有限总体参数的置信区间的基础. 这里我们以有限总体总值 $t = \sum_U y_k$ 的估计量的置信区间作为代表, 这种思想可以推广应用于任何有限总体参数 θ 的估计.

置信区间表示为

$$CI(s) = [t_L(s), t_U(s)],$$

这里置信下限 $t_L(s)$ 和置信上限 $t_U(s)$ 是两个给定的统计量, 区间 $CI(s)$ 包含总体总值 t 的概率为

$$\Pr(CI(s) \ni t),$$

这个概率称为置信水平或区间的覆盖概率. 通常, 我们希望置信水平接近于 1. 需要指出的是, 对每个 $p(s) > 0$ 的样本 s 都可以计算出它的置信下限 $t_L(s)$ 和置信上限 $t_U(s)$, 且有 $t_L(s) \leqslant t_U(s)$. 区间中的随机实体为随机抽取的样本 s, 置信区间的随机性由样本抽取的随机性决定, 并且置信区间的解释与抽样设计 $p(s)$ 有关.

假定我们可以获得有限总体的所有 N 个 y_k 的值, 因此, $t = \sum_U y_k$ 为已知, 并假设对每个 $p(s) > 0$ 的可能样本 s, 我们能计算出它的置信区间 $CI(s) = [t_L(s), t_U(s)]$, 记这种样本集合为 γ_0. 对每一个 $s \in \gamma_0$, 我们观察其依据样本数据计算的区间是否包含了参数 t. 令 $\gamma_{0c} \subset \gamma_0$ 表示由那些计算区间包含了 t 的值的样本组成的集合, 令 $\gamma_{0c}^* = \gamma_0 - \gamma_{0c}$ 为 γ_{0c} 的补集, 则置信水平为

$$\Pr(CI(s) \ni t) = 1 - \alpha, \tag{2.8.1}$$

这里的 α 为那些计算区间没能包含 t 值的样本 s 的累积概率, 即

$$\alpha = \sum_{s \in \gamma_{0c}^*} p(s).$$

在实际中, 总体总值 t 是未知的, 我们需要一个可行的方法来构造上限 $t_U(s)$ 和下限 $t_L(s)$, 以便于获得一个满意的置信水平 $1 - \alpha$ (比如 95%). 对于抽样调查中的估计量, 一般很难给出一个产生精确置信水平 $1 - \alpha$ 的方法, 通常不得不启用近似程序. 令 $\widehat{t}$ 为未知参数 t 的点估计量, 在近似置信水平 $1 - \alpha$ 下, t 的置信区间经常计算为

$$\widehat{t} \pm z_{1-\alpha/2}(\widehat{V}(\widehat{t}))^{1/2}, \tag{2.8.2}$$

这里 $z_{1-\alpha/2}$ 是服从标准正态分布 $N(0,1)$ 的随机变量的上侧分位数. 通常, 我们选择 α 为一个很小的值, 例如 5% 或 1%. 也就是, 在区间 (2.8.2) 中, 我们用 $z_{0.975} = 1.96$ 对应 $1-\alpha = 95\%$; $z_{0.995} = 2.58$ 对应 $1-\alpha = 99\%$. 接下来, 我们借助式 (2.8.2) 计算置信区间.

式 (2.8.2) 给出的区间表示在给定设计下, 它以全部重复抽取样本 s 的 $1-\alpha$ 的近似比例包含未知总体总值 t, 其前提是下面两个条件成立:

(1) $\hat{t}$ 的抽样分布近似为期望为 t, 方差为 $V(\hat{t})$ 的正态分布;

(2) 存在估计量方差 $V(\hat{t})$ 的一个一致估计量 $\hat{V}(\hat{t})$.

第一个条件本质上等于是中心极限定理在随机变量 $\hat{t}$ 上的应用. 在本例中, 中心极限定理表明, 随着样本量的增大, $\hat{t}/N$ 的极限分布为正态分布.

第二个条件表明, 对于任意的正数 ε, 比率 $\hat{V}(\hat{t})/V(\hat{t})$ 落在 $(1 \pm \varepsilon)$ 界限之内的概率随着样本量的增大趋近于 1. 渐进概念和一致性概念将在 3.2 节进一步讨论.

如果我们注意到

$$\frac{\hat{t}-t}{\sqrt{\hat{V}(\hat{t})}} = \frac{\hat{t}-t}{\sqrt{V(\hat{t})}} \left(\frac{V(\hat{t})}{\hat{V}(\hat{t})}\right)^{1/2}, \tag{2.8.3}$$

对于式 (2.8.2) 表示的置信区间, 这两个条件所起的作用就变得很清楚了.

在第一个条件下, $(\hat{t}-t)/(V(\hat{t}))^{1/2}$ 近似于 $N(0,1)$ 分布. 在第二个条件下, 当样本量足够大时, $(V(\hat{t})/\hat{V}(\hat{t}))^{1/2}$ 以很高的概率接近于 1. 我们可以认为式 (2.8.3) 中的变量是近似服从 $N(0,1)$ 分布的随机变量, 这证明了在式 (2.8.2) 中使用正态偏差 $z_{1-\alpha/2}$ 是合理的.

如果 $V(\hat{t})$ 已知, 置信区间也可以计算为

$$\hat{t} \pm z_{1-\alpha/2}(V(\hat{t})). \tag{2.8.4}$$

对于一个有限的样本量, 我们可以预期式 (2.8.4) 的区间比式 (2.8.2) 的区间更接近希望的 $1-\alpha$ 置信水平. 不同的是, 使用 $\hat{V}(\hat{t})$ 而不是 $V(\hat{t})$ 时, 正态性的逼近会更慢. 然而在实际中, 因为方差 $V(\hat{t})$ 未知, 除了使用式 (2.8.2) 没有别的选择.

式 (2.8.2) 中的正态近似的精确性显著地依赖于有限总体的形状. 如果 N 个 $y_1, y_2, \cdots, y_N$ 值的直方图高度偏斜和存在异常值或其他不正常的特征, 我们可以预期由式 (2.8.3) 表示的变量逼近正态性将会更慢. 也就是, 在使用正态近似的方法时, 对于高度非正态有限总体来说, 需要更大的样本量. 一个简单的例子是, 在 SI 设计下估计未知总体比例. 这种情况很容易分析, 因为研究变量是二分的, 也就是 y_k 在 0 或 1 之间取值, 是一种高度非正态有限总体, 因此它的样本量 n 需要很大.

如何确认式 (2.8.2) 中定义的置信区间是近似有效的, 也就是说, 对于一个在给定样本量、抽样设计和总体形状的情况下, 这个希望的近似置信水平 $1-\alpha$ 能否粗略地得到? Särndal, Swensson 和 Wretman (2003) 给出了两种确认的方法:

方法一 理论确认方法. 理论确认方法的形式为, 证明估计量 $\hat{t}$ 是否在给定设计下服从第一个条件, 也就是中心极限定理是否成立. 但是这种方法不能回答需要多大的样本量才能使正态近似可以接受这样的实践中的问题.

方法二 实证确认方法. 实证确认可以用 Monte Carlo 模拟实施. 按照给定设计 $p(s)$, 从一个全部已知的有限总体中抽出给定样本量的 K (比如 $K = 10\,000$) 个样本的长序列. 对每个样本, 估计量 $\hat{t}$、方差估计量 $\hat{V}(\hat{t}_\pi)$ 和置信区间 (2.8.2) 都可以求得. 由于有限总体已知, 参数值 $t = \sum_U y_k$ 是已知的. 因此, 对于在 $1 - \alpha$ 置信水平下计算的 K 个区间的每一个, 我们都可以观察 t 是否被包含在这个区间. 如果发现 K 个区间中有 R 个区间包含了 t, 我们定义这种经试验得到的实证置信水平为 R/K. R/K 这个比例应该接近所希望的置信区间水平 $1 - \alpha$. 这类试验的实施可以针对各种估计量、抽样设计、总体形状和样本量.

习　题

2.1 试举例说明以下概念之间的关系与区别:
(1) 总体、样本与个体; (2) 个体、抽样单元与抽样框.

2.2 利用正立方体的顶点表示 $N = 3$ 总体的所有样本集合.

2.3 试列出 $N = 5, U = \{1, 2, 3, 4, 5\}$ 的所有样本集合 (包括空集和 U 自身).
(1) 假设利用 SI 设计抽取样本, 抽取固定样本量为 $n = 2$ 的样本, 给出所有样本的概率分布;
(2) 假设利用 BE 设计抽取样本, 对于所有的 $k \in U$, 令 $\pi_k = 0.3$, 给出所有样本的概率分布.

2.4 假设某总体 U 由 3 个互不相交、规模分别为 $N_1 = 600, N_2 = 300, N_3 = 100$ 的子总体 U_1, U_2, U_3 组成. 总体规模为 $N = 1\,000$. 对每个 $k \in U$ 的个体是否包含在样本 s 中由伯努利试验来决定, 试验给出了个体 k 被抽取的概率为 π_k, 试验是相互独立的.
(1) 对于所有的 $k \in U_1, \pi_k = 0.3$; 对于所有的 $k \in U_2, \pi_k = 0.2$; 对于所有的 $k \in U_3, \pi_k = 0.8$. 在这个设计下, 求样本量 n_s 的期望和方差.
(2) 假设对于所有的 $k \in U, \pi_k$ 为常数, 求出使样本量的期望与在 (1) 下获得的期望一致的这个常数, 计算样本量的方差并与 (1) 中的方差比较.

2.5 一个由 $2\,200$ 个人组成的总体被分成 800 个群 (家庭), 群规模为 a ($a = 1, 2, 3, 4$), 不同规模的群数 N_a 如下表所示:

a	N_a
1	50
2	250
3	350
4	150

由个人组成的样本按以下方式抽取: 用 SI 设计从 800 个群中抽取 300 个群, 对中选群的所有个人进行面访. 设 n_s 为被面访者的总数, 计算 $E(n_s)$ 和 $V(n_s)$.

2.6 考虑一个容量为 $N = 3$ 的总体 $U = \{1, 2, 3\}$. 令 $s_1 = \{1, 2\}, s_2 = \{1, 3\}, s_3 = \{2, 3\}, s_4 = \{1, 2, 3\}$, 且概率分别为 $p(s_1) = 0.2, p(s_2) = 0.4, p(s_3) = 0.3, p(s_4) = 0.1$.

(1) 计算所有的 π_k 和 π_{kl}.

(2) 用以下两种方法求 $E(n_s)$:

方法一 利用定义直接计算;

方法二 把 $E(n_s)$ 表示为 π_k 的函数的公式计算.

2.7 考虑习题 2.6 中的总体和设计. 设研究变量 y 的值为 $y_1 = 16, y_2 = 21, y_3 = 18$, 总体总值 $t = 55$.

(1) 利用 2.4.2 小节中的定义计算 π 估计量的期望 $E(\widehat{t}_\pi)$ 和方差 $V(\widehat{t}_\pi)$.

(2) 利用结论 2.5.1 计算 π 估计量的方差 $V(\widehat{t}_\pi)$.

(3) 计算 π 估计量的变异系数.

(4) 对于 4 个可能样本的每一个用式 (2.5.6) 的方差估计量计算一个方差估计值 $\widehat{V}(\widehat{t}_x)$. 用 2.4.2 小节定义的期望决定这个方差估计量的期望.

2.8 利用对所有的 $k \in U$ 有 $\pi_k = \pi$ 的 BE 设计抽取样本 s, 令 n_s 表示样本 s 的随机规模. 证明得到给定 n_s 条件下样本 s 的条件概率等于从 N 中抽取固定规模为 n_s 的 SI 样本的概率.

2.9 考虑 SI 设计和从 N 中抽取的 n 个个体. 利用以下两式证明: $E_{SI}(s_{ys}^2) = s_{yU}^2$.

(1) $\sum\sum_s (y_k - y_l)^2 = 2n(n-1)s_{ys}^2$, s_{yU}^2 也具有类似表达式.

(2) $\sum\sum_s (y_k - y_l)^2 = \sum\sum_U I_k I_l (y_k - y_l)^2$.

注 本题说明二阶包含概率的重要性.

2.10 设 $s(s \subset U)$ 是一个 SI 样本, 且令 $s_1(s_1 \subset U - s)$ 为从总体的剩余部分抽取的 SI 样本. 设 $\widehat{\overline{y}}_U = \sum_s y_k/n$ 和 $\widehat{\overline{y}}_{U_1} = \sum_{s_1} y_l/n_1$, 其中 n, n_1 分别为 s, s_1 的固定样本量. 求协方差 $C(\widehat{\overline{y}}_U, \widehat{\overline{y}}_{U_1})$.

2.11 证明: 式 (2.6.8) 的方差 V_1 和式 (2.6.9) 的方差估计量 $\widehat{V}_1$ 可以分别写成:

$$V_1 = \sum_U y_k^2/p_k - t^2, \quad \widehat{V}_1 = \frac{1}{m-1}\left[\sum_{i=1}^m \left(\frac{y_{k_i}}{p_{k_i}}\right) - m\widehat{t}_{pwr}^2\right].$$

2.12 证明: 有放回抽样一般形式的二阶包含概率为

$$\pi_{kl} = 1 - (1-p_k)^m - (1-p_l)^m + (1-p_k-p_l)^m, \quad k \neq l,$$

其中 p_k 为在 m 次独立抽取中选择 k 的概率,且 $\sum_U p_k = 1$.

2.13 假定 $cv_{yU} = 0.8$, 试求 $\text{deff}(BE, \widehat{t}_\pi)$, 进一步假定 $n_{SI} = 25$, 若要求与 SI 设计有同样的估计精度, BE 设计的期望样本量应为多少?

2.14 假定样本均值 $\overline{y}_s$ 的分布是近似正态的, 试分别给出总体均值 $\overline{y}_U$ 的置信水平为 $80\%, 90\%, 95\%$ 和 99% 的 (近似) 置信区间.

第 3 章 复杂估计

在第 2 章中,基于一般的抽样设计,我们对结构简单且最重要的总体未知参数——总体总值 $t_y = \sum_U y_k$ 的估计进行了详细讨论,围绕 π 估计量 $\hat{t}_{y\pi} = \sum_s \check{y}_k$ 的构建及其统计性质的证明和讨论,引入了贯穿于全书的基本概念体系. 本章将继续在这一概念体系下,把注意力转向总体比率、总体均值、域均值等结构更加复杂的其他常用总体参数. 虽然这些参数不再像总体总值那样结构简单、应用广泛,但是由于它们的估计量通常由数个 π 估计量构成,因此,第 2 章关于 π 估计量的结论和围绕 π 估计量所构建的抽样估计体系为本章提供了重要的方法基础. 本章将讨论这些总体参数估计量的偏差、一致性、渐近无偏性和方差估计等统计性质,为后续更为复杂的抽样估计方法研究奠定理论基础.

3.1 偏差对置信区间的影响

在数理统计中,无偏性是评价估计量优劣的一个重要标准,本书研究的 π 估计量便具备无偏性. 但是,无偏性并不是一个优良估计量必备的特征,比如后文研究的比率估计量和回归估计量均是近似无偏估计量,但其方差比 π 估计量的方差小很多,因此从均方误差的角度来看,它们是更加有效的估计量. 当然,如果估计量偏差过大,所引起的危害也是很大的,因此还是要避免使用较大偏差的估计量.

那么,到底应该允许多大的估计量偏差存在呢? 通常认为,理想的估计量的抽样分布应该集中在总体未知参数值附近,这样便有较大的概率保证准确的样本估计. 假设 $\hat{\theta}$ 是总体未知参数 θ 的估计量,方差为 $V(\hat{\theta})$,偏差为 $B(\hat{\theta}) = E(\hat{\theta}) - \theta$,通常用均方误差来度量估计量 $\hat{\theta}$ 的精度:

$$MSE(\hat{\theta}) = E[(\hat{\theta} - \theta)^2] = V(\hat{\theta}) + (B(\hat{\theta}))^2.$$

通过上式可以发现,为了减小均方误差,可以考虑方差和偏差的某种适当组合. 例如,后面研究的回归估计量虽然具有一定的偏差,但其方差非常小,从均方误差的角度来看便是一个精度非常高的估计量.

但是,一般来说,均方误差并不能完全说明问题. 为了更有效地构建置信区间,给出估计量的偏差比率的定义:

$$BR(\hat{\theta}) = \frac{B(\hat{\theta})}{(V(\hat{\theta}))^{1/2}}. \tag{3.1.1}$$

对于有偏估计量,尽管存在偏差,但只要 $BR(\hat{\theta})$ 很小,计算出的置信区间的误差就不会太大.

为了证明这一点, 假定

$$Z = \frac{\widehat{\theta} - E(\widehat{\theta})}{(V(\widehat{\theta}))^{1/2}} \tag{3.1.2}$$

服从 $N(0,1)$ 分布. 未知总体参数 θ 包含在区间

$$(\widehat{\theta} - z_{1-\alpha/2}(V(\widehat{\theta}))^{1/2}, \widehat{\theta} + z_{1-\alpha/2}(V(\widehat{\theta}))^{1/2}) \tag{3.1.3}$$

的概率, 即概率保证程度为

$$\begin{aligned} P_0 &= \Pr\bigl(\widehat{\theta} - z_{1-\alpha/2}(V(\widehat{\theta}))^{1/2} < \theta < \widehat{\theta} + z_{1-\alpha/2}(V(\widehat{\theta}))^{1/2}\bigr) \\ &= \Pr\bigl(-z_{1-\alpha/2} - BR(\widehat{\theta}) < Z < z_{1-\alpha/2} - BR(\widehat{\theta})\bigr). \end{aligned} \tag{3.1.4}$$

在实际调查中, 方差 $V(\widehat{\theta})$ 未知, 可用方差估计量 $\widehat{V}(\widehat{\theta})$ 替代, 从而利用样本数据计算出式 (3.1.3) 的置信区间.

当偏差比率 $BR(\widehat{\theta})$ 为零时, 概率 P_0 便等于真实的置信水平 $1-\alpha$. 当 $BR(\widehat{\theta})$ 由零逐渐变大时, 将导致概率 P_0 变小, 并逐渐远离真实的置信水平 $1-\alpha$. 表 3.1.1 显示了 P_0 与 $BR(\widehat{\theta})$ 之间的对应关系, 这里 $\alpha = 0.05$.

表 3.1.1 概率 P_0 与偏差比率 $BR(\widehat{\theta})$ 的对应关系

$|BR(\widehat{\theta})|$	P_0
0.00	0.950 0
0.05	0.949 7
0.10	0.948 9
0.30	0.939 6
0.50	0.921 0
1.00	0.830 0

如表 3.1.1 所示, 当 $|BR(\widehat{\theta})| \leqslant 0.1$ 时, P_0 位于 0.948 9 和 0.950 0 之间, 偏差比率对概率 P_0 的影响可忽略不计; 当 $|BR(\widehat{\theta})| = 0.5$ 时, $P_0 = 0.921\,0$, 负面影响还不是特别大; 但是, 当 $|BR(\widehat{\theta})| = 1$ 时, 对置信水平明显低估很多. 因此, $|BR(\widehat{\theta})|$ 的大小自然成为能否获得有效置信区间的一个重要衡量标准.

3.2 渐近无偏性和一致性

渐近无偏性和一致性也是评价抽样估计量优劣的重要标准. 与传统的数理统计不同, 本节从抽样估计的角度给出渐近无偏性和一致性的理论定义.

考虑一系列调查总体 $U_1, U_2, U_3, \cdots$, 其中 U_v 由 N_v 个总体单位构成, 使得 n 和 N 都能趋近于无穷. 假定总体序列递增, 即满足 $U_1 \subset U_2 \subset U_3 \subset \cdots$, 则相应有 $N_1 < N_2 < N_3 < \cdots$. 令 θ_v 为调查总体 U_v 的某个总体特征参数, 且是由 $y_1, y_2, \cdots, y_{N_v}$ 构成的函数.

对于每个调查总体 U_v, 应用某种概率抽样设计 $p_v(\cdot)$, 令 π_{vk} 和 $\pi_{vkl}, k, l = 1, 2, \cdots, N_v$ 分别表示由设计 $p_v(\cdot)$ 决定的一阶和二阶包含概率. 为了简化, 假定样本量固定, 记为 n_v, 同时假定 $n_1 < n_2 < n_3 < \cdots$. 因此, 当 $v \to \infty$ 时, 有 $n_v \to \infty$ 和 $N_v \to \infty$. 再令 $\widehat{\theta}_v$ 表示 θ_v 的一个抽样估计量, 由样本观测值 y_k 构成, 其中 $k \in s_v$.

例如, 总体参数 θ_v 为总体均值, 可表示为

$$\theta_v = \overline{y}_{U_v} = \sum\nolimits_{U_v} y_k \big/ N_v;$$

相应地, $\widehat{\theta}_v$ 是总体均值的 π 估计量, 可表示为

$$\widehat{\theta}_v = \sum\nolimits_{s_v} y_k / N_v \pi_{vk}. \tag{3.2.1}$$

关于上述总体和抽样设计序列, 给出如下定义:

(1) 如果 $\lim_{v \to \infty} (E_{p_v}(\widehat{\theta}_v) - \theta_v) = 0$, 则称估计量 $\widehat{\theta}_v$ 是总体参数 θ_v 的**渐近无偏估计量**.

(2) 对于任意给定的 $\varepsilon > 0$, 如果 $\lim_{v \to \infty} \Pr(|\widehat{\theta}_v - \theta_v| > \varepsilon) = 0$, 则称估计量 $\widehat{\theta}_v$ 是 θ_v 的**一致估计量**.

针对此问题, Isaki 和 Fuller (1982) 以及 Robinson 和 Särndal (1983) 曾给出了式 (3.2.1) 表示的 π 估计量满足一致性 (回归估计量的一致性将在后面章节探讨) 的条件. Robinson 和 Särndal (1983) 以及 Brewer (1979) 给出了满足渐近无偏性的条件. 在本书后续章节中, 将忽略严格的证明过程, 直接给出估计量的渐近无偏性和一致性等性质.

3.3 方差估计的泰勒线性技术

在抽样调查和估计中, 有必要对抽样估计量的方差进行准确的样本估计, 这样才可以具体计算出某种抽样设计方法和估计方法的估计效果, 进而进行区间估计. 本节分别对线性估计量和非线性估计量两种情况进行讨论, 主要应用泰勒线性技术进行估计.

3.3.1 线性估计量

令 θ 表示关于 q 个总体总值 $t_1, t_2, \cdots, t_q$ 的函数, 即 $\theta = f(t_1, t_2, \cdots, t_q)$, 这里 $t_j = \sum_U y_{jk}, j = 1, 2, \cdots, q$. 对于 $k \in s$, 假定向量 $(y_{1k}, \cdots, y_{jk}, \cdots, y_{qk})^{\mathrm{T}}$ 能通过样本观测得到. 这时, 可得到如下 π 估计量:

$$\widehat{t}_{j\pi} = \sum\nolimits_s \breve{y}_{jk} = \sum\nolimits_s y_{jk}/\pi_k, \quad j = 1, 2, \cdots, q;$$

相应地, θ 的估计量为
$$\widehat{\theta} = f(\widehat{t}_{1\pi}, \widehat{t}_{2\pi}, \cdots, \widehat{t}_{q\pi}). \tag{3.3.1}$$

如果 f 是线性函数, 分析 $\widehat{\theta}$ 的统计性质是较为容易的. 比如,
$$\theta = a_0 + \sum_{j=1}^{q} a_j t_j.$$

根据式 (3.3.1), 对应的估计量为
$$\widehat{\theta} = a_0 + \sum_{j=1}^{q} a_j \widehat{t}_{j\pi}. \tag{3.3.2}$$

该估计量是无偏估计量, 其方差为
$$V(\widehat{\theta}) = V\left(\sum_{j=1}^{q} a_j \widehat{t}_{j\pi}\right) = \sum_{j=1}^{q} \sum_{j'=1}^{q} a_j a_{j'} C(\widehat{t}_{j\pi}, \widehat{t}_{j'\pi}), \tag{3.3.3}$$

其中, 当 $j = j'$ 时, 协方差 $C(\widehat{t}_{j\pi}, \widehat{t}_{j'\pi}) = V(\widehat{t}_{j\pi})$, 即等于 $\widehat{t}_{j\pi}$ 的方差. 类似地, 可得到方差的估计量公式为
$$\widehat{V}(\widehat{\theta}) = \sum_{j=1}^{q} \sum_{j'=1}^{q} a_j a_{j'} \widehat{C}(\widehat{t}_{j\pi}, \widehat{t}_{j'\pi}). \tag{3.3.4}$$

当 $j = j'$ 时, $\widehat{C}(\widehat{t}_{j\pi}, \widehat{t}_{j'\pi}) = \widehat{V}(\widehat{t}_{j\pi})$.

为了方便计算, 式 (3.3.3) 和式 (3.3.4) 可表达成另外一种形式. 首先, 将式 (3.3.2) 写成如下形式:
$$\widehat{\theta} = a_0 + \sum_{s} \breve{u}_k,$$

这里, $\breve{u}_k = u_k/\pi_k, u_k = \sum_{j=1}^{q} a_j y_{jk}$. 那么, 式 (3.3.3) 可表达为
$$V(\widehat{\theta}) = V\left(\sum_{s} \breve{u}_k\right) = \sum\sum_{U} \Delta_{kl} \breve{u}_k \breve{u}_l, \tag{3.3.5}$$

式 (3.3.4) 可表达为
$$\widehat{V}(\widehat{\theta}) = \sum\sum_{s} \breve{\Delta}_{kl} \breve{u}_k \breve{u}_l. \tag{3.3.6}$$

3.3.2 非线性估计量

本节重点探讨的问题是, 当 $\theta = f(t_1, t_2, \cdots, t_q)$ 是关于 q 个总体总值的非线性函数时, 往往难以准确给出估计量 $\widehat{\theta} = f(\widehat{t}_{1\pi}, \widehat{t}_{2\pi}, \cdots, \widehat{t}_{q\pi})$ 的偏差和方差公式. Tepping (1968) 和 Woodruff (1971) 最早采用泰勒线性技术, 得到了估计量 $\widehat{\theta}$ 的方差和方差估计量的近似公

式. 简单来说, 泰勒线性技术是通过一个假的估计量 $\widehat{\theta}_0$ 来逼近非线性估计量 $\widehat{\theta}$, $\widehat{\theta}_0$ 是关于 $\widehat{t}_{1\pi}, \widehat{t}_{2\pi}, \cdots, \widehat{t}_{q\pi}$ 的一个线性函数. 如果逼近效果好, 那么 $\widehat{\theta}_0$ 就能非常接近 $\widehat{\theta}$, 也就可以将方差 $V(\widehat{\theta}_0)$ 作为 $V(\widehat{\theta})$ 的近似, 方差估计量 $\widehat{V}(\widehat{\theta})$ 也容易得到.

为了得到 $\widehat{\theta}_0$, 首先对函数 f 在点 $(t_1, t_2, \cdots, t_q)$ 周围进行一阶泰勒近似展开, 且忽略其余部分, 则可得到如下表达式:

$$\widehat{\theta} \doteq \widehat{\theta}_0 = \theta + \sum_{j=1}^{q} a_j(\widehat{t}_{j\pi} - t_j), \qquad (3.3.7)$$

其中,

$$a_j = \left.\frac{\partial f}{\partial \widehat{t}_{j\pi}}\right|_{(\widehat{t}_{1\pi}, \widehat{t}_{2\pi}, \cdots, \widehat{t}_{q\pi})=(t_1, t_2, \cdots, t_q)}. \qquad (3.3.8)$$

在大样本情形下, 有很大概率保证 $(\widehat{t}_{1\pi}, \widehat{t}_{2\pi}, \cdots, \widehat{t}_{q\pi})$ 在 $(t_1, t_2, \cdots, t_q)$ 的附近取值, 此时非线性估计量 $\widehat{\theta}$ 将会非常接近线性估计量 $\widehat{\theta}_0$. 因此, 较为复杂的非线性估计量 $\widehat{\theta}$ 的方差能够通过线性估计量 $\widehat{\theta}_0$ 的方差进行近似估计, 可用 $AV(\widehat{\theta})$ 表示抽样估计量 $\widehat{\theta}$ 的近似方差.

为了计算方便, 我们采用式 (3.3.5) 和式 (3.3.6) 的计算公式. 令

$$u_k = \sum_{j=1}^{q} a_j y_{jk}, \qquad (3.3.9)$$

那么, 通过式 (3.3.3) 和式 (3.3.5) 便可得到抽样估计量 $\widehat{\theta}$ 的近似方差公式为

$$AV(\widehat{\theta}) = V(\widehat{\theta}_0) = V\left(\sum_{j=1}^{q} a_j \widehat{t}_{j\pi}\right) = V\left(\sum_s \breve{u}_k\right) = \sum\sum_U \Delta_{kl} \breve{u}_k \breve{u}_l, \qquad (3.3.10)$$

其中, $\breve{u}_k = u_k/\pi_k$.

在实际调查中, 表达式 u_k 依赖于总体信息, 因而是未知的. 在对式 (3.3.9) 的方差进行样本估计时, 通常是对每一个未知的 a_j 进行样本估计, 得到 $\widehat{a}_j$, 从而得到

$$\widehat{u}_k = \sum_{j=1}^{q} \widehat{a}_j y_{jk}. \qquad (3.3.11)$$

最后, 与式 (3.3.6) 对应, 得到方差估计量公式为

$$\widehat{V}(\widehat{\theta}) = \sum\sum_s \breve{\Delta}_{kl} \frac{\widehat{u}_k}{\pi_k} \cdot \frac{\widehat{u}_l}{\pi_l}. \qquad (3.3.12)$$

3.4 比率估计

3.4.1 基本概念

在抽样估计中, 有时候需要对总体的比率进行估计. 比如, 在某地区家庭收入支出调查中, 想对家庭收入支出比率进行估计; 在人口调查中, 想对男女性别比率进行估计. 类似的这种比率是通过对两个总体总值相除得到, 具体计算公式为

$$R = \frac{t_y}{t_z} = \frac{\sum_U y_k}{\sum_U z_k}. \tag{3.4.1}$$

如果两个未知的总体总值分别用 π 估计量估计, 那么上述总体目标量 R 的 (非线性) 估计量为

$$\widehat{R} = \frac{\widehat{t}_{y\pi}}{\widehat{t}_{z\pi}} = \frac{\sum_s \breve{y}_k}{\sum_s \breve{z}_k}. \tag{3.4.2}$$

3.4.2 近似方差和方差估计量

针对非线性估计量 $\widehat{R}$, 本节应用 3.3 节的泰勒线性化方法, 给出抽样估计量 $\widehat{R}$ 的近似方差和方差的估计量. 抽样估计量 $\widehat{R}$ 可看成是两个随机变量 $\widehat{t}_{y\pi}$ 和 $\widehat{t}_{z\pi}$ 的函数, 即表达式为

$$\widehat{R} = \frac{\widehat{t}_{y\pi}}{\widehat{t}_{z\pi}} = f(\widehat{t}_{y\pi}, \widehat{t}_{z\pi}).$$

对应的偏导分别为

$$\frac{\partial \widehat{R}}{\partial \widehat{t}_{y\pi}} = \frac{1}{\widehat{t}_{z\pi}}, \quad \frac{\partial \widehat{R}}{\partial \widehat{t}_{z\pi}} = -\frac{\widehat{t}_{y\pi}}{\widehat{t}_{z\pi}^2}.$$

在期望值点 (t_y, t_z), 可得

$$a_1 = \left.\frac{\partial \widehat{R}}{\partial \widehat{t}_{y\pi}}\right|_{(t_y,t_z)} = \frac{1}{t_z}, \quad a_2 = \left.\frac{\partial \widehat{R}}{\partial \widehat{t}_{z\pi}}\right|_{(t_y,t_z)} = -\frac{t_y}{t_z^2} = -\frac{R}{t_z}.$$

再根据式 (3.3.8) 和式 (3.3.9) 可得

$$u_k = a_1 y_k + a_2 z_k = \frac{1}{t_z}(y_k - R z_k), \quad \widehat{u}_k = \frac{1}{\widehat{t}_{z\pi}}(y_k - \widehat{R} z_k).$$

按照泰勒线性化方法, 给出估计量 $\widehat{R}$ 的近似表达式:

$$\widehat{R} \doteq \widehat{R}_0 = R + \frac{1}{t_z} \sum_s \frac{y_k - R z_k}{\pi_k}. \tag{3.4.3}$$

因此, $\widehat{R}$ 是总体比率 R 的近似无偏估计量, 其近似方差为

$$AV(\widehat{R}) = V(\widehat{R}_0) = \frac{1}{t_z^2}\sum\sum_U \Delta_{kl}\frac{y_k - Rz_k}{\pi_k} \cdot \frac{y_l - Rz_l}{\pi_l}. \qquad (3.4.4)$$

方差的估计量为

$$\widehat{V}(\widehat{R}) = \frac{1}{\widehat{t}_{z\pi}^2}\sum\sum_s \breve{\Delta}_{kl}\frac{y_k - \widehat{R}z_k}{\pi_k} \cdot \frac{y_l - \widehat{R}z_l}{\pi_l}. \qquad (3.4.5)$$

例如, 在 SI 设计下, 样本量 $n = fN$, 有 $\widehat{t}_{y\pi} = N\overline{y}_s$, $\widehat{t}_{z\pi} = N\overline{z}_s$ 和 $\widehat{R} = \overline{y}_s/\overline{z}_s$. 根据式 (3.4.3) 得到线性近似为

$$\widehat{R}_0 = R + \frac{1}{\overline{z}_U} \cdot \frac{1}{n}\sum_s (y_k - Rz_k) = R + \frac{\overline{y}_s - R\overline{z}_s}{\overline{z}_U}.$$

根据式 (3.4.4) 得到近似方差为

$$AV(\widehat{R}) = \frac{1}{\overline{z}_U^2} \cdot \frac{1-f}{n} \cdot \frac{1}{N-1}\sum_U (y_k - Rz_k)^2$$
$$= \frac{1}{\overline{z}_U^2} \cdot \frac{1-f}{n}(S_{yU}^2 + R^2 S_{zU}^2 - 2RS_{yzU}),$$

这里, S_{yzU} 是总体协方差. 根据式 (3.4.5) 得到方差估计量为

$$\widehat{V}(\widehat{R}) = \frac{1}{\overline{z}_s^2} \cdot \frac{1-f}{n} \cdot \frac{1}{n-1}\sum_s (y_k - \widehat{R}z_k)^2$$
$$= \frac{1}{\overline{z}_s^2} \cdot \frac{1-f}{n}(S_{ys}^2 + \widehat{R}^2 S_{zs}^2 - 2\widehat{R}S_{yzs}),$$

这里, $S_{ys}^2 = \frac{1}{n-1}\sum_s (y_k - \overline{y}_s)^2$, $S_{yzs} = \frac{1}{n-1}\sum_s (y_k - \overline{y}_s)(z_k - \overline{z}_s)$, S_{zs}^2 类似确定.

3.4.3 比率估计量的形式及其主要性质

通过对比率 R 的估计, 可得到应用非常广泛的比率估计量. 第 6 章到第 8 章将会系统讲述这种估计量, 本小节仅简单概述. 研究变量 y_k 的总体总值可表示为

$$t_y = t_z\frac{t_y}{t_z} = t_z R.$$

假如 $t_z = \sum_U z_k$ 能够通过外部信息获知, R 通过式 (3.4.2) 估计, 则得到总体总值 t_y 的比率估计量为

$$\widehat{t}_{yra} = t_z\frac{\widehat{t}_{y\pi}}{\widehat{t}_{z\pi}} = t_z\widehat{R}.$$

上式中的比率估计量 $\widehat{R}$ 是近似无偏估计量, 则 $\widehat{t}_{yra}$ 的近似方差为

$$AV(\widehat{t}_{yra}) = \sum\sum_U \Delta_{kl}\frac{y_k - Rz_k}{\pi_k} \cdot \frac{y_l - Rz_l}{\pi_l},$$

方差的估计量为
$$\widehat{V}(\widehat{t}_{yra}) = \left(\frac{t_z}{\widehat{t}_{z\pi}}\right)^2 \sum\sum_s \widecheck{\Delta}_{kl} \frac{y_k - \widehat{R}z_k}{\pi_k} \cdot \frac{y_l - \widehat{R}z_l}{\pi_l}.$$

在后续章节中将会证明, 上述比率估计量在不增加太多调查费用的情况下, 可以大大提高抽样估计精度, 特别是当研究变量 y_k 与辅助变量 z_k 大致成比例时.

3.5 总体均值估计

在实际调查中, 与总体总值 $t_y = \sum_U y_k$ 紧密相关的另一个非常重要的总体特征参数便是总体均值, 比如人均收入、平均考试分数、平均亩产量等, 此时的估计方法与总体总值稍有不同.

3.5.1 总体单位总数 N 已知的情形

针对某调查总体的总体均值, 具体表达形式为
$$\overline{y}_U = \frac{\sum_U y_k}{N} = \frac{t_y}{N}.$$

假定总体中包含的单位总数 N 已知, 那么 $\overline{y}_U$ 的一个简单无偏估计量可表示为
$$\widehat{\overline{y}}_{U\pi} = \frac{\widehat{t}_{y\pi}}{N} = \frac{1}{N}\sum_s \frac{y_k}{\pi_k}, \tag{3.5.1}$$

其方差为
$$V(\widehat{\overline{y}}_{U\pi}) = \frac{1}{N^2}\sum\sum_U \Delta_{kl} \frac{y_k}{\pi_k} \cdot \frac{y_l}{\pi_l}, \tag{3.5.2}$$

方差的估计量为
$$\widehat{V}(\widehat{\overline{y}}_{U\pi}) = \frac{1}{N^2}\sum\sum_s \widecheck{\Delta}_{kl} \frac{y_k}{\pi_k} \cdot \frac{y_l}{\pi_l}. \tag{3.5.3}$$

由于总体均值的估计涉及总体单位总数和样本量的问题, 所以下面分别考虑总体单位总数未知和样本量随机两种情况下的估计问题.

3.5.2 总体单位总数 N 未知的情形

在某些调查中, 总体单位总数 N 可能难以获知, 此时需要对其进行样本估计, 则 $\overline{y}_U$ 的估计量相应地变为
$$\widetilde{y}_s = \frac{\widehat{t}_{y\pi}}{\widehat{N}} = \frac{\sum_s y_k/\pi_k}{\sum_s 1/\pi_k}, \tag{3.5.4}$$

这里, $\widehat{N} = \sum_s 1/\pi_k$ 是 N 的 π 估计量. 估计量 $\widetilde{y}_s$ 的近似方差为
$$AV(\widetilde{y}_s) = \frac{1}{N^2}\sum\sum_U \Delta_{kl} \frac{y_k - \overline{y}_U}{\pi_k} \cdot \frac{y_l - \overline{y}_U}{\pi_l}, \tag{3.5.5}$$

方差的估计量为
$$\widehat{V}(\widetilde{y}_s) = \frac{1}{\widehat{N}^2} \sum\sum_s \widecheck{\Delta}_{kl} \frac{y_k - \widetilde{y}_s}{\pi_k} \cdot \frac{y_l - \widetilde{y}_s}{\pi_l}. \tag{3.5.6}$$

我们发现, $\widetilde{y}_s$ 可以认为是由两个 π 估计量构成的比率估计量, 而且通过理论证明发现, 无论 N 是否已知, $\widetilde{y}_s$ 经常优于 $\widehat{\overline{y}}_{U\pi}$, 其原因至少可以总结为以下两点:

第一, 从式 (3.5.2) 和 (3.5.5) 中看出, 当所有 $y_k - \overline{y}_U$ 的值很小时, $\widetilde{y}_s$ 的近似方差明显更小, 因而是更优的估计量.

第二, 在某些抽样设计中, 样本量可变, 此时 $\widetilde{y}_s$ 一般也优于 $\widehat{\overline{y}}_{U\pi}$. 当实际样本量 n_s 比平均水平大时, $\widetilde{y}_s$ 的分子总量和分母总量都相应增加; 反之, 当 n_s 偏小时, 两个总量便会相应减少, 因而 $\widetilde{y}_s$ 能够保持一定的稳定性. 相比之下, $\widehat{\overline{y}}_{U\pi}$ 由于分母固定, 导致缺乏这种稳定性.

3.5.3 样本量 n_s 随机变化时的情形

当样本量 n_s 随机变化时, 可使用如下形式的总体均值 $\overline{y}_U$ 的估计量:
$$\widehat{\overline{y}}_{Ualt} = \frac{n}{Nn_s} \sum_s \frac{y_k}{\pi_k}, \tag{3.5.7}$$

这里, $n = E(n_s) = \sum_U \pi_k$ 是期望样本量. 如果样本量固定, $\widehat{\overline{y}}_{Ualt}$ 和 $\widehat{\overline{y}}_{U\pi}$ 相等; 如果所有的 π_k 都相等, 则 $\widehat{\overline{y}}_{Ualt}$ 和 $\widetilde{y}_s$ 相等. 但是, 当出现以下情形时, 近似无偏估计量 $\widehat{\overline{y}}_{Ualt}$ 的方差可能比 $\widehat{\overline{y}}_{U\pi}$ 和 $\widetilde{y}_s$ 的方差要小很多:

(1) 样本量随机变化;

(2) π_k 的变化很大;

(3) 总体中所有的 y_k/π_k 近似为常数.

注意, 估计量 (3.5.7) 中的 N 必须已知; $\widehat{\overline{y}}_{Ualt}$ 中的 n/Nn_s 也比 $\widetilde{y}_s$ 中的 $1/\widehat{N}$ 要稳定.

3.6 域均值估计

域 (或者小域) 估计是抽样估计中的一个重要问题, 比如国家统计部门在开展全国农产量调查的同时, 还想对小品种农作物种植面积和产量进行分区域的抽样估计. 因此, 本节有必要介绍在抽样估计中较为常见的关于域均值的估计问题.

具体来看, 首先, 令总体 U 包含 N 个个体, 包含 N_d 个个体的子总体 U_d 是 U 的一个域, 且 $N_d < N$. 一般来说, 落入域 U_d 中的个体数 N_d 是随机的. 此时, 关于域 U_d 的均值可以表达为
$$\overline{y}_{U_d} = \frac{1}{N_d} \sum_{U_d} y_k. \tag{3.6.1}$$

因此, 可以引入如下形式的示性变量 z_d:
$$z_{dk} = \begin{cases} 1, & \text{当 } k \in U_d \text{ 时}, \\ 0, & \text{当 } k \notin U_d \text{ 时}. \end{cases}$$

我们可以将域均值 $\overline{y}_{U_d}$ 表示为两个总体总值的比率形式：

$$\overline{y}_{U_d} = \frac{\sum_U z_{dk} y_k}{\sum_U z_{dk}} = \frac{t_{z_d y}}{t_{z_d}}. \tag{3.6.2}$$

在样本 s 中，一部分个体来自域 U_d，其余个体来自总体的其他域. 令 s_d 表示由落入域 U_d 的个体组成的 s 的子集，即 $s_d = s \cap U_d$，且 s_d 中的个体数是随机的，这里忽略 s_d 为空的概率.

对于域均值 $\overline{y}_{U_d}$，本节给出如下形式的估计量：

$$\widetilde{y}_{s_d} = \frac{\widehat{t}_{z_d y,\pi}}{\widehat{t}_{z_d \pi}} = \frac{\sum_s z_{dk} y_k / \pi_k}{\sum_s z_{dk} / \pi_k} = \frac{\sum_{s_d} y_k / \pi_k}{\sum_{s_d} 1 / \pi_k}. \tag{3.6.3}$$

上述估计量的近似方差为

$$AV(\widetilde{y}_{s_d}) = \frac{1}{N_d^2} \sum\sum_{U_d} \Delta_{kl} \frac{y_k - \overline{y}_{U_d}}{\pi_k} \cdot \frac{y_l - \overline{y}_{U_d}}{\pi_l}, \tag{3.6.4}$$

方差的估计量为

$$\widehat{V}(\widetilde{y}_{s_d}) = \frac{1}{\widehat{N}_d^2} \sum\sum_{s_d} \widecheck{\Delta}_{kl} \frac{y_k - \widetilde{y}_{s_d}}{\pi_k} \cdot \frac{y_l - \widetilde{y}_{s_d}}{\pi_l}, \tag{3.6.5}$$

这里，$\widehat{N}_d = \sum_{s_d} 1/\pi_k$. 当样本量固定时，通常使用如下形式的方差估计量，即

$$\widehat{V}(\widetilde{y}_{s_d}) = -\frac{1}{2\widehat{N}_d^2} \sum\sum_{s_d} \widecheck{\Delta}_{kl} \left(\frac{y_k - \widetilde{y}_{s_d}}{\pi_k} - \frac{y_l - \widetilde{y}_{s_d}}{\pi_l} \right)^2. \tag{3.6.6}$$

习　　题

3.1 试证明表 3.1.1 中的概率 P_0 的数值.

3.2 如果 $\widehat{\theta}_v$ 是关于 θ_v 的渐近无偏估计量，且当 v 趋于无穷时，其方差趋于 0，那么按照 3.2 节中的定义 (2)，试证明 $\widehat{\theta}_v$ 是关于 θ_v 的一致估计量.

3.3 在 3.3.2 小节中，对非线性估计量 $\widehat{\theta}$ 进行泰勒线性化处理时，试证明其线性估计量 $\widehat{\theta}_0$ 的偏差为 0，即有 $E(\widehat{\theta}_0) = \theta$.

3.4 试推导 3.4.2 小节中的式 (3.4.3)、式 (3.4.4) 和式 (3.4.5).

3.5 在 BE 设计下，试证明如下结论：

(1) 式 (3.5.1) 表示的无偏估计量 $\widehat{\overline{y}}_{U_\pi}$ 等价于 $\widehat{\overline{y}}_{U_\pi} = (n_s / E(n_s)) \overline{y}_s$；式 (3.5.4) 表示的加权样本均值 $\widetilde{y}_s$ 等价于 $\widetilde{y}_s = \overline{y}_s = \sum_s y_k / n_s$.

(2) 对于 $k=1,2,\cdots,N$, 当 $\pi_k = \pi$ 时, 有加权样本均值 $\widetilde{y}_s = \overline{y}_s$, 且式 (3.5.5) 表示的估计量的近似方差具体变化为

$$AV(\overline{y}_s) = [(1-\pi)/N\pi]S_{yU}^2.$$

(3) 对于 $k=1,2,\cdots,N$, 当 $\pi_k = \pi$ 时, 有加权样本均值 $\widetilde{y}_s = \overline{y}_s$, 且式 (3.5.6) 表示的方差估计量具体变化为

$$\widehat{V}(\overline{y}_s) = [(1-\pi)/n_s][(n_s-1)/n_s]S_{ys}^2 \doteq [(1-\pi)/n_s]S_{ys}^2.$$

3.6 在 SI 设计下, 抽样比 $f = n/N$, 试证明如下结论:

(1) 式 (3.6.3) 表示的域均值 $\overline{y}_{U_d}$ 的估计量等价于 $\widetilde{y}_{s_d} = \overline{y}_{s_d} = \sum_{s_d} y_k/n_{s_d}$.

(2) 在这种情形下, 式 (3.6.4) 表示的估计量的近似方差具体变化为

$$AV(\widetilde{y}_{s_d}) = \frac{1-f}{nP_d} \cdot \frac{N(N_d-1)}{(N-1)N_d} S_{U_d}^2 \doteq \frac{1-f}{nP_d} S_{U_d}^2,$$

这里, $S_{U_d}^2 = \sum_{U_d} \dfrac{(y_k - \overline{y}_{U_d})^2}{N_d - 1}$.

(3) 在这种情形下, 式 (3.6.5) 表示的方差估计量具体变化为

$$\widehat{V}(\widetilde{y}_{s_d}) = \frac{1-f}{n_{s_d}} \cdot \frac{n(n_{s_d}-1)}{(n-1)n_{s_d}} S_{s_d}^2 \doteq \frac{1-f}{n_{s_d}} S_{s_d}^2,$$

这里, $S_{s_d}^2 = \sum_{s_d} \dfrac{(y_k - \overline{y}_{s_d})^2}{n_{s_d} - 1}$.

3.7 结合实际调查案例, 简述比率估计、总体均值估计和域估计在实际调查中的具体应用.

第 4 章 基于总体单位的抽样设计

根据设计对象的不同, 抽样调查中的抽样设计分为两类: 一类是基于总体单位 (即个体) 的抽样设计; 一类是基于由总体单位 (即由个体) 构成的群的抽样设计. 本章讨论基于总体单位的抽样设计, 也把这种抽样设计称为直接个体抽样. 基于群的抽样设计将在第 5 章讨论.

能够实现直接个体抽样的方法很多, 本章将讨论以下几种常用的个体直接抽样设计: 伯努利抽样、简单随机抽样、系统抽样、泊松抽样、与规模成比例的概率抽样和分层抽样. 在国内的抽样教科书中, 一般只介绍和讨论简单随机抽样、系统抽样、与规模成比例的概率抽样和分层抽样这四种抽样设计, 而伯努利抽样和泊松抽样同样是个体抽样的常用抽样设计. 虽然伯努利抽样和泊松抽样会导致随机样本量, 但是它们可以很好地揭示抽样设计的一些基本理念, 还适用于构建无回答估计中用到的回答机制模型.

直接个体抽样有两个特征: 一是存在一个包含所有个体的抽样框; 二是选取样本时, 总体单位 (个体) 就是抽样单元. 本章的目标变量依然是研究变量 y 的总体总值, 即 $t = \sum_U y_k$. 在本章讨论的不同抽样设计下, 我们希望使用 π 估计量 $\hat{t}_\pi = \sum_s \breve{y}_k = \sum_s y_k/\pi_k$ 和有放回抽样中的 pwr 估计量 $\hat{t}_{pwr} = m^{-1} \sum_{i=1}^{m} y_{k_i}/p_{k_i}$ 得到 t 的无偏估计. 对于每种抽样设计, 我们也将给出其估计量, 并讨论它们的方差及近似方差估计量. 原则上, 有关 $\hat{t}_\pi$ 的结论都可以通过特定抽样设计下的 π_k 和 π_{kl}, 利用结论 2.5.1 推导得到.

4.1 伯努利抽样

伯努利抽样 (Bernoulli sampling, BE) 是一种最简单的抽样设计. 从例 2.1.2, 例 2.2.2 和例 2.3.2 中可以总结出伯努利抽样设计的一些特点: 在伯努利抽样中, 样本的示性变量 $I_1, I_2, \cdots, I_N$ 是独立同分布的随机变量, 假设 π 为在 $(0,1)$ 之间取值的给定常数, 那么每个 I_k 都服从相同的伯努利分布, 即

$$\Pr(I_k = 1) = \pi; \quad \Pr(I_k = 0) = 1 - \pi.$$

若 n_s 表示随机样本量的大小, 则 BE 设计可以表示为

$$p(s) = \pi^{n_s}(1-\pi)^{N-n_s}, \tag{4.1.1}$$

其中包含概率为

$$\pi_k = \pi, \quad \forall k; \quad \pi_{kl} = \pi^2, \quad \forall k \neq l.$$

我们可以用例 2.1.2 中介绍的简单序列清单抽样方法来抽取伯努利样本. 在伯努利抽样中, 样本量 n_s 是一个服从二项分布的随机变量, 其均值和方差分别为

$$E_{BE}(n_s) = N\pi, \quad V_{BE}(n_s) = N\pi(1-\pi).$$

利用正态分布来对二项分布进行近似处理, 可以得到 n_s 的可能取值所在的区间为

$$N\pi \pm z_{1-(\alpha/2)}[N\pi(1-\pi)]^{1/2},$$

其中 $1-\alpha$ 为置信度, $z_{1-(\alpha/2)}$ 表示标准正态随机变量以 $\alpha/2$ 的概率超出该区间. 例如, 当 $N=1\,000, \pi=0.3$ 时, 样本量 n_s 的 95% 的置信区间为

$$300 \pm 1.96 \times (1\,000 \times 0.3 \times 0.7)^{\frac{1}{2}} \doteq 300 \pm 28.$$

即在 95% 的置信水平下, 样本量规模的可能变异大约在期望样本量的 10% 以内.

随机样本量的缺点在于调查前不能事先确定样本量的大小, 不便于调查的实施, 而且样本量的不确定性会增加 π 估计量的方差. 结论 4.1.1 给出在 BE 设计下 π 估计量的基本性质.

结论 4.1.1 在 BE 设计下, 总体总值 $t = \sum_U y_k$ 的 π 估计量为

$$\widehat{t}_\pi = \frac{1}{\pi} \sum_s y_k, \tag{4.1.2}$$

其方差为

$$V_{BE}(\widehat{t}_\pi) = \left(\frac{1}{\pi} - 1\right) \sum_U y_k^2, \tag{4.1.3}$$

其方差的一个无偏估计量为

$$\widehat{V}_{BE}(\widehat{t}_\pi) = \frac{1}{\pi}\left(\frac{1}{\pi} - 1\right) \sum_s y_k^2. \tag{4.1.4}$$

在 BE 设计下, π 估计量经常是低效的, 因此在式 (4.1.6) 中我们将给出一个改进的估计量.

若 $n = N\pi$ 表示期望样本量, 那么式 (4.1.3) 中的方差可以写为

$$V_{BE}(\widehat{t}_\pi) = N^2 \left(\frac{1}{n} - \frac{1}{N}\right) S_{yU}^2 \left[1 - \frac{1}{N} + (cv_{yU})^{-2}\right], \tag{4.1.5}$$

其中 $cv_{yU} = S_{yU}/\overline{y}_U$ 是总体 U 中 y 的变异系数.

例 4.1.1 某考试中心需要判 3 000 份统计学的试卷, 在判卷前希望对考试通过率有个初步了解, 于是决定随机抽选出一小部分试卷先判. 具体方法如下: 在判每份试卷前, 投掷一枚普通的六面骰子, 如果骰子显示为 6, 则判这份试卷, 否则不判. 假设通过这种方法得到 450 份试卷作为样本, 判阅后发现, 共有 300 份及格通过了考试. 现在要利用近似正态分布来计算这 3 000 份试卷在 95% 的置信水平下通过考试的置信区间.

从例 4.1.1 中可以看出, 该考试中心使用的抽样设计是 $\pi = 1/6$ 的 BE 设计. 假如试卷 k 及格, 则令 $y_k = 1$; 否则, 令 $y_k = 0$. 显然有 $\sum_s y_k = \sum_s y_k^2 = 300$. 由于 $N = 3\,000$ 且 $\pi = 1/6$, 则由结论 4.1.1 可以得到在 95% 的置信水平上的及格试卷数的近似置信区间为

$$\frac{1}{\pi}\sum_s y_k \pm 1.96 \left[\frac{1}{\pi}\left(\frac{1}{\pi}-1\right)\sum_s y_k^2\right]^{1/2}$$
$$= 6 \times 300 \pm 1.96 \times (6 \times 5 \times 300)^{1/2} \doteq 1\,800 \pm 186.$$

样本试卷的考试通过率为 $300/450 = 2/3$, 因此全部及格试卷的一个合理的点估计值为 $3\,000 \times 2/3 = 2\,000$. 而 π 估计值是 $1\,800$, 比 $2\,000$ 低了 10%.

哪个估计值更接近于真实值呢? 只有全部试卷都判阅后才能知道. 但是, 我们可以这样说, 由于点估计量的抽样变异性比 π 估计量的小, 所以点估计量更好.

对于 BE 设计, 比 π 估计量更好的一个估计量是

$$\widehat{t}_{alt} = N\left(\sum_s y_k/n_s\right) = N\overline{y}_s. \tag{4.1.6}$$

例 4.1.1 中的点估计值 $2\,000$ 就是根据式 (4.1.6) 计算得到的. 把随机样本量作为分母就是要消除由样本量变动所引起的 $\widehat{t}_\pi$ 的变异, 可以看到:

$$\widehat{t}_{alt} = (n/n_s)\widehat{t}_\pi,$$

其中 $n = N\pi = E_{BE}(n_s)$ 是样本量的期望. $\widehat{t}_{alt}$ 的近似方差表达式 (在例 7.3.1 中给出推导) 为

$$V_{BE}(\widehat{t}_{alt}) \doteq N\left(\frac{1}{\pi}-1\right)S_{yU}^2 = N^2\left(\frac{1}{n}-\frac{1}{N}\right)S_{yU}^2. \tag{4.1.7}$$

利用式 (4.1.5) 和式 (4.1.7) 可以得到:

$$V_{BE}(\widehat{t}_\pi)/V_{BE}(\widehat{t}_{alt}) \doteq 1 + (cv_{yU})^{-2}. \tag{4.1.8}$$

由式 (4.1.8) 可见, 变异系数 cv_{yU} 越小, $\widehat{t}_{alt}$ 的优势越明显. $V_{BE}(\widehat{t}_{alt})$ 与固定样本量为 n 的 SI 设计下的方差 $V_{SI}(\widehat{t}_\pi)$ 几乎相同 (见 4.2 节).

由以上讨论可以得出结论: 尽管在样本量固定的抽样设计下, π 估计量近乎完美, 但是在样本量变化的情况下, 它是以估计量方差的增加为代价的, 由此得到的置信区间会变大. 当然, 这不是避免随机样本量设计的理由, 只要估计量选取得恰当, 变化的样本量也不会扩大方差.

例 4.1.2 假设在例 4.1.1 中, 实际及格的试卷份数是 $1\,950$ 份, 可以得到考试通过率为 $1\,950/3\,000 = 0.65$, 则有

$$S_{yU} = (0.65 \times 0.35 \times 3\,000/2\,999)^{1/2} = 0.477, \quad \overline{y}_U = 0.65.$$

变异系数为
$$cv_{yU} = S_{yU}/\overline{y}_U \doteq 0.734,$$
所以方差比为
$$V_{BE}(\widehat{t}_\pi)/V_{BE}(\widehat{t}_{alt}) \doteq 1 + \frac{1}{(0.734)^2} = 2.86.$$

显然 $\widehat{t}_{alt}$ 更为精确.

在实践中, 尽管我们可以通过选择较好的估计量来弥补随机样本量所引起的置信区间扩大的缺点, 但它不利于现场控制的缺点依然存在. 比方说, 当我们在实施调查时, 若样本量大大超出预期, 预算将会严重超支.

虽然我们在进行抽样设计时常常想避免大幅度变化的样本量, 但在抽样实践中, 由于各种原因, 固定样本量往往不能实现. 比如, 实际调查中一般都会存在一定程度的无回答, 而我们并不能确切地知道实际回答的个体数量会是多少. 而且, 如果需要对有限总体的子总体 (或域) 分别进行估计, 那么这些子总体的抽样往往是不能完全控制的, 且落在每个域中观测值的数量通常是随机的. 因此在实际操作中, 很多时候我们都无法事先预知其观测值的数量的, 因此随机样本量也是无法避免的.

4.2 简单随机抽样

BE 设计可以说是一种等概率抽样设计. 这类抽样设计的主要特征是它们的一阶包含概率都相等, 即 π_k 为常数 $(k=1,2,\cdots,N)$. 下面我们将研究另外两种等概率抽样设计: 无放回的简单随机抽样设计以及有放回的简单随机抽样设计.

4.2.1 无放回的简单随机抽样

在 SI 设计中, 固定样本量为 n 的样本 s 被抽中的概率是相等的, 即

$$p(s) = \begin{cases} 1/\binom{N}{n}, & s \text{ 的样本大小为 } n, \\ 0, & \text{其他}. \end{cases} \quad (4.2.1)$$

包含概率为
$$\pi_k = \frac{n}{N} = f, \quad k=1,2,\cdots,N,$$
$$\pi_{kl} = \frac{n(n-1)}{N(N-1)}, \quad k \neq l = 1,2,\cdots,N,$$

其中称 $f=n/N$ 为抽样比 (sampling fraction). SI 设计可以通过例 2.1.1 提到的逐个抽取序列方案实现, 此外还有另外几种方法可以实现 SI 设计. 对于有序存储在磁带上的大量总体

单位, 我们可以使用序列清单抽样法来进行抽样. 以下介绍如何使用序列清单抽样法实现样本大小为 n 的 SI 设计.

令 $\varepsilon_1, \varepsilon_2, \cdots$ 表示从 Unif$(0,1)$ 分布中抽取得到的独立随机数. 若 $\varepsilon_1 < n/N$, 则 $k=1$ 入样, 否则不入样. 对于随后的总体单位 $k = 2, 3, \cdots$, 令 n_k 表示总体单位列表中前 $k-1$ 个单位进入样本的个数, 那么当

$$\varepsilon_k < \frac{n - n_k}{N - k + 1}$$

时, 第 k 个单位进入样本, 否则不进入样本, 直到 $n_k = n$ 时停止抽样.

以上的抽样方案是由 Fan, Muller 和 Rezucha (1962) 提出的, 该方案恰好符合 SI 设计的定义. 若 N 未知, 则需要先确定 N 的大小. McLeod 和 Bellhouse (1983) 提出了 N 未知的情况下实现 SI 设计的一种方案.

接下来我们讨论一些重要参数的 π 估计量, 包括:

(1) 总体总值, 即 $t = \sum_U y_k$;

(2) 总体均值, 即 $\overline{y}_U = t/N$;

(3) 子总体 (即域) 的一些重要参数.

1. 总体总值 $t = \sum_U y_k$ 的估计.

由结论 2.5.1 和例 2.5.1, 我们可以得到以下的重要结论:

结论 4.2.1 在 SI 设计下, 总体总值 $t = \sum_U y_k$ 的 π 估计量为

$$\widehat{t}_\pi = N \overline{y}_s = \frac{1}{f} \sum_s y_k, \tag{4.2.2}$$

其中 $f = n/N$ 是抽样比. 估计量的方差为

$$V_{SI}(\widehat{t}_\pi) = N^2 \left(\frac{1}{n} - \frac{1}{N} \right) S_{yU}^2 = N^2 \frac{1-f}{n} S_{yU}^2, \tag{4.2.3}$$

方差的一个无偏估计量为

$$\widehat{V}_{SI}(\widehat{t}_\pi) = N^2 \frac{1-f}{n} S_{ys}^2. \tag{4.2.4}$$

例 4.2.1 从某市 200 个街道 (镇) 中利用 SI 设计从中抽取 50 个街道 (镇), 调查在计划生育工作中受表彰干部的数量, 令 y 表示各街道 (镇) 受表彰的干部数. 调查结果见表 4.2.1. 要求以 95% 的置信水平给出全市受表彰干部总数的区间估计.

表 4.2.1 样本中受表彰干部的分布情况

受表彰干部数 y	3	4	5	6	7	8	9	10	11	12	13	14	16
街道 (镇) 数	4	7	3	6	7	10	4	2	2	1	1	1	2

解 由样本调查结果可计算得到:
$$\sum_s y_k = 369, \quad S_{ys}^2 = 9.914.$$
在 95% 的置信水平下, 受表彰干部总数的置信区间为
$$4 \times 369 \pm 1.96 \times [200^2 \times (1-0.25) \times 9.914/50]^{1/2},$$
即全市受表彰干部总数的区间估计为 $1\,476 \pm 151$.

2. 总体均值 $\overline{y}_U = t/N$ 的估计.

$\overline{y}_U$ 的无偏估计量可以通过式 (4.2.2) 中的 π 估计量除以 N 得到, 即
$$\widehat{\overline{y}}_{U\pi} = \frac{\widehat{t}_\pi}{N} = \frac{\sum_s y_k}{n} = \overline{y}_s.$$
而方差和方差估计量则可以通过结论 4.2.1 中对应的方差和方差估计量公式除以 N^2 来得到.

结论 4.2.2 在 SI 设计下, 样本均值 $\overline{y}_s$ 是总体均值 $\overline{y}_U$ 的无偏估计, 其方差为
$$V_{SI}(\overline{y}_s) = \frac{1-f}{n} S_{yU}^2, \tag{4.2.5}$$
方差的一个无偏估计量为
$$\widehat{V}_{SI}(\overline{y}_s) = \frac{1-f}{n} S_{ys}^2. \tag{4.2.6}$$

在本章中, 总体均值 $\overline{y}_U = \sum_U y_k/N = t/N$ 的估计是直接通过总体总值 t 的 π 估计量除以 N 得到的, 而其方差和方差估计量则是通过除以 N^2 得到的.

3. 子总体 (域) 的估计.

在许多调查中, 我们不仅仅想获得整个总体 U 的参数估计, 还有可能想获得某个特定子总体 (也称为域) 的参数的估计. 这里我们只给出 SI 设计下应用 π 估计量的一些域估计的结果:

(1) 域的绝对容量和相对容量;

(2) 域的总体总值和均值.

令 U_d 表示特定目标域 $(U_d \subset U)$, N_d 表示 U_d 的大小, $P_d = N_d/N$ 表示 U_d 的相对大小, 即域 U_d 的单位个数与总体 U 的单位个数的比值. 这里假定 N 已知, N_d 未知.

(1) 域的绝对容量和相对容量的估计.

目标参数 N_d 和 P_d 的估计可以分别看成是总体总值和总体均值估计的一个特例. 引入域示性变量 z_d, 其第 k 个单位的值定义为
$$z_{dk} = \begin{cases} 1, & k \in U_d, \\ 0, & \text{其他}, \end{cases} \quad k = 1, 2, \cdots, N, \tag{4.2.7}$$

则有
$$\sum_U z_{dk} = N_d, \qquad (4.2.8)$$
$$\bar{z}_{dU} = \sum_U z_{dk}/N = N_d/N = P_d. \qquad (4.2.9)$$

从式 (4.2.8) 和式 (4.2.9) 可以看出, N_d 和 P_d 就分别成了新变量 z_d 的总体总值和总体均值. 因此, 我们可以直接应用前面关于总体总值和总体均值的相关结论. 令 $Q_d = 1 - P_d$, 设 $n_d = \sum_s z_{dk}$ 为样本中属于域 U_d 的个数, $p_d = n_d/n$ 为域 U_d 中入选样本个数的比例, 且 $q_d = 1 - p_d$.

根据式 (4.2.7) 中关于 z_{dk} 的定义, 我们可以得到
$$S^2_{z_dU} = \frac{N}{N-1} P_d Q_d, \qquad (4.2.10)$$
$$S^2_{z_ds} = \frac{n}{n-1} p_d q_d. \qquad (4.2.11)$$

根据结论 4.2.1 和式 (4.2.10), 式 (4.2.11), 我们可以得到如下结论 4.2.3:

结论 4.2.3 在 SI 设计下, 域的绝对容量 N_d 的 π 估计量可以写成以下形式:
$$\widehat{N}_d = N p_d, \qquad (4.2.12)$$

其方差为
$$V_{SI}(\widehat{N}_d) = N^2 \frac{N-n}{N-1} \cdot \frac{P_d Q_d}{n}, \qquad (4.2.13)$$

方差的一个无偏估计量为
$$\widehat{V}_{SI}(\widehat{N}_d) = N^2(1-f) \frac{p_d q_d}{n-1}. \qquad (4.2.14)$$

根据结论 4.2.3, 我们可以得到域的相对容量 $P_d = N_d/N$ 的相关估计: $\widehat{P}_d = p_d = n_d/n$, 其方差和方差估计量可通过结论 4.2.3 中对应的表达式除以 N^2 得到. 这些结论很重要, 给出了在 SI 设计下总体比例的估计方法. 例如, 若要对女性人口数在总人口数中的占比进行估计, 则 "女性人口数" 就表示一个域, P_d 的估计可以看成域估计中的一个简单例子.

(2) 当域的容量未知时, 域总值和域均值的估计.

在实际调查中, 我们经常要估计某个域的总值 $t_d = \sum_{U_d} y_k$ 和对应的域均值 $\bar{y}_{U_d} = \sum_{U_d} y_k/N_d$. 例如, 在住户调查中, 研究变量 y 表示住户的家庭可支配收入, 我们可能想要估计有两个或以上孩子的家庭的可支配收入总值或者可支配收入均值. 这时可以利用 t_d 和 $\bar{y}_{U_d}$ 的 π 估计量. 引入新变量 y_d:
$$y_{dk} = \begin{cases} y_k, & k \in U_d, \\ 0, & \text{其他}, \end{cases} k = 1, 2, \cdots, N,$$

则 t_d 是新变量 y_d 的总体总值, 即

$$t_d = \sum_{U_d} y_k = \sum_U y_{dk}.$$

利用结论 4.2.1, 将 y 换成新变量 y_d, 则 t_d 的 π 估计量为

$$\widehat{t}_{d\pi} = \sum_s y_{dk}/\pi_k = \frac{N}{n}\sum_s y_{dk} = \frac{N}{n}\sum_{s_d} y_k, \qquad (4.2.15)$$

其中 $s_d = U_d \cap s$ 表示 s_d 为样本 s 中落入域 U_d 的子样本. $\widehat{t}_{d\pi}$ 的方差和方差估计量可以根据结论 4.2.1 得到.

在实际应用中, 域的容量 N_d 经常是未知的. 但是一旦我们知道 N_d 的值, 就可以用一个新估计量来替换 π 估计量, 即

$$\widehat{t}_{d,alt} = N_d\left(\sum_{s_d} y_k/n_d\right) = N_d\bar{y}_{s_d}, \qquad (4.2.16)$$

其中 n_d 表示 s_d 的大小, 是一个随机变量. $\widehat{t}_{d,alt}$ 的方差一般要远小于 $\widehat{t}_{d\pi}$ 的方差.

例 4.2.2 在全国 287 个地级市及以上城市中, 利用 SI 从中抽取 100 个城市作为样本, 各市 2012 年的国内生产总值 (GDP, 单位: 千亿元) 为样本观测值. 令 s_d 表示样本城市中属于 "东部地区" (东部地区包括: 北京、天津、河北、辽宁、上海、江苏、浙江、福建、山东、广东和海南) 的集合. 可以计算得到

$$\sum_{s_d} y_k = 118.43, \quad \sum_{s_d} y_k^2 = 843.26.$$

由式 (4.2.15) 可以得到 2012 年的 "东部地区" 所有地级市及以上城市的 GDP 的 π 估计值为

$$\widehat{t}_{d\pi} = \frac{N}{n}\sum_{s_d} y_k = \frac{287}{100} \times 118.43 = 339.89,$$

其方差估计为

$$\widehat{V}_{SI}(\widehat{t}_{d\pi}) = 287^2 \times \frac{1 - 100/287}{100} \times \frac{843.26 - 11843^2/100}{100 - 1} = 3\,811.06.$$

变异系数 cve 的值为 18%, 说明这一估计精度不高.

已知所有地级市及以上城市中, 属于 "东部地区" 的有 101 个, 而在抽取的样本中, 属于 "东部地区" 的有 32 个. 据此, 可以计算得到 2012 年我国 "东部地区" 所有地级市及以上城市的 GDP 的替代估计值为

$$\widehat{t}_{d,alt} = \frac{N_d}{n_d}\sum_{s_d} y_k = \frac{101}{32} \times 118.43 = 373.79.$$

为了估计域均值 $\bar{y}_{U_d} = t_d/N_d$, 我们可以将 t_d 的 π 估计量除以 N_d, 得到

$$\widehat{\bar{y}}_{U_d\pi} = \frac{N}{nN_d}\sum_{s_d} y_k. \qquad (4.2.17)$$

但是当 N_d 的值未知时,该估计量不可用. 当然,无论 N_d 已知还是未知,我们都可以用式 (4.2.16) 除以 N_d 得到 $\bar{y}_{U_d}$ 的一个更好的估计量,即

$$\widehat{\bar{y}}_{U_d,alt} = \sum_{s_d} y_k/n_d = \bar{y}_{s_d}. \tag{4.2.18}$$

很明显,该估计量是域中变量 y 的观测值的均值,它的方差和方差估计量可参见 Särndal, Swensson 和 Wretman (2003).

4.2.2 有放回的简单随机抽样

在例 2.6.1 和例 2.6.2 中所得到的有放回的简单随机抽样 (SIR) 是一种有序设计,这种设计使得每个有序样本

$$os = (k_1, \cdots, k_i, \cdots, k_m)$$

都以相等的抽取概率 $1/N^m$ 被抽中,其中 k_i 是第 i 次抽取得到的总体单位,每个总体单位都有可能被抽中一次以上.

SIR 设计可以通过例 2.6.1 介绍的逐个抽样法来实现. 在进行 m 次有放回抽样时,每次抽样中每个总体单位被抽中的概率都为 $1/N$. 在 m 次抽样中,假设任何一个总体单位在有序样本中出现的次数为 r,这个次数 r 服从均值为 m/N、方差为 $\frac{m}{N}\left(1 - \frac{1}{N}\right) \doteq \frac{m}{N}$ 的二项分布. 当 N 足够大时,我们可以用均值为 m/N 的泊松分布作为 r 的分布的一个非常好的近似分布. 在 SIR 设计下,总体总值 $t = \sum_U y_k$ 的 pwr 估计量 (见 2.6 节) 可以写为

$$\widehat{t}_{pwr} = N\bar{y}_{os}, \tag{4.2.19}$$

其中 $\bar{y}_{os}$ 是包含了重复总体单位的有序样本均值,即

$$\bar{y}_{os} = \frac{1}{m}\sum_{i=1}^{m} y_{k_i}. \tag{4.2.20}$$

有序样本方差为

$$S_{os}^2 = \frac{1}{m-1}\sum_{i=1}^{m}(y_{k_i} - \bar{y}_{os})^2. \tag{4.2.21}$$

根据结论 2.6.1 可以得到以下结论 4.2.4:

结论 4.2.4 在 SIR 设计下,总体总值 $t = \sum_U y_k$ 的 pwr 估计量为式 (4.2.19),其方差为

$$V_{SIR}(\widehat{t}_{pwr}) = N(N-1)S_{yU}^2/m, \tag{4.2.22}$$

方差的一个无偏估计量为

$$\widehat{V}_{SIR}(\widehat{t}_{pwr}) = N^2 S_{os}^2/m. \tag{4.2.23}$$

让我们来比较一下有放回抽样和无放回抽样的方差. 假如无放回抽样的样本量 n 等于有放回抽样有序样本容量的大小 m, 那么有

$$\frac{V_{SIR}(N\bar{y}_{os})}{V_{SI}(N\bar{y}_s)} = \frac{1-N^{-1}}{1-f} \doteq \frac{1}{1-f}.$$

这表示, 当抽样比 $f = n/N$ 非常小时, 这两种估计方法具有几乎相等的估计效率. 反之, 当抽样比 f 比较大时, 有放回抽样的估计效率就会大打折扣. 例如, 当 $f = 20\%$ 时, 有放回抽样的方差是无放回抽样的方差的 1.25 倍.

4.3 系统抽样

4.3.1 系统抽样的定义和主要结论

系统抽样 (systematic sampling, SY) 是一种比较容易实施的抽取样本的方式, 它的优点就在于实用、便利. 下面, 我们将集中讨论系统抽样的基本形式, 以及如何通过辅助信息的利用, 在充分发挥系统抽样优点的同时, 尽量减少系统抽样的劣势所带来的负面影响.

首先, 根据抽样框从最前面的 a 个总体单位中以相等的概率随机抽出第一个样本单位, 这里 a 是根据样本量事先确定的正整数, 称为抽样间距 (sampling interval). 第一个样本单位确定之后, 接下来就不用再进行随机抽取了, 只需要机械地依序每隔 a 个总体单位抽取一个作为样本单位, 直到抽样框中的所列名录抽完为止. 显然, 这样的抽取方法只可能有 a 个不同的样本, 每个样本都以 $1/a$ 的概率被抽中. 因此, 系统抽样最大的优点是只需要进行一次随机抽样.

系统抽样的规范定义如下:

令 a 表示固定的抽样间距, n 表示 N/a 的整数部分 (N 是总体单位总数), 则

$$N = na + c,$$

其中整数 c 满足 $0 \leqslant c < a$, 如果 $c = 0$, 则样本量为 n; 如果 $c > 0$, 则样本量可以是 n 或 $n+1$. 具体的抽样过程如下:

(1) 在 1 到 a 之间以等概率 $1/a$ 抽取一个整数, 记为 r;
(2) 所抽选的样本集合为

$$s = \{k : k = r + (j-1)a \leqslant N; j = 1, 2, \cdots, n_s\} = s_r, \tag{4.3.1}$$

其中样本量 n_s 等于 $n+1(r \leqslant c)$ 或 $n(c < r \leqslant a)$, 整数 r 被称为随机起点 (random start).

例 4.3.1 回到例 4.1.1. 如果考试中心不想掷 3 000 次骰子来获得样本, 则可以考虑使用系统抽样. 首先掷一次骰子, 随机抽出第一份试卷. 假设骰子数为 4, 那么就可以完全确定系统抽样的样本了, 即第 4、第 10、第 16······第 2 998 份试卷入样, 样本量为 500, $a = 6, c = 0$.

我们把系统抽样抽出的样本空间记为 φ_{SY}, 它由 a 个不同 (不重叠) 的样本构成, 根据式 (4.3.1) 可以得到

$$\varphi_{SY} = \{s_1, \cdots, s_r, \cdots, s_a\}.$$

与 SI 设计相比, 系统抽样只存在较少的可能样本. 其抽样设计用 SY 表示, 可表达为

$$p(s) = \begin{cases} 1/a, & \text{如果 } s \in \varphi_{SY}, \\ 0, & \text{其他任何样本}. \end{cases}$$

要推导出 π 估计量及其方差, 必须先求出一阶和二阶包含概率. 由于每个总体单位仅属于 a 个系统样本中的一个样本, 所以, 对于任意 $k \in U$, 有

$$\pi_k = 1/a;$$

对于任意 $k \neq l \in U$, 有

$$\pi_{kl} = \begin{cases} 1/a, & k \text{ 和 } l \text{ 属于同一个样本 } s, \\ 0, & \text{其他}. \end{cases} \tag{4.3.2}$$

由此看到, $\pi_{kl} > 0$ 这一条件不一定能得到满足.

由于系统抽样的任意两个样本都不重叠, 所以 a 个样本共同构成了总体 U. 也就是, $s_1, \cdots, s_r, \cdots, s_a$ 代表总体 U 划分成的不同的子总体, 即有

$$U = \bigcup_{r=1}^{a} s_r,$$

总体总值 $t = \sum_U y_k$ 也可写成 $t = \sum_{r=1}^{a} t_{s_r}$, 其中 $t_{s_r} = \sum_{s_r} y_k$.

因此, SY 设计可以描述为从 a 个不同的子总体中随机等概率地进行抽样. 被抽中的那个子总体中的所有单位都将参与调查. 当 $c = 0$ 时, 我们可以用表 4.3.1 来表示这种抽样.

表 4.3.1　$c = 0$ 时的系统抽样

	样本 s				
	s_1	$\cdots$	s_r	$\cdots$	s_a
y 值	y_1	$\cdots$	y_r	$\cdots$	y_a
	y_{a+1}	$\cdots$	y_{a+r}	$\cdots$	y_{2a}
	$\vdots$		$\vdots$		$\vdots$
	$y_{(n-1)a+1}$	$\cdots$	$y_{(n-1)a+r}$	$\cdots$	y_N
样本总值	t_{s_1}	$\cdots$	t_{s_r}	$\cdots$	t_{s_a}

对于系统抽样, 根据结论 2.5.1, 可以得出以下结论:

结论 4.3.1 在 SY 设计下, 设抽样间距为 a, 总体总值 $t = \sum_U y_k$ 的 π 估计量为

$$\widehat{t}_\pi = at_s, \tag{4.3.3}$$

其中 $t_s = \sum_s y_k$ 是研究变量 y 的样本总值, 其方差为

$$V_{SY}(\widehat{t}_\pi) = a \sum_{r=1}^{a}(t_{s_r} - \bar{t})^2, \tag{4.3.4}$$

其中 $\bar{t} = \sum_{r=1}^{a} t_{s_r}/a = t/a$ 是样本总值 $t_{s_r} = \sum_{s_r} y_k$ 的平均数. s_r 是可能样本集 $\{s_1, \cdots, s_r, \cdots, s_a\}$ 中的一个元素, s_r 是由式 (4.3.1) 定义的. 估计量 $\widehat{t}_\pi$ 的方差也可以写为

$$V_{SY}(\widehat{t}_\pi) = a(a-1)S_t^2,$$

其中 $S_t^2 = \dfrac{1}{a-1}\sum_{r=1}^{a}(t_{s_r} - \bar{t})^2$ 是样本总值的方差. 如果所有的样本总值相近, 其方差就会较小.

证明 因为 $\pi_k = 1/a, k = 1, 2, \cdots, N$, 则有

$$\widehat{t}_\pi = \sum_s \breve{y}_k = \sum_s y_k/\pi_k = at_s,$$

其方差为

$$\begin{aligned}V_{SY}(\widehat{t}_\pi) &= \sum\sum_U \frac{\pi_{kl}}{\pi_k \pi_l} y_k y_l - t^2 \\ &= a\sum_{r=1}^{a}\left(\sum\sum_{s_r} y_k y_l\right) - t^2 \\ &= a\sum_{r=1}^{a} t_{s_r}^2 - t^2 = a\sum_{r=1}^{a}(t_{s_r} - \bar{t})^2.\end{aligned}$$

由于在某些情况下, 并非对所有的 $k \neq l$, 都有 $\pi_{kl} > 0$, 因此这种情况下不能使用结论 2.5.1 中的方差估计量. 我们将在 4.3.4 小节讨论系统抽样的方差估计.

4.3.2 样本量的控制

由系统抽样的定义, 我们知道, 如果 $c = 0$, 则 $N = na$, 即 a 个可能样本的样本量都为 n; 如果 $c > 0$, 样本量可以是 n ($r > c$) 或 $n+1$ ($r \leqslant c$). 这样就遇到了与伯努利抽样一样的问题, 即样本量不确定的问题. 在一些极端的情况下, 要求 a 是正整数可能会导致实际样本量和期望样本量相差甚大.

例如，假定 $N=137$，我们期望得到的样本量为 50. 当 $a=2$ 时，实际得到的样本量是 68 或者 69；而当 $a=3$ 时，样本量是 45 或者 46. 可以看出要求样本量在 46 和 68 之间是不可能的. 解决这个问题有多种方法，下面介绍其中的两种.

(1) 分数间距法.

这种方法允许 a 取分数. 令 $a=N/n$，n 为期望样本量，从区间为 $(0,a)$ 的均匀分布中抽取一个随机数 ξ. 这时，所抽出的样本由满足以下条件的总体单位构成：

$$k-1 < \xi + (j-1)a \leqslant k, \quad j=1,2,\cdots,n.$$

这种方法与以下的抽样方法等价，即以等概率 $1/N$，从 1 到 N 中随机抽取一个整数 r，然后选取满足以下条件的总体单位构成样本：

$$(k-1)n < r + (j-1)N \leqslant kn, \quad j=1,2,\cdots,n.$$

这样，任何总体单位 k 都能以 $\pi_k = 1/a = n/N$ 的概率进入样本，且每个可能样本的容量都为 n，即样本量是确定的.

(2) 圆形系统抽样法.

这种方法将抽样框中所有单位排成圆形，即最后一个总体单位 ($k=N$) 紧跟第一个总体单位 ($k=1$). 随机数 r 在区间 $[1,N]$ 中等概率抽取，令 a 为最接近 N/n 的整数. 此时，样本由满足以下条件的总体单位构成：

$$k = r + (j-1)a, \quad \text{如果 } r + (j-1)a \leqslant N,$$

或者

$$k = r + (j-1)a - N, \quad \text{如果 } r + (j-1)a > N,$$

其中 $j=1,2,\cdots,n$. 和分数间距法一样，每个样本的样本量都是 n；对任意 k，都有 $\pi_k = n/N$.

当 $c=0$ 时，本节介绍的三种系统抽样方法是等价的；当 N 相对 n 很大时，三种方法之间的差别很小.

4.3.3 系统抽样的效应

由式 (4.3.4) 可以看出，当样本总值 t_{s_r} 近似相等时，式 (4.3.4) 的方差几乎为 0. 这种情况什么时候会出现呢？我们知道样本 s_r 是以间隔 a 抽取得到的，如果总体单位的排序刚好使得系统抽样抽取的样本的 y 值总量大致相等的话，方差就会变小. 也就是说，系统抽样的效应很大程度上依赖于系统抽样的 N 个总体单位的排序.

我们可以把系统抽样的效应看成总体排序的函数. 简单来说，我们先考虑 $N=an$ 的情况，这里 a 是整数. 由结论 4.3.1，样本 $s=s_r$ 的 π 估计量为

$$\widehat{t}_\pi = N\sum\nolimits_{s_r} y_k/n = N\bar{y}_{s_r}, \tag{4.3.5}$$

方差为
$$V_{SY}(\widehat{t}_\pi) = N^2 \frac{1}{a} \sum_{r=1}^{a} (\overline{y}_{s_r} - \overline{y}_U)^2, \tag{4.3.6}$$

其中, $\overline{y}_U = \sum_U y_k/N$ 为总体均值.

当所有的样本均值 $\overline{y}_{s_r}$ 都近似相等时, 式 (4.3.6) 表示中的方差接近于 0. 注意到,
$$\sum_U (y_k - \overline{y}_U)^2 = \sum_{r=1}^{a} \sum_{s_r} (y_k - \overline{y}_{s_r})^2 + \sum_{r=1}^{a} n(\overline{y}_{s_r} - \overline{y}_U)^2, \tag{4.3.7}$$

即总体变差可以分解为系统样本内的变差及系统样本间的变差之和, 即
$$SST = SSW + SSB, \tag{4.3.8}$$

其中, SST 表示总平方和, SSW 表示样本内的平方和, SSB 表示样本间的平方和. 对于一个给定的总体, $SST = (N-1)S_{yU}^2$ 是固定的. 因此, 样本内变差 SSW 会随着样本间变差 SSB 的减少而增加.

忽略固定的常数乘数, 式 (4.3.6) 表示的方差由 SSB 决定, 因此可写为
$$V_{SY}(\widehat{t}_\pi) = N \cdot SSB. \tag{4.3.9}$$

换句话说, 系统样本中样本单位的同质性越强, 即研究变量 y 值越接近, 系统抽样的效率越低. 所以, 要使系统抽样的总体排序达到理想状态, 我们就需要使总体单位的排序满足系统样本内的单位同质性尽可能小的条件.

有两种方法度量这种同质性:

第一种 构造如下系数:
$$\rho = 1 - \frac{n}{n-1} \cdot \frac{SSW}{SST}. \tag{4.3.10}$$

ρ 可称为组内相关系数 (intra-class correlation coefficient), 它也可以表达为
$$\rho = \frac{2 \sum_{r=1}^{a} \left[\sum_{k<l} \sum_{s_r} (y_k - \overline{y}_U)(y_l - \overline{y}_U) \right]}{(n-1)(N-1)S_{yU}^2}. \tag{4.3.11}$$

ρ 是同一系统样本中样本单位之间相关程度的一种度量. 当同一个样本中的样本单位的 y 值大致相等时, ρ 值为正. ρ 在两种极端情况下的取值分别为

(1) 当 $SSW = 0$ 时, 有 $\rho = 1$, 这时系统样本内存在完全的同质性 (没有变异);

(2) 当 $SSB = 0$ 时, 有 $\rho = -1/(n-1)$, 此时系统样本内存在完全的异质性.

第二种 可以使用与 ρ 紧密相关的指标 δ 来度量这种同质性，δ 可称为组内同质系数，记为

$$\delta = 1 - \frac{N-1}{N-a} \cdot \frac{SSW}{SST}. \tag{4.3.12}$$

引入样本内方差 (intra-sample variance)

$$S_{yW}^2 = \frac{SSW}{N-a} \tag{4.3.13}$$

和总体方差

$$S_{yU}^2 = \frac{SST}{N-1}, \tag{4.3.14}$$

则有

$$S_{yW}^2 = (1-\delta)S_{yU}^2, \tag{4.3.15}$$

或者

$$\frac{\text{样本内方差}}{\text{总体方差}} = 1 - \delta. \tag{4.3.16}$$

相对于 ρ 来说，用 δ 来度量同质性的一个优点在于：不管系统样本 s_r 的样本量是否相同，它都能很容易计算得到，而 ρ 只能在样本大小相等时才能用式 (4.3.11) 计算得到.

δ 的极值分别是：

(1) 当 $SSB = 0$，即每个样本 s 对应的 $\bar{y}_s$ 为常数时，

$$\delta_{\min} = -\frac{a-1}{N-a};$$

(2) 当 $SSW = 0$，也就是存在完全的同质性时，

$$\delta_{\max} = 1.$$

下面的结论表明 $V_{SY}(\hat{t}_\pi)$ 可以表示为 δ 的简单函数，这一结论可以用于 SY 设计与 SI 设计的比较.

结论 4.3.2 在 SY 设计下 (其中 $N = na$, a 为整数), 总体总值 $t = \sum_U y_k$ 的 π 估计量的方差可以表示为

$$V_{SY}(\hat{t}_\pi) = \frac{N^2 S_{yU}^2}{n}[(1-f) + (n-1)\delta], \tag{4.3.17}$$

其中 $f = n/N = 1/a$ 为抽样比.

证明过程由式 (4.3.6) 和 δ 的定义很容易得到，这里不再赘述.

从式 (4.3.17) 中，我们再次看到，系统样本内的样本单位的同质性越强，即变异性越弱，系统抽样的效率越低.

下面，我们来比较 SY 设计和 SI 设计. 令 $V_{SY} = V_{SY}(\hat{t}_\pi)$ 和 $V_{SI} = V_{SI}(\hat{t}_\pi)$ 分别表示两种抽样设计下的总体总值 $t = \sum_U y_k$ 的 π 估计量的方差. 在这两种抽样下，都有 $\hat{t}_\pi = N\bar{y}_s$, 但是二者的抽样分布不一样. 由于

$$V_{SI} = N^2 \frac{1-f}{n} S_{yU}^2,$$

可以得到 SY 的设计效应为

$$\mathrm{deff}(SY, \hat{t}_\pi) = \frac{V_{SY}}{V_{SI}} = 1 + \frac{n-1}{1-f}\delta.$$

因此当 $\delta < 0$, 即 $S_{yW}^2 > S_{yU}^2$, 则 SY 设计比 SI 设计更有效. 要得到这样的效果，必须恰当地排列总体单位，使得每个系统样本中的样本单位的 y_k 值具有一定的异质性. 相反地，如果 $\delta > 0$, 即 $S_{yW}^2 < S_{yU}^2$, 则 SY 设计不如 SI 设计有效.

例 4.3.2 比较不同总体排序下的设计效应. 假定 $N = 100$, 变量 y 的值取 $1, 2, \cdots, 100$, 且 $n = 10$, 样本数为 $a = N/n = 10$, 则有

$$S_{yU}^2 = \frac{N(N+1)}{12} = \frac{100 \times 101}{12}.$$

若不考虑总体的排序情况，则在 $N = 100$ 及 $n = 10$ 的情况下，SI 设计的方差为

$$V_{SI} = N^2 \frac{1-f}{n} S_{yU}^2 = 7.575 \times 10^5.$$

下面我们考察不同总体排序下的情况:

(1) 假定总体排序为 $y_k = k, k = 1, 2, \cdots, 100$, 即 y_k 值呈现一个线性趋势. 表 4.3.2 展示了 10 种可能的系统样本，t_{s_r} 表示第 r 个样本的总值.

表 4.3.2 y_k 值呈线性趋势的总体排序

	\multicolumn{10}{c}{r}									
	1	2	3	4	5	6	7	8	9	10
y_k	1	2	3	4	5	6	7	8	9	10
	11	12	13	14	15	16	17	18	19	20
	21	22	23	24	25	26	27	28	29	30
	31	32	33	34	35	36	37	38	39	40
	41	42	43	44	45	46	47	48	49	50
	51	52	53	54	55	56	57	58	59	60
	61	62	63	64	65	66	67	68	69	70
	71	72	73	74	75	76	77	78	79	80
	81	82	83	84	85	86	87	88	89	90
	91	92	93	94	95	96	97	98	99	100
t_{s_r}	460	470	480	490	500	510	520	530	540	550

在这种情况下，$V_{SY} = 8.25 \times 10^4$，意味着 V_{SI} 为 V_{SY} 的 9 倍多. 度量同质性的 $\delta = -0.089$，与最小值 $\delta_{\min} = -0.1$ 相差不大.

(2) 最优 (最小方差) 系统抽样的总体排序，如表 4.3.3 所示.

表 4.3.3 最优 (最小方差) 系统抽样总体排序

	\multicolumn{10}{c}{r}									
	1	2	3	4	5	6	7	8	9	10
y_k	1	2	3	4	5	6	7	8	9	10
	20	19	18	17	16	15	14	13	12	11
	21	22	23	24	25	26	27	28	29	30
	40	39	38	37	36	35	34	33	32	31
	41	42	43	44	45	46	47	48	49	50
	60	59	58	57	56	55	54	53	52	51
	61	62	63	64	65	66	67	68	69	70
	80	79	78	77	76	75	74	73	72	71
	81	82	83	84	85	86	87	88	89	90
	100	99	98	97	96	95	94	93	92	91
t_{s_r}	505	505	505	505	505	505	505	505	505	505

由于每个 t_{s_r} 都相等，因此有 $V_{SY} = 0, \delta = \delta_{\min} = -0.1$.

(3) δ 为较大正数时的排序，如表 4.3.4 所示.

表 4.3.4 δ 为较大正数时的总体排序

	\multicolumn{10}{c}{r}									
	1	2	3	4	5	6	7	8	9	10
y_k	1	11	21	31	41	51	61	71	81	91
	2	12	22	32	42	52	62	72	82	92
	3	13	23	33	43	53	63	73	83	93
	4	14	24	34	44	54	64	74	84	94
	5	15	25	35	45	55	65	75	85	95
	6	16	26	36	46	56	66	76	86	96
	7	17	27	37	47	57	67	77	87	97
	8	18	28	38	48	58	68	78	88	98
	9	19	29	39	49	59	69	79	89	99
	10	20	30	40	50	60	70	80	90	100
t_{s_r}	55	155	255	355	455	555	655	755	855	955

由表 4.3.4 可以得到 $V_{SY} = 8.25 \times 10^6$，大约是 V_{SI} 的 11 倍. $\delta = 0.989$，大致与最大值 $\delta_{\max} = 1$ 相等.

(4) 总体单位的一种偶然排序, 如表 4.3.5 所示.

表 4.3.5　总体单位的一种偶然排序

	\multicolumn{10}{c}{r}
	1	2	3	4	5	6	7	8	9	10
y_k	76	7	85	79	1	19	58	51	100	25
	34	9	3	84	32	5	61	23	48	18
	33	42	82	27	74	31	38	8	96	26
	93	75	44	40	53	30	20	81	37	83
	12	14	39	47	91	57	69	86	21	16
	92	35	73	62	46	63	59	68	90	70
	89	54	29	56	66	77	52	10	15	98
	55	43	67	78	99	97	88	94	17	80
	65	22	87	50	28	4	41	6	36	95
	71	49	45	24	64	11	72	2	13	60
t_{sr}	620	350	554	547	554	394	558	429	473	571

在这种情况下, $V_{SY} = 7.010\ 2 \times 10^5$, 接近于 V_{SI}, 且 $\delta = -0.007$. 这种排序方式是基于 $1 \sim 100$ 的整数的一个随机排列, 是一种随机排序, 因此 δ 接近于 0.

此例表明, 系统抽样虽然简单易操作, 但若操作不当则可能意味着很高的效率损失. 如果总体的排序满足系统抽样的要求, 那么将显著地提高效率. 所以, 我们在进行系统抽样时, 要达到既能充分利用其简单、易实施的优点, 又能保证估计精度和抽样效率的目的. 在实际调查中, 如何利用有关标志进行排序是成功实施系统抽样的关键. 如果我们能充分利用与研究变量 y 高度相关的辅助变量 x 的信息来对总体进行恰当地排序, 使得每个系统样本中所有样本单元的 y 值具有较大的差异性, 那么我们就能保证较高的估计精度.

4.3.4 方差估计

SY 设计的方差 $V_{SY}(\hat{t}_\pi)$ 不存在无偏估计量, 这也是系统抽样的简便性的一种代价. 这样一来我们就没有办法评估点估计的抽样变异性. 有一些次优的方法可以解决这一问题, 其中一种方法是利用有偏的方差估计量, 另一种方法是对系统抽样进行修正以得到无偏的方差估计.

这里介绍一种有偏方差估计量. 假定在特定情况下, 我们能够保证 SY 设计至少和 SI 设计的方差一样小. 设 s_r 是被选中的系统样本, 那么样本方差为

$$S^2_{ys_r} = \frac{1}{n-1} \sum_{s_r} (y_k - \overline{y}_{s_r})^2.$$

$V_{SY}(\widehat{t}_\pi)$ 的一个估计量可以写为

$$\widehat{V} = \frac{N^2(1-f)}{n} S^2_{ys_r}. \qquad (4.3.18)$$

它是近似于 SI 设计下的方差估计量.

若要使得 SY 设计比 SI 设计要有效, 即

$$V_{SY}(\widehat{t}_\pi) < V_{SI}(\widehat{t}_\pi)$$

当且仅当 $\delta < 0$ 成立. 我们可以证明式 (4.3.18) 中的 $\widehat{V}$ 会高估 $V_{SY}(\widehat{t}_\pi)$, 即 $\widehat{V}$ 的期望大于真实的估计量的方差, 也就是说, 式 (4.3.18) 中给出的 $\widehat{V}$ 满足:

$$E_{SY}(\widehat{V}) > V_{SY}(\widehat{t}_\pi), \quad \text{如果 } \delta < 0.$$

当使用系统抽样且 $\delta < 0$ 时, 利用式 (4.3.18) 计算得到的 t 的置信区间被称为保守的 (conservative), 即计算置信区间时的真实置信水平要高于预设的置信水平. 以 95% 的预设置信水平为例, 在重复样本中, 保守的置信区间意味着该区间以大于 95% 的比例包含真实的参数值.

例 4.3.3 以例 4.3.2 中的总体为例, 可以得到如表 4.3.6 所表述的结论.

表 4.3.6 四种总体单位排序抽样估计的比较

排序	$E_{SY}(\widehat{V})$	$V_{SY}(\widehat{t}_\pi)$	
(a)	8.3×10^6	8.3×10^4	高估
(b)	8.3×10^5	0	高估
(c)	8.3×10^3	8.3×10^6	低估
(d)	7.6×10^5	7.0×10^5	近似无偏

在 (d) 中, SY 设计和 SI 设计有近似相等的效率 (且 δ 约等于 0), $E_{SY}(\widehat{V})$ 和 $V_{SY}(\widehat{t}_\pi)$ 也很接近. 对于其他情况, $\widehat{V}$ 要么高估 $V_{SY}(\widehat{t}_\pi)(\delta < 0)$, 要么低估 $V_{SY}(\widehat{t}_\pi)$ $(\delta > 0)$. 例如, 在 (a) 中, $E_{SY}(\widehat{V})$ 的值远远超过 $V_{SY}(\widehat{t}_\pi)$ 的值, 而在 (c) 中则恰恰相反. 关于 $\widehat{V}$ 的其他替代估计可以参阅 Wolter (1985).

方差估计问题的另一个解决方案是对 SY 设计进行修正. 例如, 可以使用 $m > 1$ 个随机起点, 抽样间距变为 ma. 这样一来系统样本由 m 个大小为 $\frac{n}{m}$ 的系统抽样片段组成. 为了方便表示, 假定 $\frac{n}{m}$ 和 $a = \frac{N}{n}$ 都是整数. 使用 SI 设计在 $1, 2, \cdots, ma$ 上抽出 m 个整数, 记为 $r_1, r_2, \cdots, r_m$, 则样本为

$$s = \{k : k = r_i + (j-1)ma; i = 1, 2, \cdots, m, j = 1, 2, \cdots, n/m\}.$$

这种情况下, 对于每个 k, 有 $\pi_k = m/ma = n/N$, 且

$$\pi_{kl} = \begin{cases} \dfrac{n}{N}, & k \text{ 和 } l \text{ 属于同一个样本 } s, \\ \dfrac{n}{N} \cdot \dfrac{m-1}{ma-1}, & k \text{ 和 } l \text{ 属于不同样本}. \end{cases}$$

类似于我们下一章要介绍的整群抽样, m 个随机起点的系统抽样等价于将总体分为 ma 个大小为 $\dfrac{n}{m}$ 的群, 然后抽选了一个由 m 个群构成的 SI 样本, 中选群的所有单位都接受调查.

之前介绍的具有一个随机起点的 SY 设计其实也是整群抽样的一个特例. 对比具有一个随机起点的 SY 设计, 具有多个随机起点的抽样方法的一个缺点在于这种方法经常会具有更高的方差.

正如下章所讨论的, 在某些调查中, 方差估计并没有它看上去的那么重要. 在实践中, 系统抽样通常应用于多阶段抽样设计的最后阶段的单元抽取中. 这时就算在最后阶段用到系统抽样, 我们也有可能得到一个关于 π 估计量的好的方差估计量.

二维系统抽样在某些应用中较为常见, 具体可参见冯士雍, 倪加勋和邹国华 (2012). 比如在农业或林业调查中, 可以将一块土地或森林划分成等面积的小正方形或长方形, 然后根据一个随机起始点 (由一个随机横坐标和一个随机纵坐标组成) 确定第一个正方形或长方形, 再根据系统抽样获得其他正方形或长方形的样本点. Bellhouse (1977; 1981) 则提出了空间抽样设计, 一维或多维的系统抽样可以参阅 Bellhouse (1988).

4.4 泊 松 抽 样

伯努利抽样、简单随机抽样、系统抽样都属于等概率抽样, 即在这些抽样设计中, 一阶包含概率都相等, 因此对应的估计量相对较为简单, 但它们在抽样调查中不具有普遍的代表性. 在实践中, 大部分抽样设计都属于不等概率设计, 因为这种类型的抽样设计往往更有效.

第一个不等概率抽样设计的例子是泊松抽样 (Poisson sampling, PO), 它是伯努利抽样的推广. 令 π_k 为第 k 个总体单位预先确定的包含概率, 该值为正数, $k = 1, 2, \cdots N$. 泊松抽样定义如下: 假设样本示性变量 I_k 相互独立, 其分布为

$$\Pr(I_k = 1) = \pi_k, \quad \Pr(I_k = 0) = 1 - \pi_k, \quad k = 1, 2, \cdots N.$$

在 PO 设计下, 样本 s 的抽取概率为

$$p(s) = \prod_{k \in s} \pi_k \prod_{k \in U-s} (1 - \pi_k), \tag{4.4.1}$$

其中 $s \in \gamma$ (γ 为包含 U 的 2^N 个子集的集合). 由于 I_k 的独立性, 有 $\pi_{kl} = \pi_k \pi_l (\forall k \neq l)$. 这里的 π_k 可以以不同的方式设定, 因此 PO 设计适合于所有类型的设计.

给定一组包含概率 $\pi_1, \pi_2, \cdots, \pi_N$, PO 设计可以通过一个简单的序列清单抽样方法来实现. 令 $\varepsilon_1, \varepsilon_2, \cdots, \varepsilon_N$ 表示从 Unif$(0,1)$ 分布抽出的独立随机数. 若 $\varepsilon_k < \pi_k$, 则总体单位 k 入样; 否则不入样, $k = 1, 2, \cdots, N$.

在泊松抽样中样本量是随机的, 其均值为

$$E_{PO}(n_s) = \sum_U \pi_k, \tag{4.4.2}$$

方差为

$$V_{PO}(n_s) = \sum_U \pi_k(1 - \pi_k). \tag{4.4.3}$$

PO 设计下的 π 估计量及其有关性质很容易从一般结论 2.5.1 推导得到, 推导结果见结论 4.4.1.

结论 4.4.1 在 PO 设计下, 总体总值 $t = \sum_U y_k$ 的 π 估计量为

$$\widehat{t}_\pi = \sum_s \widecheck{y}_k = \sum_s y_k/\pi_k, \tag{4.4.4}$$

其方差为

$$V_{PO}(\widehat{t}_\pi) = \sum_U \pi_k(1 - \pi_k)\widecheck{y}_k^2 = \sum_U \left(\frac{1}{\pi_k} - 1\right) y_k^2. \tag{4.4.5}$$

它的一个无偏方差估计量为

$$\widehat{V}_{PO}(\widehat{t}_\pi) = \sum_s (1 - \pi_k)\widecheck{y}_k^2. \tag{4.4.6}$$

由于样本量的不确定性, $\widehat{V}_{PO}(\widehat{t}_\pi)$ 可能变得非常大. 式 (4.4.9) 将给出一个更优的、但稍微有偏的泊松抽样估计量. 在伯努利抽样中, 期望样本量 (假定 N 已知) 一旦确定, 该抽样设计就完全确定了. 但是在 PO 设计中, 对于给定的期望样本量, π_k 有多种不同的选择. 关于 π_k 的最佳选择可以通过最小化方差来得到. 也就是说, 根据给定的期望样本量 $n = \sum_U \pi_k$, 对式 (4.4.5) 中的方差求最小化, 这等价于求

$$\left(\sum_U y_k^2/\pi_k\right)\left(\sum_U \pi_k\right)$$

的最小值. 根据 Cauchy-Schwartz 不等式, 有

$$\left(\sum_U y_k^2/\pi_k\right)\left(\sum_U \pi_k\right) \geqslant \left(\sum_U y_k\right)^2,$$

当且仅当 $y_k/\pi_k = \lambda$ (λ 为常数) 时等号成立. 假定对于所有的 k, 有 $y_k > 0$ 和 $y_k \leqslant \sum_U y_k/n$ 成立, 则有 $\pi_k = y_k/\lambda$. 最后, 由 $n = \sum_U \pi_k$, 可得

$$\pi_k = ny_k \Big/ \sum_U y_k, \quad k = 1, 2, \cdots, N. \tag{4.4.7}$$

由于 y_k 未知, 式 (4.4.7) 给出的结果只有理论意义. 然而, 在某些调查中, 我们可以得到总体单位的一个或多个已知的辅助变量, 利用这些辅助变量与 y 之间的关系便可以进行计算. 假定 $x_1, x_2, \cdots, x_N$ 为辅助变量 x 的已知正数值, y 与 x 近似成比例. 在这种情况下, 可以令 π_k 与已知的 x_k 成比例, 即有

$$\pi_k = nx_k \Big/ \sum_U x_k, \quad k = 1, 2, \cdots, N. \tag{4.4.8}$$

假设 $x_k \leqslant \sum_U x_k/n$ 对于所有的 k 都成立. 当出现 $x_k > \sum_U x_k/n$ 时, 我们令 $\pi_k = 1$. 如果 y_k/x_k 接近于常数, 那么最终得到的 π 估计量将会有较小的方差. 由式 (4.4.8) 给出的包含概率称为与规模成比例的概率, 而 x_k 可以看成是第 k 个总体单位的规模度量. 实践中常用的规模度量包括公司的总资产、餐厅的营业额、农场的总面积等.

与伯努利抽样一样, 泊松抽样也存在随机样本量的缺点. 根据式 (4.4.7) 中 π_k 的最优选择, 可以得到 $n = \sum_U \pi_k$ (期望样本量). 在这种极端情况下, 得到的 π 估计量为

$$\widehat{t}_\pi = \sum_s y_k/\pi_k = (n_s/n) \sum_U y_k = (n_s/n)t.$$

由此看来, $\widehat{t}_\pi$ 的样本间变异仅来源于各样本间样本量 n_s 的变异.

从以上的讨论我们发现, 如果能建立一个固定样本量的抽样设计, 使其包含概率 π_k 几乎与 y_k 成比例, 那么得到的 π 估计量 $\widehat{t}_\pi = \sum_s \breve{y}_k$ 会有很好的表现. 如果在这种固定样本量的抽样设计中, π_k 刚好与 y_k 成比例, 那么此时得到的 π 估计量将具有零方差.

在 PO 设计下, $t = \sum_U y_k$ 的另一个估计量为

$$\widehat{t}_{alt} = N \frac{\sum_s \breve{y}_k}{\widehat{N}}, \tag{4.4.9}$$

其中

$$\widehat{N} = \sum_s (1/\pi_k),$$

其近似方差为

$$V(\widehat{t}_{alt}) \doteq \sum_U \frac{(y_k - \overline{y}_U)^2}{\pi_k} - NS_{yU}^2.$$

该方差一般会比式 (4.4.5) 给出的 $\widehat{t}_\pi$ 的方差要小, 即 $\widehat{t}_{alt}$ 通常比 $\widehat{t}_\pi$ 要好.

4.5 与规模成比例的概率抽样

4.5.1 引言

与规模成比例的概率抽样包括: 无放回与规模成比例概率抽样 (probability proportional-to-size sampling without replacement, πps), 有放回与规模成比例概率抽样. 上一节我们对泊

松分布的讨论表明, 如果研究变量 y 与已知的且值为正的辅助变量 x 近似成比例, 那么以与 x 成比例的概率抽取总体单位将有利于得到精度较高的估计. 与规模成比例的概率抽样不但可以很好地应用于泊松抽样, 也适用于其他抽样设计. 我们从两个方面来研究与规模成比例的概率抽样:

(1) 固定样本量的无放回抽样设计与 π 估计量;

(2) 有放回抽样设计与 pwr 估计量.

1. 固定样本量的无放回抽样设计与 π 估计量.

考虑 π 估计量

$$\widehat{t}_\pi = \sum_s y_k/\pi_k. \tag{4.5.1}$$

假设可以构建并实现一个无放回且样本量固定的抽样设计, 使得

$$y_k/\pi_k = c, \quad k = 1, 2, \cdots, N, \tag{4.5.2}$$

其中 c 是常数. 此时对于任意样本 s, 有

$$\widehat{t}_\pi = nc,$$

其中 n 是样本 s 的固定样本量. 由于 $\widehat{t}_\pi$ 没有差异, 因此其方差为 0. 很明显地, 满足式 (4.5.2) 的抽样设计是不存在的, 因为它需要提前知道 y_k 的所有相关信息. 但是, 如果辅助变量 x 与 y 近似成比例, 那么根据与已知的 x_k 成比例的 π_k, 就可以得到近似为常数的比例 y_k/π_k. 这样一来, π 估计量的方差会很小. 我们将在 4.5.2 小节介绍如何构造一个容易实施的无放回的抽样设计, 使得 π_k 与已知的正数 x_k 成比例.

2. 有放回的抽样设计与 pwr 估计量.

对于有放回的抽样设计, 我们也可以用类似的方法. pwr 估计量为

$$\widehat{t}_{pwr} = \frac{1}{m} \sum_{i=1}^m y_{k_i}/p_{k_i}, \tag{4.5.3}$$

其中, m 是固定的放回抽取次数, p_{k_i} 是总体单位 k_i 被抽取的概率. 假设可以构建并实现一个有放回的抽样设计, 使得

$$y_k/p_k = c, \quad k = 1, 2, \cdots, N, \tag{4.5.4}$$

其中 c 是常数. 对于任一有序样本 $os = (k_1, k_2, \cdots, k_m)$, 有

$$\widehat{t}_{pwr} = c.$$

这就是说，$\widehat{t}_{pwr}$ 没有样本间的变异，其方差为 0. 同样地，式 (4.5.4) 中的比例只是一种理想情况，在实际中不可能实现. 解决方法也是类似地使 $p_k \propto x_k$，其中 x_k 是与 y_k 近似成比例的辅助变量.

从结论 2.5.2 可以得出，固定样本设计下 $\widehat{t}_\pi$ 的方差为

$$V(\widehat{t}_\pi) = -\frac{1}{2}\sum\sum_U \Delta_{kl}\left(\frac{y_k}{\pi_k} - \frac{y_l}{\pi_l}\right)^2.$$

若式 (4.5.2) 成立，则该方差等于 0. 对于放回抽样情形，根据结论 2.6.1 可得到 pwr 估计量的方差为

$$V(\widehat{t}_{pwr}) = \frac{1}{m}\sum_U p_k \left(\frac{y_k}{p_k} - t\right)^2,$$

或者

$$V(\widehat{t}_{pwr}) = \frac{1}{2m}\sum\sum_U p_k p_l \left(\frac{y_k}{p_k} - \frac{y_l}{p_l}\right)^2.$$

从最后的方差表达式可以看出，若式 (4.5.4) 中的比例关系成立，该方差也为 0.

以上讨论表明，与值为正数的规模度量 x_k 成比例的概率为 π_k 或 p_k 的抽样设计是很有意义的，这类设计称为与规模成比例的概率抽样设计，相对应的实现方案称为与规模成比例的概率抽样方案. 为了区别无放回和放回抽样，我们分别用 πps 抽样 ($\pi_k \propto x_k$) 和 pps 抽样 ($p_k \propto x_k$) 来表示.

对于 x 的变异较大的总体，可能没办法严格按照 πps 抽样规则来抽取样本，对应的 π_k 为

$$\pi_k = \frac{nx_k}{\sum_U x_k}, \tag{4.5.5}$$

很明显地，我们需要保证 $\pi_k \leqslant 1$ 成立. 当 $n = 1$ 时，这一条件对所有的 k 都成立；但当 $n > 1$ 时，部分 x_k 值将会很大，对于部分总体单位来说可能有

$$\frac{nx_k}{\sum_U x_k} > 1.$$

这与 $\pi_k \leqslant 1$ 的要求相矛盾.

解决矛盾的方法是，对于所有 $nx_k > \sum_U x_k$ 的 k，令 $\pi_k = 1$；剩下的 k，令 π_k 与 x 成比例. 那么对于一个固定样本量为 n 的样本，有

$$\pi_k = (n - n_A)\frac{x_k}{\sum_{U-A} x_k}, \quad k \in U - A,$$

其中集合 A 包含 n_A 个总体单位，集合内的总体单位满足 $nx_k > \sum_U x_k$. 重复这一过程直

至所有的 $\pi_k \leqslant 1$. 另一种方法是将总体 U 划分为多个子总体, 在每个子总体中进行 πps 抽样, 并保证每个子总体中不会出现上述的矛盾.

在本章的以下部分, 我们都假设 $nx_k \big/ \sum_U x_k \leqslant 1, k \in U$ 成立.

4.5.2 πps 抽样

在 πps 抽样中, 包含概率满足 $\pi_k \propto x_k$, 其中 $x_1, x_2, \cdots, x_N$ 为已知正数. 我们希望能够设计出一个满足下述性质的具有固定样本量的 πps 抽样方案:

(1) 实际抽样相对简单;

(2) 一阶包含概率 π_k $(k = 1, 2, \cdots, N)$ 严格与 x_k 成比例;

(3) 二阶包含概率满足 $\pi_{kl} > 0$ (对于任意 $k \neq l$);

(4) π_{kl} 的值容易计算得到;

(5) $\Delta_{kl} = \pi_{kl} - \pi_k \pi_l < 0$ (对于任意 $k \neq l$), 以保证式 (2.5.11) 中给出的 Yates-Grundy-Sen 估计量的值非负.

下面我们给出一些利用辅助信息的样本抽取方案.

由于样本量的不同, πps 抽样方法的选择也有区别. 我们根据固定样本量 n 的大小, 分三种情况来讨论:

(1) $n = 1$;

(2) $n = 2$;

(3) $n > 2$.

有人可能认为抽取小样本量, 如 $n = 1$ 或 $n = 2$, 没什么意义. 其实不然, 在很多的分层抽样中就常常用到小样本量的抽样.

1. 样本量 $n = 1$.

对于 $n = 1$ 的 πps 抽样, 我们通常使用累积总量方法 (cumulative total method) 来实现. 这种方法要求按以下的方法累积 x_k:

(1) 设 $T_0 = 0$, 再计算 $T_k = T_{k-1} + x_k, k = 1, 2, \cdots, N$;

(2) 从均匀分布 Unif$(0, 1)$ 中抽取随机数 ε, 如果满足 $T_{k-1} < \varepsilon T_N \leqslant T_k$, 则总体单位 k 入样. 由于

$$\pi_k = \Pr(T_{k-1} < \varepsilon T_N \leqslant T_k) = \frac{T_k - T_{k-1}}{T_N} = \frac{x_k}{\sum_U x_k},$$

所以, 这种抽样是严格的 πps 抽样设计. 但是, 由于对于所有的 $k \neq l$, 都有 $\pi_{kl} = 0$, 因此不能得到无偏的方差估计.

例 4.5.1 某县共有 5 个私营煤矿, 注册的年生产设计能力以 x_k 表示 (单位: 万吨). 表 4.5.1 给出了 k, x_k, T_k 的详细情况.

表 4.5.1　某县私营煤矿的相关数据

k	x_k	T_k	选择区间
1	8	8	01 $\sim$ 08
2	27	35	09 $\sim$ 35
3	12	47	36 $\sim$ 47
4	36	83	48 $\sim$ 83
5	17	100	84 $\sim$ 100

所有的 x_k 都为整数, 因此, 我们也可以通过以下方法抽样: 总体单位 $k=1$ 与两位数 01 $\sim$ 08 相关, $\cdots$, 总体单位 $k=5$ 与两位数 84 $\sim$ 99 和 00 相关. 随机选出一个两位随机数 r, 假设 $r=75$. 由于 $48 < r \leqslant 83$, 属于第四个选择区间, 因此总体单位 $k=4$ 入样.

如果 N 较大, 且抽样不能借助计算机来进行, 要计算累计的规模度量值将会很耗时. 一种不需要累计步骤的抽样方案, 可参阅 Lahiri (1951).

以上的 πps 抽样方案是很简单的, 而且它遵守了与规模严格成比例. 但是, 当 $n=1$ 时, 有 $\pi_{kl}=0, k \neq l$, 这表示不可能得到无偏的方差估计量. 关于 $\pi_{kl}>0 (1 \leqslant k \neq l \leqslant N)$ 的一个必要 (但不充分) 条件是样本量至少为 2.

2. 样本量 $n=2$.

$n=2$ 的 πps 抽样设计方案有很多. 这里, 我们介绍 Brewer (1963a; 1979) 提出的简单方法, 对于其他方法, 读者可参见 Brewer 和 Hanif (1983). Brewer 的方案是逐个有序抽样, 每两次抽样的概率要经过调整, 使得联合两次抽样的包含概率为

$$\pi_k = 2x_k \Big/ \sum_U x_k, \quad k=1,2,\cdots,N.$$

为简单起见, 假设对于所有的 k, 都有 $x_k < \sum_U x_k/2$. 第一次抽取要求

$$c_k = \frac{x_k(T_N - x_k)}{T_N(T_N - 2x_k)}, \tag{4.5.6}$$

其中 $T_N = \sum_U x_k$. 具体操作如下:

(1) 在第一次抽样时, 总体单位 k 被抽中的概率为

$$p_k = c_k \Big/ \sum_U c_k,$$

其中 c_k 由式 (4.5.6) 给出.

(2) 不放回第一次抽中的总体单位 (记为 k_1), 在第二次抽取时, 总体单位 l 被抽中的概率为

$$p_{l|k_1} = x_l/(T_N - x_{k_1}).$$

可以证明在 $n=2$ 的 πps 抽样中,对于 $k=1,2,\cdots,N$,有

$$\pi_k = 2x_k/T_N. \tag{4.5.7}$$

在 $n=2$ 的 πps 抽样中,对于所有的 $k \neq l$,有

$$\pi_{kl} = \frac{2x_k x_l}{T_N \left(\sum_U c_k\right)} \cdot \frac{T_N - x_k - x_l}{(T_N - 2x_k)(T_N - 2x_l)}. \tag{4.5.8}$$

该方案满足 $\Delta_{kl} < 0, k \neq l$ (见 Rao, 1965),所以式 (2.5.11) 给出的 Yates-Grundy-Sen 方差估计量总是非负的. 可见该方案满足 πps 抽样所要求的 5 个性质.

例 4.5.2 对于例 4.5.1 中的总体,我们有 $\sum_U c_k = 170\,771/100\,947$,当 $n=2$ 时,在第一个样本单位的抽取中,每个总体单位被抽中的概率依次为

$$p_1 = 0.051\,8, \quad p_2 = 0.253\,3, \quad p_3 = 0.082\,1, \quad p_4 = 0.486\,4, \quad p_5 = 0.126\,4.$$

假设第一个样本单位抽中了总体单位 $k=4$,那么在第二个样本单位的抽取中,剩下的 4 个总体单位被抽中的概率依次为

$$p_{1|4} = 0.125\,0, \quad p_{2|4} = 0.421\,9, \quad p_{3|4} = 0.187\,5, \quad p_{5|4} = 0.265\,6.$$

如此我们可以将第一次抽样抽得总体单位 $k, k=0,1,2,\cdots,5$ 和第二次抽样抽得其他总体单位的概率都计算出来,来验证 Brewer 的抽样方案是严格的 πps 抽样设计. 比如,

$$\pi_4 = p_4 + \sum_{l \neq 4} p_l p_{4|l} = 0.486\,4 + 0.051\,8 \times \frac{36}{92} + 0.253\,3 \times \frac{36}{73} + 0.082\,1 \times \frac{36}{88} + 0.126\,4 \times \frac{36}{83} = 0.720\,0.$$

与由式 (4.5.7) $\pi_4 = nx_4/T_N = 2 \times 36/100 = 0.72$ 计算的一样. 假设我们用 Brewer 的抽样方案进行抽样,抽得总体单位 $k=2$ 和 $k=4$,并调查得到调查年的实际生产量 (单位: 万吨) 为 $y_2 = 33$ 和 $y_4 = 51$. 求该县调查年私营煤矿生产总量 $t = \sum_U y_k$ 的 π 估计值和一个无偏方差估计. 我们有

$$\widehat{t}_\pi = \sum_s \breve{y}_k = \frac{33}{0.54} + \frac{51}{0.72} \doteq 131.94,$$

$$\widehat{V}(\widehat{t}_\pi) = -\frac{1}{2} \sum\sum \breve{\Delta}_{kl}(\breve{y}_k - \breve{y}_l)^2 = -\breve{\Delta}_{24}\left(\frac{33}{0.54} - \frac{51}{0.72}\right)^2 = 0.177\,8 \times 94.521\,6 \doteq 16.81,$$

其中 $\breve{\Delta}_{24} = 1 - \dfrac{\pi_2 \pi_4}{\pi_{24}} = 1 - \dfrac{0.54 \times 0.72}{0.330\,1} = -0.177\,8$. cve 的值为 3.11%,说明估计的精度较高.

3. 样本量 $n > 2$.

大部分 $n > 2$ 的固定样本量的 πps 抽样 (要求 π_k 与 x_k 严格成比例) 都很复杂, 多采用逐个抽样法, 因此随着样本量增大, 二阶包含概率的计算量快速增加.

但是, 如果把要求一阶包含概率与 x 严格成比例的条件放松, 我们就可以采用 Sunter (1977a; 1977b) 提出的一种简单的方案. 这一方案可以看成是 SI 设计下的序列清单抽样方案的推广. 该方案对于总体中最重要的部分, 要求包含概率 π_k 与 x_k 严格成比例, 而对于总体中的 x_k 值较小的那部分总体单位, 则假定它们有相等的包含概率, 而不是与 x_k 成比例. 这一方案往往能够得到比较好的结果, 且不会因为简化而出现重大的缺陷 (如效率降低等). 下面给出操作步骤:

第一步 对 N 个总体单位根据 x 数值的大小降序排列, 以 $k = 1, 2, \cdots, N$ 表示, 即令 $k = 1$ 对应于 x 值最大的总体单位, 以此类推.

第二步 对总体单位 $k=1$, 产生一个 Unif$(0,1)$ 独立随机数 ε_1, 并计算

$$\pi_1 = nx_1/T_N, \tag{4.5.9}$$

其中 $T_N = \sum_U x_k$. 如果 $\varepsilon_1 < \pi_1$, 则总体单位 $k=1$ 入样, 否则不入样.

第三步 对每一个 $k = 2, 3, \cdots$, 定义总体 $U_k = \{k, k+1, \cdots, N\}$, 从 Unif$(0,1)$ 中产生独立随机数 ε_k, 并计算

$$\pi'_k = \frac{(n - n_k)x_k}{t_k}, \tag{4.5.10}$$

其中, $t_k = x_k + x_{k+1} + \cdots + x_N = \sum_{j \in U_k} x_j$, n_k 是排序总体前 $k-1$ 个总体单位进入样本的个数. 如果 $\varepsilon_k < \pi'_k$ 成立, 则总体单位 k 入样, 否则不入样.

第四步 重复第二步和第三步, 直到 $n_k = n$ 或 $k = k^*$, 其中 $k^* = \min\{k_0, N - n + 1\}$, 这里 k_0 等于使 $nx_k/t_k \geqslant 1$ 成立的最小的 k 值.

第五步 若 $n_{k^*} < n$, 表示从第二步和第三步不能得到包含 n 个样本单位的全部样本. 最后的 $n - n_{k^*}$ 个样本单位可以通过 SI 设计方案从剩下的 $N - k^* + 1$ 个总体单位中选出. 这就是说, 对每个总体单位 $k = k^*, k^* + 1, \cdots$, 从 Unif$(0,1)$ 中生成独立随机数 ε_k, 并计算

$$\pi^0_k = \frac{n - n_k}{N - k + 1}. \tag{4.5.11}$$

若 $\varepsilon_k < \pi^0_k$ 成立, 则总体单位 k 入样, 否则不入样. 重复这一步骤直至 $n_k = n$.

可以证明一阶包含概率是

$$\pi_k = \begin{cases} nx_k/T_N, & k = 1, 2, \cdots, k^* - 1, \\ n\bar{x}_{k^*}/T_N, & k = k^*, k^* + 1, \cdots, N, \end{cases}$$

其中,
$$\overline{x}_{k^*} = t_{k^*}/(N - k^* + 1).$$

因此, 本方案并不是严格的 πps 抽样, 除非最小的 $N - k^* + 1$ 个总体单位的 x_k 值都相等.

例 4.5.3 对于例 4.5.1 中的总体, 当 $n = 2$ 时, 用 Sunter 的抽样方法计算一阶包含概率.

根据第一步重新排序后, 我们得到表 4.5.2 表示的相关数据.

表 4.5.2 某县私营煤矿重新排序的相关数据

k	x_k	t_k	nx_k/t_k
1	36	100	72/100
2	27	64	54/64
3	17	37	34/37
4	12	20	24/20>1
5	8	8	16/8>1

因此,
$$k_0 = \min\{k : nx_k/t_k \geqslant 1\} = 4, \quad k^* = \min\{k_0, N - n + 1\} = \min\{4, 4\} = 4,$$

则 $\overline{x}_{k^*} = 20/2 = 10$. 一阶包含概率为

$$\pi_1 = 0.72, \quad \pi_2 = 0.54, \quad \pi_3 = 0.34, \quad \pi_4 = \pi_5 = 0.20.$$

为了计算 π_{kl}, 令 $g_1 = 1/t_2$, 而对于 $k = 2, 3, \cdots, k^* - 1$, 令

$$g_k = \left(1 - \frac{x_1}{t_2}\right)\left(1 - \frac{x_2}{t_3}\right) \cdots \left(1 - \frac{x_{k-1}}{t_k}\right) \bigg/ t_{k+1} = g_{k-1}\frac{t_k - x_{k-1}}{t_{k+1}}. \tag{4.5.12}$$

可以证明:

$$\pi_{kl} = \begin{cases} \dfrac{n(n-1)}{T_N} g_k x_k x_l, & 1 \leqslant k < l < k^*, \\ \dfrac{n(n-1)}{T_N} g_k x_k \overline{x}_{k^*}, & 1 \leqslant k < k^* \leqslant l \leqslant N, \\ \dfrac{n(n-1)}{T_N} g_{k^*-1} \dfrac{t_{k^*} - x_{k^*-1}}{t_{k^*} - \overline{x}_{k^*}} (\overline{x}_{k^*})^2, & k^* \leqslant k < l \leqslant N. \end{cases} \tag{4.5.13}$$

因此, g_k 可以在抽样过程中计算出来. Sunter (1977b) 也证明了 $\pi_{kl} > 0, k \neq l$ 以及 $\Delta_{kl} = \pi_{kl} - \pi_k \pi_l < 0, k \neq l$, 这保证了式 (2.5.11) 给出的 Yates-Grundy-Sen 方差估计量是无偏的, 且总是非负的.

例 4.5.4 让我们来计算例 4.5.2 在 Sunter 的抽样设计下总体的 π_{kl} $(1 \leqslant k < l \leqslant N)$. 我们有 $k^* = 4, \overline{x}_{k^*} = 10$, 进一步可得到

$$g_1 = \frac{1}{t_2} = \frac{1}{64}, \quad g_2 = g_1 \times \frac{t_2 - x_1}{t_3} = \frac{7}{592}, \quad g_3 = g_2 \times \frac{t_3 - x_2}{t_4} = \frac{7}{1\,184}.$$

由式 (4.5.13) 可以得到

$$\pi_{12} = \frac{2 \times 1}{100} \times \frac{1}{64} \times 36 \times 27 = \frac{243}{800}, \quad \pi_{13} = \frac{2 \times 1}{100} \times \frac{1}{64} \times 36 \times 17 = \frac{153}{800},$$

$$\pi_{14} = \pi_{15} = \frac{2 \times 1}{100} \times \frac{1}{64} \times 36 \times 10 = \frac{9}{80},$$

$$\pi_{23} = \frac{2 \times 1}{100} \times \frac{7}{592} \times 27 \times 17 = \frac{3213}{29\,600}, \quad \pi_{24} = \pi_{25} = \frac{2 \times 1}{100} \times \frac{7}{592} \times 27 \times 10 = \frac{189}{2\,960},$$

$$\pi_{34} = \pi_{35} = \frac{2 \times 1}{100} \times \frac{7}{1184} \times 17 \times 10 = \frac{119}{5\,920},$$

$$\pi_{45} = \frac{2 \times 1}{100} \times \frac{7}{1184} \times \frac{20 - 17}{20 - 10} \times 10^2 = \frac{21}{5\,920}.$$

在例 4.5.2 中, 抽得总体单位 $k = 2$ 和 $k = 4$, 并调查得到调查年的实际生产量为 $y_2 = 33$ 和 $y_4 = 51$. 下面我们利用 Sunter 的抽样设计方案, 求该县调查年私营煤矿生产总量 $t = \sum_U y_k$ 的 π 估计值和一个无偏方差估计 (注意这里依然用例 4.5.1 中总体单位的排序), 则有

$$\widehat{t}_\pi = \sum_s \breve{y}_k = \frac{33}{0.54} + \frac{51}{0.72} \doteq 131.94,$$

$$\widehat{V}(\widehat{t}_\pi) = -\frac{1}{2} \sum \sum_s \breve{\Delta}_{kl}(\breve{y}_k - \breve{y}_l)^2 = -\breve{\Delta}_{24}\left(\frac{33}{0.54} - \frac{51}{0.72}\right)^2 = 0.28 \times 94.521\,6 \doteq 26.47,$$

其中 $\breve{\Delta}_{24} = 1 - \frac{\pi_2 \pi_4}{\pi_{24}} = 1 - \frac{0.54 \times 0.72}{243/800} = -0.28$, cve 的值为 3.90%. 与用 Brewer 的抽样设计方案的估计结果相比, 该县调查年私营煤矿生产总量 $t = \sum_U y_k$ 的 π 估计值一样, 估计的精度只稍微降低.

尽管以上提及的 Sunter 的方案 (与一些固定样本量的 $n > 2$ 的 πps 抽样相比) 在实际中更具有可操作性, 但要得到 πps 抽样的方差估计, 计算量还是很大的, 这也是 πps 抽样方法的一个大缺点.

最后, 我们给出另一种简单的 πps 抽样方案. 它是等概率系统抽样方法的一种推广, 称为系统 πps 抽样.

令 $T_0 = 0, T_k = T_{k-1} + x_k, k = 1, 2, \cdots, N$. 固定抽样间距为 a (a 为正整数). 令 n 表示 T_N/a 的整数部分, 其中 $T_N = \sum_U x_k$, 则有

$$T_N = \sum_U x_k = na + c,$$

其中 c 满足 $0 \leqslant c < a$. 若 $c = 0$, 则可以产生样本量为 n 的样本; 若 $c > 0$, 则样本量为 n 或 $n + 1$. 对应于 4.5.1 小节中的假设 $nx_k \leqslant \sum_U x_k$, 我们假定 $nx_k \leqslant T_N - c = na$, $\forall k$. 为简单起见, 我们假设每个 x_k 都是整数, 或者接近整数.

系统 πps 抽样的操作步骤如下:
(1) 在 $1 \sim a$ 之间以等概率 $1/a$ 抽出一个整数, 记为 r;
(2) 被选中的样本为

$$s = \{k : T_{k-1} < r + (j-1)a \leqslant T_k, \exists j = 1, 2, \cdots, n_s\} = s_r,$$

其中, 样本大小 n_s 为 $n + 1$ ($r \leqslant c$) 或者 n ($c < r \leqslant a$).

这种方法也可以描述为: 在一个从原点到 $T_N = \sum_U x_k$ 的水平轴上, 依次设置距离 x_k. 当 $c = 0$ 时, 总距离 T_N 被分为 n 个长度为 a 的等长区间. 在第一个区间选取一个与随机起点对应的总体单位, 然后每隔距离 a 选取一个总体单位 k.

这一方法常在审计时抽取账户样本时使用, 这时 x_k 是以货币单位表示的总体单位 k 的大小, 因此这种方法也可以称为货币单位抽样.

系统 πps 抽样基本上可以看成有固定样本量的与规模成比例的概率抽样设计 (因为 n_s 为 $n + 1$ 或 n), 其包含概率

$$\pi_k = \frac{nx_k}{T_N - c}.$$

系统 πps 抽样也面临着与等概率系统抽样同样的问题, 如样本量控制问题、总体排序问题以及 π 估计量的设计方差估计问题. 有关方差的估计问题可参阅 Wolter (1985).

4.5.3 pps 抽样

pps 抽样是一种有放回抽样, 且满足 $p_k \propto x_k$, 其中 $x_1, x_2, \cdots, x_N$ 为已知的正数, 即有

$$p_k = \frac{x_k}{\sum_U x_k}, \quad k = 1, 2, \cdots, N.$$

如果我们只想抽出一个总体单位, 那么可以使用 4.5.2 小节介绍的累计总值方法, 因为此时 pps 抽样和 πps 抽样是等价的. 假设将累计总值方法独立重复 m 次, 那么可以得到一个通用的 pps 逐个抽样方案.

根据结论 2.6.1 可以直接得到 pps 抽样下的 pwr 估计量. 记 pps 抽样得到的有序样本为

$$os = (k_1, k_2, \cdots, k_m),$$

则总体总值 $t = \sum_U y_k$ 的 pwr 估计量为

$$\widehat{t}_{pwr} = \frac{1}{m} \sum_{i=1}^{m} \frac{y_{k_i}}{p_{k_i}} = \left(\sum_U x_k\right) \frac{1}{m} \sum_{i=1}^{m} \frac{y_{k_i}}{x_{k_i}}.$$

即是已知的总值 $\sum_U x_k$ 乘以比率 y_{k_i}/x_{k_i} 的有序样本均值, 其方差和方差估计量可以根据结论 2.6.1 计算得到.

例 4.5.5 某地区共有规模以下工业企业 120 个, 固定资产原值总额为 7 580.5 万元, 从中以与固定资产原值成比例的概率抽样的方法抽出 $m = 10$ 个企业的一个 pps 样本, 调查样本企业某年的营业利润 (单位: 万元), 资料如表 4.5.3 所示. 试估计该地区规模以下工业企业营业利润总额及其方差估计量.

表 4.5.3 样本企业的相关数据

i	固定资产原值 x/万元	营业利润 y/万元
1	43	5.2
2	40	4.9
3	58	7.4
4	38	4.5
5	47	5.4
6	50	6.3
7	62	7.9
8	58	7.1
9	64	7.8
10	56	6.6

解 营业利润的总值的点估计为

$$\widehat{t}_{pwr} = \left(\sum_U x_k\right) \frac{1}{m} \sum_{i=1}^{m} \frac{y_{k_i}}{x_{k_i}} = 7\,580.5 \times \frac{1}{10} \times \left(\frac{5.2}{43} + \frac{4.9}{40} + \cdots + \frac{6.6}{56}\right) = 924.74.$$

对应的方差估计量为

$$\widehat{V}(\widehat{t}_{pwr}) = \left(\sum_U x_k\right)^2 \frac{1}{m(m-1)} \left[\sum_{i=1}^{m} \left(\frac{y_{k_i}}{x_{k_i}}\right)^2 - \frac{1}{m}\left(\sum_{i=1}^{m} \frac{y_{k_i}}{x_{k_i}}\right)^2\right]$$

$$= (7\,580.5)^2 \times \frac{1}{10 \times 9} \times \left[\left(\frac{5.2}{43}\right)^2 + \left(\frac{4.9}{40}\right)^2 + \cdots + \left(\frac{6.6}{56}\right)^2\right.$$

$$\left. - \frac{1}{10} \times \left(\frac{5.2}{43} + \frac{4.9}{40} + \cdots + \frac{6.6}{56}\right)^2\right]$$

$$= 101.28.$$

$cve = 1.09\%$, 得到一个精度较高的估计结果.

pwr 估计量的方差估计不需要进行大量计算, 这与 π 估计量的方差估计形成鲜明对比, 因为在 π 估计量中, 必须计算大量复杂的 $\Delta_{kl} \check{y}_k \check{y}_l / \pi_{kl}$ 值. 因此, 简便性是 pwr 估计量和 pps 抽样的一大优点. 但是, pwr 估计量一般没有 π 估计量有效.

4.5.4 随机群组的选择

建立样本量固定的无放回 πps 抽样是比较困难的. 下面我们介绍一种可以规避这种困难的抽样选择机制. 为了抽出一个由 n 个总体单位组成的样本, 总体 U 被随机地划分成 n 个互不相交的子组 $U_i, i = 1, 2, \cdots, n$, 即 U_1 是用 SI 设计从 U 中抽出的, U_2 是用 SI 设计从 $U - U_1$ 中抽出的, 以此类推. 设 N_i 是 U_i 的规模大小, 按以下步骤抽取样本: 以与 x 成比例的概率从每组中抽出一个总体单位, 群组 U_i 中的总体单位 k 对应的概率为 $x_k / N_i \bar{x}_{U_i}$, 其中 $\bar{x}_{U_i} = \sum_{U_i} x_k / N_i$. 令 k_i 表示从 U_i 中抽取的总体单位, 则 $t = \sum_U y_k$ 的无偏估计量为

$$\widehat{t}_{gr} = \sum_{i=1}^{n} N_i \bar{x}_{U_i} \frac{y_{k_i}}{x_{k_i}}.$$

最好令群组大小为 m 或者 $m+1$, 其中 m 是 N/n 的整数部分. Dalenius (1953) 提出了 $n = 2$ 情况下的抽样设计和估计量, Rao, Hartley 和 Cochran (1962) 将其推广到 n 为任意数的情形. 与 π_k 和 x_k 严格成比例的 πps 抽样设计及其估计量 $\widehat{t}_\pi = \sum_s y_k / \pi_k$ 相比, 这种方法通常会以损失部分效率为代价, 但这种方法通常会比有放回的 pps 抽样及其 pwr 估计量更有效.

4.6 分层抽样

4.6.1 引言

在分层抽样 (stratified sampling, ST) 中, 总体被划分成互不重叠的子总体, 又称为层. 在每层选出一个概率样本, 不同层的抽样相互独立. 分层抽样是一种有效性、实用性很强的抽样方法, 在实践中广泛应用. 分层抽样之所以受欢迎, 其主要原因有:

(1) 能够满足各种管理的需要. 由于分层抽样是在各层中独立进行的, 因此各层样本除汇总后可用于总体参数估计外, 还可以对各层的参数进行估计. 例如, 可以把整个行政地区分成若干行政区域, 把每个区域看成一个层, 实施分层抽样以满足分级管理的需要. 再如, 假设我们想要得到子总体 (目标域) 的精确估计, 如果在抽样框中, 每个域的属性比较清晰, 那么每个目标域就可以看成独立的层, 这时就可以从每层中抽出合适的概率样本进行估计.

(2) 允许根据不同层的具体情况采用不同的抽样方法, 实施灵活方便. 在调查中, 与回答、测量、辅助信息等相关的实际情况可能由于子总体的不同而大相径庭, 有些时候, 无回答问题和测量问题在某些子总体中更为显著, 辅助信息的内容也可能大不一样. 分层抽样可以满足这些因素的要求, 灵活方便地对不同的子总体实施不同的抽样设计和估计量以提高估计效率. 这种方法不仅各层处理灵活方便, 而且层间汇总也相对简单.

(3) 能够较大程度地提高调查估计的精度. 分层抽样对层来说进行的是全面调查, 对各层的个体来说进行的是抽样调查, 因此, 其估计精度 (估计量的方差) 仅取决于各层内的方差, 而与层之间的差异无关. 如果层内的差异比较小 (这也正是分层的目的), 那么分层抽样的精度比简单随机抽样高; 如果层的结构构建得好, 那么在每个层中进行 SI 设计的效率可以大致等同于 πps 抽样的效率. 而且, 与简单随机抽样相比, 分层抽样的样本在总体中的分布更加均匀; 与 πps 抽样相比, 分层抽样的简便性更高, 其方差估计的计算不像 πps 抽样那样复杂.

为了更好地使用分层抽样技术, 首先需要解决与分层抽样相关的一些技术问题. 这些问题包括:

(1) 层的建立.

在分层抽样中, 首先要解决的问题是如何分层, 这涉及如何选择分层的变量, 或者说选择什么样的变量分层; 各层的界限如何确定; 分多少层合适. 比如, 年龄和性别哪个变量更适合于职业分层 (组)? 如果用年龄来分层, 那么每一层对应的年龄区间是多少? 应该分成几个年龄层?

(2) 层内抽样和估计方法的选择.

当层分好之后, 就需要确定每一层使用的抽样设计、样本量和估计量. 一般情况下, 各层都是用同一类型的抽样设计和相同的估计量.

以上问题的解决通常是相互联系的. 实践中为了制订一个完整的解决方案, 通常需要对以上问题进行通盘考虑, 还包括对不同研究域或研究变量估计精度的要求、成本以及行政限制等的考虑.

4.6.2 符号、定义和估计

对一个有限总体 $U = \{1, \cdots, k, \cdots, N\}$ 进行分层, 意味着将总体 U 划分为 H 个子总体 (称为层), 记为 $U_1, \cdots, U_h, \cdots, U_H$, 其中 $U_h = \{k : k \in U_h\}$. 分层抽样指的是根据抽样设计 $p_h(\cdot)$ 从 U_h 中抽出一个概率样本 $s_h, h = 1, 2, \cdots, H$, 每个层中的抽样都是相互独立的. 最终得到的样本 s 为

$$s = s_1 \cup s_2 \cup \cdots \cup s_H.$$

由于每一层中的抽样是相互独立的, 因此有

$$p(s) = p_1(s_1)p_2(s_2)\cdots p_H(s_H).$$

在层 h 中的总体单位数称为层 h 的规模, 记为 N_h, 假定该值已知. 由于每一层是总体 U 的一个划分, 有

$$N = \sum_{h=1}^{H} N_h.$$

因此, 总体总值可以分解为

$$t = \sum_U y_k = \sum_{h=1}^H t_h = \sum_{h=1}^H N_h \overline{y}_{U_h}, \qquad (4.6.1)$$

其中 $t_h = \sum_{U_h} y_k$ 表示层总值, $\overline{y}_{U_h}$ 表示层均值. 又令 $W_h = N_h/N$ 表示层 U_h 的相对规模大小, 则总体均值可以分解为

$$\overline{y}_U = \sum_{h=1}^H W_h \overline{y}_{U_h}. \qquad (4.6.2)$$

结论 4.6.1 在分层抽样中, 总体总值 $t = \sum_U y_k$ 的 π 估计量可以写为

$$\widehat{t}_\pi = \sum_{h=1}^H \widehat{t}_{h\pi}, \qquad (4.6.3)$$

其中 $\widehat{t}_{h\pi}$ 是 $t_h = \sum_{U_h} y_k$ 的 π 估计量, 其方差为

$$V_{ST}(\widehat{t}_\pi) = \sum_{h=1}^H V_h(\widehat{t}_{h\pi}), \qquad (4.6.4)$$

其中 $V_h(\widehat{t}_{h\pi})$ 是 $\widehat{t}_{h\pi}$ 的方差. 方差的一个无偏估计量为

$$\widehat{V}_{ST}(\widehat{t}_\pi) = \sum_{h=1}^H \widehat{V}_h(\widehat{t}_{h\pi}). \qquad (4.6.5)$$

假设对于每个 h 都有一个无偏的方差估计量 $\widehat{V}_h(\widehat{t}_{h\pi})$ 存在.

证明 根据分层抽样的定义有

$$\pi_k = \Pr(k \in s) = \Pr(k \in s_h), \quad k \in U_h.$$

因此, t 的 π 估计量为

$$\widehat{t}_\pi = \sum_s \breve{y}_k = \sum_{h=1}^H \sum_{s_h} \breve{y}_k = \sum_{h=1}^H \widehat{t}_{h\pi},$$

其中 $\widehat{t}_{h\pi}$ 是 t_h 的 π 估计量. 由于不同层之间的抽样是相互独立的, 因此随机变量 $\widehat{t}_{h\pi}$ 也是相互独立的, 由此很容易得出式 (4.6.4) 和 (4.6.5) 的结论.

结论 4.6.1 是结论 2.5.1 的推广, 对于属于不同层的 k 和 l, 有 $\pi_{kl} = \pi_k \pi_l$ 及 $\Delta_{kl} = 0$, 取消 $\sum\sum_U$ 中所有 k 和 l 属于不同层的项. 结论 4.6.1 由于没有指定不同层所使用的抽样设计, 因而具有广泛的适用性.

通常情况下, 所有层都使用同一种抽样设计. 比如, 所有层都用 SI 设计, 记为 $STSI$. 又如, 在每层中使用 SY 设计, 记为 $STSY$. 同样地, $STBE$ 表示每层中使用伯努利抽样的分层抽样设计. 结合我们之前关于 SI, SY, BE 等抽样设计的介绍, 式 (4.6.3) 的分层抽样估计量、式 (4.6.4) 的方差和式 (4.6.5) 的方差估计量也可以应用到这些不同的抽样估计中.

接下来我们给出 $STSI$ 的一些主要结论. 令 n_h 表示层 h 中的 SI 样本的固定样本量, 根据结论 4.6.1 和结论 4.2.1 我们可以得出下面的结论:

结论 4.6.2 在 $STSI$ 设计下, 总体总值 $t = \sum_U y_k$ 的 π 估计量为

$$\widehat{t}_\pi = \sum_{h=1}^H N_h \overline{y}_{s_h}, \tag{4.6.6}$$

其中 $\overline{y}_{s_h} = \sum_{s_h} y_k / n_h$. 其方差为

$$V_{STSI}(\widehat{t}_\pi) = \sum_{h=1}^H N_h^2 \frac{1-f_h}{n_h} S_{yU_h}^2, \tag{4.6.7}$$

$$= \sum_{h=1}^H N_h^2 S_{yU_h}^2 \Big/ n_h - \sum_{h=1}^H N_h S_{yU_h}^2, \tag{4.6.8}$$

其中 $f_h = n_h/N_h$ 为层 h 的抽样比, 层方差为

$$S_{yU_h}^2 = \frac{1}{N_h - 1} \sum_{U_h} (y_k - \overline{y}_{U_h})^2,$$

其中 $\overline{y}_{U_h} = \sum_{U_h} y_k / N_h$. 一个无偏方差估计量为

$$\widehat{V}_{STSI}(\widehat{t}_\pi) = \sum_{h=1}^H N_h^2 \frac{1-f_h}{n_h} S_{ys_h}^2, \tag{4.6.9}$$

其中, 层 h 的样本方差为

$$S_{ys_h}^2 = \frac{1}{n_h - 1} \sum_{s_h} (y_k - \overline{y}_{s_h})^2.$$

例 4.6.1 某县电业局想了解某居民区用电需求量 (单位: 千瓦时), 用 $STSI$ 设计从全部居民户中抽取 60 户, 根据收入将居民户划分为高收入户、中收入户、低收入户三层, 每层抽取 20 户, 调查其上年的月平均用电量, 调查结果和相关资料如表 4.6.1 所示. 试对该区居民月用电总需求量 t_y 进行估计, 并给出估计精度.

表 4.6.1 根据区域分层得到的样本数据

层 h	层域	N_h/户	n_h/户	$\sum_{s_h} y_k$/千瓦时	$\sum_{s_h} y_k^2$/(千瓦时)^2
1	高收入户	172	20	1 453	105 843
2	中收入户	254	20	1 256	79 150
3	低收入户	218	20	1 218	74 522

解 根据式 (4.6.6) 可以得到 t_y 的点估计值为

$$\widehat{t}_\pi = \sum_{h=1}^H N_h \overline{y}_{s_h} = 172 \times \frac{1\ 453}{20} + 254 \times \frac{1\ 256}{20} + 218 \times \frac{1\ 218}{20} = 41\ 723.2.$$

根据式 (4.6.9) 得到的方差估计值为

$$\widehat{V}_{STSI}(\widehat{t}_\pi) = \sum_{h=1}^H N_h^2 \frac{1-f_h}{n_h} S_{y_{s_h}}^2 = 101\ 450.$$

$cve = 0.76\%$.

4.6.3 最优样本量分配

考虑一个具有固定层数的总体, 假设层内所使用的抽样设计已经给定. 为得到总体总值的 π 估计量, 抽样之前, 首先要决定每层的样本量 $n_h, h = 1, 2, \cdots, H$, 即考虑研究满足以下条件的样本分配问题:

$$V_{ST}(\widehat{t}_\pi) = \sum_{h=1}^H A_h/n_h + B = V, \qquad (4.6.10)$$

其中, A_h 和 B 不依赖于 n_h.

假设调查的总成本

$$C = c_0 + \sum_{h=1}^H n_h c_h, \qquad (4.6.11)$$

其中, c_0 是固定成本, $c_h > 0$ 表示对层 h 中每一个样本单位进行调查所需要的费用.

最优样本分配 (optimum sample allocation) 问题也就是寻找 n_h, 使得在成本 C 固定的情况下方差 V 最小, 或者是寻找 n_h, 使得在给定精度 V 的情况下成本 C 最小.

结论 4.6.3 在分层抽样设计下, 当 $V_{ST}(\widehat{t}_\pi)$ 形如式 (4.6.10) 所示时, 线性成本函数 (4.6.11) 下的最优样本分配是选择 n_h, 使之与 $(A_h/c_h)^{1/2}$ 成比例.

证明 令 $V^* = V - B, C^* = C - c_0$. 最优化问题等价于最小化乘积

$$V^* C^* = \left(\sum_{h=1}^H A_h/n_h \right) \left(\sum_{h=1}^H n_h c_h \right). \qquad (4.6.12)$$

由 Cauchy 不等式可得

$$\left(\sum a_h^2\right)\left(\sum b_h^2\right) \geqslant \left(\sum a_h b_h\right)^2.$$

令 $a_h = (A_h/n_h)^{1/2}, b_h = (n_h c_h)^{1/2}$, 有

$$V^* C^* \geqslant \left[\sum_{h=1}^{H} (A_h c_h)^{1/2}\right]^2,$$

上述不等式右边的值独立于 n_h, 当且仅当对每个 $h, b_h/a_h$ 都等于常数时等号成立, 即

$$\left(\frac{n_h c_h}{A_h/n_h}\right)^{1/2} = 常数,$$

或者

$$n_h \propto (A_h/c_h)^{1/2}. \tag{4.6.13}$$

结论 4.6.3 可以用于解决两种不同的最优样本分配问题, 具体结论如下:

结论 4.6.4 在由式 (4.6.11) 给出的成本 C 固定的情况下, 最小化式 (4.6.10) 中的方差 V, 可解得

$$n_h = (C - c_0)(A_h/c_h)^{1/2} \Big/ \sum_{h=1}^{H} (A_h c_h)^{1/2}, \quad h = 1, 2, \cdots, H. \tag{4.6.14}$$

此时, 最小方差为

$$V_{opt} = \frac{1}{C - c_0}\left[\sum_{h=1}^{H} (A_h c_h)^{1/2}\right]^2 + B. \tag{4.6.15}$$

给定方差 V 的情况下, 最小化成本 C, 可解得

$$n_h = (A_h/c_h)^{1/2}\left[\sum_{h=1}^{H} (A_h c_h)^{1/2}\right] \Big/ (V - B), \quad h = 1, 2, \cdots, H. \tag{4.6.16}$$

此时, 最小成本为

$$C_{opt} = c_0 + \frac{1}{V - B}\left[\sum_{h=1}^{H} (A_h c_h)^{1/2}\right]^2. \tag{4.6.17}$$

结论 4.6.3 和结论 4.6.4 默认 n_h 的最优解满足 $n_h \leqslant N_h, \forall h$.

下面研究 $STSI$ 设计下的最优样本分配问题. 在这种情况下, 式 (4.6.7) 的方差可以写为式 (4.6.10) 的形式, 其中,

$$A_h = N_h^2 S_{yU_h}^2, \quad B = -\sum_{h=1}^{H} N_h S_{yU_h}^2.$$

在成本 C 固定的情况下, 最小化方差 V, 解得

$$n_h = (C - c_0) \frac{N_h S_{yU_h}/(c_h)^{1/2}}{\sum_{h=1}^{H} N_h S_{yU_h}(c_h)^{1/2}}. \tag{4.6.18}$$

即是说, 层内变异越大, n_h 越大; 层中单位调查成本越低, n_h 越大; 层权 $\left(W_h = N_h \Big/ \sum_{h=1}^{H} N_h\right)$ 越大, n_h 越大.

4.6.4 *STSI* 设计下的其他样本分配

在 $STSI$ 设计下, 会存在一些更优的样本分配. 假设每一层的成本 c_h 都相等. 令 n 为总的样本量, 则有

$$n = \sum_{h=1}^{H} n_h.$$

1. 最优分配.

在 c_h 为常数的情况下, 根据式 (4.6.18) 给出的最优样本分配为

$$n_h = n \cdot \frac{N_h S_{yU_h}}{\sum_{h=1}^{H} N_h S_{yU_h}}, \tag{4.6.19}$$

也称为 Neyman 分配 (Neyman allocation). 根据式 (4.6.19) 给出的最优 n_h, 要求层的标准差 S_{yU_h} 已知. 只有当 S_{yU_h} 已知时, 才可以得到最优的也即最小的方差. 但这一要求在实践中不可能实现. 然而, 在重复调查中, 根据以往的经验可以得到标准差的近似估计. 基于这些近似值, 就有可能计算得到最优的样本分配.

接下来我们介绍其他一些次优的样本分配.

2. x-最优分配.

在实践中有一种比式 (4.6.19) 式中的分配更有优势的样本分配, 称为 x-最优分配. 假设 x 是一个与 y 高度相关的辅助变量, x 的层标准差 S_{xU_h} 已知. 类似于式 (4.6.19), 我们可以得到 x-最优分配为

$$n_h = n \cdot \frac{N_h S_{xU_h}}{\sum_{h=1}^{H} N_h S_{xU_h}}. \tag{4.6.20}$$

如果 x 和 y 之间的关系是完全线性关系, 即 $y_k = a + bx_k, k = 1, \cdots, N$, 那么式 (4.6.20) 给出的样本分配实际上是最优的. 如果二者的相关关系很强, 但不是完全相关, 那么式 (4.6.20) 给出的样本分配也是近似最优的. 在实践中, 使用这种方法常常能取得比较好的结果.

3. 按比例分配.

按比例分配可以定义为

$$n_h = n \cdot \frac{N_h}{N}. \tag{4.6.21}$$

由于假设层的大小 N_h 已知, 因此一般可以得到式 (4.6.21) 的样本分配. 从式 (4.6.19) 我们可以看出, 如果层标准差 S_{yU_h} 都相等, 那么按比例分配是最优的; 否则按比例分配的方差会大于 Neyman 分配的方差, 特别是在 S_{yU_h} 差异很大时.

4. 与 y 的总值成比例分配.

与 y 的总值成比例分配可以定义为

$$n_h = n \cdot \frac{\sum_{U_h} y_k}{\sum_U y_k}. \tag{4.6.22}$$

这里假设变量 y 恒为正. 如果每一层的变异系数 $cv_{yU_h} = S_{yU_h}/\overline{y}_{U_h}$ 都为常数, 那么式 (4.6.22) 等价于式 (4.6.19) 式, 且是最优的. 实际上, y 的总值一般未知, 因此该方法在实践中也不能用.

5. 与 x 的总值成比例分配.

与 x 的总值成比例分配可以定义为

$$n_h = n \cdot \frac{\sum_{U_h} x_k}{\sum_U x_k}. \tag{4.6.23}$$

这里假设辅助变量 x 的层总值已知, 且 x 值恒为正. 由于计算的简便性, 在实践中常常会使用这种方法. 当 x 和 y 高度相关且每层的变异系数近似相等时, 这种方法也是近似最优分配.

根据结论 4.6.2, 对于分层估计量

$$\widehat{t}_\pi = \sum_{h=1}^H N_h \overline{y}_{s_h} = N \sum_{h=1}^H W_h \overline{y}_{s_h},$$

容易证明下面的分层估计量的方差表达式成立:

(1) 在式 (4.6.19) 给出的最优样本分配下, 有

$$V_{STSI,o}(\widehat{t}_\pi) = \frac{N^2}{n}\left(\sum_{h=1}^H W_h S_{yU_h}\right)^2 - N\sum_{h=1}^H W_h S_{yU_h}^2; \tag{4.6.24}$$

(2) 在式 (4.6.21) 式给出的按比例样本分配下, 有

$$V_{STSI,p}(\widehat{t}_\pi) = N^2 \left(\frac{1}{n} - \frac{1}{N}\right) \sum_{h=1}^{H} W_h S_{yU_h}^2. \tag{4.6.25}$$

由于 (1) 是最优分配, 因此式 (4.6.24) 的方差不会大于式 (4.6.25) 的方差. 当每一层的方差都相等时, 这两个方差才相等, 但一般式 (4.6.24) 的方差都比式 (4.6.25) 的方差小一些, 尤其是在层方差差异较大的情况下.

当样本分配比较合理时, $STSI$ 设计通常会比相同样本量的 SI 设计要高效. 当所有的层均值 $\overline{y}_{U_h}$ 相等或近似相等的情况下, 按比例分配分层抽样可能会得到一个比 SI 设计稍大一点的方差. 参见 Särndal, Swensson 和 Wretrnan (2003).

习 题

4.1 域示性变量 z_{dk} 由式 (4.2.7) 定义, 证明式 (4.2.10) 和式 (4.2.11).

4.2 证明式 (4.2.15) 的 π 估计量在 SI 设计下的方差为

$$V_{SI}(\widehat{t}_{d\pi}) = N^2 \frac{1-f}{n} \cdot \frac{1}{N-1} \left[\sum_{U_d} y_k^2 - \frac{\left(\sum_{U_d} y_k\right)^2}{N}\right],$$

并求出其无偏方差估计量.

4.3 证明式 (4.3.10) 中定义的组内相关系数可以写成式 (4.3.11) 的形式.

4.4 证明结论 4.3.2.

4.5 证明结论 4.6.4.

4.6 使用例 4.2.1 中的信息, 求:

(1) 街道 (镇) 中受表彰干部少于 8 人的街道 (镇) 数的 95% 置信水平的估计置信区间;

(2) 街道 (镇) 中受表彰干部少于 8 人的街道 (镇) 比例的 95% 置信水平的估计置信区间.

4.7 在对某小区 500 个居民户每月购书花费的调查中, 使用 SI 设计抽取了一个大小为 30 的样本, 用于估计该小区所有居民户中每月购书花费 y 的总体总值 (单位: 元). 样本总值为 $\sum_s y_k = 1\,410$ (元), $\sum_s y_k^2 = 70\,758$ (元^2). 求该小区居民户每月购书花费 y 的总体总值的近似置信水平 95% 的置信区间.

4.8 某居民区共有 10 000 户, 现用 SI 设计抽取 100 户来估计该区居民的用水量 (单位: 吨). 已知

$$\overline{y}_s = 12.5 \text{ (吨)}, \quad s_{ys}^2 = 1\,252 \text{ (吨}^2\text{)}.$$

请估计该居民区的总用水量的近似置信水平 95% 的置信区间.

4.9 研究人员欲估计一批电子元件板上的缺陷数目，由于缺陷数目与板上的电子元件数目有关，故采用与元件数目成比例的 pps 抽样. 设 $N = 10$，每块板上电子元件的数目按顺序分别为 12, 10, 22, 24, 16, 8, 10, 9, 8, 31. 设 $n = 4$.

(1) 说明样本的抽取方法；

(2) 若抽中的单元是第 2, 3, 5, 7 号元件板，其缺陷数分别为 1, 3, 2, 1. 试根据这一抽样结果，估计这批元件板上总共有多少个缺陷；

(3) 给出上述估计量的方差估计.

4.10 在全国规模以下工业企业调查中包含的最大的 4 个地级市的序号为 16, 137, 114 和 29. 为了估计以这 4 个地级市为总体的变量 y 的总值，使用 Brewer 的方案抽取出 $n = 2$ 的 πps 样本，其中 x 是已知的规模变量，并已知 $T_N = 1702$, $\sum_U c_k = 2.0840$. 样本调查结果如下：

k	y_k	x_k
16	653	671
114	229	247

(1) 计算 y 的总值的一个无偏估计；

(2) 计算方差的一个无偏估计，并计算 cve.

4.11 对于某个总体，为了计算变量 y 的总体总值的 π 估计量，采用两层的 $STSI$ 设计：以变量 x 的值为排序依据，层 1 由 105 个值最小的总体单位组成，层 2 由 19 个值最大的总体单位组成. 从层 1 以 SI 设计抽出 11 个样本单位，层 2 的所有单位都进入样本. 结果如下：

层 h	$\sum_{s_h} y_k$	$\sum_{s_h} y_k^2$
1	1 107.8	22 545.05
2	3 128.9	1 521 746.18

(1) 求变量 y 的总体总值的 π 估计量；

(2) 假如使用 SI 设计及其 π 估计量 $N\bar{y}_s$，那么为了得到与 (1) 相等的方差，需要抽取多少样本呢？

4.12 对一个较大的总体欲估计总体某个特征的比例. 将总体划分为 3 层，层权分别为 0.5, 0.3, 0.2. 各层总体比例的估计值分别为 0.48, 0.40, 0.72. 如果采用按比例分配的分层抽样，要使其估计量方差相当于样本量为 500 的不放回的简单随机抽样的方差，则样本量预期为多大？

4.13 某企业生产的机器供应全国 219 家用户，欲请用户对该厂机器进行评分. 现将这些用户分成本地区、省内其他地区及外省三层，现有资料如下 (其中 c_h 是调查一个用户的平

均费用):

层 h	N_h/户	S_h^2	c_h/元
$h_1=$本地区	112	2.25	9
$h_2=$省内其他地区	68	3.24	25
$h_3=$外省	39	3.24	36

若要求评分成绩均值估计的方差为 $V=0.1$, 并且费用最少 (假定费用为线性形式), 求样本量及其在各层的分配.

第 5 章 整群和多阶段抽样设计

第 4 章讨论了基于总体单位的抽样设计, 即在一阶抽样中, 以总体单位作为抽样单元. 然而, 在许多大中型抽样调查中, 一般不直接使用总体单位作为抽样单元. 原因在于:

(1) 在实践中, 这些大中型抽样调查往往不存在一个能够识别每一个总体单位的抽样框, 而专门建立一个这样的抽样框费用昂贵;

(2) 对于这些大中型调查, 总体单位分布往往很广, 直接抽取总体单位会产生一个很分散的样本, 如果调查需要面访, 那么高额的差旅费将带来很高的调查成本;

(3) 由于样本分散, 有效监督也会遇到困难, 由此会引发高无回答率和严重的测量误差.

对于这些不能或不便于直接采用总体单位抽样设计的调查, 有各种抽样设计可以利用, 其中整群抽样和多阶段抽样就是两类比较常见的抽样设计. 为了叙述的需要, 下面引入几个重要的术语.

整群抽样 (cluster sampling), 就是把有限总体分为若干个称为群的互斥的子总体, 从中抽取一个由群构成的概率样本, 并调查中选群中的每一个总体单位. 整群抽样即是基于群的抽样设计, 是一种常用的抽样设计方法. 例如, 某市教育局每年进行一次针对小学六年级学生视力情况的调查, 该项调查是抽取一些小学作为样本, 调查被抽中小学的全部六年级的每个学生. 抽样框是全市所有小学的一张名录清单. 此例是以小学作为群, 六年级学生作为总体单位的整群抽样. 整群抽样也叫作一阶 (单阶) 整群抽样 (single-stage cluster sampling).

两阶段抽样 (two-stage sampling), 是指以总体单位构成的样本是通过两阶段抽样得到的. 首先, 总体被分成若干互斥的子总体, 称为初级抽样单元 (primary sampling units, PSU), 在第一抽样阶段, 抽取了一个初级抽样单元的概率样本. 然后, 从一阶样本的每一个初级抽样单元中, 选择用于第二阶段的抽样单元的类型. 这些二级 (次) 抽样单元 (second-stage sampling units, SSU) 可以是总体单位, 也可以是由总体单位组成的群. 第三, 在第二抽样阶段, 从每个中选初级抽样单元中抽取一个二级抽样单元的概率样本. 当二级抽样单元是总体单位时, 我们称之为二 (两) 阶段总体单位抽样; 当二级抽样单元是一个由总体单位组成的群时, 我们称之为二 (两) 阶整群抽样, 二阶整群抽样需要调查中选二级抽样单元中的每一个总体单位. 如对上述小学六年级学生视力情况调查, 假设从每一个抽中的小学抽取一个六年级的学生样本, 就是一个以小学作为初级抽样单元, 学生作为二级抽样单元的二阶总体单位抽样案例. 如果这些小学六年级学生按以下方法选择:

(1) 从一个涵盖某市所有小学的抽样框中抽取一个小学组成的样本;

(2) 从每一个抽中的小学中, 抽取一个六年级班级的样本, 并调查其中的每个学生.

那么这就是一个以学校作为初级抽样单元, 班级作为二级抽样单元的二阶整群抽样的案例.

多阶段抽样. 这里给出一个抽样单元的层次关系: 选取初级抽样单元, 从样本初级抽样单元中选取二级抽样单元, 再从样本二级抽样单元中选取三级抽样单元, 以此类推, 最后一个抽样阶段的抽样单元称为最终抽样单元. 当最终抽样单元为总体单位时, 我们称之为多阶总体单位抽样; 当最终抽样单元为由总体单位组成的群时, 我们称之为多阶整群抽样. 仍考虑上述小学六年级学生视力情况调查, 假设从每一个选中的班级中抽取一个学生样本. 这是一个以学校作为初级抽样单元, 六年级班级作为二级抽样单元, 学生作为三级抽样单元或最终抽样单元的三阶总体单位抽样的案例.

本章讨论整群抽样设计和多阶段抽样设计, 使用 π 估计量 $\hat{t}_\pi$ 来估计总体总值 $t = \sum_U y_k$. 需要注意的是, 这里的总体均值 $\overline{y}_U = t/N$ 的估计量不能通过用 $\hat{t}_\pi$ 除以 N 求得, 相应的 $V(\widehat{\overline{y}}_U)$ 和 $\widehat{V}(\widehat{\overline{y}}_U)$ 也不能通过用 $V(\hat{t}_\pi)$ 和 $\widehat{V}(\hat{t}_\pi)$ 除以 N^2 求得. 这种估计的复杂性主要是因为采用群进行的抽样调查, 其总体单位数 N 往往是未知的. 因为 N 未知, 参数 $\overline{y}_U = t/N$ 就成为包含两个未知数的一个比值, 分子分母均需估计. 整群抽样和两阶段抽样设计下 $\overline{y}_U$ 的估计将在第 8 章讨论.

5.1 一阶 (单阶) 整群抽样

5.1.1 引言

在一阶整群抽样中, 有限总体 $U = \{1, \cdots, k, \cdots, N\}$ 被分成 N_I 个子总体, 称为群, 记为 $U_1, \cdots, U_i, \cdots, U_{N_\mathrm{I}}$. 群的集合可表示为

$$U_\mathrm{I} = \{1, \cdots, i, \cdots, N_\mathrm{I}\},$$

这代表一个由不同的群构成的总体, 从中可抽取一个由群构成的样本. 下标 I 代表第一阶段, 后面出现的 II 代表第二阶段, 以此类推. 第 i 个群 U_i 的总体单位数记为 N_i. 对 U 的分割可用公式表示为

$$U = \bigcup_{i \in U_\mathrm{I}} U_i \quad \text{和} \quad N = \sum_{i \in U_\mathrm{I}} N_i.$$

一阶 (单阶) 整群抽样或简单整群抽样可定义如下:

(1) 在抽样设计 $p_\mathrm{I}(\cdot)$ 下, 从 U_I 中抽取一个群的概率样本 s_I. 对于固定样本量的设计, s_I 的样本量记为 n_I; 对于可变样本量的抽样设计, 样本量记为 n_{s_I}.

(2) 对样本群中的每一个总体单位都进行观测.

这里的 $p_\mathrm{I}(\cdot)$ 可以是任何一种抽样设计. 我们沿用符号 s 来表示被观测的总体单位的集合, 即

$$s = \bigcup_{i \in s_\mathrm{I}} U_i,$$

其样本量为 $n_s = \sum_{s_I} N_i$. 注意, 即使 $p_I(\cdot)$ 是一个固定样本量的抽样设计, 被观测的总体单位数 n_s 一般也不是固定不变的, 因为群容量 N_i 可能存在差异.

在抽样设计 $p_I(\cdot)$ 下, 群的一阶和二阶包含概率分别为

$$\pi_{Ii} = \sum_{s_I \ni i} p_I(s_I), \quad \pi_{Iij} = \sum_{s_I \ni i \& j} p_I(s_I),$$

且有如下关系: $\pi_{Ii} = \pi_{Iii}$. 至于总体单位的包含概率, 由于样本包含了样本群中的每一个总体单位, 则对每个 $k \in U_i$, 有

$$\pi_k = \Pr(k \in s) = \Pr(i \in s_I) = \pi_{Ii}. \tag{5.1.1}$$

当总体单位 k 和 l 属于同一个群 U_i 时, 二阶包含概率表示为

$$\pi_{kl} = \Pr(k \& l \in s) = \Pr(i \in s_I) = \pi_{Ii}; \tag{5.1.2}$$

当总体单位 k 和 l 分属不同的群 U_i 和 U_j 时, 二阶包含概率表示为

$$\pi_{kl} = \Pr(k \& l \in s) = \Pr(i \& j \in s_I) = \pi_{Iij}. \tag{5.1.3}$$

注意, $\pi_k = \pi_{kk}$. 第 i 个群的总体总值记为

$$t_i = \sum_{U_i} y_k.$$

需要估计的总体总值可记为

$$t = \sum_U y_k = \sum_{U_I} t_i.$$

令 $\breve{\Delta}_{Iij} = \Delta_{Iij}/\pi_{Iij}$, 其中 $\Delta_{Iij} = \pi_{Iij} - \pi_{Ii}\pi_{Ij}$, 且定义 $\breve{t}_i = t_i/\pi_{Ii}$.

结论 5.1.1 在整群抽样中, 总体总值 $t = \sum_U y_k$ 的 π 估计量为

$$\widehat{t}_\pi = \sum_{s_I} \breve{t}_i = \sum_{s_I} t_i/\pi_{Ii}, \tag{5.1.4}$$

其方差为

$$V(\widehat{t}_\pi) = \sum\sum_{U_I} \Delta_{Iij} \breve{t}_i \breve{t}_j, \tag{5.1.5}$$

方差的一个无偏估计量为

$$\widehat{V}(\widehat{t}_\pi) = \sum\sum_{s_I} \breve{\Delta}_{Iij} \breve{t}_i \breve{t}_j. \tag{5.1.6}$$

证明 π 估计量为
$$\widehat{t}_\pi = \sum_s \breve{y}_k = \sum_{s_I}\sum_{U_i} y_k/\pi_k.$$
使用式 (5.1.1) 得到
$$\widehat{t}_\pi = \sum_{s_I}\left(\sum_{U_i} y_k\right)/\pi_{Ii} = \sum_{s_I} t_i/\pi_{Ii} = \sum_{s_I} \breve{t}_i.$$
其他结论可通过结论 2.5.1 得到, 其中 $\sum_{s_I}\breve{t}_i$ 是 $\sum_{U_I} t_i$ 的 π 估计量.

如果 $p_I(\cdot)$ 是一个固定样本量的抽样设计, 结论 5.1.1 中的方差 $V(\widehat{t}_\pi)$ 还可以表示为
$$V(\widehat{t}_\pi) = -\frac{1}{2}\sum\sum_{U_I}\Delta_{Iij}(\breve{t}_i - \breve{t}_j)^2, \tag{5.1.7}$$
方差的一个无偏估计量为
$$\widehat{V}(\widehat{t}_\pi) = -\frac{1}{2}\sum\sum_{s_I}\breve{\Delta}_{Iij}(\breve{t}_i - \breve{t}_j)^2. \tag{5.1.8}$$

当采用 π 估计量且 $p_I(\cdot)$ 是一个固定样本量的抽样设计时, 从结论 5.1.1, 我们还可得出一些关于整群抽样效率的结论:

(1) 由式 (5.1.7) 可知, 如果 $\breve{t}_i = t_i/\pi_{Ii}$ 都相等, 则 $V(\widehat{t}_\pi) = 0$. 这就是说, 如果我们选择的 π_{Ii} 与群总值 t_i 近似成比例, 那么整群抽样的效率就会很高.

(2) 如果在调查方案设计阶段, 已知群容量 N_i, 我们可以选择一个满足 $\pi_{Ii} \propto N_i$ 的抽样设计. 由于 $t_i = N_i \overline{y}_{U_i} = \sum_{U_i} y_k$, 所以当群均值 $\overline{y}_{U_i}$ 差异很小时, 整群抽样的效率会较高, 如果所有的 $\overline{y}_{U_i}$ 都相等, 则 $V(\widehat{t}_\pi) = 0$.

(3) 当群大小差异很大时, 等概率的整群抽样设计 (即所有 π_{Ii} 都相等) 往往不合适. 为使抽样设计有较高的效率, 必须使 $\overline{y}_{U_i}$ 与 N_i^{-1} 近似成比例. 然而, 这种情况在实践中很少出现.

5.1.2 简单随机整群抽样

等概率整群抽样往往是低效的, 本小节将进一步解释 5.1.1 小节中的关于整群抽样效率的结论 (3), 以此来研究辅助信息如何在简单随机 (无放回) 整群抽样中应用, 这种抽样设计称为简单随机整群抽样 (simple random cluster sampling, SIC). 从 U_I 的 N_I 个群中, 简单随机地抽取一个固定样本量为 n_I 的样本 s_I, 观测抽中的群中所有的总体单位. 由结论 5.1.1 和 SI 设计的结论可得总体总值的 π 估计量是
$$\widehat{t}_\pi = N_I \overline{t}_{s_I}, \tag{5.1.9}$$
其中 $\overline{t}_{s_I} = \sum_{s_I} t_i/n_I$ 是样本 s_I 中群总值 t_i 的均值. t 的 π 估计量的方差为
$$V_{SIC}(\widehat{t}_\pi) = N_I^2 \frac{1-f_I}{n_I} S_{tU_I}^2, \tag{5.1.10}$$

其中 $f_I = n_I/N_I$ 是群抽样比, 且

$$S_{tU_I}^2 = \frac{1}{N_I - 1}\sum_{U_I}(t_i - \bar{t}_{U_I})^2, \tag{5.1.11}$$

这里 $\bar{t}_{U_I} = \sum_{U_I} t_i/N_I$. 方差的一个无偏估计量为

$$\widehat{V}_{SIC}(\hat{t}_\pi) = N_I^2 \frac{1-f_I}{n_I} S_{ts_I}^2, \tag{5.1.12}$$

其中

$$S_{ts_I}^2 = \frac{1}{n_I - 1}\sum_{s_I}(t_i - \bar{t}_{s_I})^2.$$

例 5.1.1 欲估计某市处于完好使用状态的自助取款机的数量 t. 全市按街道划分为 50 个群, 从 $N_I = 50$ 的群中抽取一个样本量 $n_I = 16$ 的 SIC 样本, 调查结果如表 5.1.1 所示.

表 5.1.1 某市被调查的 16 个街道的自助取款机数

街道 i	28	49	30	19	1	34	5	40
数量 t_i/个	89	13	42	56	71	56	65	35
街道 i	7	36	23	25	13	42	29	35
数量 t_i/个	70	48	57	50	41	18	42	17

由表 5.1.1 计算得到 $\sum_{s_I} t_i = 770, \sum_{s_I} t_i^2 = 43\ 628$. 由式 (5.1.9) 得到总体总值 t 的 π 估计值为

$$\hat{t}_\pi = \frac{50}{16} \times 770 = 2\ 406.$$

由式 (5.1.12) 得到它的无偏方差估计为

$$\widehat{V}_{SIC}(\hat{t}_\pi) = \frac{50 \times 34}{16 \times 15}\left(43\ 628 - \frac{770^2}{16}\right) = 46\ 552.$$

cve 近似等于 9%. 造成 cve 高的原因是群样本量较小和 SIC 设计效率低下.

如 4.3 节所述, 随机起点的系统抽样形式上对应于 $n_I = 1$ 的 SIC 抽样, N_I 个群对应于系统抽样的 a 个可能样本. 进一步, 如果系统抽样有 m 个随机起点 (见 4.3.4 小节), 则可以将其看作是 $n_I = m, N_I = ma$ 的 SIC 抽样. 这种情况下, 式 (5.1.12) 给出的是一个关于总体总值 t 的 π 估计量的无偏方差估计量.

现在我们进一步讨论 SIC 设计, 并将它与直接的总体单位简单随机抽样设计做比较. 这里, 利用组内同质系数 δ 来说明问题十分有用, 其定义如下:

$$\delta = 1 - \frac{S_{yW}^2}{S_{yU}^2}, \tag{5.1.13}$$

其中
$$S_{yW}^2 = \frac{1}{N - N_\mathrm{I}} \sum_{U_\mathrm{I}} \sum_{U_i} (y_k - \overline{y}_{U_i})^2 \tag{5.1.14}$$

是合并群内方差, 这里, $\overline{y}_{U_i} = \sum_{U_i} y_k / N_i$ 是第 i 个群的均值. 注意, 如果

$$S_{yU_i}^2 = \frac{1}{N_i - 1} \sum_{U_i} (y_k - \overline{y}_{U_i})^2$$

表示群 U_i 内变量 y 的方差, 那么, 式 (5.1.14) 可写为

$$S_{yW}^2 = \frac{\sum_{U_\mathrm{I}} (N_i - 1) S_{yU_i}^2}{\sum_{U_\mathrm{I}} (N_i - 1)}. \tag{5.1.15}$$

通过式 (5.1.15), 可对 S_{yW}^2 做出如下解释: 它是 N_I 个群的方差 $S_{yU_i}^2$ 的加权平均, 其中权数为 $N_i - 1$. 因此, 如果群内方差的加权平均数 S_{yW}^2 小于总体方差 S_{yU}^2, 则 δ 取正值; 反之, δ 取负值.

同质系数 δ 满足:
$$-\frac{N_\mathrm{I} - 1}{N - N_\mathrm{I}} \leqslant \delta \leqslant 1. \tag{5.1.16}$$

其上限为 1, 这是因为式 (5.1.13) 和 $S_{yW}^2 \geqslant 0$; 下限的确定是通过使用方差分解 (ANOVA) $SST = SSW + SSB$ 来确定的, 这里具体表现为

$$(N - 1) S_{yU}^2 = (N - N_\mathrm{I}) S_{yW}^2 + SSB, \tag{5.1.17}$$

其中
$$SSB = \sum_{U_\mathrm{I}} N_i (\overline{y}_{U_i} - \overline{y}_U)^2.$$

由于 $SSB \geqslant 0$, 由式 (5.1.17) 可得

$$\frac{S_{yW}^2}{S_{yU}^2} \leqslant \frac{N - 1}{N - N_\mathrm{I}},$$

所以
$$\delta = 1 - \frac{S_{yW}^2}{S_{yU}^2} \geqslant 1 - \frac{N - 1}{N - N_\mathrm{I}} = -\frac{N_\mathrm{I} - 1}{N - N_\mathrm{I}}.$$

如果 δ 数值较小, 则意味着同一群中总体单位的研究变量有较大的差异性, 即它们之间的同质性较小; 如果 δ 数值较大, 则意味着同一群中总体单位的研究变量有较大的相似性, 也就是说, 同质性强; 上限值 $\delta = 1$, 意味着各群内变异程度均为零, 下限值 $\delta = -(N_\mathrm{I} - 1)/(N - N_\mathrm{I})$ 表明所有群的均值相等; 下限 $-(N_\mathrm{I} - 1)/(N - N_\mathrm{I})$ 一般接近于零, 特别是当 N 相对于 N_I 比较大时; 当群内方差的平均数与总体 U 的方差相等时, $\delta = 0$.

设 $\overline{N} = N/N_{\mathrm{I}}$ 表示平均来看每个群包含的总体单位数，令 $K_{\mathrm{I}} = N_{\mathrm{I}}^2(1-f_{\mathrm{I}})/n_{\mathrm{I}}$，同时，令

$$Cov = \frac{1}{N_{\mathrm{I}} - 1}\sum_{U_{\mathrm{I}}}(N_i - \overline{N})N_i\overline{y}_{U_i}^2 \tag{5.1.18}$$

表示 N_i 和 $N_i\overline{y}_{U_i}^2$ 的协方差. 容易证明:

$$S_{tU_{\mathrm{I}}}^2 = \overline{N}S_{yU}^2\left(1 + \frac{N - N_{\mathrm{I}}}{N_{\mathrm{I}} - 1}\delta\right) + Cov. \tag{5.1.19}$$

将式 (5.1.19) 代入式 (5.1.10)，即 V_{SIC} 中，有

$$V_{SIC} = \left(1 + \frac{N - N_{\mathrm{I}}}{N_{\mathrm{I}} - 1}\delta\right)\overline{N}K_{\mathrm{I}}S_{yU}^2 + K_{\mathrm{I}}Cov. \tag{5.1.20}$$

在 SIC 设计下，从 N_{I} 个群中抽取 n_{I} 个群，其包含的总体单位数的期望为

$$E_{SIC}(n_s) = n_{\mathrm{I}}\overline{N} = n.$$

为了公平比较，考虑固定样本量 $n = n_{\mathrm{I}}\overline{N}$ 的 SI 设计. 总体总值 t 的 π 估计量为 $N\overline{y}_s$，其方差为

$$V_{SI} = V_{SI}(N\overline{y}_s) = \overline{N}K_{\mathrm{I}}S_{yU}^2.$$

所以，V_{SIC} 的第三种表达方式为

$$V_{SIC} = \left(1 + \frac{N - N_{\mathrm{I}}}{N_{\mathrm{I}} - 1}\delta\right)V_{SI} + K_{\mathrm{I}}Cov. \tag{5.1.21}$$

由此，我们得到 SIC 的设计效应为

$$\mathrm{deff}(SIC, \widehat{t}_\pi) = \frac{V_{SIC}}{V_{SI}} = 1 + \frac{N - N_{\mathrm{I}}}{N_{\mathrm{I}} - 1}\delta + \frac{Cov}{\overline{N}S_{yU}^2}. \tag{5.1.22}$$

从这些式子中，可得到关于 SIC 效率的一些有趣结论.

情形 1 假定所有群的容量 N_i 都相等，即对于所有 i，都有 $N_i = \overline{N}$. 此时，$Cov = 0$，而且可得

$$\mathrm{deff}(SIC, \widehat{t}_\pi) = \frac{V_{SIC}}{V_{SI}} = 1 + \frac{N - N_{\mathrm{I}}}{N_{\mathrm{I}} - 1}\delta \doteq 1 + (\overline{N} - 1)\delta. \tag{5.1.23}$$

这表明，当且仅当 $\delta < 0$，即群内变异充分大时，有 $V_{SIC} < V_{SI}$. 但是，实践中遇到的许多群都是由一些"相邻"的总体单位构成的，并且这些总体单位存在或多或少的相似性，也就是说，更常见的是 $\delta > 0$，结果 V_{SIC} 常常大于、甚至远大于 V_{SI}. 例如，δ 稍稍大于零，如 $\delta = 0.1$，且群的平均容量为 $\overline{N} = 200$，这时

$$\mathrm{deff}(SIC, \widehat{t}_\pi) \doteq 21.$$

这表明采用整群抽样反而大大损失了抽样效率, 原因是此例中群的平均容量相当大.

情形 2 假设各群的容量差异较大. 通常情况下, N_i 和 $A_i = N_i \bar{y}_{U_i}^2$ 之间呈正的相关性. 这时, 抽取样本群时, 情况可能比情形 1 还要糟糕, 方差增加得更多, 因为式 (5.1.21) 中右端第二项将变得很大. 为了突出显示群容量变异的影响, 考虑具有最少同质性的极端情况, 即 $\delta = \delta_{\min} = -(N_I - 1)/(N - N_I)$. 在这种情况下, 所有的 $\bar{y}_{U_i}$ 与 $\bar{y}_U$ 都相等, 且式 (5.1.21) 可写成

$$V_{SIC} = \bar{y}_U^2 K_I S_{NU_I}^2. \tag{5.1.24}$$

当群容量的方差

$$S_{NU_I}^2 = \frac{1}{N_I - 1} \sum_{U_I} (N_i - \overline{N})^2$$

较大时, 式 (5.1.24) 中的方差会较大. 这时,

$$\text{deff}(SIC, \hat{t}_\pi) = \frac{V_{SIC}}{V_{SI}} = \overline{N} \left(\frac{cv_N}{cv_y} \right)^2, \tag{5.1.25}$$

其中, 两个变异系数是 $cv_N = S_{NU_I}/\overline{N}$ 和 $cv_y = S_{yU}/\bar{y}_U$. V_{SIC}/V_{SI} 的比值远大于 1, 特别是当 $\overline{N}$ 很大时尤其如此.

从以上讨论我们发现, 在很多情况下, SIC 设计的 π 估计量都是效率较低的, 特别当群具有同质性或者各群的容量相差很大时尤其如此. 但是从调查费用的角度来看, 使用 SIC 设计有一定的优势, 这种优势源于各群内的总体单位往往比较集中, 调查样本单位集中的群比调查样本单位分散在广阔地域的简单随机样本要经济得多.

虽然 SIC 效率较低, 但是当存在辅助信息可利用时, 整群抽样的效率是可以提高的. 这要取决于是否能得到这样的辅助信息. 一个简单的例子就是, 当每个群 $i = 1, 2, \cdots, N_I$ 的规模大小的近似值 u_i 与 t_i 大致成比例时, 我们可通过 πps 整群抽样来降低 π 估计量的方差, 其包含概率 $\pi_{Ii} \propto u_i$. 我们也可以采用分层整群抽样, 使得每个层中 u_i 变异尽量小, 这里所说的层是由若干群构成的.

5.2 两阶段抽样

5.2.1 引言

前面提到, 一般情况下, 都存在 $V_{SIC} > V_{SI}$. 这可以通过群内总体单位之间的相似性, 即度量同质性的系数 δ 为正值来解释, 也可以通过群容量的差异性来解释. SIC 设计下, π 估计量的方差往往可以通过抽取尽可能多的群来减少. 但是, 在调查费用固定的情况下, 样本的增加是受到限制的.

在调查费用有限的情况下, 如何既能保留整群抽样集中调查的优点, 又能克服其群内同质性高、抽样效率低的缺点? 一个可行的思路是, 增加样本群的数量, 然后在样本群中再抽

取子样本, 而不是调查样本群中所有的总体单位. 在这种情况下, 我们通过子样本估计群的总值 t_i. 如果群内总体单位的变异程度不大, 即使子样本的样本量很小, 得出的估计值 $\hat{t}_i$ 的方差也会很小. 此时, 意味着用两阶段抽样替代了整群抽样.

两阶段抽样中的符号和估计量公式比整群抽样要复杂. 两阶段抽样的变异有两个来源: 第一阶段抽样的变异来自从总体中抽取初级抽样单元 (PSU), 第二阶段抽样的变异来自从抽中的 PSU 中抽取次级抽样单元 (SSU).

总体 $U = \{1, \cdots, k, \cdots, N\}$ 被划分成 N_I 个初级抽样单元, 记为 $U_1, \cdots, U_i, \cdots, U_{N_\mathrm{I}}$. 由初级抽样单元构成的总体记为 $U_\mathrm{I} = \{1, \cdots, i, \cdots, N_\mathrm{I}\}$. U_i 中的总体单位数记为 N_i, 且有

$$N = \sum_{U_\mathrm{I}} N_i.$$

我们先介绍实施两阶段抽样设计的一般步骤:

第一阶段 在抽样设计 $p_\mathrm{I}(\cdot)$ 下, 从 U_I 中抽取一个由初级抽样单元构成的样本 $s_\mathrm{I}(s_\mathrm{I} \subset U_\mathrm{I})$;

第二阶段 对于每一个 $i \in s_\mathrm{I}$, 在抽样设计 $p_i(\cdot|s_\mathrm{I})$ 下, 从 U_i 中抽取一个由总体单位构成的样本 $s_i(s_i \subset U_i)$.

最终, 抽出的所有总体单位构成的样本, 记为 s, 且有

$$s = \bigcup_{i \in s_\mathrm{I}} s_i.$$

本章不讨论一般情形下的两阶段抽样设计, 我们把第二阶段的抽样设计限定在满足不变性和独立性的范围内. 不变性和独立性的具体定义如下: 第二阶段抽样设计的不变性是指, 对于每一个 i 和对于每一个 $s_\mathrm{I} \ni i$, 都有

$$p_i(\cdot|s_\mathrm{I}) = p_i(\cdot);$$

第二阶段抽样设计的独立性是指, 对于第一阶段的样本 s_I, 有

$$\Pr\left(\bigcup_{i \in s_\mathrm{I}} s_i \middle| s_\mathrm{I}\right) = \prod_{i \in s_\mathrm{I}} \Pr(s_i|s_\mathrm{I}).$$

简言之, 在初级抽样单元中抽第二阶样本是相互独立进行的. 在后面的讨论中, 我们默认不变性和独立性是成立的.

我们对样本量做如下标记: s_I 中初级抽样单元数记为 n_{s_I}, 在固定样本量的设计 $p_\mathrm{I}(\cdot)$ 下, 简记为 n_I; s_i 中的总体单位数记为 n_{s_i}, 在固定样本量的设计 $p_i(\cdot|s_\mathrm{I})$ 下, 简记为 n_i; 样本 s 中的总体单位数记为 n_s, 则有

$$n_s = \sum_{i \in s_\mathrm{I}} n_{s_i}.$$

我们还需要知道两阶段抽样下的包含概率. 在第一阶段的抽样设计 $p_\mathrm{I}(\cdot)$ 下, 包含概率记为 $\pi_{\mathrm{I}i}$ 和 $\pi_{\mathrm{I}ij}$. 令

$$\Delta_{\mathrm{I}ij} = \pi_{\mathrm{I}ij} - \pi_{\mathrm{I}i}\pi_{\mathrm{I}j},$$

其中 $\Delta_{\mathrm{I}ii} = \pi_{\mathrm{I}i}(1-\pi_{\mathrm{I}i})$, 且

$$\check{\Delta}_{\mathrm{I}ij} = \Delta_{\mathrm{I}ij}/\pi_{\mathrm{I}ij}.$$

相应地, 对于第二阶段的抽样设计 $p_i(\cdot)$, 我们使用记号 $\pi_{k|i}$ 和 $\pi_{kl|i}$ 分别表示一阶条件包含概率和二阶条件包含概率. Δ 值为

$$\Delta_{kl|i} = \pi_{kl|i} - \pi_{k|i}\pi_{l|i},$$

其中 $\Delta_{kk|i} = \pi_{k|i}(1-\pi_{k|i})$, 且

$$\check{\Delta}_{kl|i} = \Delta_{kl|i}/\pi_{kl|i}.$$

5.2.2 两阶段总体单位抽样

为了得到两阶段抽样下的 π 估计量、估计量方差和相应的方差估计量, 我们可以应用结论 2.5.1 中的一般结论. 在满足不变性和独立性 (见 5.2.1 小节) 的条件下, 总体单位的包含概率为

$$\pi_k = \pi_{\mathrm{I}i}\pi_{k|i}, \quad \text{如果 } k \in U_i, \tag{5.2.1}$$

和

$$\pi_{kl} = \begin{cases} \pi_{\mathrm{I}i}\pi_{k|i}, & \text{如果 } k = l \in U_i, \\ \pi_{\mathrm{I}i}\pi_{kl|i}, & \text{如果 } k \& l \in U_i, k \neq l, \\ \pi_{\mathrm{I}ij}\pi_{k|i}\pi_{l|j}, & \text{如果 } k \in U_i, l \in U_j, i \neq j. \end{cases} \tag{5.2.2}$$

要得到两阶段抽样中每一阶段变异的表达式, 需要经过一些代数处理. 我们可以从一般的统计教科书中找到关于全期望和全方差的理论, 这些理论可以帮助我们求得两阶段抽样的 π 估计量的方差.

全期望和全方差的理论是:

(1) 一个随机变量的期望可以表达为条件期望的期望;

(2) 一个随机变量的方差可以表达为条件期望的方差与条件方差的期望之和.

也就是说, 如果 X 是一个随机变量, 我们以事件 A 为条件, 则上面的理论 (1) 和 (2) 可以用数学表达式分别表示为

$$E(X) = E_A[E(X|A)],$$
$$V(X) = V_A[E(X|A)] + E_A[V(X|A)],$$

其中 E_A 和 V_A 分别表示关于事件 A 的概率分布的期望和方差.

在两阶段抽样中, 我们以第一阶段抽到的样本 s_{I} 为条件. 令 $\breve{y}_{k|i} = y_k/\pi_{k|i}$, 并令

$$\widehat{t}_{i\pi} = \sum_{s_i} \breve{y}_{k|i} \tag{5.2.3}$$

表示关于初级抽样单元总值 $t_i = \sum_{U_i} y_k$ 的 π 估计量. 在抽样设计 $p_i(\cdot)$ 下, 在 U_i 中重复抽取子样本, 则 π 估计量 $\widehat{t}_{i\pi}$ 是 t_i 的无偏估计量. 第二阶段 U_i 的总体方差为

$$V_i = \sum\sum_{U_i} \Delta_{kl|i}\, \breve{y}_{k|i}\, \breve{y}_{l|i}, \tag{5.2.4}$$

一个无偏方差估计量是

$$\widehat{V}_i = \sum\sum_{s_i} \breve{\Delta}_{kl|i}\, \breve{y}_{k|i}\, \breve{y}_{l|i}. \tag{5.2.5}$$

如果是固定样本量的设计, V_i 还可以表达成如下形式:

$$V_i = -\frac{1}{2}\sum\sum_{U_i} \Delta_{kl|i}(\breve{y}_{k|i} - \breve{y}_{l|i})^2, \tag{5.2.6}$$

其相应的一个无偏方差估计量为

$$\widehat{V}_i = -\frac{1}{2}\sum\sum_{s_i} \breve{\Delta}_{kl|i}(\breve{y}_{k|i} - \breve{y}_{l|i})^2. \tag{5.2.7}$$

估计量的方差可以写成两部分之和, 即 V_{PSU} 和 V_{SSU} 之和, 分别代表变异的两个来源, 下标 $2st$ 代表二阶抽样. 注意 $\breve{t}_i = t_i/\pi_{\mathrm{I}i}$ 和式 (5.2.3) 中 $\widehat{t}_{i\pi}$ 的区别. 应用结论 2.5.1, 可以得到结论 5.2.1.

结论 5.2.1 在两阶段总体单位抽样中, 总体总值 $t = \sum_U y_k$ 的 π 估计量为

$$\widehat{t}_\pi = \sum_{s_{\mathrm{I}}} \widehat{t}_{i\pi}/\pi_{\mathrm{I}i}, \tag{5.2.8}$$

其中 $\widehat{t}_{i\pi}$ 是 t_i 在第二阶段抽样下的 π 估计量. $\widehat{t}_\pi$ 的方差表示为

$$V_{2st}(\widehat{t}_\pi) = V_{PSU} + V_{SSU}, \tag{5.2.9}$$

其中

$$V_{PSU} = \sum\sum_{U_{\mathrm{I}}} \Delta_{\mathrm{I}ij}\, \breve{t}_i\, \breve{t}_j, \tag{5.2.10}$$

式中的 $\breve{t}_i = t_i/\pi_{\mathrm{I}i}$;

$$V_{SSU} = \sum_{U_{\mathrm{I}}} V_i/\pi_{\mathrm{I}i}, \tag{5.2.11}$$

式中的 V_i 由式 (5.2.4) 给出. V_{PSU} 的一个无偏估计量为

$$\widehat{V}_{PSU} = \sum\sum_{s_{\mathrm{I}}} \breve{\Delta}_{\mathrm{I}ij} \frac{\widehat{t}_{i\pi}}{\pi_{\mathrm{I}i}} \cdot \frac{\widehat{t}_{j\pi}}{\pi_{\mathrm{I}j}} - \sum_{s_{\mathrm{I}}} \frac{1}{\pi_{\mathrm{I}i}}\left(\frac{1}{\pi_{\mathrm{I}i}} - 1\right)\widehat{V}_i, \tag{5.2.12}$$

其中 $\widehat{V}_i$ 由式 (5.2.5) 给出. V_{SSU} 的一个无偏估计量为

$$\widehat{V}_{SSU} = \sum_{s_{\mathrm{I}}} \frac{\widehat{V}_i}{\pi_{\mathrm{I}i}^2}. \tag{5.2.13}$$

因此, $V_{2st}(\widehat{t}_\pi)$ 的一个无偏估计量为

$$\widehat{V}_{2st}(\widehat{t}_\pi) = \widehat{V}_{PSU} + \widehat{V}_{SSU} = \sum\sum_{s_{\mathrm{I}}} \breve{\Delta}_{\mathrm{I}ij} \frac{\widehat{t}_{i\pi}}{\pi_{\mathrm{I}i}} \cdot \frac{\widehat{t}_{j\pi}}{\pi_{\mathrm{I}j}} + \sum_{s_{\mathrm{I}}} \frac{\widehat{V}_i}{\pi_{\mathrm{I}i}}. \tag{5.2.14}$$

结论 5.2.1 的证明参见刘建平等 (2008), 下面对结论 5.2.1 进行几点讨论.

在许多实际应用中, 比如在一项调查的计划阶段, 我们想要知道在两阶抽样中各阶段抽样的方差各是多少, 也就是说, 要求分别估计 V_{PSU} 和 V_{SSU}. 式 (5.2.12) 和式 (5.2.13) 有助于实现此目的.

为了便于说明, 下面讨论 V_{PSU} 和 V_{SSU} 分别为 0 的情形:

情形 1 如果 $s_{\mathrm{I}} = U_{\mathrm{I}}$ 的概率为 1, 则对于所有的 i 和 j, 都有 $\pi_{\mathrm{I}i} = \pi_{\mathrm{I}ij} = 1$. 所以, $V_{PSU} = 0$, 且 $V_{SSU} = \sum_{U_{\mathrm{I}}} V_i$. 如果把 N_{I} 个初级抽样单元作为一个层的集合, 那么这就是分层抽样下 π 估计量的方差.

情形 2 如果对于所有 $i, s_i = U_i$ 的概率都为 1, 则 $V_{SSU} = 0$. 在这种情况下, V_{PSU} 等于式 (5.1.5) 中一阶整群抽样下 π 估计量的方差.

方差估计量 (5.2.14) 式可以通过对一般结论 2.5.1 中的式 (2.5.6) 进行一些代数运算求得. 注意两阶段总体单位抽样中, π_k 和 π_{kl} 由式 (5.2.1) 和式 (5.2.2) 分别给出.

用式 (5.2.14) 来计算方差的估计值较为烦琐, 尤其是需要求出每个 $i \in s_{\mathrm{I}}$ 下的方差估计值 $\widehat{V}_i$. 有必要寻找一个计算更为简便的方差估计量. 我们观察式 (5.2.14) 中的第一项, 即

$$\widehat{V}^* = \sum\sum_{s_{\mathrm{I}}} \breve{\Delta}_{\mathrm{I}ij} \frac{\widehat{t}_{i\pi}}{\pi_{\mathrm{I}i}} \cdot \frac{\widehat{t}_{j\pi}}{\pi_{\mathrm{I}j}}. \tag{5.2.15}$$

$\breve{\Delta}_{\mathrm{I}ij}$ 的值由第一阶段的抽样设计决定, 要简化这个方差估计量唯一需要的其他信息就是初级抽样单元总值的估计值. 在证明结论 5.2.1 的过程中 (详见刘建平等 (2008)), 我们得到

$$E(\widehat{V}^*) = V_{2st}(\widehat{t}_\pi) - \sum_{U_{\mathrm{I}}} V_i.$$

可见, $\widehat{V}^*$ 的偏差为

$$B(\widehat{V}^*) = -\sum_{U_{\mathrm{I}}} V_i. \tag{5.2.16}$$

这说明 $\widehat{V}^*$ 低估了 $\widehat{t}_\pi$ 的方差, 这一不良性质可能导致估计精度的降低. 不过, 方差估计量的相对偏差为

$$\frac{B(\widehat{V}^*)}{V_{2st}(\widehat{t}_\pi)} = -\frac{\sum_{U_{\mathrm{I}}} V_i}{\sum\sum_{U_{\mathrm{I}}} \Delta_{\mathrm{I}ij} \breve{t}_i \breve{t}_j + \sum_{U_{\mathrm{I}}} V_i/\pi_{\mathrm{I}i}}. \tag{5.2.17}$$

这表明, 在多数情况下, $\widehat{V}^*$ 低估的影响并不是很大. 如果 $\pi_{\mathrm{I}i}$ 很小, 式 (5.2.17) 中的分子相对于分母来说通常就很小, 低估的影响小到可以忽略. 例如, 假设 SI 设计下以抽样比 $n_{\mathrm{I}}/N_{\mathrm{I}} = 10\% = \pi_{\mathrm{I}i}$ 抽取群. 如果 $V_{PSU}/V_{SSU} = 5$, 那么由式 (5.2.17) 求得的相对偏差仅为 $-1/60 = -0.017$.

从式 (5.2.12) 和式 (5.2.13) 中可以看出, $\widehat{V}^*$ 高估了 V_{PSU}, 但是没有涵盖两部分之和.

显然, 我们希望寻找一个和 $\widehat{V}^*$ 一样简单、准确的无偏方差估计量, 即该方差估计量只与初级抽样单元总值的估计值和 $\Delta_{\mathrm{I}ij}$ 的值有关. Srinath 和 Hidiroglou (1980) 针对这种情况提出一种方法, 就是在第一阶段中采用一般的抽样设计 (固定样本量), 而第二阶段是在选中的初级抽样单元中采用 SI 设计, 从第 i 个初级抽样单元的 N_i 个总体单位中抽取 n_i 个. 然后, 进一步实施子抽样, 依然采用 SI 设计, 再从第 i 个初级抽样单元中抽取的 n_i 个总体单位中抽取 n_i' 个. 如果用 $\overline{y}_i'$ 代表 n_i' 个子样本总体单位的均值, 那么

$$\widehat{\widehat{t}} = N_i \overline{y}_i'$$

是 t_i 的无偏估计量. 可以证明

$$\widehat{V}' = -\frac{1}{2}\sum\sum\nolimits_{s_{\mathrm{I}}} \widecheck{\Delta}_{\mathrm{I}ij}\left(\frac{\widehat{\widehat{t}}_i}{\pi_{\mathrm{I}i}} - \frac{\widehat{\widehat{t}}_j}{\pi_{\mathrm{I}j}}\right)^2$$

是 V_{2st} 的无偏估计量, 其中子样本量为

$$n_i' = \frac{n_i(1 - \pi_{\mathrm{I}i})}{1 - \pi_{\mathrm{I}i}f_i},$$

其中 $f_i = n_i/N_i$. 同样, 我们可以从第 i 个群中排除 (用简单随机的方法排除)

$$n_i - n_i' = n_i \frac{\pi_{\mathrm{I}i}(1 - f_i)}{1 - \pi_{\mathrm{I}i}f_i},$$

并计算剩余 n_i' 个总体单位的均值 $\overline{y}_i'$. 如果 $\pi_{\mathrm{I}i}$ 很小, 需要排除的部分就很小.

如果认为式 (5.2.15) 给出的 $\widehat{V}^*$ 是 $V_{2st}(\widehat{t}_\pi)$ 的一个满意估计量 (不考虑低估的影响), 那么计算就简便了. $\widehat{V}^*$ 的另一个优点是当不存在无偏方差估计量公式时, 我们仍然可以采用两阶抽样设计.

许多两阶和多阶抽样使用自加权抽样设计 (self-weighting design). 一个自加权的两阶抽样设计的实施方法如下: 假设 u_i 是对第 i 个初级抽样单元规模已知的 (或者大致的) 度量, 即为可获得的辅助信息, 我们可以采用 $\pi_{\mathrm{I}i} = cu_i$ (选择合适的常数 c) 的第一阶段抽样设计; 在第二阶段, 采用 SI 设计从 N_i 个总体单位中抽取 n_i 个样本单元, 有

$$\frac{n_i}{N_i} = \frac{1}{u_i}. \tag{5.2.18}$$

如果第一阶段的固定样本量为 n_I，且 $c = n_I / \sum_{U_I} u_i$，则有

$$\pi_k = \pi_{Ii}\pi_{k|i} = cu_i \cdot \frac{n_i}{N_i} = c.$$

π 估计量变为

$$\widehat{t}_\pi = \sum_s y_k/\pi_k = \frac{1}{c}\sum_{s_I}\sum_{s_i} y_k,$$

即样本值 y_k 被赋予一致权重. 如果我们假设

$$\frac{N_i}{u_i} \doteq 常数,$$

对于每一个 i, 由式 (5.2.18), 有

$$n_i \doteq 常数.$$

即在所有被抽中的初级抽样单元中, 进行观测的数量大体一样. 也就是说, 如果每个 PSU 有一个访员, 则他们的工作负担大致相等.

例 5.2.1 在第一阶段, 采用 SI 设计从 N_I 个群中抽取样本量为 n_I 的样本 s_I; 然后, 从被抽中的第 i ($i \in s_I$) 群中的 N_i 个总体单位中使用 SI 设计抽取 n_i 个样本单元. 应用结论 5.2.1, 总体总值 t 的 π 估计量为

$$\widehat{t}_\pi = \frac{N_I}{n_I}\sum_{s_I} N_i \overline{y}_{s_i} = \frac{N_I}{n_I}\sum_{s_I} \widehat{t}_{i\pi}, \tag{5.2.19}$$

其中

$$\widehat{t}_{i\pi} = N_i \overline{y}_{s_i} = N_i \left(\sum_{s_i} y_k\right)/n_i.$$

π 估计量 $\widehat{t}_\pi$ 的方差为

$$V_{2st}(\widehat{t}_\pi) = N_I^2 \frac{1-f_I}{n_I} S_{tU_I}^2 + \frac{N_I}{n_I}\sum_{U_I} N_i^2 \frac{1-f_i}{n_i} S_{yU_i}^2, \tag{5.2.20}$$

其中, $f_I = n_I/N_I$, $f_i = n_i/N_i$, 且

$$S_{tU_I}^2 = \frac{1}{N_I-1}\sum_{U_I}(t_i - \overline{t}_{U_I})^2, \quad S_{yU_i}^2 = \frac{1}{N_i-1}\sum_{U_i}(y_k - \overline{y}_{U_i})^2,$$

这里 $\overline{t}_{U_I} = \sum_{U_I} t_i/N_I$, $\overline{y}_{U_i} = \sum_{U_i} y_k/N_i$.

方差的一个无偏估计量为

$$\widehat{V}_{2st}(\widehat{t}_\pi) = N_I^2 \frac{1-f_I}{n_I} S_{\widehat{t}s_I}^2 + \frac{N_I}{n_I}\sum_{s_I} N_i^2 \frac{1-f_i}{n_i} S_{ys_i}^2, \tag{5.2.21}$$

其中

$$S^2_{\widehat{t}s_I} = \frac{1}{n_I - 1} \sum_{s_I} \left[\widehat{t}_{i\pi} - \left(\sum_{s_I} \widehat{t}_{i\pi}/n_I \right) \right]^2,$$

$$S^2_{ys_i} = \frac{1}{n_i - 1} \sum_{s_i} (y_k - \overline{y}_{s_i})^2.$$

注意, 式 (5.2.21) 中右端第二项并不是式 (5.2.20) 中右端第二项的无偏估计量.

例 5.2.2 考虑一个小规模的两阶段 SI 设计, 抽取无放回的简单随机样本是为了估计某市智能垃圾分类箱总数. 在第一阶段, 从 $N_I = 50$ 的街 (镇) 中抽取 $n_I = 5$ 的一个无放回的简单随机样本 s_I, 再对样本 s_I 中的每个街 (镇), 从 N_i 个居委会中抽取一个样本量为 $n_i = 3$ 的无放回的简单随机样本, $i \in s_I$. 对样本居委会辖区内的智能垃圾分类箱数 y_k 进行调查, 调查记录见表 5.2.1.

表 5.2.1 两阶段抽样相关数据

i	N_i	y_k
31	7	49, 51, 33
19	5	41, 45, 49
46	5	31, 31, 41
34	6	61, 49, 49
7	8	49, 51, 45

为了计算该市智能垃圾分类箱总数的 π 估计值和相应的估计方差, 首先对每个 $i \in s_I$ 计算 $\widehat{t}_{i\pi}$ 和 $S^2_{ys_i}$, 见表 5.2.2.

表 5.2.2 两阶段抽样相关计算

i	$\widehat{t}_{i\pi}$	$S^2_{ys_i}$
31	931/3	292/3
19	225	16
46	515/3	100/3
34	318	48
7	1 160/3	28/3

由式 (5.2.19) 可得

$$\widehat{t}_\pi = \frac{50}{5} \times \left(\frac{931}{3} + 225 + \frac{515}{3} + 318 + \frac{1\,160}{3} \right) = 14\,117,$$

$$S^2_{\widehat{t}s_I} = \frac{1}{n_I - 1} \sum_{s_I} \left[\widehat{t}_{i\pi} - \left(\sum_{s_I} \widehat{t}_{i\pi}/n_I \right) \right]^2 = 7\,119.$$

最后, 由式 (5.2.21) 得

$$\widehat{V}_{2st}(\widehat{t}_\pi) = \frac{50 \times 45}{5} \times 7\,119$$
$$+ \frac{50}{5} \times \left(\frac{7 \times 4}{3} \times \frac{292}{3} + \frac{5 \times 2}{3} \times 16 + \frac{5 \times 2}{3} \times \frac{100}{3} + \frac{6 \times 3}{3} \times 48 + \frac{8 \times 5}{3} \times \frac{28}{3} \right).$$
$$= 3\,218\,403.$$

这一小规模的两阶段抽样的 cve 约为 13%.

通过前面几节的分析, 我们知道整群抽样下估计量方差偏大的原因: 一方面是由于群内同质性较强, 即 $\delta > 0$; 另一方面是由于群容量 N_i 之间有较大的变异性.

为了提高估计的效率, 往往可以采用以下步骤: 先根据能度量规模大小的信息来对群进行分层, 使得规模大小相似的群放在同一层; 然后, 对于每一个由群组成的层, 在每个阶段的抽样中都采用 SI 设计. 用 s_{Ih} 表示从第 $h(h = 1, 2, \cdots, H)$ 层中的 N_{Ih} 个群中抽取的容量为 n_{Ih} 的无放回的简单随机样本, 则 π 估计量为

$$\widehat{t}_\pi = \sum_{h=1}^{H} \frac{N_{Ih}}{n_{Ih}} \sum_{s_{Ih}} N_i \bar{y}_{s_i}.$$

由结论 5.2.1 很容易求出它的方差及无偏的方差估计量.

还可以用能度量群规模大小的信息来构建一个比率估计量. u_i 表示有关规模大小的变量, 且对于 N_I 个初级抽样单元都是已知的. 在两个阶段都使用 SI 设计时, 此时, 式 (5.2.19) 中 π 估计量的一个改进的估计量为

$$\widehat{t}_{alt} = \sum_{U_I} u_i \frac{\sum_{s_I} N_i \bar{y}_{s_i}}{\sum_{s_I} u_i}.$$

5.3 多阶段抽样

5.3.1 引言

在大规模的抽样调查中, 也经常采用三阶段及以上的多阶段抽样设计. 例如, 我国的粮食产量调查和住户调查都曾实施过三阶段或以上的抽样调查. 加拿大劳动力调查, 就在农村实施三阶段抽样: 第一阶段抽取分层的、按地域定义的初级抽样单元; 第二阶段抽取普查区作为次级抽样单元; 第三阶段抽取住户作为最终抽样单元. 下一小节将详细讨论三阶段抽样, 目的是得出更高阶段 (令 r 为阶段数, $r \geqslant 2$) 抽样的一般结论.

和两阶段抽样一样, 总体被分成初级抽样单元 $U_1, \cdots, U_i, \cdots, U_{N_I}$. 在进行抽样设计前, 其规模往往未知. 初级抽样单元的集合可以用符号表示为

$$U_I = \{1, \cdots, i, \cdots, N_I\}.$$

$s_\mathrm{I}, p_\mathrm{I}(\cdot), \pi_{\mathrm{I}i}, \pi_{\mathrm{I}ij}, \Delta_{\mathrm{I}ij}, \widecheck{\Delta}_{\mathrm{I}ij}, t_i$ 和 $\widecheck{t}_i$ 与 5.2 节中的定义一致.

对于下面的结论 5.3.1 而言, 我们不需要给出随后的 $r-1$ 阶抽样的一套标记符号. 但我们需要假设能够构造出初级抽样单元总值 t_i 的估计量 $\widehat{t}_i$, $\widehat{t}_i$ 是关于最后 $r-1$ 个阶段抽样的一个无偏估计, 即对所有的 i, 有

$$E(\widehat{t}_i|s_\mathrm{I}) = t_i.$$

在结论 5.3.1 中, $\widehat{t}_i$ 不一定是 π 估计量, 它可以是给定 s_I 的任何一个无偏估计量. 最后一阶的抽样单元不一定是总体单位, 也可以以群为单位.

最后, 设 $V_i = V(\widehat{t}_i|s_\mathrm{I})$ 是由于最后 $r-1$ 阶抽样而产生的 $\widehat{t}_i$ 的方差, 设 $\widehat{V}_i$ 为给定 s_I 时 V_i 的无偏估计量, 即 $E(\widehat{V}_i|s_\mathrm{I}) = V_i$.

第一阶段以后的抽样阶段都满足不变性和独立性. 当选择了某个初级抽样单元, 这个初级抽样单元的子抽样需遵循不变规则, 且一个初级抽样单元的子抽样独立于其他初级抽样单元的子抽样. 此时, 容易得到总体总值的一个无偏估计

$$\widehat{t} = \sum_{s_\mathrm{I}} \widehat{t}_i / \pi_{\mathrm{I}i}. \tag{5.3.1}$$

下面的结论 5.3.1 给出这个估计量的各种性质, r 表示 r 个阶段.

结论 5.3.1 在 r 阶抽样 $(r \geqslant 2)$ 中, 总体总值的一个无偏估计为

$$\widehat{t} = \sum_{s_\mathrm{I}} \widehat{t}_i / \pi_{\mathrm{I}i},$$

满足 $E(\widehat{t}_i|s_\mathrm{I}) = t_i$. 令 $\widecheck{t}_i = t_i/\pi_{\mathrm{I}i}$, 则其方差为

$$V_{rst}(\widehat{t}) = \sum\sum_{U_\mathrm{I}} \Delta_{\mathrm{I}ij}\, \widecheck{t}_i\, \widecheck{t}_j + \sum_{U_\mathrm{I}} V_i/\pi_{\mathrm{I}i}, \tag{5.3.2}$$

其中等号右边第一项表示由第一阶抽样造成的方差, 第二项表示由后面所有阶段抽样造成的合并方差. 一个无偏的方差估计量为

$$\widehat{V}_{rst}(\widehat{t}) = \sum\sum_{s_\mathrm{I}} \widecheck{\Delta}_{\mathrm{I}ij} \frac{\widehat{t}_i}{\pi_{\mathrm{I}i}} \cdot \frac{\widehat{t}_j}{\pi_{\mathrm{I}j}} + \sum_{s_\mathrm{I}} \widehat{V}_i/\pi_{\mathrm{I}i}, \tag{5.3.3}$$

其中, 对所有的 i, $\widehat{V}_i$ 都满足 $E(\widehat{V}_i|s_\mathrm{I}) = V_i$.

结论 5.3.1 的证明与结论 5.2.1 的证明类似, 详见 Särndal, Swensson 和 Wretman (2003).

尽管没有对后面 $r-1$ 阶抽样的具体性质进行讨论, 结论 5.3.1 在实践中仍然非常有用. 多阶段抽样的计算量通常是很大的, 尤其在估计方差方面. 要计算 $\widehat{V}_i$, 即使利用式 (5.3.3) 也非常烦琐. 例如, 如果 $\widehat{t}_i$ 是最后 $r-1$ 阶抽样相应的 π 估计量, 那么 $\widehat{V}_i$ 的计算就需要得到所有 $r-1$ 阶段抽样设计的二阶包含概率.

所以，如果不包含 $\widehat{V}_i$，则方差估计量可以大大简化，那么只包含式 (5.3.3) 的第一项的方差估计量就可以写成

$$\widehat{V}^* = \sum\sum_{s_{\mathrm{I}}} \widecheck{\Delta}_{\mathrm{I}ij} \frac{\widehat{t}_i}{\pi_{\mathrm{I}i}} \cdot \frac{\widehat{t}_j}{\pi_{\mathrm{I}j}}. \tag{5.3.4}$$

这时只需要初级抽样单元的总值估计和第一阶段的 Δ. 在此条件下，$\widehat{V}^*$ 的相对偏差由式 (5.2.17) 给出，一般来说 $\widehat{V}^*$ 会带来低估，但影响不大.

Srinath 和 Hidiroglou (1980) 对 5.2 节的二阶段抽样的过程进行了推广，提出通过对后 $r-1$ 阶段抽取的样本进行子抽样来除去 $\widehat{V}^*$ 偏差的一种方法.

5.3.2 三阶段总体单位抽样

只要限制第 r 阶段抽样，如第二、第三、第四 …… 每个阶段的设计满足不变性和独立性，在两阶段以上抽样中，对总体总值的估计就不会有太大的困难. 但是，一般 r 阶简单抽样设计的记号比较复杂，所以本节只给出三阶段总体单位抽样的一些具体结论，这里，"总体单位"是指最后一阶段，即第三阶段抽样单元是总体单位.

下面通过三阶段抽样的考察说明其 π 估计量及其方差、方差估计量是如何依据层级制一阶一阶建立起来的. 下面描述了三种类型的抽样单元: PSU, SSU 和 TSU (三级抽样单元)，分别用 i, q 和 k 来表示.

(1) 总体 U 的 N 个总体单位被分成 PSU: $U_1, \cdots, U_i, \cdots, U_{N_{\mathrm{I}}}$, PSU 的集合表示为

$$U_{\mathrm{I}} = \{1, \cdots, i, \cdots, N_{\mathrm{I}}\}.$$

设 N_i 是 U_i 的规模，则

$$N = \sum_{U_{\mathrm{I}}} N_i.$$

(2) $U_i(i=1,2,\cdots,N_{\mathrm{I}})$ 中的 N_i 个总体单位被分成 $N_{\mathrm{II}i}$ 个次级抽样单元 (SSU):

$$U_{i1}, \cdots, U_{iq}, \cdots, U_{iN_{\mathrm{II}i}}.$$

对 U_i 进行划分而形成的 SSU 的集合可以表示为

$$U_{\mathrm{II}i} = \{1, \cdots, q \cdots, N_{\mathrm{II}i}\}.$$

设 N_{iq} 是 U_{iq} 的规模，则

$$N_i = \sum_{U_{\mathrm{II}i}} N_{iq}.$$

(3) TSU 是总体单位.

抽样的步骤为:

第一阶段 在抽样设计 $p_{\mathrm{I}}(\cdot)$ 下，从 $U_{\mathrm{I}}(s_{\mathrm{I}} \subset U_{\mathrm{I}})$ 中抽取一个 PSU 样本 s_{I}.

第二阶段 对于 $i \in s_\mathrm{I}$，在抽样设计 $p_{\mathrm{II}i}(\cdot)$ 下，从每个 $U_{\mathrm{II}i}(s_{\mathrm{II}i} \subset U_{\mathrm{II}i})$ 中抽取一个 SSU 样本 $s_{\mathrm{II}i}$.

第三阶段 对于 $q \in s_{\mathrm{II}i}$，在抽样设计 $p_{iq}(\cdot)$（更详细的写法应该为 $p_{\mathrm{III}iq}(\cdot)$，表示在第 iq 个 SSU 中的第 III 阶段的抽样设计）下，从每个 $U_{iq}(s_{iq} \subset U_{iq})$ 中抽取一个总体单位样本 s_{iq}.

最终观测的总体单位是那些 $k \in s$ 的单位，有

$$s = \bigcup_{i \in s_\mathrm{I}} \bigcup_{q \in s_{\mathrm{II}i}} s_{iq}.$$

为了得到总体总值 t 的 π 估计量及其方差，需要三个阶段各自的包含概率. 表 5.3.1 给出了记号和相应的 Δ 值:

表 5.3.1 三阶段抽样的相关记号

阶段	设计	包含概率		Δ 值
		一阶	二阶	
I	$p_\mathrm{I}(\cdot)$	$\pi_{\mathrm{I}i}$	$\pi_{\mathrm{I}ij}$	$\Delta_{\mathrm{I}ij} = \pi_{\mathrm{I}ij} - \pi_{\mathrm{I}i}\pi_{\mathrm{I}j}$
II	$p_{\mathrm{II}i}(\cdot)$	$\pi_{\mathrm{II}q|i}$	$\pi_{\mathrm{II}qr|i}$	$\Delta_{\mathrm{II}qr|i} = \pi_{\mathrm{II}qr|i} - \pi_{\mathrm{II}q|i}\pi_{\mathrm{II}r|i}$
III	$p_{iq}(\cdot)$	$\pi_{k|iq}$	$\pi_{kl|iq}$	$\Delta_{kl|iq} = \pi_{kl|iq} - \pi_{k|iq}\pi_{l|iq}$

这里，i 和 j 代表不同的 PSU，q 和 r 代表不同的 SSU，k 和 l 代表不同的 TSU，并且有

$$\pi_{\mathrm{I}ii} = \pi_{\mathrm{I}i}, \quad \pi_{\mathrm{II}qq|i} = \pi_{\mathrm{II}q|i}, \quad \pi_{kk|iq} = \pi_{k|iq}.$$

如前，定义 $\widetilde{\Delta}$ 为 Δ 与适当的二阶包含概率相除所得的比值，即

$$\widetilde{\Delta}_{\mathrm{I}ij} = \Delta_{\mathrm{I}ij}/\pi_{\mathrm{I}ij}, \quad \widetilde{\Delta}_{\mathrm{II}qr|i} = \Delta_{\mathrm{II}qr|i}/\pi_{\mathrm{II}qr|i}, \quad \widetilde{\Delta}_{kl|iq} = \Delta_{kl|iq}/\pi_{kl|iq}.$$

最后，引入总值:

$$t_{iq} = \sum_{U_{iq}} y_k, \quad t_i = \sum_{U_{\mathrm{II}i}} t_{iq}, \quad t = \sum_{U_\mathrm{I}} t_i.$$

$t = \sum_U y_k$ 的 π 估计量是从最后一阶段到第一阶段逐阶段建立的. 第 III 阶段 t_{iq} 的 π 估计量为

$$\widehat{t}_{iq\pi} = \sum_{s_{iq}} y_k/\pi_{k|iq}. \tag{5.3.5}$$

由此，t_i 关于阶段 II 和阶段 III 的 π 估计量为

$$\widehat{t}_{i\pi} = \sum_{s_{\mathrm{II}i}} \widehat{t}_{iq\pi}/\pi_{\mathrm{II}q|i}. \tag{5.3.6}$$

最后，考虑所有三个阶段的情况，t 的 π 估计量为

$$\widehat{t}_\pi = \sum_{s_\mathrm{I}} \widehat{t}_{i\pi}/\pi_{\mathrm{I}i}. \tag{5.3.7}$$

接下来, 求 $\widehat{t}_\pi$ 的方差及其无偏估计量. 应用结论 5.3.1 可给出 $r = 3$ 时的结论, 但没有给出 V_i 和 $\widehat{V}_i$ 的具体表达式. 但是由于我们现在已经给出了第三阶段的 π 估计量, 利用两阶段总体单位抽样下的结论 5.3.1, 可以很容易得出 V_i 和 $\widehat{V}_i$. 设

$$V_{iq} = \sum\sum_{U_{iq}} \Delta_{kl|iq} \frac{y_k}{\pi_{k|iq}} \cdot \frac{y_l}{\pi_{l|iq}} \tag{5.3.8}$$

是从 U_{iq} 中进行重复子抽样时 $\widehat{t}_{iq\pi}$ 的方差, 设

$$V_{\mathrm{II}i} = \sum\sum_{U_{\mathrm{II}i}} \Delta_{\mathrm{II}qr|i} \frac{t_{iq}}{\pi_{\mathrm{II}q|i}} \cdot \frac{t_{ir}}{\pi_{\mathrm{II}r|i}} \tag{5.3.9}$$

是

$$\sum_{s_{\mathrm{II}i}} t_{iq}/\pi_{\mathrm{II}q|i} \tag{5.3.10}$$

从 $U_{\mathrm{II}i}$ 中进行重复子抽样时的方差. 因为 $\widehat{t}_{i\pi}$ 是和最后两个阶段相关的 π 估计量, 所以有

$$V_i = V_{\mathrm{II}i} + \sum_{U_{\mathrm{II}i}} V_{iq}/\pi_{\mathrm{II}q|i}.$$

如果将这个表达式和 $r = 3$ 代入式 (5.3.2), 可以得到三个方差的分解, 由下面的结论给出, 其中总方差下标 $3st$ 代表三阶段抽样.

结论 5.3.2 在三阶总体单位抽样中, 总体总值 t 的 π 估计量 (5.3.7) 的方差可以写成

$$V_{3st}(\widehat{t}_\pi) = V_{PSU} + V_{SSU} + V_{TSU}, \tag{5.3.11}$$

其中

$$V_{PSU} = \sum\sum_{U_{\mathrm{I}}} \Delta_{\mathrm{I}ij}\, \breve{t}_i\, \breve{t}_j \tag{5.3.12}$$

给出了第一阶段抽样对于方差的贡献, 这里 $\breve{t}_i = t_i/\pi_{1i}$;

$$V_{SSU} = \sum_{U_{\mathrm{I}}} V_{\mathrm{II}i} \Big/ \pi_{\mathrm{I}i} \tag{5.3.13}$$

给出了第二阶段抽样对于方差的贡献;

$$V_{TSU} = \sum_{U_{\mathrm{I}}} \left(\sum_{U_{\mathrm{II}i}} V_{iq}/\pi_{\mathrm{II}q|i} \right) \Big/ \pi_{\mathrm{I}i} \tag{5.3.14}$$

给出了第三阶段抽样对于方差的贡献.

回到方差估计上来, 利用 $r = 3$ 时的式 (5.3.3), 得到一个无偏的方差估计量

$$\widehat{V}_{3st}(\widehat{t}_\pi) = \sum\sum_{s_{\mathrm{I}}} \breve{\Delta}_{\mathrm{I}ij} \frac{\widehat{t}_{i\pi}}{\pi_{\mathrm{I}i}} \cdot \frac{\widehat{t}_{j\pi}}{\pi_{\mathrm{I}j}} + \sum_{s_{\mathrm{I}}} \frac{\widehat{V}_i}{\pi_{\mathrm{I}i}}. \tag{5.3.15}$$

用 5.2 节中式 (5.2.14) 的形式构建的适当的 $\widehat{V}_i$ 为

$$\widehat{V}_i = \sum\sum_{s_{\mathrm{II}i}} \check{\Delta}_{\mathrm{II}qr|i} \frac{\widehat{t}_{iq\pi}}{\pi_{\mathrm{II}q|i}} \cdot \frac{\widehat{t}_{ir\pi}}{\pi_{\mathrm{II}r|i}} + \sum_{s_{\mathrm{II}i}} \frac{\widehat{V}_{iq}}{\pi_{\mathrm{II}q|i}}, \tag{5.3.16}$$

其中

$$\widehat{V}_{iq} = \sum\sum_{s_{iq}} \check{\Delta}_{kl|iq} \frac{y_k}{\pi_{k|iq}} \cdot \frac{y_l}{\pi_{l|iq}}. \tag{5.3.17}$$

下面的结论给出了三部分方差的无偏估计量.

结论 5.3.3 三阶段总体单位抽样 (见结论 5.3.2) 的方差的三个组成部分的无偏估计量分别为

$$\widehat{V}_{TSU} = \sum_{s_{\mathrm{I}}} \left(\sum_{s_{\mathrm{II}i}} \widehat{V}_{iq}/\pi_{\mathrm{II}q|i}^2 \right) /\pi_{\mathrm{I}i}^2, \tag{5.3.18}$$

$$\widehat{V}_{SSU} = \sum_{s_{\mathrm{I}}} \widehat{V}_i/\pi_{\mathrm{I}i}^2 - \widehat{V}_{TSU}, \tag{5.3.19}$$

$$\widehat{V}_{PSU} = \widehat{V}_{3st}(\widehat{t}_\pi) - \widehat{V}_{SSU} - \widehat{V}_{TSU}, \tag{5.3.20}$$

其中, $\widehat{V}_{3st}(\widehat{t}_\pi), \widehat{V}_i, \widehat{V}_{iq}$ 分别由式 (5.3.15), 式 (5.3.16) 和式 (5.3.17) 给出.

习　题

5.1 对于某一总体, 欲估计研究变量 y 的总体总值, 从总体中定义的 $N_\mathrm{I} = 50$ 的群中抽取一个样本量 $n_\mathrm{I} = 15$ 的简单随机整群样本, 得到的计算结果是

$$\sum_{s_\mathrm{I}} t_i = 2\,144, \quad \sum_{s_\mathrm{I}} t_i^2 = 332\,076.$$

求研究变量总体总值的无偏估计量值, 及其方差的无偏估计量值和相应的变异系数 cve.

5.2 对于某一总体 $N = 300$, 被分为 50 个群 $N_\mathrm{I} = 50$, 研究变量 1 和研究变量 2 的总体方差、合并群内方差和协方差, 见下表, 试求它们总体总值估计量的同质系数 (δ) 和设计效应 $\mathrm{deff}(SIC, \widehat{t}_\pi)$.

	变量 1	变量 2
S_{yU}^2	306 449	25 627
S_{yW}^2	274 930	16 483
Cov	−209 637	98 212

5.3 某市卫生部门对本市内 32 个街道 (镇) 的餐饮业采用二阶段抽样方法检查卫生合格情况, 第一阶段从 32 个街道 (镇) 中采用 SI 方法抽取 4 个街道 (镇), 第二阶段在每个抽中的街道 (镇) 中采用同样的方法抽取一半餐饮店进行检查, 检查结果见下表:

样本街 (镇)	餐饮店数	样本店数	卫生不合格店 (y_k)
1	25	13	4
2	10	5	1
3	18	9	4
4	16	8	2

要求估计这 32 个街 (镇) 不符合卫生要求的餐饮点所占比例及 95% 的置信区间.

5.4 将总数为 1 010 对手套分到两个初级抽样单元, 第一个初级抽样单元包含 1 000 对手套, 第二个初级抽样单元包含 10 对手套. 在下述抽样方法下, 估计这些手套中单只手套的均值: 采用等概率抽样方法, 抽取一个初级抽样单元, 从样本初级抽样单元中, 以 SI 方法抽取 2 对手套. 调查员甲抽中了第一个初级抽样单元, 从中抽取的 2 对手套都有 2 只手套, 所以调查员甲计算出一对手套中单只手套的样本均值为 2, 并且认为这是总体均值的无偏估计; 调查员乙采用和调查员甲相同的样本信息, 但是计算出总体均值的无偏估计值为

$$2 \times 1\,000 \times 2/1\,010 = 3.96.$$

讨论这两种估计方法, 并分析其背后的逻辑思路.

5.5 总体 $U = \{1, \cdots, k, \cdots, 300\}$ 被分为 $N_I = 50$ 个抽样单元, 采用两阶段抽样设计, 估计研究变量 y 的总体总值. 首先从总体 $N_I = 50$ 的初级抽样单元中, 以 SI 方法抽取 $n_I = 5$ 的初级抽样单元样本; 然后在每个样本初级抽样单元中, 抽取 $n_i = 2$ 的 SI 样本, 得到以下数据:

i	N_i	k	y_k
12	8	67	10
		64	6
3	5	13	24
		15	19
24	5	135	6
		134	7
42	5	231	3
		234	3
14	7	80	12
		77	16

(1) 计算研究变量 y 的总体总值的无偏估计;

(2) 计算 V_{PSU}, V_{SSU} 及 $V = V_{PSU} + V_{SSU}$ 的无偏估计和相应的变异系数 cve.

第 6 章 回归估计量

利用辅助信息 (auxiliary information) 来提高估计量的精度是抽样理论的一个重要特征. 最早可追溯到抽样理论发展的早期. 从 Neyman (1934) 经典著作中可以发现, Neyman 的主要贡献之一就是在抽样理论中明确使用辅助信息. Cochran (1942) 较早地介绍了如何在估计阶段中利用辅助信息. 经过 20 世纪后半期的进一步发展, 辅助信息已广泛地应用在抽样设计、估计方法等抽样理论的各个方面, Särndal, Swensson 和 Wretman (2003) 全面讨论了辅助信息在模型辅助抽样调查中的作用, 刘建平等 (2008) 进一步研究了辅助信息在抽样调查中的应用模型与方法.

在第 4 章和第 5 章, 我们介绍和讨论了辅助信息在抽样设计阶段的技术和应用. 从本章到第 8 章, 我们将介绍和讨论如何有效利用辅助信息提高抽样估计精度的技术和方法. 本章的主要目的是介绍回归估计量并讨论它的一般统计性质, 这个回归估计量是一类试图有效利用总体辅助信息的估计量. 第 7 章和第 8 章分别介绍回归估计在总体单位抽样设计和整群以及两阶段抽样设计中的不同应用.

6.1 辅 助 变 量

一般来讲, 辅助变量 (auxiliary variable) 指的是在抽样之前相关信息已知的与研究变量相关的变量. 通常我们假设在抽样前辅助变量的相关信息是完整的. 对于每个总体单位, 该变量的值 (记为 x) 都是已知的, 即是说, 在抽样之前, $x_1, x_2, \cdots, x_N$ 是我们可以利用的信息. 我们可以利用这些已知的辅助变量研究研究变量的估计, 目的是帮助我们提高对研究变量的估计精度.

有些抽样框本身包含了一个或多个辅助变量, 或者是包含了一些经过简单数学变换之后可以转化为辅助变量的信息. 也就是说, 抽样框中不仅包含了总体单位的特征信息, 还包括了与每个总体单位对应的辅助变量. 比如, 人口登记记录中包含性别、年龄、收入、婚姻状况、教育水平等相关信息; 工商登记记录上可能有每个企业规模 (职工人数、固定资产原值等) 的相关信息; 农场的登记记录上可能包含每个农场面积大小的相关信息; 地区登记记录可能包含最近一次人口普查中每个地区的居住人口数等相关信息; 等等.

这些登记记录中包含的辅助变量可能是数量型的, 也可能是类别型的. 在人口登记的记录中, 前者包括年龄 (可由出生日期计算得到) 和收入等辅助变量, 后者包括性别、婚姻状况、教育水平等辅助变量.

通过将登记记录和抽样框的信息进行匹配, 可以将辅助变量值从行政记录或其他登记记录上转移到抽样框中. 在实践中, 信息的匹配经常会出现一些问题. 比如说, 抽样框和登记记录可能属于不同的时期, 总体单位可能是不同的甚至是错误的编码, 等等. 在这些情况下, 抽样框中的总体单位可能不能在登记记录中识别出来. 关于这些问题的处理, 参见 Cox 和 Boruch (1988), Hoffman (1995).

关于辅助信息的使用, 第 4 章中讨论了在调查设计阶段使用辅助信息进行抽样设计, 从而提高 π 估计量的估计精度. πps 设计便是一种利用辅助信息的抽样方法, 其包含概率 $\pi_1, \pi_2, \cdots, \pi_N$ 与已知为正值的辅助变量值 $x_1, x_2, \cdots, x_N$ 成比例. 当辅助变量 x 与研究变量 y 近似成比例时, π 估计量会有较小的方差. 但是, πps 设计一般在实践中很难实现.

第 4 章中讨论的另外一种方法是利用辅助信息来分层, 从而使得分层简单随机抽样的 π 估计量

$$\widehat{t}_\pi = \sum_{h=1}^H N_h \overline{y}_{s_h}$$

具有较小的方差. 但是, 这样的分层结果可能对于某些研究变量来说是高效的, 而对于另外的研究变量来说是低效的.

与第 4 章不同, 本章介绍的是将辅助信息应用于估计阶段. 这些辅助变量将直接进入估计量的表达式中. 也就是说, 对于给定的一个抽样设计, 我们利用辅助变量的信息来构建估计量, 使得这一新的估计量相对于 π 估计量会有更小的方差.

使用辅助变量的基本假设是, 这些辅助变量与研究变量具有共变性, 从而带有与研究变量相关的信息. 比如在回归估计量中, 这种共变性就使得回归估计量能够被应用于多种不同的情况中.

6.2 差 估 计 量

在介绍回归估计量之前, 我们要先介绍与之紧密相关的差估计量 (difference estimator). 差估计量在数学处理上更为简单, 有助于对回归估计量的理解.

假设有 J 个辅助变量, 记为 $x_1, \cdots, x_j, \cdots, x_J$. 第 k 个总体单位的第 j 个 x 变量取值记为 x_{jk}. 第 k 个总体单位对应的辅助变量值记为 $\boldsymbol{x}_k = (x_{1k}, \cdots, x_{jk}, \cdots, x_{Jk})^{\mathrm{T}}$, 对应的研究变量值记为 y_k.

在抽样之前, $y_1, y_2, \cdots, y_N$ 是未知的, 而 $\boldsymbol{x}_1, \boldsymbol{x}_2, \cdots, \boldsymbol{x}_N$ 已知. 待估计的总体参数是 y 的总体总值:

$$t_y = \sum_U y_k.$$

以包含概率 $\pi_k > 0, \pi_{kl} > 0$ 的抽样设计 $p(\cdot)$ 从总体 U 中抽出样本 s. 对每个 $k \in s$, 我们可以得到 y_k 和对应的 $\boldsymbol{x}_k$, 另外, $k \in U - s$ (即非样本集) 的 $\boldsymbol{x}_k$ 也已知. 我们要根据以上信息估计 t_y.

差估计量的主要思想是利用辅助信息来构建一个包含 N 个 y 值的替代值的集合, 记为 $y_1^0, y_2^0, \cdots, y_N^0$, 其中 y_k^0 至少是 y_k 的一个不错的近似.

我们希望的是将替代值 y_k^0 表示成已知值 $x_{1k}, \cdots, x_{jk}, \cdots, x_{Jk}$ 的线性组合:

$$y_k^0 = \sum_{j=1}^{J} A_j x_{jk} = \boldsymbol{A}^\mathrm{T} \boldsymbol{x}_k, \tag{6.2.1}$$

这里假定 $\boldsymbol{A} = (A_1, A_2, \cdots, A_J)^\mathrm{T}$ 是一个已知的系数向量. 之后这些系数将被从样本中估计得到的数值替代. 显然, 对所有 $k \in U$, y_k^0 都可以计算出来.

若根据之前的研究或者相关问题的理论, 有

$$y_k \doteq \sum_{j=1}^{J} A_j x_{jk} = \boldsymbol{A}^\mathrm{T} \boldsymbol{x}_k, \quad k = 1, 2, \cdots, N, \tag{6.2.2}$$

其中系数向量 $\boldsymbol{A} = (A_1, A_2, \cdots, A_J)^\mathrm{T}$ 已知, 那么选择与式 (6.2.1) 相一致的 y_k^0 就是合理的.

最简单的情况是只有一个 x 变量, $x_1 = x$, $A_1 = 1$. 此时式 (6.2.1) 变为

$$y_k^0 = x_k.$$

式 (6.2.2) 隐含的假设是

$$y_k \doteq y_k^0 = x_k, \quad k = 1, 2, \cdots, N.$$

待估计的未知总体总值可以写为

$$t_y = \sum_U y_k = \sum_U y_k^0 + \sum_U (y_k - y_k^0) = \sum_U y_k^0 + \sum_U D_k, \tag{6.2.3}$$

其中,

$$D_k = y_k - y_k^0, \quad k = 1, 2, \cdots, N.$$

式 (6.2.3) 中替代量的总值 $\sum_U y_k^0$ 已知 (因为 $y_1^0, y_2^0, \cdots, y_N^0$ 已知), 但差的总值 $\sum_U D_k$ 未知 (因为 $y_1, y_2, \cdots, y_N$ 未知).

现在可利用 π 估计量对式 (6.2.3) 中的未知项 $\sum_U D_k$ 给出一个无偏估计, 最终得到差估计量, 记为 $\widehat{t}_{y,dif}$, 即

$$\widehat{t}_{y,dif} = \sum_U y_k^0 + \sum_s \check{D}_k,$$

其中,

$$\check{D}_k = D_k/\pi_k = (y_k - y_k^0)/\pi_k, \quad k = 1, 2, \cdots, N.$$

我们可以很容易地推导出关于差估计量的基本结论.

结论 6.2.1 差估计量

$$\widehat{t}_{y,dif} = \sum_U y_k^0 + \sum_s \breve{D}_k \tag{6.2.4}$$

是 $t_y = \sum_U y_k$ 的无偏估计,其方差为

$$V(\widehat{t}_{y,dif}) = \sum\sum_U \Delta_{kl} \breve{D}_k \breve{D}_l. \tag{6.2.5}$$

方差的一个无偏估计量为

$$\widehat{V}(\widehat{t}_{y,dif}) = \sum\sum_s \breve{\Delta}_{kl} \breve{D}_k \breve{D}_l. \tag{6.2.6}$$

证明 由于 $\sum_s \breve{D}_k$ 是 $\sum_U D_k$ 的无偏估计,由式 (6.2.3) 可以得出 $\widehat{t}_{y,dif}$ 是 $t_y = \sum_U y_k$ 的无偏估计的结论. 方差和方差估计公式可以根据结论 2.5.1 得出. 观察方差公式 (6.2.5) 可以发现, 当所有的 k 对应的差 D_k 等于 0 或者接近于 0 时, 差估计量将表现良好. 也就是说, 我们希望构造的替代变量 y_k^0 能使得 $D_k = y_k - y_k^0$ 的值尽可能地小.

在固定样本量的设计中, 式 (6.2.5) 可以写为

$$V(\widehat{t}_{y,dif}) = -\frac{1}{2}\sum\sum_U \Delta_{kl}(\breve{D}_k - \breve{D}_l)^2. \tag{6.2.7}$$

对应的一个无偏方差估计量为

$$\widehat{V}(\widehat{t}_{y,dif}) = -\frac{1}{2}\sum\sum_s \breve{\Delta}_{kl}(\breve{D}_k - \breve{D}_l)^2. \tag{6.2.8}$$

例 6.2.1 在样本量为 $n = fN$ 的 SI 设计下,若有

$$y_k^0 = x_k, \quad D_k = y_k - x_k,$$

则不难证明 $\widehat{t}_{y,dif}$ 的方差为

$$V(\widehat{t}_{y,dif}) = N^2 \frac{1-f}{n}(S_{yU}^2 + S_{xU}^2 - 2S_{xyU}),$$

其中 S_{yU}^2 和 S_{xU}^2 分别为 y 和 x 的总体方差,而总体协方差为

$$S_{xyU} = \frac{1}{N-1}\sum_U (x_k - \overline{x}_U)(y_k - \overline{y}_U).$$

若总体相关系数

$$r = \frac{S_{xyU}}{S_{xU}S_{yU}}$$

比较大, 那么与 π 估计量 $\widehat{t}_{y\pi}$ 相比, 差估计量的方差一般会大大减少. 我们可以得到

$$\frac{V(\widehat{t}_{y,dif})}{V(\widehat{t}_{y\pi})} = 1 + \left(\frac{S_{xU}}{S_{yU}}\right)^2 - 2r\frac{S_{xU}}{S_{yU}}.$$

比如，假设 $r = 0.90, S_{xU}/S_{yU} = 1.1$，则

$$\frac{V(\widehat{t}_{y,dif})}{V(\widehat{t}_{y\pi})} = 0.23.$$

一般而言，在 SI 设计下，如果 $y_k^0 = x_k$，那么当且仅当 $r > \frac{1}{2}(S_{xU}/S_{yU})$ 时，

$$V(\widehat{t}_{y,dif}) < V(\widehat{t}_{y\pi})$$

成立.

从 π 估计量 $\widehat{t}_{y\pi} = \sum_s \breve{y}_k = \sum_s y_k/\pi_k$ 的公式可以看出，它没有明确地使用辅助变量信息. 差估计量可以理解为一种利用辅助变量信息对 π 估计量的改进. 假设替代值可以表示为式 (6.2.1) 中的线性组合，那么式 (6.2.4) 可以写为

$$\widehat{t}_{y,dif} = \widehat{t}_{y\pi} + \sum_{j=1}^{J} A_j(t_{x_j} - \widehat{t}_{x_j\pi}), \tag{6.2.9}$$

其中

$$\widehat{t}_{x_j\pi} = \sum_s \breve{x}_{jk} = \sum_s x_{jk}/\pi_k, \quad j = 1, 2, \cdots, J$$

表示 x_j 的总体总值 $t_{x_j} = \sum_U x_{jk}$ 的 π 估计量.

式 (6.2.9) 说明，差估计量等于 π 估计量加上一个调整项. 在理想情况下，当

$$y_k = y_k^0 = \sum_{j=1}^{J} A_j x_{jk}, \quad k = 1, 2, \cdots, N$$

成立时，调整项会完全抵消 π 估计量中的误差，此时差估计量是没有误差的. π 估计量的误差为

$$\widehat{t}_{y\pi} - t_y = \sum_s \frac{y_k}{\pi_k} - \sum_U y_k.$$

式 (6.2.2) 准确成立时的调整项为

$$\sum_{j=1}^{J} A_j(t_{x_j} - \widehat{t}_{x_j\pi}) = -\left(\sum_s y_k/\pi_k - \sum_U y_k\right).$$

这时差估计量的误差 $\widehat{t}_{y,dif} - t_y$ 等于 0.

在变量 y 与 x 之间呈近似线性关系且恰当选择系数 $A_1, A_2, \cdots, A_J$ 的情况下，差估计量将表现良好. 但是如果系数选择不恰当，那么式 (6.2.5) 的方差将会比 π 估计量的方差大.

6.3 回归估计量的一般形式

本节介绍回归估计量的一般形式. 设有 J 个辅助变量, 第 k 个总体单位的辅助变量表示为

$$\boldsymbol{x}_k = (x_{1k}, \cdots, x_{jk}, \cdots, x_{Jk})^{\mathrm{T}}.$$

在观测值 $(y_k, \boldsymbol{x}_k), k \in s$ 和辅助变量 $\boldsymbol{x}_k, k \in U - s$ 已知的情况下, 我们的目的是估计 y 的总体总值

$$t_y = \sum_U y_k.$$

考察式 (6.2.9) 可以看出, 要得到差估计量的估计值, 必须事先知道式中的系数 A_j, 如果事先未知, 那么必须设法把 A_j 估计出来, 用估计的 A_j 代替真实的 A_j 从而得到同样类型的估计量. 式 (6.2.2) 提示我们, 可以利用研究变量和辅助变量之间的关系拟合回归模型, 利用样本信息将这些系数估计出来. 为了表示区别, 我们将这些用回归模型估计的系数估计量记为 $\widehat{B}_1, \widehat{B}_2, \cdots, \widehat{B}_J$, 将其代入式 (6.2.9), 可得到用 $\widehat{t}_{yr}$ 表示的、以形式

$$\widehat{t}_{yr} = \widehat{t}_{y\pi} + \sum_{j=1}^{J} \widehat{B}_j (t_{x_j} - \widehat{t}_{x_j \pi}) \tag{6.3.1}$$

定义的一般回归估计量 (general regression estimator), 其中,

$$\widehat{t}_{y\pi} = \sum_s y_k / \pi_k = \sum_s \breve{y}_k$$

为 $t_y = \sum_U y_k$ 的 π 估计量;

$$\widehat{t}_{x_j \pi} = \sum_s x_{jk} / \pi_k = \sum_s \breve{x}_{jk}$$

为 x_j 的总体总值 $t_{x_j} = \sum_U x_{jk}$ 的 π 估计量; $\widehat{B}_1, \widehat{B}_2, \cdots, \widehat{B}_J$ 构成了如下的 J 维向量:

$$\widehat{\boldsymbol{B}} = (\widehat{B}_1, \widehat{B}_2, \cdots, \widehat{B}_J)^{\mathrm{T}} = \left(\sum_s \boldsymbol{x}_k \boldsymbol{x}_k^{\mathrm{T}} / \sigma_k^2 \pi_k \right)^{-1} \sum_s \boldsymbol{x}_k y_k / \sigma_k^2 \pi_k. \tag{6.3.2}$$

由式 (6.3.1) 可以看出, 一般回归估计量与差估计量一样, 同样等于 π 估计量加上一个调整项, 我们同样可以将 $\widehat{t}_{yr}$ 看成是利用辅助变量信息对 π 估计量 $\widehat{t}_{y\pi}$ 的一种改进. 对于某些样本, π 估计量 $\widehat{t}_{y\pi}$ 的误差可能会比较大, 但是当样本量较大且研究变量与辅助变量的线性关系比较强的时候, 对应的调整项将会近似等于该误差, 但符号相反. 因此, $\widehat{t}_{yr}$ 的误差会小于 $\widehat{t}_{y\pi}$ 的误差.

下面来探讨如何选择系数估计量 $\widehat{B}_j, j = 1, 2, \cdots, J$. 一般将基于有限总体散点

$$\{(y_k, x_{1k}, \cdots, x_{Jk}) : k = 1, 2, \cdots, N\} \tag{6.3.3}$$

分布形状的假设称为模型. 假定式 (6.3.3) 给出的 N 个散点的分布是由线性回归模型 ξ 给出的, 其中 y 是回归子, $x_1, x_2, \cdots, x_J$ 是回归元. 回归模型 ξ 有如下特征:

(1) 假定 $y_1, y_2, \cdots, y_N$ 是独立随机变量 $Y_1, Y_2, \cdots, Y_N$ 的实现值;

(2) $E_\xi(Y_k) = \sum_{j=1}^{J} \beta_j x_{jk}, \quad k = 1, 2, \cdots, N;$ (6.3.4)

(3) $V_\xi(Y_k) = \sigma_k^2, \quad k = 1, 2, \cdots, N.$

其中, E_ξ 和 V_ξ 分别表示模型 ξ 的期望和方差, $\beta_1, \beta_2, \cdots, \beta_J$ 和 $\sigma_1^2, \sigma_2^2, \cdots, \sigma_N^2$ 则是模型参数. 在接下来的论述中, 我们将不再区分随机变量 Y 和其实现值 y.

在此, 模型 ξ 引入了一种新的随机性. 迄今为止, 我们考虑的随机性只是给定抽样设计下可能产生不同的样本 s. 而现在所说的新的随机性仅因假设而产生, 与给定抽样设计下抽样所导致的随机性无关.

模型的方差参数 $\sigma_k^2, k = 1, 2, \cdots, N$ 使得我们可以对式 (6.3.3) 给出的散点分布的方差模式进行描述. 例如, 随着 x 值的增大, y 的变异性也随之增大 (缩小、不变等). 跟前面一样, 这里的辅助变量值 $x_{jk}, j = 1, 2, \cdots, J; k = 1, 2, \cdots, N$ 是已知的常数.

例 6.3.1 举两个包含单个 x 变量模型的例子, 假设 $x_1, x_2, \cdots, x_N$ 大于 0,

$$\begin{cases} E_\xi(y_k) = \beta x_k, & k = 1, 2, \cdots, N, \\ V_\xi(y_k) = \sigma^2 x_k, & k = 1, 2, \cdots, N; \end{cases}$$ (6.3.5)

$$\begin{cases} E_\xi(y_k) = \beta_1 + \beta_2 x_k, & k = 1, 2, \cdots, N, \\ V_\xi(y_k) = \sigma^2, & k = 1, 2, \cdots, N. \end{cases}$$ (6.3.6)

在式 (6.3.5) 和式 (6.3.6) 中, 都假设 $y_1, y_2, \cdots, y_N$ 是相互独立的. 在之后的讨论中, 若没有特别说明, 我们都默认这一假设成立.

现在来探讨模型 ξ 的作用. 模型 ξ 可用于描述有限总体的散点分布情况. 我们希望模型 ξ 可以较好地拟合总体, 并认为有限总体可以从模型 ξ 中产生. 但实际上, 总体并不是从模型 ξ 中产生的. 因此, 关于有限总体参数的结论是独立于模型假设的.

模型的作用仅仅是作为一种工具, 来找出合适的 $\widehat{\boldsymbol{B}}$ 代入回归估计量公式中. 与 π 估计量相比, 回归估计量的效率将依赖于模型拟合的好坏. 但基本的统计性质 (如渐近无偏性、方差公式的有效性等) 并不依赖于模型 ξ 是否正确. 所以我们将这种方法称为模型辅助 (model assisted) 方法.

现在我们来看模型 ξ 是如何影响式 (6.3.2) 中 $\widehat{\boldsymbol{B}}$ 的形式的. 首先假设总体可以完全列举出来 (相当于普查), 因此对所有 $k \in U$, 我们可以得到观测值 $\boldsymbol{x}_k$ 和 $y_k, k = 1, 2, \cdots, N$. 在这种情况下, 模型 ξ 的系数 $\boldsymbol{\beta} = (\beta_1, \beta_2, \cdots, \beta_J)^{\mathrm{T}}$ 的加权最小二乘估计量为

$$\boldsymbol{B} = (B_1, B_2, \cdots, B_J)^{\mathrm{T}} = \left(\sum_U \boldsymbol{x}_k \boldsymbol{x}_k^{\mathrm{T}} / \sigma_k^2 \right)^{-1} \sum_U \boldsymbol{x}_k y_k / \sigma_k^2.$$ (6.3.7)

用回归分析中常用的符号表示, 式 (6.3.7) 可表示为

$$B = (X\Sigma^{-1}X^{\mathrm{T}})^{-1}X\Sigma^{-1}Y,$$

其中, X 是一个 $J \times N$ 矩阵, N 个列由 J 维向量 $x_1, x_2, \cdots, x_N$ 组成; $Y = (y_1, y_2, \cdots, y_N)^{\mathrm{T}}$; Σ 是 $N \times N$ 对角矩阵:

$$\Sigma = \begin{pmatrix} \sigma_1^2 & 0 & \cdots & 0 \\ 0 & \sigma_2^2 & \cdots & 0 \\ \vdots & \vdots & & \vdots \\ 0 & 0 & \cdots & \sigma_N^2 \end{pmatrix}.$$

在回归理论中, 假定 Σ 已知, 可以证明 B 是 β 的最优线性无偏估计量. 模型的权重 $1/\sigma_k^2$ 则与第 k 个观测值对应, $k = 1, 2, \cdots, N$. 我们可以说 B 对应于模型 ξ 的一个假设的总体拟合, 这一总体拟合又来源于总体的数据点 (x_k, y_k), $k = 1, 2, \cdots, N$. 注意到, B 是一个有限总体的未知特征, 但是可以使用 π 估计方法从样本数据中估计得到. 由此我们可以得到模型的一个样本拟合, 未知的 B 可以写为

$$B = T^{-1}t, \tag{6.3.8}$$

其中,

$$T = \sum_U \frac{x_k x_k^{\mathrm{T}}}{\sigma_k^2}, \quad t = \sum_U \frac{x_k y_k}{\sigma_k^2}, \tag{6.3.9}$$

这里的 T 是一个 $J \times J$ 的对称矩阵, t 是一个 J 维向量. T 和 t 中的元素是总体乘积的总值, 分别记为

$$t_{jj'} = \sum_U \frac{x_{jk} x_{j'k}}{\sigma_k^2} = t_{j'j}, \quad t_{j0} = \sum_U \frac{x_{jk} y_k}{\sigma_k^2}. \tag{6.3.10}$$

T 和 t 的 π 估计量分别记为

$$\widehat{T} = \sum_s \frac{x_k x_k^{\mathrm{T}}}{\sigma_k^2 \pi_k}, \quad \widehat{t} = \sum_s \frac{x_k y_k}{\sigma_k^2 \pi_k}, \tag{6.3.11}$$

对应的元素分别为

$$\widehat{t}_{jj',\pi} = \sum_s \frac{x_{jk} x_{j'k}}{\sigma_k^2 \pi_k} = \widehat{t}_{j'j,\pi}, \quad \widehat{t}_{j0,\pi} = \sum_s \frac{x_{jk} y_k}{\sigma_k^2 \pi_k}, \tag{6.3.12}$$

它们分别是 $t_{jj'}$ 和 t_{j0} 的无偏估计量. 由此可以得到总体参数 B 的估计为

$$\widehat{B} = (\widehat{B}_1, \widehat{B}_2, \cdots, \widehat{B}_J)^{\mathrm{T}} = \widehat{T}^{-1}\widehat{t} = \left(\sum_s \frac{x_k x_k^{\mathrm{T}}}{\sigma_k^2 \pi_k}\right)^{-1} \sum_s \frac{x_k y_k}{\sigma_k^2 \pi_k}, \tag{6.3.13}$$

它是式 (6.3.2) 的表达式. $\widehat{B}$ 是总体参数 B 的有偏估计, 而 B 又是在完全列举总体的假设下对模型参数 β 的估计.

例 6.3.2 对式 (6.3.5) 和式 (6.3.6) 中的模型进行回归估计. 对于模型 (6.3.5), 可以得到

$$\widehat{B} = \frac{\sum_s \breve{y}_k}{\sum_s \breve{x}_k}.$$

因此, 有

$$\widehat{t}_{yr} = \sum_U x_k \frac{\sum_s \breve{y}_k}{\sum_s \breve{x}_k}, \tag{6.3.14}$$

这是比率估计量. 而对于模型 (6.3.6), 令 $\boldsymbol{x}_k = (1, x_k)^{\mathrm{T}}, \boldsymbol{B} = (B_1, B_2)^{\mathrm{T}}$, 则

$$\widehat{\boldsymbol{B}} = \begin{pmatrix} \widehat{B}_1 \\ \widehat{B}_2 \end{pmatrix} = \begin{pmatrix} \widetilde{y}_s - \widehat{B}_2 \widetilde{x}_s \\ \widehat{B}_2 \end{pmatrix},$$

其中

$$\widehat{B}_2 = \frac{\sum_s (x_k - \widetilde{x}_s)(y_k - \widetilde{y}_s)/\pi_k}{\sum_s (x_k - \widetilde{x}_s)^2/\pi_k}, \tag{6.3.15}$$

这里,

$$\widetilde{x}_s = \frac{\sum_s \breve{x}_k}{\widehat{N}}, \quad \widetilde{y}_s = \frac{\sum_s \breve{y}_k}{\widehat{N}}, \quad \widehat{N} = \sum_s \frac{1}{\pi_k}.$$

由此可得

$$\widehat{t}_{yr} = N\left[\widetilde{y}_s + \widehat{B}_2(\overline{x}_U - \widetilde{x}_s)\right]. \tag{6.3.16}$$

这里我们需要的总体相关信息包括 N 和 $N\overline{x}_U = \sum_U x_k$ 这两个 x 变量的总体总值 (第一个 x 变量是常数 1).

在应用回归估计量时, 以下几点需要说明和注意:

(1) 式 (6.3.2) 给出的 $\widehat{\boldsymbol{B}}$ 并不是式 (6.3.7) 中的 $\boldsymbol{B}$ 的设计无偏估计量. 这是因为, 一个随机矩阵的逆的期望并不等于它的期望的逆.

(2) 要求矩阵 $\sum_U \boldsymbol{x}_k \boldsymbol{x}_k^{\mathrm{T}}/\sigma_k^2$ 和 $\sum_s \boldsymbol{x}_k \boldsymbol{x}_k^{\mathrm{T}}/\sigma_k^2 \pi_k$ 非奇异, 即它们的逆矩阵存在.

(3) 给定一个样本, 就可以由式 (6.3.2) 计算出 $\widehat{\boldsymbol{B}}$. $\widehat{\boldsymbol{B}}$ 只能依赖于已知的数值, $\sigma_1^2, \sigma_2^2, \cdots, \sigma_N^2$ 必须满足某些要求. 我们可以要求所有的 σ_k^2 都是已知的; 或者 $\sigma_k^2 = \nu_k \sigma^2$, 其中 σ^2 未知, $k = 1, 2, \cdots, N$, 但 $\nu_1, \nu_2, \cdots, \nu_N$ 已知. 一种特殊的情形是, 对于所有的 $k \in U, v_k = 1$. 还有一些重要的情形, 例如, 方差结构依赖于多个未知参数, 但当 $\widehat{\boldsymbol{B}}$ 被推导出来时, 这些未知参数都会被消除掉.

(4) 由于每个总体单位的辅助变量都假定是已知的, 因此当 $\sigma_k^2, k = 1, 2, \cdots, N$ 已知时, 矩阵 $\sum_U \boldsymbol{x}_k \boldsymbol{x}_k^{\mathrm{T}}/\sigma_k^2$ 就可以准确地计算出来. 但是, 一般更愿意使用估计值 $\sum_s \boldsymbol{x}_k \boldsymbol{x}_k^{\mathrm{T}}/\sigma_k^2 \pi_k$.

(5) 为了计算式 (6.3.1) 的回归估计量, 需要知道辅助变量的总体总值 $t_{x_j}, j=1,2,\cdots,J$ 和每个样本单位 $\boldsymbol{x}_k, k\in s$ 的值. 但是我们不需要知道非样本单位对应的 $\boldsymbol{x}_k, k\in U-s$ 的值. 也就是说, 如果从其他来源可以得到总值 t_{x_j} 的准确值, 我们仍可以计算得到回归估计量. 如果使用了有偏误的总值 t_{x_j}, 那么得到的回归估计量也将是有偏的. 假设可以观测到样本单位的 y_k 和 $\boldsymbol{x}_k$ 值, 而非样本单位的 y_k 和 $\boldsymbol{x}_k$ 值仍然未知, 那么总值 t_y 和 $t_{x_j}, j=1,2,\cdots,J$ 也是未知的. 但假设我们可以从其他渠道得到 x 总值的近似值, 比如从以前的普查中我们可以得到总体总值 $t_{x_j}^*, j=1,2,\cdots,J$, 或者从其他抽样调查中可以得到估计值 $\widehat{t}_{x_j}^*, j=1,2,\cdots,J$. 当然这里的 $t_{x_j}^*$ 并不完全等同于真实的 $t_{x_j}=\sum_U x_{jk}$, 因为二者对应的时间点不同, 从而对 x 变量的定义也会有所不同; 又或者是因为 $t_{x_j}^*$ 对应的总体与目前的总体 U 不同. 使用 $t_{x_j}^*$ 或 $\widehat{t}_{x_j}^*$ 作为真实的 t_{x_j} 的替代而得到的回归估计量要慎重使用, 因为它们可能是严重有偏的.

6.4 回归估计量的方差

一般我们评价一个估计量是根据给定的抽样设计对固定的有限总体进行重复抽样, 计算该估计量的设计期望和设计方差, 以此作为评价标准. 对回归估计量的评价也是一样的. 我们要研究的是不同的抽样设计下估计量的统计性质. 通常情况下, 由于回归估计量的复杂性, 其统计性质不能准确得到, 因此我们使用第 3 章中的近似方法来研究.

回归估计量不是无偏的, 但是对于大样本, 它是近似无偏的. 这一结论可以通过 Taylor 线性展开实现, 它也为得到近似方差及其方差估计量提供了基础. 结论 6.4.1 给出了一种在实践中广泛应用的一般化的回归估计程序.

结论 6.4.1 式 (6.3.1) 给出的回归估计量 $\widehat{t}_{yr}$ 可以用 Taylor 线性展开近似表示为

$$\widehat{t}_{yr0} = \widehat{t}_{y\pi} + (\boldsymbol{t}_x - \widehat{\boldsymbol{t}}_{x\pi})^{\mathrm{T}}\boldsymbol{B}, \tag{6.4.1}$$

$$= \sum_U y_k^0 + \sum_s \breve{E}_k, \tag{6.4.2}$$

其中 $\breve{E}_k = E_k/\pi_k$, $E_k = y_k - y_k^0$. $\widehat{t}_{yr}$ 是 $t = \sum_U y_k$ 的近似无偏估计量, 其近似方差为

$$AV(\widehat{t}_{yr}) = \sum\sum_U \Delta_{kl} \breve{E}_k \breve{E}_l, \tag{6.4.3}$$

方差估计量为

$$\widehat{V}(\widehat{t}_{yr}) = \sum\sum_s \widehat{\Delta}_{kl}(g_{ks}\breve{e}_{ks})(g_{ls}\breve{e}_{ls}), \tag{6.4.4}$$

其中 $\breve{e}_{ks}=e_{ks}/\pi_k$, $e_{ks}=y_k-\widehat{y}_k$, $\widehat{y}_k=\boldsymbol{x}_k^{\mathrm{T}}\widehat{\boldsymbol{B}}=\sum_{j=1}^J \widehat{B}_j x_{jk}$, $g_{ks}=1+(\boldsymbol{t}_x-\widehat{\boldsymbol{t}}_{x\pi})^{\mathrm{T}}\widehat{\boldsymbol{T}}^{-1}\boldsymbol{x}_k/\sigma_k^2$. g_{ks} 称为样本依赖权重.

根据正态近似可以得到估计量的近似置信水平 $100(1-\alpha)\%$ 的置信区间:
$$\widehat{t}_{yr} \pm z_{1-\alpha/2}(\widehat{V}(\widehat{t}_{yr}))^{1/2},$$
其中 $z_{1-\alpha/2}$ 是标准正态分布的 $(1-\alpha/2)$ 分位数.

证明 我们需要先识别 $\widehat{t}_{yr}$ 所依赖的 π 估计量, 记

$$\widehat{t}_{yr} = \widehat{t}_{y\pi} + (\boldsymbol{t}_x - \widehat{\boldsymbol{t}}_{x\pi})^{\mathrm{T}}\widehat{\boldsymbol{B}} = \widehat{t}_{y\pi} + (\boldsymbol{t}_x - \widehat{\boldsymbol{t}}_{x\pi})^{\mathrm{T}}\widehat{\boldsymbol{T}}^{-1}\widehat{\boldsymbol{t}}$$
$$= f(\widehat{t}_{y\pi}, \widehat{\boldsymbol{t}}_{x\pi}, \widehat{\boldsymbol{T}}, \widehat{\boldsymbol{t}}).$$

从上式可以看出, $\widehat{t}_{yr}$ 是下面这些 π 估计量的非线性函数: $\widehat{t}_{y\pi}$, 由 J 个 π 估计量 $\widehat{t}_{x_j\pi}$ 组成的 $\widehat{\boldsymbol{t}}_{x\pi}$, 由式 (6.3.12) 给出的 $J(J+1)/2 + J$ 个不同的 π 估计量 $\widehat{t}_{jj',\pi}$ 和 $\widehat{t}_{j0,\pi}$ 组成的 $\widehat{\boldsymbol{T}}$ 和 $\widehat{\boldsymbol{t}}$. 根据 Taylor 线性展开, 我们可以将此非线性函数近似为一个线性函数. 需要计算如下偏导数:

$$\frac{\partial f}{\partial \widehat{t}_{y\pi}} = 1, \tag{6.4.5}$$

$$\frac{\partial f}{\partial \widehat{t}_{x_j\pi}} = -\widehat{B}_j, \quad j = 1, 2, \cdots, J, \tag{6.4.6}$$

$$\frac{\partial f}{\partial \widehat{t}_{jj',\pi}} = (\boldsymbol{t}_x - \widehat{\boldsymbol{t}}_{x\pi})^{\mathrm{T}}(-\widehat{\boldsymbol{T}}^{-1}\boldsymbol{\Lambda}_{jj'}\widehat{\boldsymbol{T}}^{-1})\widehat{\boldsymbol{t}}, \quad j \leqslant j' = 1, 2, \cdots, J, \tag{6.4.7}$$

$$\frac{\partial f}{\partial \widehat{t}_{j0,\pi}} = (\boldsymbol{t}_x - \widehat{\boldsymbol{t}}_{x\pi})^{\mathrm{T}}\widehat{\boldsymbol{T}}^{-1}\boldsymbol{\lambda}_j, \quad j = 1, 2, \cdots, J, \tag{6.4.8}$$

其中 $\boldsymbol{\lambda}_j$ 是一个 J 维向量, 其第 j 个元素等于 1, 其他的元素等于 0; $\boldsymbol{\Lambda}_{jj'}$ 是 $J \times J$ 矩阵, 在 (j, j') 和 (j', j) 处的元素等于 1, 其余的元素等于 0.

计算期望值点 $\widehat{t}_{y\pi} = t_y, \widehat{\boldsymbol{t}}_{x\pi} = \boldsymbol{t}_x, \widehat{\boldsymbol{T}} = \boldsymbol{T}, \widehat{\boldsymbol{t}} = \widehat{\boldsymbol{t}}$ 上的偏导数, 在这一点可以将式 (6.4.7) 和式 (6.4.8) 中的偏导数消除掉, 从而得到 $\widehat{t}_{yr}$ 的简单表达式:

$$\widehat{t}_{yr} \doteq \widehat{t}_{yr0} = t_y + 1 \times (\widehat{t}_{y\pi} - t_y) - \sum_{j=1}^{J} B_j(\widehat{t}_{x_j\pi} - t_{x_j})$$
$$= \widehat{t}_{y\pi} + (\boldsymbol{t}_x - \widehat{\boldsymbol{t}}_{x\pi})^{\mathrm{T}}\boldsymbol{B}$$
$$= \sum_U y_k^0 + \sum_s \breve{E}_k, \tag{6.4.9}$$

同样表示为一个常数项加上总体拟合残差总值 $\sum_U E_k$ 的 π 估计量. 因此, 可得

$$E(\widehat{t}_{yr}) \doteq E(\widehat{t}_{yr0}) = \sum_U y_k^0 + E\left(\sum_s \breve{E}_k\right) = t_y,$$

这表明回归估计量是近似无偏的. 接着, 有

$$AV(\widehat{t}_{yr}) = V(\widehat{t}_{yr0}) = V\left(\sum_s \breve{E}_k\right) = \sum\sum_U \Delta_{kl} \breve{E}_k \breve{E}_l.$$

由于 $\widehat{t}_{yr}$ 还可以精确地表示为

$$\widehat{t}_{yr} = \sum_U y_k^0 + \sum_s g_{ks} \breve{E}_k$$

(证明见 Särndal, Swensson 和 Wretman, 2003), 从而其方差为

$$V(\widehat{t}_{yr}) = V\left(\sum_s g_{ks} \breve{E}_k\right). \tag{6.4.10}$$

这与 π 估计量的方差类似, 不同点在于这里的样本依赖权重 g_{ks} 与 $\breve{E}_k$ 不是相互独立的. 这样一来, 我们在进行方差估计时就不能直接应用 π 估计方法. 但是如果忽略权重依赖于样本的事实, 并将 $\breve{E}_k$ 用 $\breve{e}_{ks}$ 替代, 就可以得到式 (6.4.4) 的方差估计量.

如果将 π 估计方法用于方差估计, 那么

$$AV(\widehat{t}_{yr}) = \sum\sum_U \Delta_{kl} \breve{E}_k \breve{E}_l,$$

并且将未知的 $\breve{E}_k = E_k/\pi_k$ 用 $\breve{e}_{ks} = e_{ks}/\pi_k$ 来替代, 可以得到一个替代的方差估计量

$$\widehat{AV}(\widehat{t}_{yr}) = \sum\sum_s \breve{\Delta}_{kl} \breve{e}_{ks} \breve{e}_{ls}. \tag{6.4.11}$$

式 (6.4.4) 和式 (6.4.11) 都是建立在大样本近似的基础上的. 对于一个给定的置信水平 $1-\alpha$, 基于正态近似和两个方差估计量之一, 在重复大样本下, 一般的置信区间都会给出近似置信水平 $100(1-\alpha)\%$ 的覆盖率. 但是, 在很多情况下都表明式 (6.4.4) 是更优的. 这一公式由 Särndal (1982) 提出, Särndal, Swensson 和 Wretman (1989) 研究了该公式在不同抽样设计和模型下的性质, 并证明了该公式具有设计一致性和近似无偏性. 在接下来的章节中, 方差估计量 $\widehat{V}(\widehat{t}_{yr})$ 都会以式 (6.4.4) 给出.

关于回归估计量 $\widehat{t}_{yr}$ 的渐近性质 (如一致性和渐近无偏性) 的讨论可以参阅 Robinson, Särndal (1983) 和 Leblond (1990).

例 6.4.1 回顾式 (6.3.5) 的比率模型及式 (6.3.14) 的比率估计量. 式 (6.4.3) 出现的总体拟合残差为

$$E_k = y_k - Bx_k,$$

其中

$$B = \frac{\sum_U y_k}{\sum_U x_k}.$$

计算式 (6.4.4) 中的方差估计量所需的样本拟合残差为

$$e_{ks} = y_k - \widehat{B}x_k,$$

其中 $\widehat{B} = \sum_s \breve{y}_k \big/ \sum_s \breve{x}_k$. 对每个 $k \in s$, g 权重是

$$g_{ks} = \frac{\sum_U x_k}{\sum_s \breve{x}_k} = \frac{N\overline{x}_U}{\widehat{N}\widetilde{x}_s} = \frac{N}{\widehat{N}}\left(1 + \frac{\overline{x}_U - \widetilde{x}_s}{\widetilde{x}_s}\right).$$

由式 (6.4.4) 可得

$$\widehat{V}(\widehat{t}_{yr}) = \left(\frac{N\overline{x}_U}{\widehat{N}\widetilde{x}_s}\right)^2 \sum\sum_s \breve{\Delta}_{kl}\, \breve{e}_{ks}\, \breve{e}_{ls}.$$

在实践中, 上式的表达式适用于任何抽样设计. 比如, 在 SI 设计下, 方差估计量变为

$$\widehat{V}(\widehat{t}_{yr}) = N^2\left(\frac{\overline{x}_U}{\overline{x}_s}\right)^2 \frac{1-f}{n} \cdot \frac{\sum_s (y_k - \widehat{B}x_k)^2}{n-1},$$

其中 $\widehat{B} = \overline{y}_s / \overline{x}_s$, 且 $n = fN$ 是固定样本量.

例 6.4.2 对于由式 (6.3.6) 给定的具有截距和同方差的模型, 样本拟合残差为

$$e_{ks} = y_k - \widetilde{y}_s - \widehat{B}_2(x_k - \widetilde{x}_s),$$

其中 $\widehat{B}_2$ 由式 (6.3.15) 给出. g 权重是

$$g_{ks} = (N/\widehat{N})\big[1 + a_s(x_k - \widetilde{x}_s)\big],$$

其中,

$$a_s = \frac{\overline{x}_U - \widetilde{x}_s}{\widetilde{S}_{xs}^2}, \quad \widetilde{S}_{xs}^2 = \frac{\sum_s (x_k - \widetilde{x}_s)^2/\pi_k}{\sum_s 1/\pi_k}.$$

由此计算方差估计量所需的条件都已具备了.

6.5 模型作用的评价

本节我们将从偏差和方差两个角度来总结影响回归估计量性质的模型的作用. 我们已经知道, 在对变量值给定的总体进行重复抽样时, 回归估计量 $\widehat{t}_{yr}$ 可以近似为线性随机变量 $\widehat{t}_{yr0}$. 由于不管总体分布形状如何, $\widehat{t}_{yr0}$ 都是 t_y 的无偏估计, 因此可以证明, 不管关于模型 ξ 的假定是否正确, 回归估计量 $\widehat{t}_{yr}$ 都是 t_y 的一个近似无偏估计.

另一方面, 模型是否合适的关键在于是否能够得到一个小的方差. 如果总体点分布越接近于线性模型 $y_k \doteq \boldsymbol{x}_k^{\mathrm{T}}\boldsymbol{B}$, 那么总体拟合残差 $E_k = y_k - \boldsymbol{x}_k^{\mathrm{T}}\boldsymbol{B}$ 将越小, 回归估计量的方差也会越小, 这从式 (6.4.10) 也可以看出来. 在极端情况下, 当所有的 E_k 都等于 0 的情况下, 方差也为 0. 在一个拟合不恰当的模型中, 残差 E_k 可能会非常大, 从而导致式 (6.4.10) 的方差也比较大.

回归估计量中使用的 x 变量需要从可获得的辅助变量集合中挑选出来. 影响回归估计量的效率的一个关键点在于, 总体总值 $\sum_U \boldsymbol{x}_k$ 已知的 $\boldsymbol{x}$ 向量能否很好地解释 y 变量.

我们并不要求模型是正确的, 也就是说, 不要求该模型是产生总体数据的真实模型, 而只要求该模型可以较好地描述总体数据. 如果假定的模型能够很好地描述总体数据, 那么相比于 π 估计量, 回归估计量一般会得到一个更小的方差. 但如果假定的模型不能较好地描述总体, π 估计量也仍有适度的改善, 此时的回归估计量仍然能保证近似无偏性. 因此可以说回归估计量是模型辅助估计量, 而不是模型依赖估计量.

拥有一个好的方差结构 (即 $\sigma_1^2, \sigma_2^2, \cdots, \sigma_N^2$) 也是很重要的, 这一重要性是在调查计划阶段就要考虑的. 模型方差 $\sigma_k^2, k = 1, 2, \cdots, N$ 会影响最优抽样设计的选择. 假如包含概率满足 $\pi_k \propto \sigma_k$, 那么我们可以说这样的抽样设计是最优的. 也就是说, 当某个总体单位的不确定性 σ_k 较大时, 我们需要赋予它一个较大的包含概率, 从而得到好的抽样设计.

习 题

6.1 证明: 由例 6.2.1 的结果可以推断出, 在 $f = n/N$ 的 SI 设计下, 当 $y_k^0 = x_k$ 时, 有

$$V(\widehat{t}_{y,dif}) = N^2[(1-f)/n](S_{yU}^2 + S_{xU}^2 - 2S_{xyU}).$$

6.2 证明: 式 (6.3.7) 中的向量 $\boldsymbol{B}$ 可以表达成以下形式:

$$\boldsymbol{B} = (\boldsymbol{X}\boldsymbol{\Sigma}^{-1}\boldsymbol{X}^{\mathrm{T}})^{-1}\boldsymbol{X}\boldsymbol{\Sigma}^{-1}\boldsymbol{Y} = \boldsymbol{T}^{-1}\boldsymbol{t},$$

其中, $\boldsymbol{X}, \boldsymbol{\Sigma}, \boldsymbol{Y}, \boldsymbol{T}, \boldsymbol{t}$ 为 6.3 节中定义的符号.

6.3 证明: 回归估计量

$$\widehat{t}_{yr} = \widehat{t}_{y\pi} + \sum_{j=1}^{J} \widehat{B}_j(t_{x_j} - \widehat{t}_{x_j\pi})$$

可以表示为以下三种形式:

$$\begin{aligned}\widehat{t}_{yr} &= \sum_s g_{ks}\breve{y}_k \\ &= \sum_U \widehat{y}_k + \sum_s \breve{e}_{ks} \\ &= \sum_U y_k^0 + \sum_s g_{ks}\breve{E}_{ks}.\end{aligned}$$

6.4 对于式 (6.3.5) 的模型, 证明:

$$\widehat{B} = \sum_s \breve{y}_k \Big/ \sum_s \breve{x}_k,$$

并证明由式 (6.3.5) 的模型推导得到的回归估计量等于式 (6.3.14) 的比率估计量.

6.5 对某县小麦总产量进行抽样估计. 以小麦的播种面积 x (单位: 亩) 为辅助变量, 小麦产量 y (单位: 吨) 为研究变量, 对全县 200 个村使用 SI 设计, 抽取 $n = 40$ 个村进行调查, 用差估计量估计该县小麦的总产量, 并计算其方差估计值和相应的 cve 值. 根据该县前三年的小麦平均亩产量的情况, 确定 $A = 0.34$, 相关的资料和样本的计算结果如下:

$$\sum_s y_k = 16\,510.3, \quad \sum_s y_k^2 = 6\,959\,172, \quad \sum_s y_k x_k = 20\,604\,628,$$
$$\sum_s x_k = 49\,813.28, \quad \sum_s x_k^2 = 62\,420\,666, \quad \sum_U x_k = 250\,140.5.$$

6.6 考虑 SI 设计, 从 N 个总体单位中抽取 n 个构成样本. 差估计量为

$$\widehat{t}_{y,dif} = \widehat{t}_{y\pi} + A(t_x - \widehat{t}_{x\pi}) = N\left[\overline{y}_s + A(\overline{x}_U - \overline{x}_s)\right].$$

证明: (1) $A_{opt} = S_{xyU}/S_{xU}^2$, 其中 A_{opt} 表示使得方差最小时的 A 的值;

(2) 当 y 和 x 之间的关系为正相关关系, 且 $0 < A < 2A_{opt}$ 时, $\widehat{t}_{y,dif}$ 的方差小于 $\widehat{t}_{y\pi}$ 的方差;

(3) 对习题 6.5 中的总体, 有

$$S_{xyU} = 1\,146.95, \quad S_{xU}^2 = 10\,276.21, \quad S_{yU}^2 = 3\,069.55.$$

试分别计算, 当 $A = 0, 0.25, 0.5, 0.75, 1$ 时, $V(\widehat{t}_{y,dif})/V(\widehat{t}_{y\pi})$ 的值.

6.7 某地区的某工业行业共有规模以上企业 90 个, 固定资产原值总额为 202.18 亿元, 使用 SI 设计从中随机抽取 10 个企业构成样本, 调查各样本企业上年的利润总额及其固定资产原值, 调查结果如下表所示:

样本企业	1	2	3	4	5	6	7	8	9	10
x	1.2	5.03	2.28	5.17	2.85	3.2	2.17	2.11	0.8	3.98
y	0.44	1.57	0.71	1.52	0.84	0.97	0.48	0.47	0.27	1.05

x 表示固定资产原值, y 表示利润额, 计量单位都为亿元. 试根据所给的调查资料求该地区该行业上年规模以上工业企业的利润总额的回归估计值及其近似置信水平 95% 的置信区间.

第 7 章 总体单位抽样设计的回归估计

第 6 章介绍和讨论了一般回归估计量及其统计性质, 第 7 章和第 8 章将介绍回归估计的一系列具体的应用. 本章主要考察在总体单位抽样设计下的一些常用于描述有限总体的线性模型, 并推导和讨论由这些模型得到的回归估计量, 包括比率估计量、简单回归估计量、事后分层估计量. 因为在整群抽样和二阶抽样设计下的回归估计量使用的辅助信息与总体单位抽样设计下的回归估计量使用的辅助信息有所不同, 所以这部分内容单独安排在第 8 章中介绍.

本章虽然没能涉及所有的模型和抽样设计, 但是, 本章介绍的研究方法可以作为一种通用的研究工具. 读者通过本章的学习可以掌握这种通用的研究工具和推理方法, 在遇到没有介绍过的辅助信息和抽样设计时, 也能进行类似的推理分析. 因此, 回归估计技术是一种通用工具, 具有广泛的应用性.

7.1 简 要 回 顾

在介绍一些重要模型和抽样设计下的回归估计技术的应用之前, 为方便查阅和表述, 我们先简要总结一下第 6 章介绍的一些重要的公式, 回顾从拟合线性模型得到的回归估计量的结论. 该模型是根据我们的判断用于描述有限总体点分布情况的, 表示为

$$\begin{cases} E_\xi(y_k) = \sum_{j=1}^J \beta_j x_{jk} = \boldsymbol{x}_k^\mathrm{T} \boldsymbol{\beta}, \\ V_\xi(y_k) = \sigma_k^2, \end{cases} \tag{7.1.1}$$

其中, $y_k, k = 1, 2, \cdots, N$ 是相互独立的; $\boldsymbol{x}_1, \boldsymbol{x}_2, \cdots, \boldsymbol{x}_N$ 是辅助向量 $\boldsymbol{x} = (x_1, x_2, \cdots, x_J)^\mathrm{T}$ 的值. 假设的总体拟合模型对应的 $\boldsymbol{\beta}$ 的估计为

$$\boldsymbol{B} = \left(\sum_U \boldsymbol{x}_k \boldsymbol{x}_k^\mathrm{T}/\sigma_k^2\right)^{-1} \sum_U \boldsymbol{x}_k y_k/\sigma_k^2, \tag{7.1.2}$$

对应的残差为

$$E_k = y_k - \boldsymbol{x}_k^\mathrm{T} \boldsymbol{B}. \tag{7.1.3}$$

在实践中, 通过对样本进行拟合, 可以得到 $\boldsymbol{B}$ 的估计为

$$\widehat{\boldsymbol{B}} = \left(\sum_s \boldsymbol{x}_k \boldsymbol{x}_k^\mathrm{T}/\sigma_k^2 \pi_k\right)^{-1} \sum_s \boldsymbol{x}_k y_k/\sigma_k^2 \pi_k, \tag{7.1.4}$$

y 的拟合值为
$$\widehat{y}_k = \boldsymbol{x}_k^{\mathrm{T}} \widehat{\boldsymbol{B}}, \quad k = 1, 2, \cdots, N, \tag{7.1.5}$$

样本单位的残差为
$$e_{ks} = y_k - \widehat{y}_k, \quad k \in s, \tag{7.1.6}$$

回归估计量为
$$\widehat{t}_{yr} = \left(\sum_U \boldsymbol{x}_k\right)^{\mathrm{T}} \widehat{\boldsymbol{B}} + \sum_s \breve{e}_{ks} = \sum_s g_{ks} \breve{y}_k, \tag{7.1.7}$$

其中 $\breve{e}_{ks} = e_{ks}/\pi_k$, $\breve{y}_k = y_k/\pi_k$, 且
$$g_{ks} = 1 + \left(\sum_U \boldsymbol{x}_k - \sum_s \breve{\boldsymbol{x}}_k\right)^{\mathrm{T}} \left(\sum_s \boldsymbol{x}_k \boldsymbol{x}_k^{\mathrm{T}}/\sigma_k^2 \pi_k\right)^{-1} \boldsymbol{x}_k/\sigma_k^2. \tag{7.1.8}$$

使用式 (7.1.8) 的估计量需要满足如下两个条件之一:

(1) 抽样框中 $\boldsymbol{x}_1, \boldsymbol{x}_2, \cdots, \boldsymbol{x}_N$ 的值已知, 且对于 $k \in s$, y_k 值可以观测到.

(2) 总量 $\sum_U \boldsymbol{x}_k$ 的值可以从可靠的外部源得到 (如行政记录数据), 且对于 $k \in s$, y_k 和 $\boldsymbol{x}_k$ 值可以观测到.

回归估计量 $\widehat{t}_{yr}$ 的近似方差为
$$AV(\widehat{t}_{yr}) = \sum\sum_U \Delta_{kl} \breve{E}_k \breve{E}_l, \tag{7.1.9}$$

其中 $\breve{E}_k = E_k/\pi_k = (y_k - \boldsymbol{x}_k^{\mathrm{T}} \boldsymbol{B})/\pi_k$. 建议方差估计量为
$$\widehat{V}(\widehat{t}_{yr}) = \sum\sum_s \breve{\Delta}_{kl} (g_{ks} \breve{e}_{ks})(g_{ls} \breve{e}_{ls}). \tag{7.1.10}$$

对于所有的 k 和 s, 令 $g_{ks} = 1$ 可以得到一个计算简单的方差估计量. 若对于所有的 k 和某些不依赖于 k 的常数向量 $\boldsymbol{\lambda}$, 方差结构满足
$$\sigma_k^2 = \boldsymbol{\lambda}^{\mathrm{T}} \boldsymbol{x}_k, \tag{7.1.11}$$

公式 (7.1.8) 可以得到简化. 此时有
$$\sum_s \breve{e}_{ks} = 0,$$

则回归估计量可简化为
$$\widehat{t}_{yr} = \sum_U \widehat{y}_k.$$

对于任一给定的模型, 回归估计量的推导步骤可归纳如下:

(1) 计算得到 $\widehat{\boldsymbol{B}}$, $\widehat{y}_k$ 和 e_{ks}, 以便得出 $\widehat{t}_{yr}$;

(2) 确定计算方差估计量 $\widehat{V}(\widehat{t}_{yr})$ 需要的 g_{ks};

(3) 确定计算近似方差 $AV(\widehat{t}_{yr})$ 需要的 B 和 E_k.

综上可知, 我们的一般叙述思路是, 对于任一给定的模型, 首先推导出回归估计量的一般形式, 然后讨论在不同抽样设计下 (包括 SI, $STSI$, BE 等), 回归估计量的具体表达式及其性质. 不同抽样设计下, 包含概率 π_k 和 π_{kl} 的具体表达式不同.

7.2 普通比率模型和比率估计量

7.2.1 比率模型的一般形式

为方便理解, 我们首先考虑单个辅助变量 x (已知正值为 $x_1,\cdots,x_k,\cdots,x_N$) 的情形. 假设我们研究的总体单位是某一地区的中学, x_k 表示第 k 个中学的规模大小的度量 (如教师数量), 其值已知. 令 y_k 表示观测期内第 k 个中学的在校学生人数. 在这种情况下, 假定每个中学的比率值 y_k/x_k 大致为常数是合理的. 总体中, N 个中学的 x_k 所对应的 y_k/x_k 值的散点将大致呈一条水平直线, 而 x_k 对应的 y_k 值的散点则大致是一条过原点的直线. 现实中, 类似的情况很多. 比如, 若研究的总体单位是某市的医院, 床位数 x_k 是度量该市第 k 个医院规模的变量, y_k 表示第 k 个医院在观测期接收的病人数, 二者的比率以及对应关系也会呈现类似的图形.

对于某些 y 变量来说, 以上的假设可能是不太合适的. 比如, 当 y_k 表示第 k 个医院接收的患有某种特殊疾病的病人数量时, y_k/x_k 值大致为常数的假设是不实际的. 同样, 把不同地区、不同层次 (小学、中学、大学)、不同类别 (文科、理科、艺术等) 的学校的生师比放在一起研究, 假定各个学校的生师比大致为常数恐怕也不合适. 因此, 正确的判断就成了建立模型的基础.

我们把 y_k/x_k 值为常数的回归模型称为普通比率模型 (the common ratio model), 简称为比率模型 (the ratio model). 该模型表示, 对每个给定的 x_k, 有

$$E_\xi(y_k) = \beta x_k,$$

这是一条过原点的回归直线. 要得到完整的模型, 还需要给出模型的方差结构. 首先我们假设方差沿着回归线随着 x 的增加而成比例地增加, 这时得到的回归估计量 $\widehat{t}_{yr}$ 将十分简单. 完整的模型表示为

$$\begin{cases} E_\xi(y_k) = \beta x_k, & k=1,2,\cdots,N, \\ V_\xi(y_k) = \sigma^2 x_k, & k=1,2,\cdots,N, \end{cases} \quad (7.2.1)$$

其中参数 β 和 σ^2 是未知的. 其他方差结构的模型我们将在 7.2.3 小节中讨论.

由式 (7.2.1) 给出的模型得到的回归估计量称为比率估计量 (ratio estimator), 下面的结论给出该估计量的性质.

结论 7.2.1 由式 (7.2.1) 给出的比率模型得到的回归估计量是 π 加权比率估计量

$$\widehat{t}_{yr} = \left(\sum_U x_k\right) \frac{\sum_s \breve{y}_k}{\sum_s \breve{x}_k} = \left(\sum_U x_k\right) \widehat{B}, \tag{7.2.2}$$

其近似方差可由式 (7.1.10) 得到, 并令

$$E_k = y_k - Bx_k,$$

其中

$$B = \frac{\sum_U y_k}{\sum_U x_k}.$$

方差估计量由式 (7.1.11) 得到, 并令

$$e_{ks} = y_k - \widehat{B}x_{ks}, \quad g_{ks} = \frac{\sum_U x_k}{\sum_s \breve{y}_k}, \quad \forall k \in s.$$

式 (7.2.2) 的 π 加权比率估计量由 Hájek (1971) 提出, 其形式简单, 直观上容易被接受. 在抽样调查的历史中, 该估计量得到广泛应用并取得不错的效果.

将式 (7.2.2) 除以 N 可以得到总体均值的比率估计量, 即

$$\widehat{\bar{y}}_U = \bar{x}_U \frac{\sum_s \breve{y}_k}{\sum_s \breve{x}_k}.$$

将式 (7.2.2) 对应的近似方差和方差估计量除以 N^2, 就可以得到总体均值比率估计量的近似方差及其方差估计量.

我们将式 (7.2.2) 的比率估计量记为 $\widehat{t}_{yra}$. 下面我们讨论不同抽样设计下这一估计量的具体表达式及其性质.

7.2.2 SI 设计下的比率估计量

在 SI 设计下, 式 (7.2.2) 变为经典的比率估计量:

$$\widehat{t}_{yra} = \sum_U x_k \frac{\sum_s y_k}{\sum_s x_k} = N\bar{x}_U \frac{\bar{y}_s}{\bar{x}_s}, \tag{7.2.3}$$

其近似方差为

$$AV_{SI}(\widehat{t}_{yra}) = N^2 \frac{1-f}{n} S_{EU}^2 = N^2 \frac{1-f}{n} \cdot \frac{\sum_U (y_k - Bx_k)^2}{N-1}, \tag{7.2.4}$$

其中 $f = n/N, B = \sum_U y_k / \sum_U x_k, S_{EU}^2 = \dfrac{\sum_U (E_k - \overline{E}_U)^2}{N-1} = \dfrac{\sum_U (y_k - Bx_k)^2}{N-1}$. 方差估计量为

$$\widehat{V}_{SI}(\widehat{t}_{yra}) = \left(\dfrac{\overline{x}_U}{\overline{x}_s}\right)^2 \widehat{V}_0, \tag{7.2.5}$$

其中

$$\widehat{V}_0 = N^2 \dfrac{1-f}{n} S_{es}^2 = N^2 \dfrac{1-f}{n} \cdot \dfrac{\sum_s (y_k - \widehat{B}x_k)^2}{n-1}, \tag{7.2.6}$$

且 $\widehat{B} = \sum_s y_k / \sum_s x_k$.

对式 (7.2.4) 的近似方差公式进行简单变换可以得到

$$AV_{SI}(\widehat{t}_{yra}) = N^2 \dfrac{1-f}{n}(S_{yU}^2 + B^2 S_{xU}^2 - 2BS_{xyU}), \tag{7.2.7}$$

其中, S_{yU}^2, S_{xU}^2 为总体方差, S_{xyU} 为总体协方差. 对应地, 方差估计量 (7.2.5) 可以写为

$$\widehat{V}_{SI}(\widehat{t}_{yra}) = \left(\dfrac{\overline{x}_U}{\overline{x}_s}\right)^2 N^2 \dfrac{1-f}{n}(S_{ys}^2 + \widehat{B}^2 S_{xs}^2 - 2\widehat{B}S_{xys}), \tag{7.2.8}$$

其中 $\widehat{B}, S_{ys}^2, S_{xs}^2$ 和 S_{xys} 分别与 B, S_{yU}^2, S_{xU}^2 和 S_{xyU} 相对应, 其值由样本得出.

经典比率估计量在效率、方差估计、小样本偏差这三个重要方面有如下性质:

1. 效率

比率估计量适合于过原点的回归模型, 即只有当点分布近似于 $y = Bx$ 的总体分布时, 比率估计量通常比 π 估计量 $\widehat{t}_{y\pi} = N\overline{y}_s$ 更有效. 根据式 (7.2.7), 很容易证明, 当且仅当

$$r \geqslant \dfrac{1}{2}\left(\dfrac{cv_{xU}}{cv_{yU}}\right) \tag{7.2.9}$$

时,

$$AV_{SI}(\widehat{t}_{yra}) \leqslant V_{SI}(\widehat{t}_{y\pi}),$$

其中, $r = S_{xyU}/S_{xU}S_{yU}$ 表示 x 和 y 之间的相关系数; $cv_{xU} = S_{xU}/\overline{x}_U, cv_{yU} = S_{yU}/\overline{y}_U$. 由式 (7.2.9) 我们知道, 当比率 cv_{xU}/cv_{yU} 约等于 1 时, 相关系数 r 必须大于等于 0.5, 才能使比率估计量更加有效. 然而在多数情况下, y 对 x (这两个变量都假设为正数) 的回归通常会有一个正的截距项. 此时 cv_{xU}/cv_{yU} 的值可能远大于 1, 从而 r 可能不在式 (7.2.9) 的限制范围内. 这个时候, 拟合的模型应该包含截距项, 否则估计的效率会大打折扣.

2. 方差估计

Wu 和 Deng (1983) 使用许多具有不同特征的有限总体对方差估计量进行实证研究, 他们选用的 3 个方差估计量分别为

$$\widehat{V}_0, \quad \widehat{V}_1 = (\overline{x}_U/\overline{x}_s)\widehat{V}_0, \quad \widehat{V}_2 = (\overline{x}_U/\overline{x}_s)^2\widehat{V}_0,$$

其中, $\widehat{V}_0$ 由式 (7.2.6) 给出. $\widehat{V}_0$ 是令 $g_{ks} = 1(k \in N)$ 而得到的简化的估计量; $\widehat{V}_2$ 来自对残差进行 g 加权的式 (7.2.5); 而 $\widehat{V}_1$ 则是二者的折中.

他们的研究表明, $\widehat{V}_0, \widehat{V}_1$ 和 $\widehat{V}_2$ 在生成置信区间等基础任务上都有比较好的表现, 它们得到的置信区间的覆盖率 (在重复 SI 设计下) 能够接近于理想的正态置信水平 $1 - \alpha$. 对于大部分总体来讲, 在 $\widehat{V}_0, \widehat{V}_1$ 和 $\widehat{V}_2$ 中, $\widehat{V}_2$ 是最适于产生近似正态分布的.

3. 偏差

比率估计量的偏差, 即 $E(\widehat{t}_{yra}) - t_y$, 一般比较小, 但是在小样本下则不能忽略偏差的存在. 在 SI 设计下, 可以证明偏差是以 $1/n$ 阶的速率趋近于 0 的, 而偏差比率则是以 $1/n^{1/2}$ 阶的速率趋近于 0. 在小样本情况下, 偏差可能会成为影响置信区间有效性的一个因素, 但是在样本量大于 20 的情况下, 偏差的影响通常是可以忽略的.

部分学者研究了如何改进估计量或者抽样设计来减少或者消除 $\widehat{t}_{yra}$ 的偏差. Lahiri (1951), Midzuno (1952) 和 Sen (1953) 研究发现, 假如样本 s 是以概率 $p(s) \propto \sum_s x_k$ 抽取的, 那么此时比率估计量 $N\overline{x}_U \overline{y}_s/\overline{x}_s$ 是无偏的. 实现这一抽样设计的一个相对简单的方法是, 先以和 x 成比例的概率抽取出第一个总体单位, 接着在剩下的 $N-1$ 个总体单位中以 SI 设计抽取出 $n-1$ 个作为样本. 在第一次抽取时, 抽取出第 k 个总体单位的概率是

$$p_k = x_k / \sum_U x_k. \tag{7.2.10}$$

7.2.3 其他抽样设计下的比率估计量

1. BE 设计

BE 设计和 SI 设计既有相同的地方, 也有不同的地方. 相同点在于, 它们都是等概率抽样, 即它们的总体单位的包含 (入样) 概率都相等; 不同点在于, BE 设计的样本量是随机的, 而 SI 设计的样本量是固定的. 根据结论 7.2.1 可以证明, BE 设计下 (所有的 N 个总体单位的包含概率都是 $\pi = n/N = E_{BE}(n_s)/N$) 的比率估计量与 SI 设计的一样, 都为式 (7.2.3); 其近似方差与 SI 设计下的方差也相同, 都为式 (7.2.4). 也就是说, 这种情况下可变的样本量对估计几乎不产生影响. 此时方差估计量变为

$$\widehat{V}_{BE}(\widehat{t}_{yra}) = \left(\frac{\overline{x}_U}{\overline{x}_s}\right)^2 N^2 \frac{1-\pi}{n_s}\left(1 - \frac{1}{n_s}\right) S_{es}^2, \tag{7.2.11}$$

其中 S_{es}^2 是残差 e_{ks} 的样本方差, 具体为

$$S_{es}^2 = \frac{\sum_s (y_k - \widehat{B}x_k)^2}{n_s - 1}, \quad 这里 \widehat{B} = \left(\sum_s y_k\right) \bigg/ \left(\sum_s x_k\right).$$

如果假设的模型能很好地描述总体, 那么式 (7.2.11) 的方差估计量在以下两种情况下会比较小:

(1) 实际的样本量 n_s 比较大;
(2) 变量 x 的样本均值 $\overline{x}_s = \sum_s x_k/n_s$ 比较大.

当一个样本的 x 的均值 $\overline{x}_s$ 比较大时, 该样本中会包含对应的 x 值较大的总体单位. 对于这样的样本, 它与回归经过原点, 且残差的方差随 x 的增加而增加的想法一致, 从而与包含较多 x 值较小的单位的样本相比, 得到的置信区间的长度会更短一些.

2. $STSI$ 设计

比率估计也常被应用于 $STSI$ 设计中. 由式 (7.2.2) 的一般公式可得

$$\widehat{t}_{yra} = \sum_U x_k \left(\sum_{h=1}^H N_h \overline{y}_{s_h} \bigg/ \sum_{h=1}^H N_h \overline{x}_{s_h}\right). \tag{7.2.12}$$

由于式 (7.2.12) 右边括号中表示的是分子和分母项中层样本均值的组合比率, 因此也称为组合比率估计量 (combined ratio estimator). 根据结论 7.2.1 进行代数变换, 可以得到组合比率估计量的近似方差为

$$AV_{STSI}(\widehat{t}_{yra}) = \sum_{h=1}^H N_h^2 \left(\frac{1}{n_h} - \frac{1}{N_h}\right) \left(S_{yU_h}^2 + B^2 S_{xU_h}^2 - 2B S_{xyU_h}\right), \tag{7.2.13}$$

其中 $B = \overline{y}_U/\overline{x}_U$.

如果分层抽样是按比例分配的, 那么我们可以证明, 在各层之间的残差的均值 $\overline{E}_{U_h} = \overline{y}_{U_h} - B\overline{x}_{U_h}$ 差异较大时, 与式 (7.2.4) 中 SI 设计的近似方差相比, 组合比率估计量的方差将会大大减少.

3. πps 抽样

令 x 是一个表示规模大小的变量, πps 抽样的包含概率为

$$\pi_k = nx_k/N\overline{x}_U,$$

其中 $n = E(n_s)$ 为期望样本量. 比率估计量 (7.2.2) 变为

$$\widehat{t}_{yra} = \sum_U x_k \frac{\sum_s (y_k/x_k)}{n_s}, \tag{7.2.14}$$

有时候也称之为比率均值估计量. 如果方差结构具有较强的异方差性, 那么总体散点的方差随着 x 增加而增加的幅度至少是 $V_\xi(y_k) = \sigma^2 x_k^2$, 此时式 (7.2.14) 的估计量将是很有效的. 与 SI 设计下的比率估计量 $\widehat{t}_{yra} = N\overline{x}_U(\overline{y}_s/\overline{x}_s)$ 相比, 方差的减少依赖于有限总体的形式.

7.2.4 π 加权比率估计量的最优抽样设计

我们很自然想知道, 在哪一种抽样设计下得到的由式 (7.2.2) 给出的比率估计量的方差最小? 也就是说, 对 π_k 是否有一种最优的选择? 这个问题的答案依赖于回归线的残差的方差. 在比率模型为式 (7.2.1) 的情况下, 最优的包含概率应满足:

$$\pi_k \propto x_k^{1/2}. \tag{7.2.15}$$

若 n 表示期望的样本量, 假设所有的 x_k 都满足 $nx_k^{1/2} \leqslant \sum_U x_k^{1/2}$, 那么需要使用的抽样设计的包含概率应是

$$\pi_k = nx_k^{1/2} \Big/ \left(\sum_U x_k^{1/2}\right).$$

换句话说, 比率估计量

$$\widehat{t}_{yra} = \sum_U x_k \frac{\sum_s \check{y}_k}{\sum_s \check{x}_k}$$

可以通过令 $\pi_k \propto x_k^{1/2}$ ($\pi p\sqrt{x}$ 抽样) 来提高估计效率, 而不是令 π_k 等于常数 (如 SI 设计) 或者令 $\pi_k \propto x_k$ (如 πps 抽样). 也就是要求残差的方差要满足或者近似满足 $V_\xi(y_k) = \sigma^2 x_k$, 即为了提高估计效率, 需要在抽样之前对总体的变异情况有所了解. 如果错误地假设 $V_\xi(y_k) = \sigma^2 x_k$ 成立而使用 $\pi p\sqrt{x}$ 抽样, 那么得到的估计可能比 SI 设计下的估计还要低效. $\pi p\sqrt{x}$ 抽样比 SI 设计的估计效率是否有所提高主要依赖于有限总体的分布情况.

构建一个满足式 (7.2.15) 的固定样本量的设计不是那么容易. 但是, 有一个简单的方法可以得到近似满足式 (7.2.15) 的包含概率: 将 $x_k^{1/2}, k = 1, 2, \cdots, N$ 从小到大进行排序, 即

$$x_1^{1/2} < x_2^{1/2} < \cdots < x_k^{1/2} < \cdots < x_N^{1/2}, \tag{7.2.16}$$

这里的 k 表示排序序列的第 k 个总体单位. 按如下方法构建层 $U_1, U_2, \cdots, U_H$: 第一层 U_1 是由 N_1 个 $x_k^{1/2}$ 值最小的总体单位组成, 尽可能满足下式:

$$\sum_{U_1} x_k^{1/2} = (1/H) \sum_U x_k^{1/2};$$

第二层 U_2 由随后的 N_2 个总体单位组成, 尽可能满足下式:

$$\sum_{U_2} x_k^{1/2} = (1/H) \sum_U x_k^{1/2},$$

以此类推. 换句话说, 这 H 层中的每一层都占总量 $\sum_U x_k^{1/2}$ 的 $1/H$. 在每个层中, 抽出大小相等的 SI 样本, $n_h = n/H, h = 1, 2, \cdots, H$. 在这种方法中, 层 U_h 的每个总体单位的包含概率为

$$\pi_k = \frac{n_h}{N_h} = \frac{n}{HN_h} = \frac{n}{N} \cdot \frac{\sum_{U_h} x_k^{1/2}/N_h}{\sum_U x_k^{1/2}/N}.$$

由于 π_k 与 $x_k^{1/2}$ 的层均值成比例, 因此 π_k 也与 $x_k^{1/2}$ 近似成比例. 若层数达到 10 层或以上, 这一近似的效果是相当好的. 相比于满足式 (7.2.15) 的抽样设计, 这一方法得到的估计的效率也不会相差太大.

7.2.5 其他的比率估计模型

具有一般的方差结构的比率模型可以表示为

$$\begin{cases} E_\xi(y_k) = \beta x_k, & k = 1, 2, \cdots, N, \\ V_\xi(y_k) = \sigma^2 w_k = \sigma^2 x_k^\gamma, & k = 1, 2, \cdots, N, \end{cases} \tag{7.2.17}$$

其中 β 和 σ^2 是未知的, γ 是已知的正数. 式 (7.2.1) 给出的比率模型是 $\gamma = 1$ 时的特例.

假设我们可以画出 N 个点 (y_k, x_k). 若 $E_\xi(y_k) = \beta x_k$ 是对有限总体的一个恰当的描述, 那么点 (y_k, x_k) 会分布在直线 $y = \beta x$ 附近, 而点 $(y_k/x_k, x_k)$ 则会落在水平直线 $y = \beta$ 的周围. 图 7.1 (a) 和 (b) 分别对应于 $\gamma = 1$ 和 $\gamma = 2$ 的点分布情况. 模型 (7.2.17) 的方差部分反映了点 (y_k, x_k) 在直线 $y = \beta x$ 附近的分布情况. $\gamma > 0$ 表示随着 x 的增大散点分布更分散; γ 值越大, 意味着点远离直线 $y = \beta x$ 的趋势越强, 这从图 7.1 也可以看出来. $\gamma = 2$ 的情况表示点 $(y_k/x_k, x_k)$ 的方差为常数. 对于大部分调查总体, 点 (y_k, x_k) 的离散情况会随着 x 值的增大而更加离散; 许多总体对应的 γ 值都落在区间 $1 \leqslant \gamma \leqslant 2$ 中 (Brewer (1963b)).

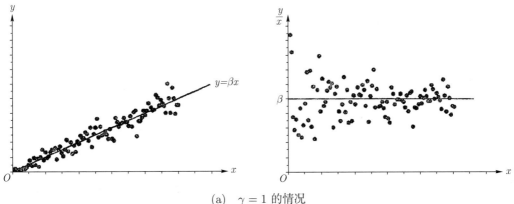

(a) $\gamma = 1$ 的情况

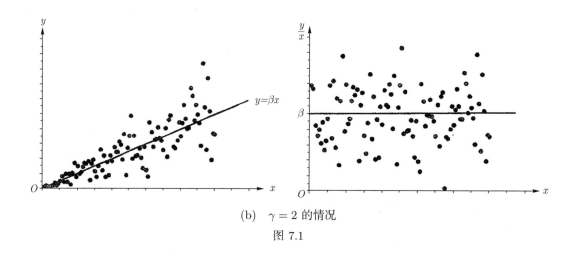

(b) $\gamma = 2$ 的情况

图 7.1

我们假设 γ 是一个固定的常数, 且可以由经验或试验性研究得出. 若将 γ 看成是未知的, 那么可以像估计 β 和 σ^2 一样根据样本数据来估计 γ. 相关的内容可以参阅 Wright (1983).

结论 7.2.2 在式 (7.2.17) 的比率模型中, t_y 的回归估计量为

$$\widehat{t}_{yr} = \left(\sum_U x_k\right) \widehat{B} + \sum_s \frac{y_k - \widehat{B}x_k}{\pi_k}, \tag{7.2.18}$$

其中,

$$\widehat{B} = \frac{\sum_s x_k y_k / w_k \pi_k}{\sum_s x_k^2 / w_k \pi_k}, \quad w_k = x_k^\gamma.$$

近似方差由式 (7.1.10) 给定, 其中

$$E_k = y_k - B x_k, \quad B = \frac{\sum_U x_k y_k / w_k}{\sum_U x_k^2 / w_k}.$$

方差估计量由式 (7.1.11) 给定, 其中

$$e_{ks} = y_k - \widehat{B} x_k, \quad g_{ks} = 1 + \left(\sum_U x_k - \sum_s \frac{x_k}{\pi_k}\right) \left(\sum_s \frac{x_k^2}{w_k \pi_k}\right)^{-1} \frac{x_k}{w_k}.$$

注意到, 除非 $\gamma = 1$, 否则 $\sum_s \breve{e}_{ks}$ 项不会消除. 估计量 (7.2.18) 的最优抽样设计是令 $\pi_k \propto x_k^{\gamma/2}$. 比如, 若 $\gamma = 2$, 那么由此设计得到的估计量会比 SI 设计下得到的估计量 $\widehat{t}_{yra} = N \overline{x}_U \overline{y}_s / \overline{x}_s$ 更有效. 估计效率的提高主要依赖于总体的形状.

对于给定的抽样设计, 式 (7.2.2) 和式 (7.2.18) 的估计量哪一个在大样本下会有更小的方差呢? 这两个估计量都是从比率模型中推导得到的, 每个估计量都对应一个分别由结论 7.2.1

和结论 7.2.2 定义的残差集合 $E_1, E_2, \cdots, E_N$. 这个问题的答案在于, 哪个残差集合得到的近似方差 $\sum\sum_U \Delta_{kl} \breve{E}_k \breve{E}_l$ 的值更小. 举个例子, 如果使用 SI 设计抽出大小为 n 的样本, 那么近似方差为

$$N^2\left[(1-f)/n\right]S_{EU}^2,$$

其中 $S_{EU}^2 = \sum_U (E_k - \overline{E}_U)^2/(N-1)$. 因此, 这种情况下残差的方差决定了问题的答案. 在许多总体中, 因为导致残差不同的原因仅仅在于表达式中 B 的权重不同, 因此这两个近似方差的值差不多相等. 式 (7.2.2) 的比率估计量的优点是形式较简单, 且赋予 y_k 的权重不会是负数.

7.3 常数均值模型

在式 (7.2.1) 表示的比率模型中, 如果对所有的 k 有 $x_k = 1$, 这时得到的模型是一种看似简单却很重要的模型, 称为常数均值模型 (constant mean model), 即 $\forall k \in U$, 有

$$\begin{cases} E_\xi(y_k) = \beta, \\ V_\xi(y_k) = \sigma^2. \end{cases} \tag{7.3.1}$$

这里所有总体单位的辅助变量 x 的值都是常数, 似乎没有包含任何可以改进 π 估计量的有用信息. 但这种认识是错误的, 因为除了某些特殊情况, 模型 (7.3.1) 得到的回归估计量不同于且通常优于 π 估计量.

结论 7.3.1 在式 (7.3.1) 表示的模型下, t_y 的回归估计量可表示为扩展的样本均值, 即

$$\widehat{t}_{yr} = N\widetilde{y}_s = N\frac{\sum_s \breve{y}_k}{\widehat{N}}, \tag{7.3.2}$$

其中 $\widehat{N} = \sum_s 1/\pi_k$. 估计量的近似方差可由式 (7.1.10) 表达的一般公式得到, 其中

$$E_k = y_k - \overline{y}_U, \quad k = 1, 2, \cdots, N, \tag{7.3.3}$$

这里 $\overline{y}_U = \sum_U y_k/N$. 方差估计量可由式 (7.1.11) 表达的一般公式得到, 其中

$$e_{ks} = y_k - \widetilde{y}_s, \quad k \in s, \tag{7.3.4}$$

$$g_{ks} = N/\widehat{N}, \quad k \in s. \tag{7.3.5}$$

最终的方差估计量为

$$\widehat{V}(N\widetilde{y}_s) = (N/\widehat{N})^2 \sum\sum_s \breve{\Delta}_{kl} \breve{e}_{ks} \breve{e}_{ls}. \tag{7.3.6}$$

以上结论可以直接从结论 7.2.1 得到，只需要令

$$x_k = 1, \forall k, \quad B = \sum_U y_k / N = \overline{y}_U, \quad \widehat{B} = \sum_s \widecheck{y}_k / \widehat{N} = \widetilde{y}_s.$$

对于式 (7.3.2) 中的估计量，抽样之前所需要的信息仅仅是总体容量 N，即辅助变量 x 的总体总值

$$\sum_U x_k = \sum_U 1 = N.$$

对于某些总体单位抽样设计，如 SI 和 $STSI$，有 $\widehat{N} = N$，因此式 (7.3.2) 与 π 估计量相同，即有 $\widehat{t}_y = \sum_s \widecheck{y}_k$. 但如果是样本量不确定的抽样设计，一般优先选择式 (7.3.2) 的估计量，因为它避免了 π 估计量可能产生的极端估计值，如例 7.3.1.

总体均值 $\overline{y}_U = \dfrac{t_y}{N} = \dfrac{\sum_U y_k}{N}$ 的估计量可以直接通过将式 (7.3.2) 除以 N 得到，即

$$\widehat{\overline{y}}_U = \widetilde{y}_s = \frac{\sum_s \widecheck{y}_k}{\widehat{N}} = \frac{\sum_s y_k / \pi_k}{\sum_s 1 / \pi_k}, \tag{7.3.7}$$

这是一个加权样本均值. 同样地，通过将式 (7.3.6) 除以 N^2，可以得到对应的方差估计量.

例 7.3.1 (BE 设计) 如果对所有的总体单位 $k \in U$，包含概率都是常数 π，样本量 n_s 是随机变量，其期望值是 $n = N\pi$. 式 (7.3.2) 给出的扩展样本均值估计量为

$$\widehat{t}_{yr} = N \frac{\sum_s y_k}{n_s} = N \overline{y}_s.$$

根据结论 7.3.1，

$$AV_{BE}(N\overline{y}_s) = N^2 \frac{1-\pi}{n} \left(1 - \frac{1}{N}\right) S_{yU}^2 \doteq N^2 \frac{1-\pi}{n} S_{yU}^2. \tag{7.3.8}$$

方差估计量为

$$\widehat{V}_{BE}(N\overline{y}_s) = N^2 \frac{1-\pi}{n_s} \left(1 - \frac{1}{n_s}\right) S_{ys}^2, \tag{7.3.9}$$

其中

$$S_{ys}^2 = \frac{1}{n_s - 1} \sum_s (y_k - \overline{y}_s)^2.$$

如果 n_s 是固定的，且 $n_s \geqslant 2$，那么 S_{ys}^2 就是 S_{yU}^2 的一个条件无偏估计量，由此可得

$$E_{BE}(\widehat{V}_{BE}(N\overline{y}_s) | n_s) = N^2 \frac{1-\pi}{n_s} \left(1 - \frac{1}{n_s}\right) S_{yU}^2.$$

这意味着, 平均来说, 式 (7.3.9) 计算得到的置信区间在 n_s 较大时的长度比 n_s 较小时的长度要短, 利用式 (7.3.9) 的方差估计量可以得到一个条件有效置信区间. 我们还可以给出一个比式 (7.3.8) 更优的近似方差, 证明参见 Särndal, Swensson 和 Wretman (2003):

$$AV_{BE}(N\overline{y}_s) = N^2 \frac{1-\pi}{n}\left(1 + \frac{1}{n}\right)S_{yU}^2.$$

从上式可以看出, 期望样本量为 $n = N\pi$ 的 BE 设计下的方差比 SI 设计下的方差

$$V_{SI}(N\overline{y}_s) = N^2 \frac{1-n/N}{n}S_{yU}^2$$

仅仅是 $(1+1/n)$ 倍数的微小增加, 也就是说, 只要使用估计量 $N\overline{y}_s$, 随机样本量所付的代价是可以忽略的. 相比而言, π 估计量则比较低效, 从式 (4.1.5) 可以看出, 它表示的方差大约是式 (7.3.8) 表示的近似方差的 $[1+(cv_{yU})^{-2}]$ 倍.

7.4 简单回归模型和简单回归估计量

在许多总体中, 研究变量 y 和单个辅助变量 x 之间存在比较强的线性相关关系, 总体回归线与 y 轴并不相交于原点. 有截距项的模型将比 7.2 节介绍的普通比率模型得到的回归估计量要好一些. 当只有一个 x 变量时, 该回归模型称为简单回归模型 (simple regression model).

有限总体的简单回归模型可以表示为

$$\begin{cases} E_\xi(y_k) = \alpha + \beta x_k, \\ V_\xi(y_k) = \sigma^2, \end{cases} \quad k \in U, \tag{7.4.1}$$

其中, α, β 和 σ^2 是未知参数, $x_1, x_2, \cdots, x_N$ 是单个辅助变量 x 的已知值, 但不一定为正值. 由于总体中的所有总体单位的模型都相同, 因此模型 (7.4.1) 也可以被称为普通简单回归模型 (common simple regression model). 对整个有限总体进行模型拟合, 可以得到 α, β 的估计, 分别为

$$A = \overline{y}_U - B\overline{x}_U,$$
$$B = \frac{\sum_U (x_k - \overline{x}_U)(y_k - \overline{y}_U)}{\sum_U (x_k - \overline{x}_U)^2}, \tag{7.4.2}$$

其中, $\overline{y}_U = \sum_U y_k/N, \overline{x}_U = \sum_U x_k/N$. 对模型的样本拟合可得

$$\widehat{A} = \widetilde{y}_s - \widehat{B}\widetilde{x}_s,$$
$$\widehat{B} = \frac{\sum_s (x_k - \widetilde{x}_s)(y_k - \widetilde{y}_s)/\pi_k}{\sum_s (x_k - \widetilde{x}_s)^2/\pi_k}, \tag{7.4.3}$$

其中
$$\widetilde{y}_s = \sum_s \breve{y}_k/\widehat{N}, \quad \widetilde{x}_s = \sum_s \breve{x}_k/\widehat{N}, \quad \widehat{N} = \sum_s 1/\pi_k. \tag{7.4.4}$$

结论 7.4.1 在模型 (7.4.1) 下, $t_y = \sum_U y_k$ 的回归估计量为

$$\widehat{t}_{yr} = N\left[\widetilde{y}_s + \widehat{B}(\overline{x}_U - \widetilde{x}_s)\right], \tag{7.4.5}$$

其中 $\widehat{B}$ 由式 (7.4.3) 给出. 估计量 $\widehat{t}_{yr}$ 的近似方差可由式 (7.1.10) 表达的一般公式得到, 其中

$$E_k = y_k - \overline{y}_U - B(x_k - \overline{x}_U), \tag{7.4.6}$$

这里的 B 由式 (7.4.2) 给出. 方差估计量可由式 (7.1.11) 表达的一般公式得到, 其中

$$e_{ks} = y_k - \widetilde{y}_s - \widehat{B}(x_k - \widetilde{x}_s), \tag{7.4.7}$$

$$g_{ks} = \frac{N}{\widehat{N}}\left[1 + a_s(x_k - \widetilde{x}_s)\right], \tag{7.4.8}$$

这里的 $\widetilde{y}_s, \widetilde{x}_s$ 和 $\widehat{N}$ 由式 (7.4.4) 给出, 且

$$a_s = \frac{\overline{x}_U - \widetilde{x}_s}{\widetilde{S}_{xs}^2}, \quad \widetilde{S}_{xs}^2 = \frac{\sum_s (x_k - \widetilde{x}_s)^2/\pi_k}{\sum_s 1/\pi_k}.$$

接下来, 我们可以讨论这一回归估计量在不同抽样设计下的具体形式及其性质.

结论 7.4.1 中内含的总体均值估计量为

$$\widehat{\overline{y}}_U = \widetilde{y}_s + \widehat{B}(\overline{x}_U - \widetilde{x}_s).$$

将结论 7.4.1 中对应的表达式除以 N^2, 就可以得到总体均值估计量的近似方差和方差估计量.

接下来的内容中我们将式 (7.4.5) 中的估计量记为 $\widehat{t}_{yreg}$. 在 SI 设计下, 可以得到

$$\widehat{t}_{yreg} = N\left[\overline{y}_s + \widehat{B}(\overline{x}_U - \overline{x}_s)\right], \tag{7.4.9}$$

其中,

$$\widehat{B} = \frac{\sum_s (x_k - \overline{x}_s)(y_k - \overline{y}_s)}{\sum_s (x_k - \overline{x}_s)^2},$$

且 $\overline{x}_s$ 和 $\overline{y}_s$ 为样本均值. 估计量 $\widehat{t}_{yreg}$ 的近似方差表示为

$$AV_{SI}(\widehat{t}_{yreg}) = N^2\frac{1-f}{n}S_{yU}^2(1-r^2), \tag{7.4.10}$$

其中 $r = \dfrac{S_{xyU}}{S_{xU}S_{yU}}$ 表示有限总体的相关系数. 方差估计量为

$$\widehat{V}(\widehat{t}_{yreg}) = N^2 \frac{1-f}{n} \cdot \frac{1}{n-1} \sum_s [1 + a_s(x_k - \overline{x}_s)]^2 e_{ks}^2,$$

其中 $e_{ks} = y_k - \overline{y}_s - \widehat{B}(x_k - \overline{x}_s)$, $a_s = n(\overline{x}_U - \overline{x}_s) / \sum_s (x_k - \overline{x}_s)^2$. 在 SI 设计下, 式 (7.4.9) 给出的回归估计量的表现通常优于估计量 $N\overline{y}_s$ 和比率估计量 $\widehat{t}_{yra} = N\overline{x}_U(\overline{y}_s/\overline{x}_s)$. 根据式 (7.4.10), 可得

$$\frac{AV_{SI}(\widehat{t}_{yreg})}{V_{SI}(N\overline{y}_s)} = 1 - r^2.$$

因此, 在大样本中, 只要 $r \neq 0$, 回归估计量就优于简单估计量. 特别是在 $r > 0.8$ 的情况下, 回归估计量估计效率的提高将更为显著.

与比率估计量相比, 有

$$AV_{SI}(\widehat{t}_{yreg}) \leqslant AV_{SI}(\widehat{t}_{yra}), \tag{7.4.11}$$

当且仅当

$$B = \frac{\sum_U (x_k - \overline{x}_U)(y_k - \overline{y}_U)}{\sum_U (x_k - \overline{x}_U)^2} = \frac{\overline{y}_U}{\overline{x}_U}$$

时, 式 (7.4.11) 的等号成立. 因此只要 $B \neq \overline{y}_U/\overline{x}_U$, 那么回归估计量就优于比率估计量. 这里"优于"是说: 该结论是基于近似方差表达式的, 在大样本条件下这一结论肯定成立, 而在样本量中等或不够大的情况下, 它可能也会成立.

在许多调查中, 往往需要估计 y 总值 $\sum_U y_k$ 和总值比率 $\sum_U y_k / \sum_U x_k$. 在这种情况下, 为了估计的方便, 会优先选择结构相对简单的比率估计量, 即使回归估计量比比率估计量有效.

在很小的样本中, 比率估计量可能会比回归估计量具有更小的方差. 在总体较小的实证研究中, 已经证明在 SI 设计下, 当样本量为 12 或者更少时, 比率估计量的均方误差 (即方差 + 偏差的平方) 比回归估计量的要小. 这些研究表明, 回归估计量的低效有时候并不是较大的偏差导致的, 而是较大的方差导致的. 所以在小样本情况下更倾向于选择比率估计量. 当然, 总体的分布情况也是需要考虑的一个重要因素. 但是要注意, 在使用回归估计量的条件都满足的情况下, 不选择使用回归估计量将导致估计精度的较大损失. 在回归模型包含截距项的情况下, 回归估计量通常优于比率估计量.

在 $STSI$ 设计下, 式 (7.4.5) 的估计量变为

$$\widehat{t}_{yreg} = N\left[\overline{y}_{st} + \widehat{B}(\overline{x}_U - \overline{x}_{st})\right], \tag{7.4.12}$$

其中，
$$\overline{y}_{st} = \sum_{h=1}^{H}(N_h/N)\overline{y}_{s_h}, \quad \overline{x}_{st} = \sum_{h=1}^{H}(N_h/N)\overline{x}_{s_h},$$

$$\widehat{B} = \frac{\sum_{h=1}^{H}(N_h/n_h)\sum_{s_h}(x_k - \overline{x}_{st})(y_k - \overline{y}_{st})}{\sum_{h=1}^{H}(N_h/n_h)\sum_{s_h}(x_k - \overline{x}_{st})^2}.$$

这一估计量也称为组合回归估计量 (combined regression estimator). 组合回归估计量的近似方差和方差估计量的推导留作习题完成.

在某些实际情况下可能需要拟合组回归模型 (group regression model), 即分别对已知容量大小为 $N_1, \cdots, N_g, \cdots, N_G$ 的总体群组进行回归拟合. 在这种情况下, 式 (7.1.8) 的回归估计量为

$$\widehat{t}_{yr} = \sum_{g=1}^{G} N_g \left[\widetilde{y}_{s_g} + \widehat{B}_g(\overline{x}_{U_g} - \widetilde{x}_{s_g}) \right], \tag{7.4.13}$$

其中，
$$\widehat{B}_g = \frac{\sum_{s_g}(x_k - \widetilde{x}_{s_g})(y_k - \widetilde{y}_{s_g})/\pi_k}{\sum_{s_g}(x_k - \widetilde{x}_{s_g})^2/\pi_k},$$

这里的 "~" 表示 π 加权均值, 即

$$\widetilde{x}_{s_g} = \frac{\sum_{s_g} x_k/\pi_k}{\sum_{s_g} 1/\pi_k}, \quad \widetilde{y}_{s_g} = \frac{\sum_{s_g} y_k/\pi_k}{\sum_{s_g} 1/\pi_k}.$$

若抽样完成之后才确定组成员之间的关系, 那么对于入样的总体单位, 式 (7.4.13) 的估计量可以认为是事后分层回归估计量. 式 (7.4.13) 表示的估计量的近似方差和方差估计量的推导同样留作习题完成.

在特殊情况下, 若每一个组看成是一个层, 且使用的是 $STSI$ 设计, 因为分别在每一层中进行了回归拟合, 那么式 (7.4.13) 的估计量可以称为分别回归估计量 (separate regression estimator).

习　题

7.1 根据结论 7.2.1, 推导出 SI 设计下比率估计量的近似方差和方差估计量, 即式 (7.2.4) 和式 (7.2.5).

7.2 考虑所有总体单位的包含概率都为常数 π 的 BE 设计. 根据结论 7.2.1 给出式 (7.2.2) 的比率估计量的近似方差和方差估计量. 证明: 当期望 BE 样本量 $n = N\pi$ 时, 比率估计量的方差与 SI 设计 (从 N 个总体单位中抽出 n 个样本) 下的比率估计量的方差大致相等.

7.3 请推导出式 (7.4.12) 的组合回归估计量的近似方差表达式和方差估计量.

7.4 请推导出式 (7.4.13) 的事后分层回归估计量的近似方差表达式和方差估计量, 假设使用 SI 设计从 N 个总体单位中抽出大小为 n 的样本, 且对所得样本进行事后分层.

7.5 证明: 当样本 s 是以概率 $p(s) = c\sum_s x_k$ (c 为常数) 抽取得到时, 估计量

$$\widehat{t}_{yra} = N\overline{x}_U \overline{y}_s / \overline{x}_s$$

是无偏的, 并确定 c 的值.

7.6 试用式 (7.2.3) 的比率估计量估计某总体的变量 y 的总体总值, 令 x 为辅助变量, $t_x = 77\,000$. 从 250 个总体单位中抽取样本量 $n = 10$ 的 SI 样本, 得到的结果为

$$\sum_s y_k = 142.2, \quad \sum_s y_k^2 = 2\,307.22,$$
$$\sum_s x_k = 2\,706, \quad \sum_s x_k^2 = 818\,328, \quad \sum_s x_k y_k = 43\,330.6.$$

求 y 的总体总值的近似置信水平 95% 的置信区间.

7.7 利用习题 6.5 的数据, 比较 y 的总体总值的 π 估计量、比率估计量 (式 (7.2.3)) 和回归估计量 (式 (7.4.9)) 及各自的方差估计量.

7.8 2017 年我国 31 个省、直辖市、自治区 (未统计香港、澳门、台湾) 的地区生产总值为 84.71 万亿元. 假设想通过比率估计的方法来估计 2018 年全国的地区生产总值. 利用 SI 设计随机抽取 10 个省 (直辖市、自治区) 作为样本, 得到对应的 2017 年和 2018 年样本地区的生产总值, 如下表所示, 表中的 x, y 分别代表 2017 年和 2018 年的地区生产总值 (单位: 万亿元).

地区	北京	天津	吉林	浙江	江西	山东	湖南	重庆	陕西	青海
x	2.80	1.85	1.49	5.18	2.00	7.26	3.39	1.94	2.19	0.26
y	3.03	1.88	1.51	5.62	2.20	7.65	3.64	2.04	2.44	0.29

(1) 试以 2017 年的地区生产总值为辅助信息, 估计 2018 年我国的地区生产总值和近似置信水平 95% 的估计置信区间.

(2) 已知 2018 年我国地区生产总值为 91.47 万亿元, 试比较比率估计量和 π 估计量的估计偏差的大小.

第 8 章 整群和两阶段抽样的回归估计

本章讨论在整群抽样和两阶段抽样设计下的回归估计. 在整群抽样和两阶段抽样设计中, 优良估计量的构造除了同总体单位抽样设计的回归估计一样要考虑总体点分布的假设形式之外, 还必须考虑两个重要的因素: 一是可获得辅助信息的种类和程度; 二是各阶段抽取样本单元的程序和方法. 为此, 本章分四节进行讨论:

8.1 节, 依据辅助信息的类型, 区分了三种不同的情形, 在每种情形中, 都可以拟合一个能得到回归估计量的线性模型.

8.2 节, 对两阶段抽样的估计量的方差和方差的估计进行了简要回顾, 给出了一个易于理解和推导估计量方差和方差估计量的基础结构模式.

8.3 节, 讨论辅助信息是关于群水平的模型及其回归估计量.

8.4 节, 讨论辅助信息是关于总体单位水平的模型及其回归估计量.

从整群抽样和两阶段抽样的角度来说, 本章是第 5 章的继续. 本章考虑 5.2.2 小节描述的两阶段总体单位抽样, 将单阶整群抽样的结论作为其特例给出. 由总体单位构成的总体 $U = \{1, \cdots, k, \cdots N\}$ 被分成群 $U_1, \cdots, U_i, \cdots, U_{N_\mathrm{I}}$, 在两阶段抽样中, 这些群被称为初级抽样单元 ($PSUs$). U_i 的规模记作 N_i, $i = 1, 2, \cdots, N_\mathrm{I}$, 有

$$U = \bigcup_{i \in U_\mathrm{I}} U_i, \quad N = \sum_{i \in U_\mathrm{I}} N_i.$$

由初级抽样单元构成的总体表示为

$$U_\mathrm{I} = \{1, \cdots, i, \cdots, N_\mathrm{I}\}.$$

在第一阶段, 根据抽样设计 $p_\mathrm{I}(\cdot)$ 及其包含概率 $\pi_{\mathrm{I}i}$ 和 $\pi_{\mathrm{I}ij}$, 从 U_I 中抽取一个初级抽样单元的样本 s_I.

第二阶段的抽样单元 ($SSUs$) 是总体单位, 记为 $k = 1, 2, \cdots, N$. 对于在第一阶段抽取的初级抽样单元 U_i, 根据抽样设计 $p_i(\cdot)$ 及其包含概率 $\pi_{k|i}$ 和 $\pi_{kl|i}$, 从 U_i 中抽取样本量为 n_i 的样本 s_i (为简化问题, 假设 n_i 表示从初级抽样单元抽取的样本量, 而不考虑其随机性, 这与前文使用的 n_{s_i} 稍有偏离, 但应不至于引起混淆). 全部由总体单位构成的样本及其样本量可分别表示为

$$s = \bigcup_{i \in s_\mathrm{I}} s_i, \quad n_s = \sum_{i \in s_\mathrm{I}} n_i.$$

如同 5.2 节的解释, 我们依然假定在第二阶段的抽取中, 存在不变性和独立性. 样本中的研究变量值 $y_k, k \in s$ 由观测得到.

单阶整群抽样可以看成两阶段抽样的特例, 此时, 对所有的 $i \in s_\mathrm{I}, s_i = U_i$ 的概率都为 1. 也就是说, 中选群中的所有总体单位的 y_k 值都要被观测. 待估计的参数是总体总值和总体均值: 总体总值为

$$t_y = \sum_U y_k = \sum_{U_\mathrm{I}} t_{yi},$$

其中 $t_{yi} = \sum_{U_i} y_k$ 为第 i 个初级抽样单元的总体总值; 总体均值为

$$\bar{y}_U = t_y/N.$$

8.1 两阶段抽样辅助信息的分类

由前面章节的讨论我们知道, 成功应用回归估计的前提是辅助变量能够解释研究变量 y. 但是, 在实际中, 采用群作为抽样单元时, 很难获得像第 7 章那么广泛的辅助信息. 抽取群时, 可能只能得到关于群 (初级抽样单元) 的辅助信息, 或者部分而非全部总体单位 (二级抽样单元) 的辅助信息.

不同类型的辅助信息制约了不同抽样设计方法、不同回归模型和不同回归估计量的选择. 根据可获得辅助信息的性质, 我们区分三种不同的情形: 情形 A, 辅助信息是关于群的; 情形 B, 辅助信息是关于全部总体单位的; 情形 C, 辅助信息是关于部分总体单位的.

与总体单位相关的辅助变量值用 x 表示; 与群相关的辅助变量值用 u 表示. 对于整群和两阶段抽样来说, 可利用的辅助信息的三种情形分类可具体描述如下:

情形 A 辅助信息是关于所有群 (初级抽样单元) 的信息. 设 $\boldsymbol{u} = (u_1, \cdots, u_v, \cdots, u_J)^\mathrm{T}$ 为辅助变量向量, $\boldsymbol{u}_i = (u_{1i}, \cdots, u_{vi}, \cdots, u_{Ji})^\mathrm{T}$ 为第 i 个初级抽样单元辅助变量向量 $\boldsymbol{u}$ 的取值, $i \in U_\mathrm{I}$. 依据情形 A 的辅助信息构造的回归模型与初级抽样单元的总值 $t_{yi} = \sum_{U_i} y_k$、初级抽样单元的均值 t_{yi}/N_i 等数量相关.

情形 B 辅助信息是关于全部总体单位的信息, 即总体 U 中所有总体单位 k 的辅助信息都是可获得的. 设 $\boldsymbol{x} = (x_1, \cdots, x_v, \cdots, x_J)^\mathrm{T}$ 为辅助变量向量, 其取值 $\boldsymbol{x}_k = (x_{1k}, \cdots, x_{vk}, \cdots, x_{Jk})^\mathrm{T}$ 概括了第 k 个总体单位的辅助信息.

情形 C 辅助信息是关于部分总体单位的, 即总体 U 中一部分总体单位 k 的辅助信息是可获得的, 确切地说, 是指抽中的群 (或者抽中的初级抽样单元) 的所有总体单位的辅助信息向量值 $\boldsymbol{x}_k$ 是可获得的, 即满足 $k \in \bigcup_{i \in s_\mathrm{I}} U_i$.

依据情形 A 的辅助信息构造的回归模型是关于初级抽样单元研究变量总值 t_{yi} 的, 这类模型的构造在 8.3 节讨论; 依据情形 B 和情形 C 的辅助信息构的回归模型是关于总体单位研究变量值 y_k 的, 这类模型的构造在 8.4 节讨论. 情形 A 和情形 C 是实践中应用最为广泛

的，这是因为在大多数调查中，依据这两种情形构造的回归模型所需要的辅助信息通过调查很容易获得。但是如果可以获得情形 B 所要求的辅助信息，那么就可以找到比抽取群更有效的抽样设计，所以情形 B 也不能被排除。一般来说，人们更愿意收集集中在某一地理区域的数据，而不愿意从整个地域范围抽取分散的样本进行观测，因为观测大范围散点的调查费用相对较高。

在单阶整群抽样中，需要观测抽中群中所有总体单位的 y_k，所以群总值 t_{yi} 的确定是无误差的。因而情形 C 不适用于单阶整群抽样，只在对抽中初级抽样单元 (群) 进行再抽样时才有意义，也就是说，它适用于两阶段抽样。

我们也可以将几种情形结合起来考虑。比如在情形 A 和情形 C 结合的情况下，抽中的初级抽样单元中的总体单位的辅助变量值 x_k 是可获得的，对于所有 $i \in U_I$，初级抽样单元的辅助变量值 u_i 也是可获得的。

我们可以用一些例子来说明实践中这几种情形是如何产生的。第一个是关于某类事业单位调查的例子，比如医院的全国性调查。总体中有很多而且很大的群，比如县，这里 y_k 是第 k 个医院的研究变量值。一种可能是鉴于县的行政地位，我们容易获得很多关于县的辅助信息，从而建立一个关于县的辅助变量值向量 u_i。这些 u_i 通常是通过人口统计资料、普查或近期的人口调查获得的，它们可用于情形 A 来解释群总量。第二种可能是从第一阶段抽选一个由县组成的样本，并列出中选县所有的医院。从县或其他来源的记录中，获得情形 C 所需的医院的辅助变量值 x_k。最后一种可能就是能够获得全部总体中的每个医院的辅助变量值 x_k，它符合情形 B。

第二个例子考虑一个关于大城市的调查。将城市的街区作为初级抽样单元，建筑物作为总体单位。研究变量是度量第 k 个建筑物的某一方面的量，如建筑面积或建筑物中某种设施的数量。假定我们从城市记录中得到一张最新的关于整个城市的所有建筑物的名单和与第 k 个建筑物有关的有用信息 $x_k, k = 1, 2, \cdots, N$，这就是情形 B。如果没有近期的建筑物的清单，但是可能不用太多的花费，我们就可以得到样本街区中第 k 个建筑物的辅助信息 x_k。也就是说，对于在第一阶段抽中的街区，可以容易地列出或获得抽中街区中所有建筑物以及与建筑物有关的辅助信息 x_k，这是情形 C。第三种可能是，假设我们可以从城市记录或其他来源获得每个街区的辅助变量值向量 $u_i, i \in U_I$，向量 u_i 的值可以是对街区的某种特征的测度，如它的面积、近似人口、建筑物的数量和类型 (住宅、大厦等)，这便是情形 A。

通过适当的回归拟合，我们可以得到回归估计量的一组预测值，这些预测值是为了更大的集合，而不是为了样本而计算的。在第 6 章和第 7 章，这个更大的集合是指整个总体单位组成的总体 U。在本章，情形 A 中已知的辅助变量值向量 $u_i, i \in U_I$ 用来预测所有群的群总值。情形 B 中的辅助信息可用于计算总体 U 中所有总体单位 k 的预测值 $\widehat{y}_k$。情形 C 中，预测值 $\widehat{y}_k$ 限于抽中群的总体单位，即它们只计算那些 $k \in U_i, i \in s_I$ 的总体单位的预测值。

在第 6 章和第 7 章，为了计算回归估计量，只要获取观测样本中的总体单位的辅助变量值和总体的辅助变量总值就足够了. 类似地, 如果我们可以取得下面的一些不太详细的辅助信息, 两阶段抽样就是有效的.

第一种情况: 对于所有抽中的群 (初级抽样单元) 的 $\boldsymbol{u}_i, i \in s_\mathrm{I}$ 值是可观测的, 且 $\sum_{U_\mathrm{I}} \boldsymbol{u}_i$ 的正确的值是可获得的.

第二种情况: 对于所有的 $k \in s$ 的总体单位, $\boldsymbol{x}_k$ 的值是可以观测的, 且 $\sum_U \boldsymbol{x}_k$ 的正确的值是可获得的.

第三种情况: 对于所有的 $k \in s$ 的总体单位, $\boldsymbol{x}_k$ 的值是可以观测的, 且对于每个抽中的初级抽样单元, $i \in s_\mathrm{I}$, 其总体总量 $\sum_{U_i} \boldsymbol{x}_k$ 的正确的值是可获得的.

8.2 两阶段抽样方差和方差估计的回顾

首先回顾第 5 章关于两阶段抽样 π 估计量的方差和方差估计的结论, 有 π 估计量

$$\widehat{t}_{y\pi} = \sum_s y_k/\pi_k = \sum_{s_\mathrm{I}} \widehat{t}_{yi\pi}/\pi_{\mathrm{I}i},$$

其中

$$\widehat{t}_{yi\pi} = \sum_{s_i} \breve{y}_{k|i} = \sum_{s_i} y_k/\pi_{k|i}$$

是初级抽样单元总体总值 $t_{yi} = \sum_{U_i} y_k$ 的条件 π 估计量. 在 5.2 节中, $E_\mathrm{II}(\widehat{t}_{yi\pi}) = t_{yi}$. 要得到 $\widehat{t}_{y\pi}$ 的方差, 先考察估计误差的分解式

$$\widehat{t}_{y\pi} - t_y = \underbrace{\sum_{s_\mathrm{I}} \frac{t_{yi}}{\pi_{\mathrm{I}i}} - \sum_{U_\mathrm{I}} t_{yi}}_{Q_{s_\mathrm{I}}} + \underbrace{\sum_{s_\mathrm{I}} \frac{1}{\pi_{\mathrm{I}i}} (\widehat{t}_{yi\pi} - t_{yi})}_{R_s}, \tag{8.2.1}$$

其中 Q_{s_I} 项唯一的随机性来自第一阶段抽样 s_I; R_s 项的取值和 s_I, s_i 同时相关, 在给定 s_I 的情况下, R_s 的期望值为 0.

由式 (8.2.1) 得出 $\widehat{t}_{y\pi}$ 的方差为

$$\begin{aligned} V(\widehat{t}_{y\pi}) &= V_\mathrm{I} E_\mathrm{II}(\widehat{t}_{y\pi} - t_y) + E_\mathrm{I} V_\mathrm{II}(\widehat{t}_{y\pi} - t_y) \\ &= V_\mathrm{I}(Q_{s_\mathrm{I}}) + E_\mathrm{I} V_\mathrm{II}(R_s) \\ &= V_{PSU} + V_{SSU}, \end{aligned} \tag{8.2.2}$$

其中

$$V_{PSU} = \sum\sum_{U_\mathrm{I}} \Delta_{\mathrm{I}ij} \frac{\widehat{t}_{yi}}{\pi_{\mathrm{I}i}} \cdot \frac{\widehat{t}_{yj}}{\pi_{\mathrm{I}j}}, \quad V_{SSU} = \sum_{U_\mathrm{I}} V_i/\pi_{\mathrm{I}i},$$

且有

$$V_i = \sum\sum_{U_i} \Delta_{kl|i} \frac{y_k}{\pi_{k|i}} \cdot \frac{y_l}{\pi_{l|i}}. \tag{8.2.3}$$

采用式 (8.2.2) 的形式, 我们得到结论 5.2.1 的无偏方差估计量为

$$\widehat{V}(\widehat{t}_{y\pi}) = \widehat{V}_{PSU} + \widehat{V}_{SSU}, \tag{8.2.4}$$

其中

$$\widehat{V}_{PSU} = \sum\sum_{s_I} \check{\Delta}_{Iij} \frac{\widehat{t}_{yi\pi}}{\pi_{Ii}} \cdot \frac{\widehat{t}_{yj\pi}}{\pi_{Ij}} - \sum_{s_I} \frac{1}{\pi_{Ii}} \left(\frac{1}{\pi_{Ii}} - 1\right) \widehat{V}_i, \tag{8.2.5}$$

$$\widehat{V}_{SSU} = \sum_{s_I} \widehat{V}_i / \pi_{Ii}^2, \tag{8.2.6}$$

且有

$$\widehat{V}_i = \sum\sum_{s_i} \check{\Delta}_{kl|i} \frac{y_k}{\pi_{k|i}} \cdot \frac{y_l}{\pi_{l|i}}, \quad i \in s_I. \tag{8.2.7}$$

单阶整群抽样意味着不会对样本群进行子抽样, 所以简单地令上述表达式中 $V_i = \widehat{V}_i = 0$, 即可得单阶整群抽样的方差和方差估计的表达式.

式 (8.2.1) 给出了一个易于理解和推导估计量方差和方差估计量的基础结构模式. 接下来, 我们就可以利用式 (8.2.1) 的结构模式讨论并推导出情形 A, B 和 C 的回归估计量的方差及方差估计量.

8.3 基于群水平模型的回归估计量

我们考虑情形 A, 即具有初级抽样单元辅助信息的情形. 对于第 i 个群, 假设有一个已知的辅助向量 $\boldsymbol{u}_i = (u_{1i}, \cdots, u_{vi}, \cdots, u_{Ji})^T$, 被认为是关于初级抽样单元总值 $t_{yi} = \sum_{U_i} y_k$ 的一个好的预报向量. 比如, 当 $J = 1$ 时, u_i 可以是第 i 个街区建筑物的数量, t_{yi} 可以是该街区的所有建筑物的总建筑面积.

假设 N_I 个散点 $(t_{yi}, \boldsymbol{u}_i)$ 可以用下列回归模型表示:

$$\begin{cases} E_\xi(t_{yi}) = \boldsymbol{u}_i^T \boldsymbol{\beta}_I, \\ V_\xi(t_{yi}) = \sigma_{Ii}^2. \end{cases} \tag{8.3.1}$$

在模型中, $t_{yi}, i \in N_I$ 相互独立. 如果可以得到所有 N_I 个点, 则 $\boldsymbol{\beta}_I$ 的估计量可以表示为

$$\boldsymbol{B}_I = \left(\sum_{U_I} \boldsymbol{u}_i \boldsymbol{u}_i^T / \sigma_{Ii}^2\right)^{-1} \sum_{U_I} \boldsymbol{u}_i t_{yi} / \sigma_{Ii}^2. \tag{8.3.2}$$

对于 $i \in U_I$, 相应的拟合值记为

$$t_{yi}^0 = \boldsymbol{u}_i^T \boldsymbol{B}_I. \tag{8.3.3}$$

第 i 个群的相应残差记为

$$D_i = t_{yi} - t_{yi}^0. \tag{8.3.4}$$

如何通过样本数据来估计 $\boldsymbol{B}_{\mathrm{I}}$ 呢? 一般来说, 可以通过群总值 t_{yi} 关于 $\boldsymbol{u}_i$ 的回归得到. 但是, 当在抽中的群中进行子抽样时, 这个方法是不行的, 因为 t_{yi} 是未知的, 我们只有它的估计值, 即

$$t_{yi}^* = \widehat{t}_{yi\pi} = \sum\nolimits_{s_i} y_k/\pi_{k|i}, \tag{8.3.5}$$

则 $\boldsymbol{B}_{\mathrm{I}}$ 的样本估计量为

$$\widehat{\boldsymbol{B}}_{\mathrm{I}} = \left(\sum\nolimits_{s_{\mathrm{I}}} \boldsymbol{u}_i \boldsymbol{u}_i^{\mathrm{T}}/\sigma_{\mathrm{I}i}^2 \pi_{\mathrm{I}i}\right)^{-1} \sum\nolimits_{s_{\mathrm{I}}} \boldsymbol{u}_i t_{yi}^*/\sigma_{\mathrm{I}i}^2 \pi_{\mathrm{I}i}. \tag{8.3.6}$$

注意, 当在抽中的群中进行子抽样时, 因变量值 t_{yi}^* 受抽样误差的影响, 其结果预测值为

$$\widehat{t}_{yip} = \boldsymbol{u}_i^{\mathrm{T}} \widehat{\boldsymbol{B}}_{\mathrm{I}}, \quad i \in U_{\mathrm{I}}, \tag{8.3.7}$$

其中下标 p 表示预测值. 对于 $i \in s_{\mathrm{I}}$, 可计算出它的残差为

$$d_i = t_{yi}^* - \widehat{t}_{yip}.$$

如果仅仅知道关于初级抽样单元的信息, 即情形 A, 则可以根据第 6 章中介绍的回归估计量的方法, 得出 t_y 的回归估计量为

$$\widehat{t}_{yAr} = \sum\nolimits_{U_{\mathrm{I}}} \widehat{t}_{yip} + \sum\nolimits_{s_{\mathrm{I}}} \frac{t_{yi}^* - \widehat{t}_{yip}}{\pi_{\mathrm{I}i}}. \tag{8.3.8}$$

式 (8.3.8) 等号右端的第二项包含了一般的 π 估计量

$$\sum\nolimits_{s_{\mathrm{I}}} \frac{t_{yi}^*}{\pi_{\mathrm{I}i}} = \sum\nolimits_{s_{\mathrm{I}}} \frac{1}{\pi_{\mathrm{I}i}} \sum\nolimits_{s_i} \frac{y_k}{\pi_{k|i}} = \sum\nolimits_s \frac{y_k}{\pi_k} = \sum\nolimits_s \breve{y}_k.$$

因为 $\pi_k = \pi_{\mathrm{I}i}\pi_{k|i}$, 所以式 (8.3.8) 中的估计量又可以写成

$$\widehat{t}_{yAr} = \sum\nolimits_s \breve{y}_k + \left(\sum\nolimits_{U_{\mathrm{I}}} \boldsymbol{u}_i - \sum\nolimits_{s_{\mathrm{I}}} \boldsymbol{u}_i/\pi_{\mathrm{I}i}\right)^{\mathrm{T}} \widehat{\boldsymbol{B}}_{\mathrm{I}}.$$

它是由一个 π 估计量加上一个回归调整项构成的.

在许多模型中, 对于某些常数向量 $\boldsymbol{\lambda}$, 如果方差结构满足 $\sigma_{\mathrm{I}i}^2 = \boldsymbol{\lambda}^{\mathrm{T}} \boldsymbol{u}_i$, 式 (8.3.8) 等号右端的第二项

$$\sum\nolimits_{s_{\mathrm{I}}} \frac{d_i}{\pi_{\mathrm{I}i}} = \sum\nolimits_{s_{\mathrm{I}}} \frac{t_{yi}^* - \widehat{t}_{yip}}{\pi_{\mathrm{I}i}}$$

将会消失, 则式 (8.3.8) 表示的情形 A 中的估计量将取得如下简单的形式:

$$\widehat{t}_{yAr} = \sum\nolimits_{U_{\mathrm{I}}} \widehat{t}_{yip}.$$

在第 7 章中,我们知道回归估计量有很多种表示形式,其中运用 g 权重的表达形式为

$$\widehat{t}_{yAr} = \sum_{s_\mathrm{I}} \frac{g_{is_\mathrm{I}} t^*_{yi}}{\pi_{\mathrm{I}i}},$$

其中第 i 个初级抽样单元的 g 权重为

$$g_{is_\mathrm{I}} = 1 + \left(\sum_{U_\mathrm{I}} \boldsymbol{u}_i - \sum_{s_\mathrm{I}} \boldsymbol{u}_i/\pi_{\mathrm{I}i}\right)^\mathrm{T} \left(\sum_{s_\mathrm{I}} \boldsymbol{u}_i \boldsymbol{u}_i^\mathrm{T}/\sigma_{\mathrm{I}i}^2 \pi_{\mathrm{I}i}\right)^{-1} \boldsymbol{u}_i/\sigma_{\mathrm{I}i}^2.$$

经过一些简单的代数运算,可以得到类似于式 (8.2.1) 表示的估计量误差为

$$\widehat{t}_{yAr} - t_y = \underbrace{\sum_{s_\mathrm{I}} \frac{g_{is_\mathrm{I}} D_i}{\pi_{\mathrm{I}i}} - \sum_{U_\mathrm{I}} D_i}_{Q_{As_\mathrm{I}}} + \underbrace{\sum_{s_\mathrm{I}} \frac{g_{is_\mathrm{I}}}{\pi_{\mathrm{I}i}}(t^*_{yi} - t_{yi})}_{R_{As}}, \tag{8.3.9}$$

其中 $D_i = t_{yi} - \boldsymbol{u}_i^\mathrm{T} \boldsymbol{B}_\mathrm{I}$, $\sum_{s_\mathrm{I}} \frac{g_{is_\mathrm{I}} \boldsymbol{u}_i}{\pi_{\mathrm{I}i}} = \sum_{U_\mathrm{I}} \boldsymbol{u}_i$. 对于第二阶段抽样来说,$Q_{As_\mathrm{I}}$ 项是一个常数,所以 $E_{\mathrm{II}}(Q_{As_\mathrm{I}}) = Q_{As_\mathrm{I}}, V_{\mathrm{II}}(Q_{As_\mathrm{I}}) = 0$. 在给定 s_I 的情况下,有

$$E_{\mathrm{II}}(R_{As}) = 0, \quad V_{\mathrm{II}}(R_{As}) = \sum_{s_\mathrm{I}} \frac{g_{is_\mathrm{I}}^2 V_i}{\pi_{\mathrm{I}i}^2},$$

其中

$$V_i = \sum\sum_{U_\mathrm{I}} \Delta_{kl} \frac{y_k}{\pi_{k|i}} \cdot \frac{y_l}{\pi_{l|i}} \tag{8.3.10}$$

是在给定 s_I 时,估计量 $t^*_{yi} = \widehat{t}_{yi\pi}$ 的方差. 利用式 (8.2.2) 的方法,我们可进一步得到

$$V(\widehat{t}_{yAr}) = V_\mathrm{I}(Q_{As_\mathrm{I}}) + E_\mathrm{I} V_{\mathrm{II}}(R_{As})$$
$$= V_{APSU} + V_{ASSU},$$

其中

$$V_{APSU} = V_\mathrm{I}\left(\sum_{s_\mathrm{I}} \frac{g_{is_\mathrm{I}} D_i}{\pi_{\mathrm{I}i}}\right), \tag{8.3.11}$$

$$V_{ASSU} = E_\mathrm{I}\left(\sum_{s_\mathrm{I}} \frac{g_{is_\mathrm{I}}^2 V_i}{\pi_{\mathrm{I}i}^2}\right). \tag{8.3.12}$$

这说明,总方差是由第一阶段抽样和第二阶段抽样的方差组成的. 但是,我们知道权重 g_{is_I} 计算起来很复杂,这时可以令 $g_{is_\mathrm{I}} \doteq 1$ 以简化计算,且可得出下面的结论.

结论 8.3.1 在两阶段抽样中,如果可获得情形 A 中的辅助信息,那么总体总值 $t_y = \sum_U y_k$ 的回归估计量是

$$\widehat{t}_{yAr} = \sum_{U_\mathrm{I}} \widehat{t}_{yip} + \sum_{s_\mathrm{I}} \frac{t^*_{yi} - \widehat{t}_{yip}}{\pi_{\mathrm{I}i}},$$

其中 $t_{yi}^* = \widehat{t}_{yi\pi} = \sum_{s_i} y_k/\pi_{k|i}$, $\widehat{t}_{yip} = \boldsymbol{u}_i^{\mathrm{T}} \widehat{\boldsymbol{B}}_{\mathrm{I}}$. 估计量的近似方差为

$$AV(\widehat{t}_{yAr}) = AV_{APSU} + AV_{ASSU}, \tag{8.3.13}$$

其中

$$AV_{APSU} = \sum\sum_{U_{\mathrm{I}}} \Delta_{\mathrm{I}ij} \frac{D_i}{\pi_{\mathrm{I}i}} \cdot \frac{D_j}{\pi_{\mathrm{I}j}}, \tag{8.3.14}$$

$$AV_{ASSU} = \sum_{U_{\mathrm{I}}} V_i/\pi_{\mathrm{I}i}, \tag{8.3.15}$$

这里 D_i 和 V_i 分别由式 (8.3.4) 和式 (8.3.10) 给出. 方差的估计量为

$$\widehat{V}(\widehat{t}_{yAr}) = \widehat{V}_{APSU} + \widehat{V}_{ASSU}, \tag{8.3.16}$$

其中

$$\widehat{V}_{APSU} = \sum\sum_{s_{\mathrm{I}}} \widecheck{\Delta}_{\mathrm{I}ij} \frac{g_{is_{\mathrm{I}}} d_i}{\pi_{\mathrm{I}i}} \cdot \frac{g_{js_{\mathrm{I}}} d_j}{\pi_{\mathrm{I}j}} - \sum_{s_{\mathrm{I}}} \frac{1}{\pi_{\mathrm{I}i}} \left(\frac{1}{\pi_{\mathrm{I}i}} - 1\right) g_{is_{\mathrm{I}}}^2 \widehat{V}_i, \tag{8.3.17}$$

$$\widehat{V}_{ASSU} = \sum_{s_{\mathrm{I}}} g_{is_{\mathrm{I}}}^2 \widehat{V}_i/\pi_{\mathrm{I}i}^2, \tag{8.3.18}$$

这里 $d_i = t_{yi}^* - \boldsymbol{u}_i^{\mathrm{T}} \widehat{\boldsymbol{B}}_{\mathrm{I}}$, 且

$$\widehat{V}_i = \sum\sum_{s_i} \widecheck{\Delta}_{kl|i} \frac{y_k}{\pi_{k|i}} \cdot \frac{y_l}{\pi_{l|i}}. \tag{8.3.19}$$

上面的结论适用于二阶抽样. 一阶整群抽样可以看成是二阶抽样的一个特例, 只要对所有的 i, 有

$$t_{yi}^* = t_{yi} = \sum_{U_i} y_k, \quad \widehat{V}_i = V_i = 0,$$

上面结论就变成了一阶整群抽样下的结论了.

在式 (8.3.11) 和式 (8.3.12) 中, 对于所有的 i 和 s_{I}, 令 $g_{is_{\mathrm{I}}} \doteq 1$. 这样不仅可以简化 $V_{\mathrm{I}}(\cdot)$ 和 $E_{\mathrm{I}}(\cdot)$ 的计算, 而且还包括了一个 π 估计量的标准结果. 我们可以得到由式 (8.3.14) 和式 (8.3.15) 表示的近似方差 AV 的表达式. 我们先推导 $\widehat{V}_{APSU}$. 假设在残差 d_i 中, 用 $\boldsymbol{B}_{\mathrm{I}}$ 代替 $\widehat{\boldsymbol{B}}_{\mathrm{I}}$ 所带来的近似误差可以忽略, 则

$$\begin{aligned} E_{\mathrm{II}}(d_i^2) &= E_{\mathrm{II}}\left[(t_{yi}^* - \boldsymbol{u}_i^{\mathrm{T}} \widehat{\boldsymbol{B}}_{\mathrm{I}})^2\right] \\ &\doteq E_{\mathrm{II}}\left[(t_{yi}^* - \boldsymbol{u}_i^{\mathrm{T}} \boldsymbol{B}_{\mathrm{I}})^2\right] \\ &= \left[E_{\mathrm{II}}(t_{yi}^* - \boldsymbol{u}_i^{\mathrm{T}} \boldsymbol{B}_{\mathrm{I}})\right]^2 + V_{\mathrm{II}}(t_{yi}^* - \boldsymbol{u}_i^{\mathrm{T}} \boldsymbol{B}_{\mathrm{I}}) \\ &= D_i^2 + V_i. \end{aligned}$$

同理, 对于 $i \neq j$, 有 $E_{\mathrm{II}}(d_i d_j) \doteq D_i D_j$. 因为 $E_{\mathrm{II}}(\widehat{V}_i) = V_i$, 则有

$$E_{\mathrm{II}}(\widehat{V}_{APSU}) \doteq \sum\sum_{s_{\mathrm{I}}} \widecheck{\Delta}_{\mathrm{I}ij} \frac{g_{is_{\mathrm{I}}} D_i}{\pi_{\mathrm{I}i}} \cdot \frac{g_{js_{\mathrm{I}}} D_j}{\pi_{\mathrm{I}j}},$$

所以
$$E(\widehat{V}_{APSU}) = E_{\mathrm{I}} E_{\mathrm{II}}(\widehat{V}_{APSU}) \doteq AV_{APSU}.$$

最后
$$E(\widehat{V}_{ASSU}) = E_{\mathrm{I}} E_{\mathrm{II}} \left(\sum\nolimits_{s_{\mathrm{I}}} g_{is_{\mathrm{I}}}^2 \widehat{V}_i / \pi_{\mathrm{I}i}^2 \right) = E_{\mathrm{I}} \left(\sum\nolimits_{s_{\mathrm{I}}} g_{is_{\mathrm{I}}}^2 V_i / \pi_{\mathrm{I}i}^2 \right).$$

换言之, $\widehat{V}_{ASSU}$ 是 $V_{ASSU} = E_{\mathrm{I}} \left(\sum\nolimits_{s_{\mathrm{I}}} \dfrac{g_{is_{\mathrm{I}}}^2 V_i}{\pi_{\mathrm{I}i}^2} \right)$ 的无偏估计量. $\widehat{V}(\widehat{t}_{yAr}) = \widehat{V}_{ASPU} + \widehat{V}_{ASSU}$ 被称为近似方差的估计量, 但是近似仅被用在第一阶段的部分.

如果第二阶段抽样的样本量是随机的, 我们从前面的章节可以知道, 一般情况下, $\widehat{t}_{yi\pi}$ 的变异性比 $N_i \widetilde{y}_{s_i}$ 大, 其中
$$\widetilde{y}_{s_i} = \dfrac{\sum_{s_i} y_k / \pi_{k|i}}{\sum_{s_i} 1/\pi_{k|i}}.$$

如果 N_i 已知, 在式 (8.3.8) 中采用 $t_{yi}^* = N_i \widetilde{y}_{s_i}$ 比采用 $t_{yi}^* = \widehat{t}_{yi\pi}$ 更好. 如果用下式
$$\widehat{V}_i' = \left(\dfrac{N_i}{\widehat{N}_i} \right)^2 \sum\sum\nolimits_{s_i} \widecheck{\Delta}_{kl|i} \dfrac{e_{ks}}{\pi_{k|i}} \cdot \dfrac{e_{ls}}{\pi_{l|i}}$$

替换式 (8.3.18) 中的 $\widehat{V}_i$, 其中 $\widehat{N}_i = \sum\nolimits_{s_i} 1/\pi_{k|i}$, $e_{ks} = y_k - y_{s_i}$, 方差就可以由式 (8.3.16) 得到估计, 而式 (8.3.17) 保持不变.

8.4 基于总体单位水平模型的回归估计量

本节讨论适合于情形 B 和情形 C 的回归模型. 对于情形 B, 所有总体单位的辅助变量值 $\boldsymbol{x}_k, k \in U$ 都是已知的. 对于情形 C, 只有满足 $k \in \bigcup\limits_{i \in s_{\mathrm{I}}} U_i$ 的总体单位的辅助向量值 $\boldsymbol{x}_k$ 是已知的. 我们假定对抽中的群进行二阶抽样.

为了描述总体的散点 $(y_k, \boldsymbol{x}_k)$, 我们采用广义的线性模型, 表示为
$$\begin{cases} E_\xi(y_k) = \boldsymbol{x}_k^{\mathrm{T}} \boldsymbol{\beta}, & k = 1, 2, \cdots, N, \\ V_\xi(y_k) = \sigma_k^2, & k = 1, 2, \cdots, N. \end{cases} \tag{8.4.1}$$

假设模型中的 y_k 都是不相关的, 且所有 N 个散点 $(y_k, \boldsymbol{x}_k)$, $k = 1, 2, \cdots, N$ 都满足上述模型, 根据式 (6.3.7) 可以得出模型回归系数 $\boldsymbol{\beta}$ 的估计量为
$$\boldsymbol{B} = \left(\sum\nolimits_U \boldsymbol{x}_k \boldsymbol{x}_k^{\mathrm{T}} / \sigma_k^2 \right)^{-1} \sum\nolimits_U \boldsymbol{x}_k y_k / \sigma_k^2, \tag{8.4.2}$$

残差可以表示为
$$E_k = y_k - y_k^0 = y_k - \boldsymbol{x}_k^{\mathrm{T}} \boldsymbol{B}. \tag{8.4.3}$$

上述模型的样本 s 为

$$s = \bigcup_{i \in s_{\mathrm{I}}} s_i,$$

样本量为 $n_s = \sum_{s_{\mathrm{I}}} n_i$, 样本量一般是随机的. $\boldsymbol{B}$ 的样本估计量为

$$\widehat{\boldsymbol{B}} = \left(\sum_s \boldsymbol{x}_k \boldsymbol{x}_k^{\mathrm{T}}/\sigma_k^2 \pi_k\right)^{-1} \sum_s \boldsymbol{x}_k y_k/\sigma_k^2 \pi_k,$$

其中 $1/\pi_k$ 为抽样权重, $1/\pi_k = 1/\pi_{\mathrm{I}i}\pi_{k|i}$. 拟合值和残差分别为

$$\widehat{y}_k = \boldsymbol{x}_k^{\mathrm{T}}\widehat{\boldsymbol{B}}, \quad e_{ks} = y_k - \widehat{y}_k. \tag{8.4.4}$$

对于情形 B, 由于 $k \in U$ 的所有总体单位的辅助变量值 $\boldsymbol{x}_k$ 都是已知的, 所以对于所有的 $k \in U$, $\widehat{y}_k$ 都可计算出来. 但是, 残差 $e_{ks} = y_k - \boldsymbol{x}_k^{\mathrm{T}}\widehat{\boldsymbol{B}}$ 只能对 $k \in s$ 的总体单位才能计算出来. 这样, 回归估计量可以表示为

$$\begin{aligned}\widehat{t}_{yBr} &= \sum_U \widehat{y}_k + \sum_s \frac{e_{ks}}{\pi_k} \\ &= \sum_{U_{\mathrm{I}}} \sum_{U_i} \widehat{y}_k + \sum_{s_{\mathrm{I}}} \frac{1}{\pi_{\mathrm{I}i}} \sum_{s_i} \frac{y_k - \widehat{y}_k}{\pi_{k|i}}.\end{aligned} \tag{8.4.5}$$

在情形 C, 由于只有 $k \in \bigcup_{i \in s_{\mathrm{I}}} U_i$ 的总体单位的辅助变量值 $\boldsymbol{x}_k$ 是已知的, 所以只有中选群的总体单位 k 的 $\widehat{y}_k$ 可以计算出来, 残差 $e_{ks} = y_k - \boldsymbol{x}_k^{\mathrm{T}}\widehat{\boldsymbol{B}}$ 只能对 $k \in s$ 的总体单位计算出来. 情形 C 的辅助信息虽然不像情形 B 那样广泛, 但是对于形成每个抽中初级抽样单元总值的回归估计量也是足够的, 即有

$$\widehat{t}_{yir} = \sum_{U_i} \widehat{y}_k + \sum_{s_i} \frac{y_k - \widehat{y}_k}{\pi_{k|i}}. \tag{8.4.6}$$

我们可以将第一阶段抽样的权数 $1/\pi_{\mathrm{I}i}$ 应用于 $\widehat{t}_{yir}$, 则可以得到 t_y 的估计量

$$\widehat{t}_{yCr} = \sum_{s_{\mathrm{I}}} \frac{\widehat{t}_{yir}}{\pi_{\mathrm{I}i}}. \tag{8.4.7}$$

将式 (8.4.6) 代入式 (8.4.7), 可以得出

$$\begin{aligned}\widehat{t}_{yCr} &= \sum_{s_{\mathrm{I}}} \frac{t_{\widehat{y}i}}{\pi_{\mathrm{I}i}} + \sum_{s_{\mathrm{I}}} \frac{1}{\pi_{\mathrm{I}i}} \sum_{s_i} \frac{y_k - \widehat{y}_k}{\pi_{k|i}} \\ &= \sum_{s_{\mathrm{I}}} \frac{t_{\widehat{y}i}}{\pi_{\mathrm{I}i}} + \sum_s \frac{y_k - \widehat{y}_k}{\pi_k},\end{aligned} \tag{8.4.8}$$

其中 $t_{\widehat{y}i} = \sum_{U_i} \widehat{y}_k$.

比较式 (8.4.5) 和式 (8.4.8) 发现, $\widehat{t}_{yBr}$ 和 $\widehat{t}_{yCr}$ 有着一样的调整项 $\sum_s e_{ks}/\pi_k$, 并且在许多模型中, 这一调整项消失.

为了求得 $\widehat{t}_{yBr}$ 和 $\widehat{t}_{yCr}$ 的近似方差和方差估计量, 首先模仿式 (8.2.1) 的估计误差分解式, 给出每种情形的估计误差, 设

$$\boldsymbol{t}_{xi} = \sum\nolimits_{U_i} \boldsymbol{x}_k, \quad \widehat{\boldsymbol{t}}_{xi\pi} = \sum\nolimits_{s_i} \boldsymbol{x}_k/\pi_{k|i}, \quad \widehat{\boldsymbol{T}} = \sum\nolimits_s \boldsymbol{x}_k \boldsymbol{x}_k^{\mathrm{T}}/\sigma_k^2 \pi_k.$$

运用 g 权重的表达形式表示这两个新的回归估计量. 对于情形 B, 有

$$\widehat{t}_{yBr} = \sum\nolimits_s \frac{g_{ksB} y_k}{\pi_k}, \tag{8.4.9}$$

其中 $\pi_k = \pi_{\mathrm{I}i} \pi_{k|i}$, g 权重为

$$g_{ksB} = 1 + \left(\sum\nolimits_{U_{\mathrm{I}}} \boldsymbol{t}_{xi} - \sum\nolimits_{s_{\mathrm{I}}} \widehat{\boldsymbol{t}}_{xi\pi}/\pi_{\mathrm{I}i} \right)^{\mathrm{T}} \widehat{\boldsymbol{T}}^{-1} \boldsymbol{x}_k/\sigma_k^2. \tag{8.4.10}$$

相应地, 对情形 C, 有

$$\widehat{t}_{yCr} = \sum\nolimits_s \frac{g_{ksC} y_k}{\pi_k}, \tag{8.4.11}$$

其中 $\pi_k = \pi_{\mathrm{I}i} \pi_{k|i}$, g 权重为

$$g_{ksC} = 1 + \left[\sum\nolimits_{s_{\mathrm{I}}} \left(\boldsymbol{t}_{xi} - \widehat{\boldsymbol{t}}_{xi\pi} \right) \Big/ \pi_{\mathrm{I}i} \right]^{\mathrm{T}} \widehat{\boldsymbol{T}}^{-1} \boldsymbol{x}_k/\sigma_k^2. \tag{8.4.12}$$

仿照式 (8.2.1), 对估计误差进行分解:

$$\widehat{t}_{yBr} - t_y = \underbrace{\sum\nolimits_{s_{\mathrm{I}}} \frac{t_{Ei}}{\pi_{\mathrm{I}i}} - \sum\nolimits_{U_{\mathrm{I}}} t_{Ei}}_{Q_{Bs_{\mathrm{I}}}} + \underbrace{\sum\nolimits_{s_{\mathrm{I}}} \frac{1}{\pi_{\mathrm{I}i}} \left(\sum\nolimits_{s_i} \frac{g_{ksB} E_k}{\pi_{k|i}} - \sum\nolimits_{U_i} E_k \right)}_{R_{Bs}}, \tag{8.4.13}$$

以及

$$\widehat{t}_{yCr} - t_y = \underbrace{\sum\nolimits_{s_{\mathrm{I}}} \frac{t_{yi}}{\pi_{\mathrm{I}i}} - \sum\nolimits_{U_{\mathrm{I}}} t_{yi}}_{Q_{Cs_{\mathrm{I}}}} + \underbrace{\sum\nolimits_{s_{\mathrm{I}}} \frac{1}{\pi_{\mathrm{I}i}} \left(\sum\nolimits_{s_i} \frac{g_{ksC} E_k}{\pi_{k|i}} - \sum\nolimits_{U_i} E_k \right)}_{R_{Cs}}, \tag{8.4.14}$$

其中 E_k 为总体拟合残差, 可由式 (8.4.3) 得出, $t_{Ei} = \sum\nolimits_{U_i} E_k$. 式 (8.4.13) 中用残差表示的 Q 项, 一般来说比式 (8.4.14) 中用原始的 y_k 表示的 Q 项对方差的影响更小.

要从式 (8.4.13) 和式 (8.4.14) 推导近似方差, 只需要对所有的 k, 令 $g_{ksB} \doteq 1, g_{ksC} \doteq 1$, 这样可以简化两式中的第二项 R_{Bs} 和 R_{Cs}, 得到线性表达式. 分别参照式 (8.2.1) 表示的 π 估计量的估计误差、式 (8.2.2) 表示的估计量方差和式 (8.2.4) 表示的方差估计量公式, 可得出情形 B 和情形 C 下的近似方差.

8.4 基于总体单位水平模型的回归估计量

结论 8.4.1 在情形 B 的二阶段总体单位抽样中，t_y 的回归估计量 $\widehat{t}_{yBr}$ 由式 (8.4.5) 给出，估计量 $\widehat{t}_{yBr}$ 的近似方差为

$$AV(\widehat{t}_{yBr}) = AV_{BPSU} + AV_{BSSU}, \tag{8.4.15}$$

其中

$$AV_{BPSU} = \sum\sum_{U_I} \Delta_{Iij} \frac{t_{Ei}}{\pi_{Ii}} \cdot \frac{t_{Ej}}{\pi_{Ij}}, \tag{8.4.16}$$

$$AV_{BSSU} = \sum_{U_I} V_{Ei}/\pi_{Ii}, \tag{8.4.17}$$

这里

$$t_{Ei} = \sum_{U_i} E_k, \quad E_k = y_k - y_k^0 = y_k - \boldsymbol{x}_k^{\mathrm{T}}\boldsymbol{B}, \quad V_{Ei} = \sum\sum_{U_i} \Delta_{kl|i} \frac{E_k}{\pi_{k|i}} \cdot \frac{E_l}{\pi_{l|i}}.$$

方差的估计量为

$$\widehat{V}(\widehat{t}_{yBr}) = \widehat{V}_{BPSU} + \widehat{V}_{BSSU}, \tag{8.4.18}$$

其中

$$\widehat{V}_{BPSU} = \sum\sum_{s_I} \breve{\Delta}_{Iij} \frac{\widehat{t}_{Ei}}{\pi_{Ii}} \cdot \frac{\widehat{t}_{Ej}}{\pi_{Ij}} - \sum_{s_I} \frac{1}{\pi_{Ii}}\left(\frac{1}{\pi_{Ii}} - 1\right)\widehat{V}_{BEi}, \tag{8.4.19}$$

$$\widehat{V}_{BSSU} = \sum_{s_I} \widehat{V}_{BEi}/\pi_{Ii}^2, \tag{8.4.20}$$

这里

$$\widehat{t}_{Ei} = \sum_{s_i} g_{ksB}e_{ks}/\pi_{k|i}, \quad \text{其中 } e_{ks} = y_k - \widehat{y}_k,$$

$$\widehat{V}_{BEi} = \sum\sum_{s_i} \breve{\Delta}_{kl|i} \frac{g_{ksB}e_{ks}}{\pi_{k|i}} \cdot \frac{g_{lsB}e_{ls}}{\pi_{l|i}}, \quad \text{其中 } g_{ksB} \text{ 由式 (8.4.10) 给出}.$$

因此，$\widehat{V}(\widehat{t}_{yBr})$ 可以写成

$$\widehat{V}(\widehat{t}_{yBr}) = \widehat{V}_{BPSU} + \widehat{V}_{BSSU} = \sum\sum_{s_I} \breve{\Delta}_{Iij} \frac{\widehat{t}_{Ei}}{\pi_{Ii}} \cdot \frac{\widehat{t}_{Ej}}{\pi_{Ij}} + \sum_{s_I} \widehat{V}_{BEi}/\pi_{Ii}. \tag{8.4.21}$$

结论 8.4.2 在二阶抽样中，情形 C 下的 $\widehat{t}_{yCr}$ 是总体总值 t_y 的回归估计量，由式 (8.4.7) 给出，其近似方差为

$$AV(\widehat{t}_{yCr}) = AV_{CPSU} + AV_{CSSU}, \tag{8.4.22}$$

其中

$$AV_{CPSU} = \sum\sum_{U_I} \Delta_{Iij} \frac{t_{yi}}{\pi_{Ii}} \cdot \frac{t_{yj}}{\pi_{Ij}}, \quad AV_{CSSU} = \sum_{U_I} V_{Ei}/\pi_{Ii},$$

这里
$$t_{yi} = \sum\nolimits_{U_i} y_k, \quad V_{Ei} = \sum\sum\nolimits_{U_i} \Delta_{kl|i} \frac{E_k}{\pi_{k|i}} \cdot \frac{E_l}{\pi_{l|i}}.$$

方差的估计量为
$$\widehat{V}(\widehat{t}_{yCr}) = \widehat{V}_{CPSU} + \widehat{V}_{CSSU}, \tag{8.4.23}$$

其中
$$\widehat{V}_{CPSU} = \sum\sum\nolimits_{s_I} \widecheck{\Delta}_{Iij} \frac{\widehat{t}_{yi\pi}}{\pi_{Ii}} \cdot \frac{\widehat{t}_{yj\pi}}{\pi_{Ij}} - \sum\nolimits_{s_I} \frac{1}{\pi_{Ii}} \left(\frac{1}{\pi_{Ii}} - 1\right) \widehat{V}_i, \tag{8.4.24}$$

$$\widehat{V}_{CSSU} = \sum\nolimits_{s_I} \widehat{V}_{CEi}/\pi_{Ii}^2, \tag{8.4.25}$$

这里
$$\widehat{t}_{yi\pi} = \sum\nolimits_{s_i} y_k/\pi_{k|i}, \quad \widehat{V}_i = \sum\sum\nolimits_{s_i} \widecheck{\Delta}_{kl|i} \frac{y_k}{\pi_{k|i}} \cdot \frac{y_l}{\pi_{l|i}},$$

$$\widehat{V}_{CEi} = \sum\sum\nolimits_{s_i} \widecheck{\Delta}_{kl|i} \frac{g_{ksC} e_{ks}}{\pi_{k|i}} \cdot \frac{g_{lsC} e_{ls}}{\pi_{l|i}},$$

其中 e_{ks} 和 g_{ksC} 分别由式 (8.4.4) 和式 (8.4.12) 给出.

比较式 (8.2.2) 和 (8.4.22) 可以看出, $\widehat{t}_{y\pi}$ 和 $\widehat{t}_{yCr}$ 的方差组成的第一项是相同的. 这是因为情形 C 中的辅助信息仅局限于中选群的总体单位, 这种信息不能减少第一阶段由于抽样引起的方差. 比较式 (8.4.15) 和 (8.4.22), 我们可以看出 $\widehat{t}_{yBr}$ 和 $\widehat{t}_{yCr}$ 的方差组成的第二项是相同的, 这是因为情形 B 和情形 C 受益于相同样本群 PSU 中总体单位的辅助信息.

在情形 C 下, 还有另外一些可选的回归估计量. 当群总值近似为常数时, 有如下的估计量:
$$\widehat{t}_{yCr}^* = N_I \frac{\sum_{s_I} \widehat{t}_{yir}/\pi_{Ii}}{\sum_{s_I} 1/\pi_{Ii}}. \tag{8.4.26}$$

当 $N = \sum_{U_I} N_i$ 为已知, 且群总值与 N_i 近似成比例时, 有如下估计量:
$$\widehat{t}_{yCr}^{**} = N \frac{\sum_{s_I} \widehat{t}_{yir}/\pi_{Ii}}{\sum_{s_I} N_i/\pi_{Ii}}, \tag{8.4.27}$$

其中 $\widehat{t}_{yir}$ 由式 (8.4.6) 给出. 如果第一阶段的样本量是随机的, 那么这些估计量常优于式 (8.4.7) 给出的 $\widehat{t}_{yCr}$. 式 (8.4.27) 除以 N 得到
$$\widehat{\overline{y}}_U = \frac{\widehat{t}_{yCr}^{**}}{N} = \frac{\sum_{s_I} \widehat{t}_{yir}/\pi_{Ii}}{\sum_{s_I} N_i/\pi_{Ii}}, \tag{8.4.28}$$

它是情形 C 下总体均值 $\overline{y}_U$ 的一个适当的估计量.

习　题

8.1 某旅游景区 A 有 10 个旅游景点，$i = 1, 2, \cdots, N_I = 10$，每个景点都分布有家庭旅(饭)店，希望估计该旅游景区的家庭旅(饭)店的平均雇工人数 $\overline{y}_U = \sum_U y_k / N$，其中 y_k 表示第 k 个家庭旅(饭)店的雇工人数，$k \in U = \{1, 2, \cdots, N\}$，其中 $N = 70$. 为了比较二阶抽样的不同估计方案，假定 $y_k, \forall k \in U$ 已知. 数据如下表所示：

旅游景点 i	旅游景点中家庭旅(饭)店的数量 N_i	被选中的家庭旅(饭)店的数量 n_i	家庭旅(饭)店的雇工人数 $y_k, k \in U_i$
1	6	2	6, 4, 7, 5, 4, 6
2	9	3	9, 11, 12, 10, 13, 14, 12, 13, 14
3	8	3	10, 13, 12, 14, 11, 12, 13, 14
4	7	2	7, 8, 7, 4, 6, 7, 8
5	5	2	4, 5, 7, 6, 9
6	8	3	10, 15, 17, 12, 14, 16, 15, 9
7	5	2	3, 4, 3, 5, 7
8	7	2	9, 10, 7, 9, 9, 10, 8
9	9	3	15, 9, 12, 14, 13, 10, 13, 12, 11
10	6	2	7, 10, 8, 9, 7, 10

(1) 比较以下四种方案的效率：

方案 1　第一阶：从 $N_I = 10$ 个旅游景点中进行 SI 设计，抽取 $n_I = 5$ 个.

第二阶：对抽中的第 i 个旅游景点，使用 SI 设计从 N_i 个家庭旅店中抽取 n_i 个，其中 n_i 在上表中给出. 估计量 $\widehat{\overline{y}}_{U\pi} = \widehat{t}_\pi / N$，其中 $\widehat{t}_\pi = \sum_s y_k / \pi_k$ 为 $t = \sum_U y_k$ 的 π 估计量，假定 N 已知.

方案 2　抽样设计与方案 1 相同，但估计量为 $\widetilde{y}_s = \widehat{t}_\pi / \widehat{N}$，其中 $\widehat{N} = \sum_s 1/\pi_k$ 为 N 的 π 估计量.

方案 3　第一阶：实施两层的 $STSI$ 设计，$U_{I1} = \{i : i = 2, 3, 6, 9\}, U_{I2} = \{i : i = 1, 4, 5, 7, 8, 10\}$. 从 U_{I1} 中抽取 $n_{I1} = 3$ 个旅游景点，从 U_{I2} 中抽取 $n_{I2} = 2$ 个旅游景点.

第二阶：从抽中的旅游景点，使用 SI 设计，从第 i 个旅游景点的 N_i 个家庭旅(饭)店抽取 n_i 个，其中 n_i 在上表中给出. 估计量 $\widehat{\overline{y}}_{U\pi} = \widehat{t}_\pi / N$，假定 N 已知.

方案 4　抽样设计与方案 3 相同，但估计量为 $\widetilde{y}_s = \widehat{t}_\pi / \widehat{N}$.

对于每个方案，分别计算两个方差成分及其总和，即估计量的总方差. 方案 1 和方案 3

的估计量是无偏的, 因此可得到准确的方差成分. 方案 2 和方案 4 的估计量为近似无偏估计量, 使用近似方差公式进行计算. 那么在 N 已知的情况下, 是否用 $\hat{N}$ 替代 N 会更好? 这一分层策略是否会提高估计效率?

(2) 旅游景区 B 同样有 10 个旅游景点, 在该旅游景区的各个旅游景点分布的家庭旅 (饭) 店数为 $N=68$, 同样使用 (1) 中的四种方案, 其数据如下表所示:

旅游景点 i	旅游景点中家庭旅 (饭) 店的数量 N_i	被选中的家庭旅 (饭) 店的数量 n_i	家庭旅 (饭) 店的雇工人数 $y_k, k \in U_i$
1	6	2	6, 8, 7, 9, 8, 5
2	9	3	10, 11, 10, 9, 13, 10, 9, 8, 12
3	8	3	13, 10, 11, 10, 11, 12, 11, 12
4	5	2	10, 8, 7, 9, 6
5	5	2	7, 5, 6, 9, 10
6	8	3	9, 10, 9, 10, 11, 12, 11, 13
7	5	2	8, 6, 5, 10, 7
8	7	2	9, 7, 8, 6, 10, 7, 5
9	9	3	11, 13, 8, 9, 8, 10, 12, 11, 10
10	6	2	10, 8, 5, 7, 6, 7

对于每个方案, 分别计算两个方差成分和总方差. 另外, 从两个表中的数据可以看到, 旅游景区 A 的不同旅游景点的 y 的均值差异要比旅游景区 B 的大. 这一点是否在方差的两个成分中都有体现呢? 对于这两个旅游景区, 哪一个从分层得益更大?

8.2 对于某一总体的研究变量 y, 采用 SIC 设计从 $N_{\mathrm{I}} = 50$ 的群中抽取一个样本量为 $n_{\mathrm{I}} = 20$ 的样本, 变量 u 为群的辅助信息, 且

$$\sum_{s_{\mathrm{I}}} t_{yi} = 235\,661, \quad \sum_{s_{\mathrm{I}}} t_{yi}^2 = 55\,536\,106\,921,$$
$$\sum_{s_{\mathrm{I}}} u_i = 3\,730, \quad \sum_{s_{\mathrm{I}}} u_i^2 = 13\,912\,900,$$
$$\sum_{U_{\mathrm{I}}} u_i = 8\,182, \quad \sum_{s_{\mathrm{I}}} t_{yi} u_i = 819\,015\,530.$$

用比率估计量来估计其总体总值, 并计算相应的变异系数.

8.3 考察下面四种情况下两阶段抽样总体总值估计量的方差 (或近似方差) 及其方差构成, 观察比较不同情形辅助信息对两阶段抽样总体总值估计量的方差影响.

(1) 基于没有辅助信息情形下的 π 估计量的方差为

$$V(\widehat{t}_{y\pi}) = V_{PSU} + V_{SSU}$$
$$= \sum\sum_{U_\mathrm{I}} \Delta_{\mathrm{I}ij} \frac{t_{yi}}{\pi_{\mathrm{I}i}} \cdot \frac{t_{yj}}{\pi_{\mathrm{I}j}} + \sum_{U_\mathrm{I}} \frac{\sum\sum_{U_i} \Delta_{kl|i} \frac{y_k}{\pi_{k|i}} \cdot \frac{y_l}{\pi_{l|i}}}{\pi_{\mathrm{I}i}};$$

(2) 基于群水平模型的回归估计量，对应于情形 A，其近似方差为

$$AV(\widehat{t}_{yAr}) = AV_{APSU} + AVA_{SSU}$$
$$= \sum\sum_{U_\mathrm{I}} \Delta_{\mathrm{I}ij} \frac{t_{yi} - \boldsymbol{u}_i^\mathrm{T} \boldsymbol{B}_\mathrm{I}}{\pi_{\mathrm{I}i}} \cdot \frac{t_{yj} - \boldsymbol{u}_j^\mathrm{T} \boldsymbol{B}_\mathrm{I}}{\pi_{\mathrm{I}j}}$$
$$+ \sum_{U_\mathrm{I}} \frac{\sum\sum_{U_i} \Delta_{kl|i} \frac{y_k}{\pi_{k|i}} \cdot \frac{y_l}{\pi_{l|i}}}{\pi_{\mathrm{I}i}},$$

其中 $\boldsymbol{u}_i$ 是初级抽样单元总值 $t_{yi} = \sum_{U_i} y_k$ 的辅助变量向量，$\boldsymbol{B}_\mathrm{I}$ 是关于初级抽样单元模型回归系数的估计向量；

(3) 基于总体单位水平的回归估计量，对应于情形 B，其近似方差为

$$AV(\widehat{t}_{yBr}) = AV_{BPSU} + AV_{BSSU}$$
$$= \sum\sum_{U_\mathrm{I}} \Delta_{\mathrm{I}ij} \frac{\sum_{U_i}(y_k - \boldsymbol{x}_k^\mathrm{T} \boldsymbol{B})}{\pi_{\mathrm{I}i}} \cdot \frac{\sum_{U_j}(y_k - \boldsymbol{x}_k^\mathrm{T} \boldsymbol{B})}{\pi_{\mathrm{I}j}}$$
$$+ \sum_{U_\mathrm{I}} \frac{\sum\sum_{U_i} \Delta_{kl|i} \frac{y_k - \boldsymbol{x}_k^\mathrm{T} \boldsymbol{B}}{\pi_{k|i}} \cdot \frac{y_l - \boldsymbol{x}_l^\mathrm{T} \boldsymbol{B}}{\pi_{l|i}}}{\pi_{\mathrm{I}i}}$$

其中 $\boldsymbol{x}_k$ 是总体单位的辅助变量向量，$\boldsymbol{B}$ 是关于总体单位模型回归系数的估计向量；

(4) 基于总体单位水平的回归估计量，对应于情形 C，其近似方差为

$$AV(\widehat{t}_{yCr}) = AV_{CPSU} + AV_{CSSU}$$
$$= \sum\sum_{U_\mathrm{I}} \Delta_{\mathrm{I}ij} \frac{t_{yi}}{\pi_{\mathrm{I}i}} \cdot \frac{t_{yj}}{\pi_{\mathrm{I}j}}$$
$$+ \sum_{U_\mathrm{I}} \frac{\sum\sum_{U_i} \Delta_{kl|i} \frac{y_k - \boldsymbol{x}_k^\mathrm{T} \boldsymbol{B}}{\pi_{k|i}} \cdot \frac{y_l - \boldsymbol{x}_l^\mathrm{T} \boldsymbol{B}}{\pi_{l|i}}}{\pi_{\mathrm{I}i}}.$$

8.4 观察下面三个总体均值估计量：

$$\widehat{\bar{y}}_{U_1} = \frac{\sum_{s_\mathrm{I}} \widehat{t}_{yi\pi}/\pi_{\mathrm{I}i}}{\sum_{s_\mathrm{I}} N_i/\pi_{\mathrm{I}i}},$$

$$\widehat{\bar{y}}_{U_2} = \frac{\sum_{s_\mathrm{I}} N_i \widetilde{y}_{s_i}/\pi_{\mathrm{I}i}}{\sum_{s_\mathrm{I}} N_i/\pi_{\mathrm{I}i}},$$

$$\widehat{\bar{y}}_{U_3} = \frac{\sum_{s_\mathrm{I}} \widehat{t}_{yi\pi}/\pi_{\mathrm{I}i}}{\sum_{s_\mathrm{I}} \widehat{N}_i/\pi_{\mathrm{I}i}},$$

其中 $\widetilde{y}_{s_i} = \widehat{t}_{yi\pi}/\widehat{N}_i = \left(\sum_{s_i} y_k/\pi_{k|i}\right) / \left(\sum_{s_i} 1/\pi_{k|i}\right)$. 讨论这些估计量两两或全部相等以及不相等的条件，及这些估计量各自的优点．

8.5 假设 u_i 是第 i $(i = 1, 2, \cdots, N_\mathrm{I})$ 个初级抽样单元的已知辅助信息，u_i 近似与群总体总值 $t_{yi} = \sum_{U_i} y_k$ 成比例．第一阶段以 SI 方法抽取一个较大的初级抽样单元样本，在第 i 个样本初级抽样单元中，以 SI 方法从 N_i 个总体单位中抽取 n_i 个总体单位，则总体总值 $t_y = \sum_{U_\mathrm{I}} t_{yi}$ 的估计量为

$$\widehat{t}_y = \left(\sum\nolimits_{U_\mathrm{I}} u_i\right) \frac{\sum_{s_\mathrm{I}} \widehat{t}_{yi\pi}}{\sum_{s_\mathrm{I}} u_i},$$

其中 $\widehat{t}_{yi\pi} = N_i \bar{y}_{s_i}$. 试给出该估计量的近似方差及方差估计量的表达式.

8.6 考虑常数均值模型的特例 (7.3.1). 证明：若总体中所有总体单位的辅助信息都可获得的情形下，估计量 $\widehat{t}_{yBr}$ 除以 N 得到总体均值估计量

$$\widehat{\bar{y}}_U = \frac{\sum_{s_\mathrm{I}} \widehat{t}_{yi\pi}/\pi_{\mathrm{I}i}}{\sum_{s_\mathrm{I}} \widehat{N}_i/\pi_{\mathrm{I}i}},$$

其中 $\widehat{t}_{yi\pi}$ 和 $\widehat{N}_i$ 是 π 估计量，并推导出相应的方差估计量.

8.7 考虑两阶段 SI 设计，总体均值 $\bar{y}_U$ 可以用 $\widehat{\bar{y}}_U = \dfrac{\sum_{s_\mathrm{I}} N_i \bar{y}_{s_i}}{\sum_{s_\mathrm{I}} N_i}$ 来估计，假设对于 $i \in s_\mathrm{I}$, 总体单位数 N_i 已知．第一阶段以 SI 方法抽取初级抽样单元样本，抽样比为 $f_\mathrm{I} = n_\mathrm{I}/N_\mathrm{I}$. 第二阶段在抽中的初级抽样单元中实施 SI 设计，考虑采用两种方法抽取：

(1) 抽样比是常数，即对所有的 $i \in s_\mathrm{I}$, 有 $n_i/N_i = f_\mathrm{II}$;

(2) 对所有的 $i \in s_\mathrm{I}$，样本量为常数 c，且 c 由满足方法 (1) 中 $n_s = \sum_{s_\mathrm{I}} n_i$ 的期望决定，即要求 $E(n_s) = c n_\mathrm{I}$.

在所有初级抽样单元内方差 $S^2_{yU_i}$ 相等的简单假设下，比较上述两种抽样方法下近似方差的优劣.

第 9 章 其他抽样方法

前面章节介绍和讨论的理论和方法是抽样调查的基础和最基本的工具, 现实中许多调查还需要更高级的技术和方法, 比如二重抽样、连续性抽样调查的样本轮换、基于多元回归模型的估计、域估计、复杂抽样的方差估计、多目标调查的抽样设计和估计、抽样设计效应的统计分析等. 限于篇幅, 本章仅介绍和讨论二重抽样和样本轮换的技术和方法.

9.1 二 重 抽 样

9.1.1 引言

根据前面各章的讲述我们知道, 有效的抽样估计方法需要用到一定数量的辅助信息. 然而, 对于有些调查总体来说, 辅助信息往往很难得到, 比如抽样框中没有包含详细的辅助信息、辅助信息不完整等. 当从抽样框中很难或几乎不能取得关于总体单位的有用信息时, 我们往往只有下面两种可能的选择:

一种是使用简单的抽样设计, 如简单随机抽样 (SI) 或简单随机整群抽样 (SIC), 然后再使用 π 估计量进行估计. 在这种情况下, 由于总体方差较大, 抽样估计精度很难提高. 如果要达到所要求的估计精度, 唯一的方法就是扩大样本量, 但这必然会花费更多的调查费用.

另一种是重新收集关于总体的信息, 以此来构建一个新的、能提供有用辅助信息的抽样框, 然后选择一个有效的抽样设计和回归估计量的组合. 这样, 抽取很少的样本便能得到我们想要的精度. 但是, 由于在构建新的抽样框时需要花费大量的费用, 总的调查费用肯定会大大增加.

实际上, 为了更好地解决上述问题, 我们可以考虑这两种选择的一个折中方案, 即第三种选择, 也就是应用二重抽样 (two-phase sampling) 的方法, 有时也称为二相抽样. 简单来说, 二重抽样的基本思想就是先从总体中抽取一个大样本, 再从大样本中抽取一个小样本 (也称为子样本). 这种方法最早由 Neyman (1938) 提出, 本章讨论它的一般形式, 即在两次抽样中使用任意的抽样设计. 在调查前, 如果我们对调查总体的情况一无所知, 那么二重抽样将是非常有效的方法. 多于二重的抽样称为多重抽样 (multiphase sampling), 但本书仅以二重抽样为例进行讨论. 二重抽样的具体实施步骤如下:

第一步 在简单抽样设计 $p_a(\cdot)$ 下, 从总体中抽出一个相当大的样本, 记为 s_a. 对于样本 s_a 中的总体单位, 收集关于一个或更多辅助变量的信息, 且要求收集这些信息所花费用不多.

第二步 在第一步中收集的辅助信息的帮助下, 在设计 $p(\cdot|s_a)$ 下, 从样本 s_a 中选择第二重样本 s, 这里的 s 是子样本. 对于第二重样本中的总体单位, 观察得到其研究变量 y 值.

概括来说, 二重抽样的适用场合主要包括以下三种情况:

情况一, 当构建总体抽样框较为困难时, 便可考虑使用二重抽样. 成功使用二重抽样的关键就是创建一个能提供更多信息的抽样框, 而这个抽样框不是针对整个总体 (这样做费用太高), 而是针对总体的一部分 (子样本就是从这一部分中抽出的). 比如, 想调查某市患有某种慢性疾病的人群, 此时完整的抽样框是难以获得的, 只能考虑使用二重抽样.

情况二, 在出现无回答时, 可以用二重抽样的理论方法来进行处理, 并在一定程度上解决无回答的难题. 在调查中出现无回答时, 可从总体中抽取一个较大的概率样本, 将其看成是第一重抽样, 其中所有回答的总体单位就构成了子样本. 本章的相关理论可以应用在第 10 章中关于无回答问题的讨论, 具体处理方法和过程见第 10 章.

情况三, 二阶抽样和连续性抽样都可以看成是依靠二重或多重抽样理论的抽样方法. 本书在第 5 章和 9.2 节中具体讨论这一问题. 比如, 二阶抽样实际上是二重抽样的一个特例, 本章中二重抽样的理论为二阶抽样提供了一个条件更宽松的抽样框.

9.1.2 二重抽样下的 π^* 估计量及基本性质

1. 符号记法

在二重抽样中, 假定根据抽样设计 $p_a(\cdot)$ 抽出第一重样本 s_a, 其样本量为 n_a, 可用 $p_a(s_a)$ 表示样本 s_a 被抽中的概率, 下标 a 表示第一重抽样. 相应的一阶包含概率表示为

$$\pi_{ak} = \sum_{s_a \ni k} p_a(s_a). \tag{9.1.1}$$

对于总体单位 $k, l \in U$, 二阶包含概率为

$$\pi_{akl} = \sum_{s_a \ni k \& l} p_a(s_a). \tag{9.1.2}$$

在第一重样本 s_a 抽出之后, 再根据抽样设计 $p(\cdot|s_a)$ 抽出第二重样本 s, 其样本量为 n_s, 可用 $p(s|s_a)$ 表示样本 s 被抽中的条件概率. 在这种抽样设计下的一阶包含概率表示为

$$\pi_{k|s_a} = \sum_{s \ni k} p(s|s_a). \tag{9.1.3}$$

对于总体单位 $k, l \in s_a$, 相应的二阶包含概率为

$$\pi_{kl|s_a} = \sum_{s \ni k \& l} p(s|s_a). \tag{9.1.4}$$

2. π^* 估计量

在二重抽样下估计总体总值 $t = \sum_U y_k$ (为了简化记号, 本章用 t 表示 t_y) 时, 由于不能直接得到 π_k, 传统的 π 估计量便无法使用. 本节通过如下步骤推导出一个新的无偏估计量.

首先,假定基于第一重抽样,给出 π 估计量为

$$\sum_{s_a} \breve{y}_{ak} = \sum_{s_a} y_k/\pi_{ak}.$$

当然,在实际调查中还要进行第二重抽样,仅对 $k \in s$ 的总体单位,观察其研究变量 y_k 的值.

其次,在第二重抽样之后,关于 $\sum_{s_a} \breve{y}_{ak}$ 的条件 π 估计量为

$$\sum_s \frac{\breve{y}_{ak}}{\pi_{k|s_a}} = \sum_s \frac{y_k}{\pi_{ak}\pi_{k|s_a}}. \tag{9.1.5}$$

由于在抽出第一重样本 s_a 后,能够计算出 $\pi_{k|s_a}$,式 (9.1.5) 的估计量便可在实践中使用.

最后,引入新的记号:

$$\pi_k^* = \pi_{ak}\pi_{k|s_a}. \tag{9.1.6}$$

此时,关于总体总值的 π^* 估计量 $\widehat{t}_{\pi^*}$ 表示为

$$\widehat{t}_{\pi^*} = \sum_s \frac{y_k}{\pi_k^*} = \sum_s \breve{\breve{y}}_k, \tag{9.1.7}$$

这里,经过 π^* 扩大后的 y 值可表示为

$$\breve{\breve{y}}_k = \frac{\breve{y}_{ak}}{\pi_{k|s_a}} = \frac{y_k}{\pi_{ak}\pi_{k|s_a}} = \frac{y_k}{\pi_k^*}, \tag{9.1.8}$$

其中,"$\breve{\breve{}}$" 表示估计量经过两次扩大 (每一重抽样便扩大一次).

3. π^* 估计量的基本性质

为了表达方便,本节还需再引入如下一些符号记号:

$$\pi_{kl}^* = \pi_{akl}\pi_{kl|s_a}, \tag{9.1.9}$$

$$\Delta_{akl} = \pi_{akl} - \pi_{ak}\pi_{al}, \tag{9.1.10}$$

$$\Delta_{kl|s_a} = \pi_{kl|s_a} - \pi_{k|s_a}\pi_{l|s_a}. \tag{9.1.11}$$

为了便于理解和推导,可将式 (9.1.7) 中的 π^* 估计量与总体总值的差值表示成如下形式:

$$\widehat{t}_{\pi^*} - t = \underbrace{\left(\sum_{s_a} \breve{y}_{ak} - \sum_U y_k\right)}_{Q_{s_a}} + \underbrace{\left(\sum_s \breve{\breve{y}}_k - \sum_{s_a} \breve{y}_{ak}\right)}_{R_s}. \tag{9.1.12}$$

其中, Q_{s_a} 可称为由于第一重抽样引起的误差, R_s 则是由于第二重抽样引起的误差. 在给定 s_a 的情况下, π^* 估计量是 $\sum_{s_a} \breve{y}_k$ 的无偏估计,即在给定 s_a 的情况下, R_s 的期望为零.

本节不加证明地给出如下结果: π^* 估计量 $\widehat{t}_{\pi^*}$ 的方差为

$$V(\widehat{t}_{\pi^*}) = \sum\sum_U \Delta_{akl}\, \breve{y}_{ak}\, \breve{y}_{al} + E_{pa}\left(\sum\sum_{s_a} \Delta_{kl|s_a}\, \breve{\breve{y}}_k\, \breve{\breve{y}}_l\right), \qquad (9.1.13)$$

其中, $\breve{y}_{ak} = y_k/\pi_{ak}$, $\breve{\breve{y}}_k = y_k/\pi_k^*$, Δ 项由式 (9.1.10) 和 (9.1.11) 给定; 方差的无偏估计量为

$$\widehat{V}(\widehat{t}_{\pi^*}) = \sum\sum_s \frac{\Delta_{akl}}{\pi_{kl}^*}\, \breve{y}_{ak}\, \breve{y}_{al} + \sum\sum_s \frac{\Delta_{kl|s_a}}{\pi_{kl|s_a}}\, \breve{\breve{y}}_k\, \breve{\breve{y}}_l. \qquad (9.1.14)$$

式 (9.1.14) 中的每一部分都是式 (9.1.13) 中对应部分的无偏估计.

4. 应用举例

如前所述, 二阶抽样可以看作是一种特殊情况下的二重抽样. 假设在二阶抽样中, 每一阶段都使用简单随机抽样, 在第一阶段从 N_{I} 个初级单元中抽出 n_{I} 个初级抽样单元, 然后从第 i 个抽出的初级抽样单元包含的 N_i 个总体单位中抽出 n_{s_i} 个单位作为子样本, 这里 $i \in s_{\mathrm{I}}$. 令 $f_{s_i} = n_{s_i}/N_i$, $\widehat{t}_i = N_i \bar{y}_{s_i}$, 则 π^* 估计量可写成如下形式:

$$\widehat{t}_{\pi^*} = (N_{\mathrm{I}}/n_{\mathrm{I}})\sum_{s_{\mathrm{I}}} \widehat{t}_i. \qquad (9.1.15)$$

π^* 估计量的方差为

$$V(\widehat{t}_{\pi^*}) = N_{\mathrm{I}}^2 \frac{1-f_{\mathrm{I}}}{n_{\mathrm{I}}} S_{tU_{\mathrm{I}}}^2 + E_{SI}\left(\frac{N_{\mathrm{I}}^2}{n_{\mathrm{I}}^2}\sum_{s_{\mathrm{I}}} N_i^2 \frac{1-f_{s_i}}{n_{s_i}} S_{yU_i}^2\right), \qquad (9.1.16)$$

其中, $S_{tU_{\mathrm{I}}}^2$ 和 $S_{yU_i}^2$ 的定义见例 5.2.1, 方差公式的第二部分是在简单随机抽样下求取期望. 上述方差的无偏估计量为

$$\widehat{V}(\widehat{t}_{\pi^*}) = N_{\mathrm{I}}^2 \frac{1-f_{\mathrm{I}}}{n_{\mathrm{I}}} S_{\widehat{t}s_{\mathrm{I}}}^2 + \frac{N_{\mathrm{I}}}{n_{\mathrm{I}}}\sum_{s_{\mathrm{I}}} N_i^2 \frac{1-f_{s_i}}{n_{s_i}} S_{ys_i}^2, \qquad (9.1.17)$$

其中, $S_{\widehat{t}s_{\mathrm{I}}}^2$ 和 $S_{ys_i}^2$ 的定义见例 5.2.1.

9.1.3 二重分层抽样

1. 实施过程

分层抽样是一种精度较高的抽样方法, 但实施分层抽样需要提前获得分层标志信息, 从而构建出各层抽样框才可实施分层抽样. 在现实调查中, 由于分层标志不完整, 各层抽样框往往难以构建完备, 因而大大限制了分层抽样的推广便用. 此时, 为了充分利用分层抽样的思想, 提高估计精度, 可以考虑实施二重分层抽样 (two-phase sampling for stratification), 具体实施过程如下:

首先，在第一重抽样中，在给定的设计 $p_a(\cdot)$ 下，抽出一个样本量为 n_{s_a} 的大样本，记为 s_a. 对于样本 s_a 中的总体单位，花费较小的成本，调查记录某些分层标志信息，以便对第一重样本中的总体单位进行分层．

其次，利用这些分层标志信息对第一重样本 s_a 进行分层，假定分成 H_{s_a} 个层，记为 $s_{a_h}, h = 1, 2, \cdots, H_{s_a}$，且第 h 层的总体单位数为 n_{ah}，即有

$$s_a = \bigcup_{h=1}^{H_{s_a}} s_{ah}, \quad n_{s_a} = \sum_{h=1}^{H_{s_a}} n_{ah}.$$

最后，进行第二重的分层抽样．根据给定的设计 $p_h(\cdot|s_a)$，从第 h 层抽出一个样本量 n_h 相对较小的样本 $s_h(s_h \subset s_{ah})$. 第二重样本记为 s，且有

$$s = \bigcup_{h=1}^{H_{s_a}} s_h, \quad n_s = \sum_{h=1}^{H_{s_a}} n_h.$$

出于简化的目的，此时的记号与前面稍有不同，即用 n_{ah} 代替 $n_{s_{ah}}$，用 n_h 代替 n_{s_h}，虽然一般情况下它们是随机的．

2. 估计过程及应用举例

在二重分层抽样中，总体总值的 π^* 估计量可以表达为

$$\widehat{t}_{\pi^*} = \sum_{h=1}^{H_{s_a}} \sum_{s_h} \breve{\breve{y}}_k. \tag{9.1.18}$$

π^* 估计量的方差为

$$V(\widehat{t}_{\pi^*}) = \sum\sum_U \Delta_{akl} \breve{y}_{ak} \breve{y}_{al} + E_{p_a} \left(\sum_{h=1}^{H_{s_a}} \sum\sum_{s_{ah}} \Delta_{kl|s_a} \breve{\breve{y}}_k \breve{\breve{y}}_l \right), \tag{9.1.19}$$

其中，$\breve{y}_{ak} = y_k/\pi_{ak}$, $\breve{\breve{y}}_k = y_k/\pi_k^*$. 方差的无偏估计量为

$$\widehat{V}(\widehat{t}_{\pi^*}) = \sum\sum_s \frac{\Delta_{akl}}{\pi_{kl}^*} \breve{y}_{ak} \breve{y}_{al} + \sum_{h=1}^{H_{s_a}} \sum\sum_{s_h} \frac{\Delta_{kl|s_a}}{\pi_{kl|s_a}} \breve{\breve{y}}_k \breve{\breve{y}}_l. \tag{9.1.20}$$

式 (9.1.20) 中的每一部分都是式 (9.1.19) 中相应部分的无偏估计量. 式 (9.1.19) 和式 (9.1.20) 是用一般性的表达式陈述的，形式较为简单. 当应用具体的抽样设计时，这些公式可能会变得相当复杂，下面举例说明.

假设第二重抽样设计使用分层随机抽样设计 $STSI$，第一重抽样使用一般性设计，那么，有

$$\pi_{k|s_a} = \frac{n_h}{n_{ah}} = f_h, \quad k \in s_{ah},$$

且

$$\pi_{kl|s_a} = \begin{cases} f_h, & k = l \in s_{ah}, \\ f_h \dfrac{n_h - 1}{n_{ah} - 1}, & k \in s_{ah}, l \in s_{ah}, k \neq l, \\ f_h f_{h'}, & k \in s_{ah}, l \in s_{ah'}, h \neq h'. \end{cases} \quad (9.1.21)$$

此时, π^* 估计量为

$$\widehat{t}_{\pi^*} = \sum_{h=1}^{H_{s_a}} n_{ah}\, \overset{\circ}{y}_{s_h}, \quad (9.1.22)$$

其中,

$$\overset{\circ}{y}_{s_h} = \frac{1}{n_h}\sum_{s_h} \overset{\smile}{y}_{ak} = \frac{1}{n_h}\sum_{s_h} \frac{y_k}{\pi_{ak}}. \quad (9.1.23)$$

π^* 估计量的方差可以表达为

$$V(\widehat{t}_{\pi^*}) = \sum\sum_U \Delta_{akl}\, \overset{\smile}{y}_{ak}\, \overset{\smile}{y}_{al} + E_{p_a}\left(\sum_{h=1}^{H_{s_a}} n_{ah}^2 \frac{1-f_h}{n_h} S^2_{\overset{\smile}{y}_{s_{ah}}}\right), \quad (9.1.24)$$

其中, $S^2_{\overset{\smile}{y}_{s_{ah}}}$ 是第 h 层的方差, $\overset{\smile}{y}_{ak} = y_k/\pi_{ak}$, 即

$$S^2_{\overset{\smile}{y}_{s_{ah}}} = \frac{1}{n_{ah}-1}\sum_{s_{ah}}(\overset{\smile}{y}_{ak} - \overset{\circ}{y}_{s_{ah}})^2,$$

这里

$$\overset{\circ}{y}_{s_{ah}} = \sum_{s_{ah}} \overset{\smile}{y}_{ak}/n_{ah}.$$

式 (9.1.24) 的第二部分包含了一个熟悉的分层形式, 由于 n_{ah}, n_h 和 H_{s_a} 是由第一重样本 s_a 来决定的, 所以表示成一个期望形式. 方差的无偏估计量为

$$\widehat{V}(\widehat{t}_{\pi^*}) = \sum\sum_s \frac{\Delta_{akl}}{\pi^*_{kl}}\, \overset{\smile}{y}_{ak}\, \overset{\smile}{y}_{al} + \sum_{h=1}^{H_{s_a}} n_{ah}^2 \frac{1-f_h}{n_h} S^2_{\overset{\smile}{y}_{s_h}}, \quad (9.1.25)$$

其中, $\pi^*_{kl} = \pi_{akl}\pi_{kl|s_a}$, $\pi_{kl|s_a}$ 由式 (9.1.21) 给定, 且

$$S^2_{\overset{\smile}{y}_{s_h}} = \frac{1}{n_h-1}\sum_{s_h}(\overset{\smile}{y}_{ak} - \overset{\circ}{y}_{s_h})^2, \quad (9.1.26)$$

这里, $\overset{\circ}{y}_{s_h}$ 由式 (9.1.23) 给定.

9.1.4 在二重抽样中辅助变量的选择

一般来说,当我们难以获得关于总体的辅助变量信息时,便可以考虑二重抽样,具体通过调查第一重样本中的总体单位得到相应的辅助变量值,从而基于第一重样本构建第二重抽样的抽样框. 现定义如下记号:

(1) 令 $\boldsymbol{x}_k$ 是关于 J 个辅助变量值的向量,其中 $k \in s_a$.

(2) 令 $\boldsymbol{x}_{1k}$ 是关于 J_1 个辅助变量值的向量,其中 $k \in U$.

假定 $\boldsymbol{x}_k = (\boldsymbol{x}_{1k}^{\mathrm{T}}, \boldsymbol{x}_{2k}^{\mathrm{T}})^{\mathrm{T}}$ 包含两方面的辅助变量值,其中,$\boldsymbol{x}_{1k}$ 是一个关于 J_1 个辅助变量值的向量,这里 $k \in U$,而 $\boldsymbol{x}_{2k}$ 是关于 $J_2 = J - J_1$ 个变量值的向量,但这里仅调查第一重样本单元,即 $k \in s_a$(这样做相对来说成本较小). 因此,在回归估计中,应用 $\boldsymbol{x}_k$ 得到从 s 到 s_a 的关于研究变量 y 的预测值 $\widehat{y}_k$,而应用 $\boldsymbol{x}_{1k}$ 得到从 s_a 到 U 的预测值 $\widehat{y}_{1k}$. 上述内容可总结如表 9.1.1 所示.

表 9.1.1　不同情况下辅助变量的选择

总体单位集合	已知的辅助向量值	调查的研究变量值	预测的研究变量值
总体 U	$\boldsymbol{x}_{1k}$	—	$\widehat{y}_{1k}$
第一重样本 s_a	$\boldsymbol{x}_k = (\boldsymbol{x}_{1k}^{\mathrm{T}}, \boldsymbol{x}_{2k}^{\mathrm{T}})^{\mathrm{T}}$	—	$\widehat{y}_k, \widehat{y}_{1k}$
第二重样本 s	$\boldsymbol{x}_k = (\boldsymbol{x}_{1k}^{\mathrm{T}}, \boldsymbol{x}_{2k}^{\mathrm{T}})^{\mathrm{T}}$	y_k	$\widehat{y}_k$

接下来,9.1.5 小节将在每一重抽样设计固定的情况下,寻求 π^* 估计量的改进方法. 在回归估计时,方差的减少程度主要取决于两个条件:

(1) $\boldsymbol{x}_2$ 作为自变量对变量 y 的解释程度;

(2) $\boldsymbol{x}_1$ 作为自变量对变量 y 的解释程度.

9.1.5 二重抽样下的回归估计量

如上所述,辅助变量信息有两个来源:

(1) 辅助变量 $\boldsymbol{x}_{1k}$ 对于所有的 $k \in U$ 已知;

(2) 辅助变量 $\boldsymbol{x}_{2k}$ 必须通过调查第一重样本取得.

对于 $k \in s_a$,所有的辅助变量信息可用如下矩阵表示:

$$\boldsymbol{x}_k = (\boldsymbol{x}_{1k}^{\mathrm{T}}, \boldsymbol{x}_{2k}^{\mathrm{T}})^{\mathrm{T}}. \tag{9.1.27}$$

在实际的抽样估计中,对于 $k \in s_a$,除了知道完全的辅助信息矩阵 $\boldsymbol{x}_k = (\boldsymbol{x}_{1k}^{\mathrm{T}}, \boldsymbol{x}_{2k}^{\mathrm{T}})^{\mathrm{T}}$ 外,还调查了第二重样本中的所有总体单位 k,取得其研究变量值 y_k,其中 $k \in s$. 因此,可构造如下的二重回归估计量:

$$\widehat{t}_{tpyr} = \sum_U \widehat{y}_{1k} + \sum_{s_a} \frac{\widehat{y}_k - \widehat{y}_{1k}}{\pi_{ak}} + \sum_s \frac{y_k - \widehat{y}_k}{\pi_k^*}, \tag{9.1.28}$$

其中,$\widehat{y}_k$ 和 $\widehat{y}_{1k}$ 是通过适当的回归拟合取得的.

我们现在的任务就是研究如何利用不同的辅助变量进行回归估计. 下面, 主要根据获得辅助变量信息的不同, 分为两种情况进行论述, 即底水平估计 $\widehat{y}_k$ 和顶水平估计 $\widehat{y}_{1k}$.

1. 底水平估计

底水平 (bottom level) 估计 $\widehat{y}_k$ 是指, 以已知的辅助向量 $\boldsymbol{x}_k, k \in s_a$ 为基础, 对于所有 $k \in s_a$ 的总体单位的研究变量值进行估计. 本节建立如下的回归模型, 记为 ξ, 来描述某个有限总体中的所有散点 $(y_k, \boldsymbol{x}_k)$. 具体的回归模型如下:

$$\begin{cases} E_\xi(y_k) = \boldsymbol{x}_k^\mathrm{T} \boldsymbol{\beta}, \\ V_\xi(y_k) = \sigma_k^2. \end{cases} \tag{9.1.29}$$

如果对于所有的 $k \in s_a, y_k$ 的值都是已知的, 那么在 s_a 的水平上, 未知向量 $\boldsymbol{\beta}$ 的估计量可表达成如下的形式:

$$\boldsymbol{B}_{s_a} = \left(\sum_{s_a} \frac{\boldsymbol{x}_k \boldsymbol{x}_k^\mathrm{T}}{\sigma_k^2 \pi_{ak}} \right)^{-1} \sum_{s_a} \frac{\boldsymbol{x}_k y_k}{\sigma_k^2 \pi_{ak}}. \tag{9.1.30}$$

这样可以得出残差为

$$E_k = y_k - \boldsymbol{x}_k^\mathrm{T} \boldsymbol{B}_{s_a}, \quad k \in s_a. \tag{9.1.31}$$

在实际估计中, 我们只能利用第二重样本数据估计回归系数, 得出

$$\widehat{\boldsymbol{B}}_s = \left(\sum_s \frac{\boldsymbol{x}_k \boldsymbol{x}_k^\mathrm{T}}{\sigma_k^2 \pi_k^*} \right)^{-1} \sum_s \frac{\boldsymbol{x}_k y_k}{\sigma_k^2 \pi_k^*}. \tag{9.1.32}$$

研究变量的估计值为

$$\widehat{y}_k = \boldsymbol{x}_k^\mathrm{T} \widehat{\boldsymbol{B}}_s, \quad k \in s_a, \tag{9.1.33}$$

相应的样本残差为

$$e_{ks} = y_k - \widehat{y}_k, \quad k \in s. \tag{9.1.34}$$

2. 顶水平估计

顶水平 (top level) 估计 $\widehat{y}_{1k}$ 是指, 对于 $k \in U$ 的总体单位, 可计算出估计值 $\widehat{y}_{1k}$. 这时, 可以使用的辅助变量信息是辅助向量值 $\boldsymbol{x}_{1k}, k \in U$, 研究变量值是 $y_k, k \in s$. 这里, 可建立一个新的回归模型, 记为 ξ_1, 来恰当地拟合散点 $(y_k, \boldsymbol{x}_{1k})$, 其中 $k = 1, 2, \cdots, N$. 新的回归模型如下:

$$\begin{cases} E_{\xi_1}(y_k) = \boldsymbol{x}_{1k}^\mathrm{T} \boldsymbol{\beta}_1, \\ V_{\xi_1}(y_k) = \sigma_{1k}^2. \end{cases} \tag{9.1.35}$$

假设运用总体数据对该回归模型进行拟合, 可以得出回归系数 $\boldsymbol{\beta}_1$ 的估计量为

$$\boldsymbol{B}_1 = \left(\sum_U \frac{\boldsymbol{x}_{1k} \boldsymbol{x}_{1k}^\mathrm{T}}{\sigma_{1k}^2} \right)^{-1} \sum_U \frac{\boldsymbol{x}_{1k} y_k}{\sigma_{1k}^2}. \tag{9.1.36}$$

总体残差为
$$E_{1k} = y_k - \boldsymbol{x}_{1k}^{\mathrm{T}} \boldsymbol{B}_1. \tag{9.1.37}$$

运用第一重样本数据对 $\boldsymbol{B}_1$ 进行估计, 可得出如下的样本估计量:
$$\widehat{\boldsymbol{B}}_{1s_a} = \left(\sum_{s_a} \frac{\boldsymbol{x}_{1k}\boldsymbol{x}_{1k}^{\mathrm{T}}}{\sigma_{1k}^2 \pi_{ak}} \right)^{-1} \sum_{s_a} \frac{\boldsymbol{x}_{1k}y_k}{\sigma_{1k}^2 \pi_{ak}}. \tag{9.1.38}$$

但是, 由于只知道样本 s 中样本单元的研究变量值 y_k, 所以上面的估计量在实际调查中无法计算出来. 这样, 在样本 s 的基础上, 又提出如下的回归系数的估计量:
$$\widehat{\boldsymbol{B}}_{1s} = \left(\sum_{s} \frac{\boldsymbol{x}_{1k}\boldsymbol{x}_{1k}^{\mathrm{T}}}{\sigma_{1k}^2 \pi_k^*} \right)^{-1} \sum_{s} \frac{\boldsymbol{x}_{1k}y_k}{\sigma_{1k}^2 \pi_k^*}. \tag{9.1.39}$$

总体的所有总体单位研究变量的估计值为
$$\widehat{y}_{1k} = \boldsymbol{x}_{1k}^{\mathrm{T}} \widehat{\boldsymbol{B}}_{1s}, \quad k \in U, \tag{9.1.40}$$

样本残差为
$$e_{1ks} = y_k - \widehat{y}_{1k}, \quad k \in s. \tag{9.1.41}$$

我们可以把式 (9.1.39) 看成是在给定第一重样本 s_a 的情况下, 对回归系数 (9.1.38) 的条件估计量, 而式 (9.1.38) 又是式 (9.1.36) 的样本估计量.

3. 二重抽样下的回归估计

我们知道, 回归估计方法能够很好地提高抽样估计精度, 因此可以考虑在二重抽样下进一步应用回归估计方法提高估计精度. 二重抽样下的回归估计量与一般的回归估计量一样, 并不是无偏估计量 (仅仅是近似无偏), 且估计量方差是通过近似计算得出. 另外, 回归估计量还可以通过 g 权重利用加权的形式表达出来, 这些 g 权重将有助于给出方差的估计. 具体来说, 对于 $k \in s$, 有
$$g_{ks} = 1 + \left(\sum_{s_a} \frac{\boldsymbol{x}_k}{\pi_{ak}} - \sum_{s} \frac{\boldsymbol{x}_k}{\pi_k^*} \right)^{\mathrm{T}} \left(\sum_{s} \frac{\boldsymbol{x}_k\boldsymbol{x}_k^{\mathrm{T}}}{\sigma_k^2 \pi_k^*} \right)^{-1} \frac{\boldsymbol{x}_k}{\sigma_k^2}, \tag{9.1.42}$$

而对于 $k \in s_a$, 有
$$g_{1ks_a} = 1 + \left(\sum_{U} \boldsymbol{x}_{1k} - \sum_{s_a} \frac{\boldsymbol{x}_{1k}}{\pi_{ak}} \right)^{\mathrm{T}} \left(\sum_{s_a} \frac{\boldsymbol{x}_{1k}\boldsymbol{x}_{1k}^{\mathrm{T}}}{\sigma_{1k}^2 \pi_{ak}} \right)^{-1} \frac{\boldsymbol{x}_{1k}}{\sigma_{1k}^2}. \tag{9.1.43}$$

易于证明由式 (9.1.28), (9.1.33) 和 (9.1.40) 决定的回归估计量的估计误差为
$$\widehat{t}_{tpyr} - t = \left(\sum_{s_a} \frac{g_{1ks_a} y_k}{\pi_{ak}} - \sum_{U} y_k \right) + \left(\sum_{s} \frac{g_{ks} y_k}{\pi_k^*} - \sum_{s_a} \frac{y_k}{\pi_{ak}} \right) + \Delta, \tag{9.1.44}$$

其中,
$$\Delta = \left(\sum_U \boldsymbol{x}_{1k} - \sum_{s_a} \frac{\boldsymbol{x}_{1k}}{\pi_{ak}}\right)^{\mathrm{T}} (\widehat{\boldsymbol{B}}_{1s} - \widehat{\boldsymbol{B}}_{1s_a}). \tag{9.1.45}$$

因此, 在二重抽样中, 总体总值 $t = \sum_U y_k$ 的一个近似无偏的回归估计量可以表示为

$$\widehat{t}_{tpyr} = \sum_U \widehat{y}_{1k} + \sum_{s_a} \frac{\widehat{y}_k - \widehat{y}_{1k}}{\pi_{ak}} + \sum_s \frac{y_k - \widehat{y}_k}{\pi_k^*}, \tag{9.1.46}$$

其中, $\widehat{y}_k$ 和 $\widehat{y}_{1k}$ 分别由式 (9.1.33) 和式 (9.1.40) 取得. 回归估计量 $\widehat{t}_{tpyr}$ 的近似方差可表达如下:

$$AV(\widehat{t}_{tpyr}) = \sum\sum_U \Delta_{akl} \breve{E}_{1k} \breve{E}_{1l} + E_{p_a}\left(\sum\sum_{s_a} \Delta_{kl|s_a} \breve{\breve{E}}_k \breve{\breve{E}}_l\right), \tag{9.1.47}$$

其中, $\breve{E}_{1k} = E_{1k}/\pi_{ak}$, $\breve{\breve{E}}_k = E_k/\pi_k^*$. 残差 E_k 和 E_{1k} 分别由式 (9.1.31) 和式 (9.1.37) 定义. 回归估计量的方差由

$$\widehat{V}(\widehat{t}_{tpyr}) = \sum\sum_s \frac{\Delta_{akl}}{\pi_{kl}^*} g_{1ks_a} \breve{e}_{1ks} g_{1ls_a} \breve{e}_{1ls} + \sum\sum_s \frac{\Delta_{kl|s_a}}{\pi_{kl|s_a}} g_{ks} \breve{\breve{e}}_{ks} g_{ls} \breve{\breve{e}}_{ls} \tag{9.1.48}$$

估计, 其中, $\breve{e}_{1ks} = e_{1ks}/\pi_{ak}$, $\breve{\breve{e}}_{ks} = e_{ks}/\pi_k^*$, 且 $e_{1ks}, g_{1ks_a}, e_{ks}$ 和 g_{ks} 分别由式 (9.1.41), 式 (9.1.43), 式 (9.1.34) 和式 (9.1.42) 计算得到.

在下面给出一些例子之前, 先讨论一下根据获得辅助变量信息的不同, 式 (9.1.46) 中回归估计量的两种特殊情况.

情况 1 对于 $k \in s_a$, 没有新记录的 x 变量加入, 在回归估计量中没有使用向量 $\boldsymbol{x}_{2k}$. 在式 (9.1.30) 和式 (9.1.34) 中, 有

$$\boldsymbol{x}_k = \left(\boldsymbol{x}_{1k}^{\mathrm{T}}, \boldsymbol{x}_{2k}^{\mathrm{T}}\right)^{\mathrm{T}} = \boldsymbol{x}_{1k}.$$

假设 $\sigma_k^2 = \sigma_{1k}^2$, 那么可得 $\widehat{y}_k = \widehat{y}_{1k}$, 这样式 (9.1.46) 等号右边的中间项等于零, 即回归估计量可简化为

$$\widehat{t}_{tpyr1} = \sum_U \widehat{y}_{1k} + \sum_s \frac{y_k - \widehat{y}_{1k}}{\pi_k^*}. \tag{9.1.49}$$

如果在表达式 E_k, e_{ks} 和 g_{ks} 中设定 $\boldsymbol{x}_k = \boldsymbol{x}_{1k}$, 那么由式 (9.1.47) 给出的近似方差公式和式 (9.1.48) 给出的方差估计量公式都能继续使用.

情况 2 假设不能取得 $\boldsymbol{x}_{1k}$ 的信息, 则不可能计算出估计值 $\widehat{y}_{1k}$. 当我们使用二重抽样时, 经常会遇到这种情况. 拟合式 (9.1.29) 的模型时, 只能以下面的辅助变量信息为基础:

$$\boldsymbol{x}_k = \left(\boldsymbol{x}_{1k}^{\mathrm{T}}, \boldsymbol{x}_{2k}^{\mathrm{T}}\right)^{\mathrm{T}} = \boldsymbol{x}_{2k},$$

其中，$\boldsymbol{x}_{2k}$ 中的 $k \in s_a$. 估计值 $\widehat{y}_{1k}$ 在回归估计量的公式中消失了，式 (9.1.46) 中的回归估计量可重新表达为

$$\widehat{t}_{tpyr2} = \sum_{s_a} \frac{\widehat{y}_k}{\pi_{ak}} + \sum_s \frac{y_k - \widehat{y}_k}{\pi_k^*}. \tag{9.1.50}$$

可以证明，t_{tpyr2} 的估计误差可以表示为

$$\widehat{t}_{tpyr2} - t = \left(\sum_{s_a} \frac{y_k}{\pi_{ak}} - \sum_U y_k \right) + \left(\sum_s g_{ks} \frac{E_k}{\pi_k^*} - \sum_{s_a} \frac{E_k}{\pi_{ak}} \right). \tag{9.1.51}$$

回归估计量 $\widehat{t}_{tpyr2}$ 的近似方差为

$$AV(\widehat{t}_{tpyr2}) = \sum\sum_U \Delta_{akl} \breve{y}_{ak} \breve{y}_{al} + E_{p_a} \left(\sum\sum_{s_a} \Delta_{kl|s_a} \breve{E}_k \breve{E}_l \right). \tag{9.1.52}$$

方差的估计量为

$$\widehat{V}(\widehat{t}_{tpyr2}) = \sum\sum_s \frac{\Delta_{akl}}{\pi_{kl}^*} \breve{y}_{ak} \breve{y}_{al} + \sum\sum_s \frac{\Delta_{kl|s_a}}{\pi_{kl|s_a}} g_{ks} \breve{e}_{ks} g_{ls} \breve{e}_{ls}. \tag{9.1.53}$$

4. 应用举例

例 9.1.1 考虑过原点的回归模型，记为模型 ξ，单变量 x 能很好地解释研究变量 y，回归模型具体表达如下：

$$\begin{cases} E_\xi(y_k) = \beta x_k, & k = 1, 2, \cdots, N, \\ V_\xi(y_k) = \sigma^2 x_k, & k = 1, 2, \cdots, N. \end{cases} \tag{9.1.54}$$

由式 (9.1.33) 给定的底水平估计值可表达为

$$\widehat{y}_k = \widehat{B}_s x_k,$$

其中，

$$\widehat{B}_s = \frac{\sum_s \breve{y}_k}{\sum_s \breve{x}_k}, \tag{9.1.55}$$

这里，$\breve{y}_k = y_k/\pi_k^*$，$\breve{x}_k = x_k/\pi_k^*$. 样本残差为

$$e_{ks} = y_k - \widehat{B}_s x_k. \tag{9.1.56}$$

g 权重给定如下：

$$g_{ks} = \frac{\sum_{s_a} \breve{x}_{ak}}{\sum_s \breve{x}_k}, \tag{9.1.57}$$

其中, $\breve{x}_{ak} = x_k/\pi_{ak}$. 当 x_k 仅对于 $k \in s_a$ 时已知 (没有其他的辅助变量信息可以利用), 这时遇到了上面提到的情况 2. 从式 (9.1.50) 可得, 总体总值 $t = \sum_U y_k$ 的回归估计量为

$$\widehat{t}_{tpyr2} = \left(\sum_{s_a} \breve{x}_{ak}\right) \frac{\sum_s \breve{y}_k}{\sum_s \breve{x}_k} = \left(\sum_{s_a} \breve{x}_{ak}\right) \widehat{B}_s. \qquad (9.1.58)$$

其方差的估计量由式 (9.1.53) 给出, 估计量公式中的残差由式 (9.1.56) 给出, g 权重由式 (9.1.57) 给出.

如果在二重抽样中的两次抽样设计都是 SI 设计, 且第一重抽样是从总体中的 N 个总体单位抽出 n_a 个作为样本, 相应地, 第二重抽样是从 n_a 个总体单位中抽出 n 个作为子样本, 那么可得

$$\widehat{t}_{tpyr2} = N\overline{x}_{s_a}(\overline{y}_s/\overline{x}_s).$$

式 (9.1.53) 中的方差估计量公式可以表达为

$$\widehat{V}\left(\widehat{t}_{tpyr2}\right) = N^2\left(1 - \frac{n_a}{N}\right)\frac{S_{ys}^2}{n_a} + N^2\left(1 - \frac{n}{n_a}\right)\left(\frac{\overline{x}_{s_a}}{\overline{x}_s}\right)^2 \frac{S_{es}^2}{n},$$

其中,

$$S_{ys}^2 = \frac{1}{n-1}\sum_s (y_k - \overline{y}_s)^2, \quad S_{es}^2 = \frac{1}{n-1}\sum_s \left(y_k - \frac{\overline{y}_s}{\overline{x}_s}x_k\right)^2.$$

例 9.1.2 回到例 9.1.1 中, 假设模型 (9.1.54) 正确地描述了变量 y 与 x 之间的回归关系. 这里, 应用一个简单的顶水平回归模型, 具体表达如下:

$$\begin{cases} E_{\xi_1}(y_k) = \beta_1, & k = 1, 2, \cdots, N, \\ V_{\xi_1}(y_k) = \sigma_1^2, & k = 1, 2, \cdots, N. \end{cases}$$

与前面的模型比较, 不同的是对于所有的 k, 有 $\boldsymbol{x}_{1k} = \boldsymbol{1}$. 那么, 有回归估计量

$$\widehat{t}_{tpyr} = (N - \widehat{N}_{\pi_a})\widetilde{y}_s + \widehat{t}_{tpyr2},$$

其中, $\widehat{t}_{tpyr2}$ 由式 (9.1.58) 给定, 且

$$\widehat{N}_{\pi_a} = \sum_{s_a} 1/\pi_{ak}, \quad \widetilde{y}_s = \frac{\sum_s \breve{y}_k}{\sum_s 1/\pi_k^*}.$$

此回归估计量需要事先知道 N, 但是对于第一重设计来说, 如果 $\widehat{N}_{\pi_a} = N$ (例如, SI 设计), 那么我们可以得到 $\widehat{t}_{tpyr} = \widehat{t}_{tpyr2}$. 此估计量还可以表达为

$$\widehat{t}_{tpyr} = N\widetilde{x}_{s_a}\widehat{B}_s, \qquad (9.1.59)$$

其中,
$$\widetilde{x}_{s_a} = \frac{\sum_{s_a} x_k/\pi_{ak}}{\sum_{s_a} 1/\pi_{ak}}.$$

对于式 (9.1.48) 中的方差估计量公式, 我们需要知道式 (9.1.56) 和 (9.1.57), 且有
$$e_{1ks} = y_k - \widehat{\overline{y}}_{Ur}, \quad g_{1ks_a} = N/\widehat{N}_{\pi_a},$$

其中, $\widehat{\overline{y}}_{Ur} = \widetilde{x}_{s_a} \widehat{B}_s$ 为总体均值.

9.1.6 二重分层回归估计

本小节将在二重分层抽样下讨论如何在抽样设计和抽样估计阶段同时利用辅助变量进行估计, 即在二重抽样中同时进行分层抽样和回归估计, 以此进一步提高抽样估计精度. 根据 9.1.3 小节的结论, 第一重样本 s_a 已经根据辅助变量信息分成了 H_{s_a} 层, 然后又根据第二重抽样设计在每一层中抽出一个子样本 $s_h, h = 1, 2, \cdots, H_{s_a}$. 这时, 在抽样估计阶段, 根据辅助变量的信息对每一层中的子样本分别进行回归估计. 下面建立一般形式的分层回归模型 ξ:

$$\begin{cases} E_\xi(y_k) = \boldsymbol{x}_k^{\mathrm{T}} \boldsymbol{\beta}_h, & k \in U, h = 1, 2, \cdots, H_{s_a}, \\ V_\xi(y_k) = \sigma_k^2, & k \in U, \end{cases} \tag{9.1.60}$$

其中, $\boldsymbol{x}_k$ 是一个向量的形式, 如果有 J 个辅助变量可以利用, 则 $\boldsymbol{x}_k = (1, x_1, \cdots, x_J)^{\mathrm{T}}$. 为简单起见, 本小节以单个辅助变量 x 的情形为例进行讨论, 则 $\boldsymbol{x}_k = (1, x_1)^{\mathrm{T}}$, 且 $\boldsymbol{\beta}_h = (\beta_{h1}, \beta_{h2})^{\mathrm{T}}$ 表示第 h 层的回归系数向量. 为了便于进一步讨论, 本小节统一使用矩阵的形式来表达.

如果对于第一重样本 s_a, 我们知道研究变量 y 的取值 $y_k, k \in s_a$, 则第 h 层未知参数向量 $\boldsymbol{\beta}_h = (\beta_{h1}, \beta_{h2})^{\mathrm{T}}$ 可以估计为

$$\boldsymbol{B}_{s_{ah}} = \left(\sum_{s_{ah}} \frac{\boldsymbol{x}_k \boldsymbol{x}_k^{\mathrm{T}}}{\sigma_k^2 \pi_{ak}} \right)^{-1} \sum_{s_{ah}} \frac{\boldsymbol{x}_k y_k}{\sigma_k^2 \pi_{ak}}. \tag{9.1.61}$$

这样可取得第 h 层的估计残差为

$$E_k = y_k - \boldsymbol{x}_k^{\mathrm{T}} \boldsymbol{B}_{s_{ah}}, \quad k \in s_{ah}. \tag{9.1.62}$$

实际中, 我们仅能从第二重样本 s 中得到研究变量 y 的取值 $y_k, k \in s$. 根据这些已获得的样本资料, 可得出第 h 层样本回归系数向量的估计量为

$$\widehat{\boldsymbol{B}}_{s_h} = \left(\sum_{s_h} \frac{\boldsymbol{x}_k \boldsymbol{x}_k^{\mathrm{T}}}{\sigma_k^2 \pi_k^*} \right)^{-1} \sum_{s_h} \frac{\boldsymbol{x}_k y_k}{\sigma_k^2 \pi_k^*}. \tag{9.1.63}$$

由此得出第一重样本中第 h 层内的研究变量的估计值为

$$\widehat{y}_k = \boldsymbol{x}_k^{\mathrm{T}} \widehat{\boldsymbol{B}}_{s_h}, \quad k \in s_{ah}. \tag{9.1.64}$$

相应地, 对于第二重样本中第 h 层 s_h 中的抽样单元, 可以得出其估计残差为

$$e_{ks} = y_k - \widehat{y}_k, \quad k \in s_h. \tag{9.1.65}$$

因此, 在二重分层回归估计下, 可得出近似无偏的二重分层回归估计量为

$$\widehat{t}_{tpsyr} = \sum_{h=1}^{H_{s_a}} \left(\sum_{s_{ah}} \frac{\widehat{y}_k}{\pi_{ak}} + \sum_{s_h} \frac{y_k - \widehat{y}_k}{\pi_k^*} \right), \quad h = 1, 2, \cdots, H_{s_a}. \tag{9.1.66}$$

分层回归估计量 $\widehat{t}_{tpsyr}$ 的近似方差为

$$AV(\widehat{t}_{tpsyr}) = \sum\sum_{U} \Delta_{akl} \breve{y}_{ak} \breve{y}_{al} + E_{p_a} \left(\sum_{h=1}^{H_{s_a}} \sum\sum_{s_{ah}} \Delta_{kl|s_a} \breve{\breve{E}}_k \breve{\breve{E}}_l \right), \tag{9.1.67}$$

其中, $\breve{\breve{E}}_k = E_k/\pi_k^*$, $\breve{\breve{E}}_l = E_l/\pi_l^*$. 近似方差的估计量为

$$\widehat{V}(\widehat{t}_{tpsyr}) = \sum\sum_{s} \frac{\Delta_{akl}}{\pi_{kl}^*} \breve{y}_{ak} \breve{y}_{al} + \sum_{h=1}^{H_{s_a}} \sum\sum_{s_h} \frac{\Delta_{kl|s_a}}{\pi_{kl|s_a}} g_{ks} \breve{\breve{e}}_{ks} g_{ls} \breve{\breve{e}}_{ls}, \tag{9.1.68}$$

其中, $\breve{\breve{e}}_{ks} = e_{ks}/\pi_k^*$, $\breve{\breve{e}}_{ls} = e_{ls}/\pi_l^*$.

9.2 样本轮换

前面各章基本上都是讲述如何从一个总体中抽出样本, 并进行抽样估计, 可称之为一次性抽样调查 (one-time sampling survey). 但是, 在很多实际调查中, 为了研究总体在长时间内的变化规律, 需要定期或者不定期地对同一总体进行抽样调查, 可称之为连续性抽样调查 (successive sampling survey), 并定期公布调查结果, 形成一系列时间序列统计数据.

在连续性抽样调查中, 如果采取固定样本会存在一些弊端. 首先, 随着时间的推移, 总体会发生变化, 固定样本的代表性就会降低; 其次, 被调查者在长时期接受调查过程中会产生厌倦情绪, 采取不合作或应付的态度, 影响原始调查数据的质量; 再次, 对同一调查单位进行长期的连续调查, 会使被调查者改变行为方式, 最终难以反映被调查单位的真实情况.

为了有效解决上述问题, 在连续性抽样调查中一般采用样本轮换方法 (rotating panel survey), 每期调查不断更新和轮换一部分样本. 具体来说, 就是每隔一定时间 (一个月、一季度或一年) 更换一定比例的样本单元, 保留其余单元. 国内外很多大型连续性抽样调查均使用样本轮换方法, 比如美国现时人口调查、加拿大劳动力调查、中国城镇和农村住户调查都是实行每月或者每季度进行样本轮换. 从理论上看, 样本轮换具有多种轮换形式和估计方法, 是一项技术性非常强的工作. 为简化考虑, 本节在 π 估计量的体系下仅探讨两个时刻下的样本轮换 (sampling on two occasions) 及其估计问题, 本节的研究思路和方法可以很容易推广应用到多个时刻下的样本轮换问题.

9.2.1 在两个时刻的样本轮换

本小节考虑在两个不同时间对同一个有限总体 $U = \{1, \cdots, k, \cdots, N\}$ 进行连续两期抽样,按时间的先后分别称为**前期抽样**和**现期抽样**. 研究变量前期记为 z, 现期记为 y. 前期按抽样设计 $p_a(\cdot)$ 抽取样本 s_a, 并观测 s_a 中每个总体单位的 z 值. 与这一抽样设计相关的包含概率记为 π_{ak} 和 π_{akl}, 令 $\Delta_{akl} = \pi_{akl} - \pi_{ak}\pi_{al}$, π 估计量 $\widehat{t}_{zs_a} = \sum_{s_a} z_k/\pi_{ak}$ 是 $t_z = \sum_U z_k$ 的无偏估计量.

在抽取前期调查样本 s_a 的同时,可得到相应的非调查样本,记为 $s_a^c = U - s_a$. 非调查样本在前期不进行调查,但是我们需要由抽样设计 $p_a(\cdot)$ 推导出非调查样本中总体单位的包含概率. 我们用 π_{ak}^c 表示 s_a^c 中包含总体单位 k 的概率, 而 π_{akl}^c 是 s_a^c 中同时包含总体单位 k 和 l 的概率, 同样令 $\Delta_{akl}^c = \pi_{akl}^c - \pi_{ak}^c\pi_{al}^c$, 那么就有

$$\pi_{ak}^c = 1 - \pi_{ak},$$
$$\pi_{akl}^c = 1 - \pi_{ak} - \pi_{al} + \pi_{akl},$$
$$\Delta_{akl}^c = \Delta_{akl}.$$

在现期抽样中, 按抽样设计 $p_m(\cdot|s_a)$ 从 s_a 中抽取**拼配样本** (matched sample) s_m, 所谓拼配样本, 是指前期与现期都有观测数据的样本. 再按抽样设计 $p_u(\cdot|s_a^c)$ 从 s_a^c 中抽取非拼配样本 (unmatched sample) s_u, 非拼配样本是现期样本中除拼配样本以外的其他样本, 它与 s_m 是独立的. 符号

$$\pi_{k|s_a}, \quad \pi_{kl|s_a}, \quad \Delta_{kl|s_a} = \pi_{kl|s_a} - \pi_{k|s_a}\pi_{l|s_a}$$

是与 $p_m(\cdot|s_a)$ 对应的符号, 而

$$\pi_{k|s_a^c}, \quad \pi_{kl|s_a^c}, \quad \Delta_{kl|s_a^c} = \pi_{kl|s_a^c} - \pi_{k|s_a^c}\pi_{l|s_a^c}$$

是与 $p_u(\cdot|s_a^c)$ 对应的符号. s_m 和 s_u 中所有样本总体单元的现期研究变量值 y 都通过调查得到. 现期的总样本为 $s = s_m \bigcup s_u$.

9.2.2 以前期样本资料为辅助信息的 π 估计量

1. 组合估计量及其方差

本小节对现期总体总值进行估计, 此时可以把前期的样本资料 z 作为辅助变量, 通常可以把 $y_k^0 = Kz_k$ 作为 y_k 的近似, 其中 K 为常数, 它的确定可见下文. 利用前期样本 s_a, 拼配样本 s_m 及差分 $D_k = y_k - y_k^0$, 可以构造出一个关于现期总体总值 t_y 的无偏的差估计量为

$$\widehat{t}_1 = \widehat{t}_{y^0 s_a} + \widehat{t}_{Ds_m}, \tag{9.2.1}$$

其中,

$$\widehat{t}_{y^0 s_a} = \sum_{s_a} \frac{y_k^0}{\pi_{ak}}, \quad \widehat{t}_{Ds_m} = \sum_{s_m} \frac{D_k}{\pi_{ak}\pi_{k|s_a}}.$$

另一个现期总体总值的无偏估计量可由非拼配样本得出：

$$\widehat{t}_2 = \widehat{t}_{ys_u} = \sum_{s_u} \frac{y_k}{\pi_{ak}^c \pi_{k|s_a^c}}. \tag{9.2.2}$$

容易证明, $\widehat{t}_1$ 和 $\widehat{t}_2$ 都是现期总体总值的无偏估计量, 它们的线性组合又是一个新的无偏估计量：

$$\widehat{t}_y = w_1 \widehat{t}_1 + w_2 \widehat{t}_2, \tag{9.2.3}$$

其中, 权数 w_1 和 w_2 是非负的常数, 满足 $w_1 + w_2 = 1$. 估计量 $\widehat{t}_y$ 可称为组合估计量 (composite estimator), 它是由拼配的样本估计量和非拼配的样本估计量组合得到, 权数 $w_1 = 1 - w_2$ 的最优选择见下文.

为了简化, 令 $V_1 = V(\widehat{t}_1)$, $V_2 = V(\widehat{t}_2)$, $C = C(\widehat{t}_1, \widehat{t}_2)$, 组合估计量 $\widehat{t}_y$ 的方差为

$$V(\widehat{t}_y) = w_1^2 V_1 + w_2^2 V_2 + 2w_1 w_2 C, \tag{9.2.4}$$

其中,

$$V_1 = \sum\sum_U \Delta_{akl} \frac{y_k}{\pi_{ak}} \cdot \frac{y_l}{\pi_{al}} + E\left(\sum\sum_{s_a} \Delta_{kl|s_a} \frac{D_k}{\pi_{ak}\pi_{k|s_a}} \cdot \frac{D_l}{\pi_{al}\pi_{l|s_a}}\right), \tag{9.2.5}$$

$$V_2 = \sum\sum_U \Delta_{akl}^c \frac{y_k}{\pi_{ak}^c} \cdot \frac{y_l}{\pi_{al}^c} + E\left(\sum\sum_{s_a^c} \Delta_{kl|s_a^c} \frac{y_k}{\pi_{ak}^c \pi_{k|s_a^c}} \cdot \frac{y_l}{\pi_{al}^c \pi_{l|s_a^c}}\right), \tag{9.2.6}$$

$$C = -\sum\sum_U \Delta_{akl} \frac{y_k}{\pi_{ak}} \cdot \frac{y_l}{\pi_{al}^c}. \tag{9.2.7}$$

2. 应用举例

例 9.2.1 当采用简单随机抽样时, 上述结论的表达式会变得较为简单. 假设 s_a 是在总体 U 中使用简单随机抽样抽出样本量为 n 的 SI 样本, s_a^c 则是样本量为 $N - n$ 的 SI 样本. 令 $f = n/N$, s_m 是在 s_a 中使用简单随机抽样抽出样本量为 $m = \mu n$ 的样本, 那么 s_u 是在 s_a^c 中使用简单随机抽样抽出的样本量为 $u = n - m = (1-\mu)n = vn$ 的样本. 这里, $\mu = 1 - v$ 是样本**拼配率** (matching proportion), v 则是样本轮换率. 那么,

$$\widehat{t}_1 = N\overline{y}_{s_a}^0 + N\overline{D}_{s_m} = N[\overline{y}_{s_m} + K(\overline{z}_{s_a} - \overline{z}_{s_m})], \tag{9.2.8}$$

而

$$\widehat{t}_2 = N\overline{y}_{s_u}. \tag{9.2.9}$$

从而很容易得到

$$V_1 = N^2 \left(\frac{1-f}{n} S_{yU}^2 + \frac{1-\mu}{\mu n} S_{DU}^2\right), \tag{9.2.10}$$

$$V_2 = N^2 \frac{1-vf}{vn} S_{yU}^2, \cdot \tag{9.2.11}$$

$$C = -N S_{yU}^2. \tag{9.2.12}$$

最优的样本拼配率和最优的 K 值稍后给出.

下面来确定式 (9.2.3) 中组合估计量的方差最小时的权数 $w_1 = 1 - w_2$ 和 K 值. 对组合估计量 $\widehat{t}_y$ 的方差

$$\begin{aligned} V(\widehat{t}_y) &= w_1^2 V_1 + w_2^2 V_2 + 2w_1 w_2 C \\ &= w_1^2 V_1 + (1-w_1)^2 V_2 + 2w_1(1-w_1)C \end{aligned} \quad (9.2.13)$$

关于 w_1 求一阶导数, 得到

$$\frac{\mathrm{d}V(\widehat{t}_y)}{\mathrm{d}w_1} = 2w_1 V_1 - 2(1-w_1)V_2 + 2(1-w_1)C - 2w_1 C. \quad (9.2.14)$$

再关于 w_1 求二阶导数, 得到

$$\frac{\mathrm{d}^2 V(\widehat{t}_y)}{\mathrm{d}w_1^2} = 2(V_1 + V_2 - 2C). \quad (9.2.15)$$

因为 $V_1 + V_2 - 2C = V(\widehat{t}_1 - \widehat{t}_2) > 0$, 所以方差 $V(\widehat{t}_y)$ 有最小值, 并在一阶导数等于零, 即当

$$w_1 = 1 - w_2 = \frac{V_2 - C}{V_1 + V_2 - 2C} \quad (9.2.16)$$

时取得最小方差, 其值为

$$V(\widehat{t}_y)_{\min} = \frac{V_1 V_2 - C^2}{V_1 + V_2 - 2C}. \quad (9.2.17)$$

这是一个关于 V_1 的增函数, 而式 (9.2.17) 中只有 V_1 取决于 K. 因此, 为了使式 (9.2.17) 最小, 等价于找出令 V_1 最小的 K 值. 令

$$\widehat{t}_{ys_m} = \sum_{s_m} \frac{y_k}{\pi_{ak}\pi_{k|s_a}}, \quad \widehat{t}_{zs_m} = \sum_{s_m} \frac{z_k}{\pi_{ak}\pi_{k|s_a}}, \quad \widehat{t}_{zs_a} = \sum_{s_a} \frac{z_k}{\pi_{ak}},$$

那么, $\widehat{t}_1$ 可以写成

$$\widehat{t}_1 = \widehat{t}_{ys_m} + K(\widehat{t}_{zs_a} - \widehat{t}_{zs_m}), \quad (9.2.18)$$

其方差的另外一个表达方式为

$$\begin{aligned} V(\widehat{t}_1) &= V(\widehat{t}_{ys_m}) + K^2 V(\widehat{t}_{zs_a} - \widehat{t}_{zs_m}) + 2KC(\widehat{t}_{ys_m}, \widehat{t}_{zs_a} - \widehat{t}_{zs_m}) \\ &= V(\widehat{t}_{ys_m}) + K^2 E(V(\widehat{t}_{zs_m}|s_a)) - 2KE(C(\widehat{t}_{ys_m}, \widehat{t}_{zs_m}|s_a)). \end{aligned} \quad (9.2.19)$$

同样对 K 求一阶导, 并令其等于零, 得到当

$$K = E(C(\widehat{t}_{ys_m}, \widehat{t}_{zs_m}|s_a)) \big/ E(V(\widehat{t}_{zs_m}|s_a)) = K_{opt} \quad (9.2.20)$$

时, $V(\widehat{t}_1)$ 达到最小.

例 9.2.2 接着上述例 9.2.1 的结论,再令变量 y 和 z 在总体 U 中的相关系数 $r = r_{yzU} = S_{yzU}/(S_{yU}S_{zU})$. 那么, 有
$$K_{opt} = rS_{yU}/S_{zU}. \tag{9.2.21}$$

当 $K = K_{opt}$ 时, 式 (9.2.10) 可写成
$$V_1 = N^2 \frac{S_{yU}^2}{\mu n}\big[(1-r^2) + \mu(r^2 - f)\big]. \tag{9.2.22}$$

同理, 有
$$V_2 = N^2 \frac{S_{yU}^2}{\mu n} \cdot \frac{\mu(1-vf)}{v}, \tag{9.2.23}$$

$$C = N^2 \frac{S_{yU}^2}{\mu n}(-\mu f). \tag{9.2.24}$$

此时, 式 (9.2.17) 给出的最小方差可表达为
$$V_{\min} = V(\widehat{t}_y)_{\min} = N^2 \frac{S_{yU}^2}{n}\left(\frac{1-vr^2}{1-v^2r^2} - f\right). \tag{9.2.25}$$

上式关于 v 求导, 并令其等于零, 可得到最优的样本轮换率为
$$v_{opt} = 1\big/\big[1 + (1-r^2)^{1/2}\big]. \tag{9.2.26}$$

相应地, 最优的样本拼配率为
$$\mu_{opt} = \frac{(1-r^2)^{1/2}}{1+(1-r^2)^{1/2}}. \tag{9.2.27}$$

若用 V_{opt} 表示当 $v = v_{opt}$ 时的 $V_{\min}$ 值, 则有
$$\begin{aligned}V_{opt} = V(\widehat{t}_y)_{opt} &= N^2 \frac{S_{yU}^2}{n}\left(\frac{1-v_{opt}r^2}{1-v_{opt}^2 r^2} - f\right)\\ &= N^2 \frac{S_{yU}^2}{n}\left(\frac{1}{2v_{opt}} - f\right) = N^2 \frac{S_{yU}^2}{n}\left[\frac{1+(1-r^2)^{1/2}}{2} - f\right].\end{aligned} \tag{9.2.28}$$

很自然, 我们想知道利用前期的样本资料是否能提高估计精度. 如果没有利用辅助信息, 而是采用简单随机抽样下的 π 估计量, 那么方差为
$$V(\widehat{t}_\pi) = N^2 \frac{S_{yU}^2}{n}(1-f). \tag{9.2.29}$$

易于计算得到, 使用了辅助变量信息之后相对方差的降低率为
$$1 - \frac{V_{opt}}{V(\widehat{t}_\pi)} = 1 - \frac{(1/2v_{opt}) - f}{1 - f} = \frac{1 - (1/2v_{opt})}{1-f}. \tag{9.2.30}$$

表 9.2.1 给出了在不同的 r^2, $f = n/N$ 下, 利用前期样本资料后得到的相对方差的降低率和最优样本轮换率.

表 9.2.1 各种情形下的相对方差降低率和最优样本轮换率

r^2	最优样本轮换率 (%)	对于不同的 f 值, $100(1 - V_{opt}/V(\widehat{t}_\pi))$				
		0.4	0.2	0.1	0.01	0
0.5	59	24	18	16	15	15
0.6	61	31	23	20	19	18
0.7	65	38	28	25	23	23
0.8	69	46	35	31	28	28
0.9	76	57	43	38	35	34
0.95	82	65	49	43	39	39
0.99	91	75	56	50	45	45
0.999	97	81	61	54	49	48

从表 9.2.1 中可以发现, 对于给定的 r^2 值, 最优样本轮换率都不低于 50%, r^2 越接近 1, 最优样本轮换率越高. 抽样比 f 小于或等于 10% 时, 方差降低率约为 15% 到 50%. 对于更高的抽样比, 方差降低的百分比会更多.

注意, 我们也可以由另外一种方法推导出现期总体总值的最优估计量 (推导过程较为烦琐, 故略去). 首先, 给出 4 个总体总值的无偏估计量的线性组合:

$$\widehat{t}_y = \alpha \widehat{t}_{zs_a} + \beta \widehat{t}_{zs_m} + \gamma \widehat{t}_{ys_m} + \delta \widehat{t}_{ys_u}, \tag{9.2.31}$$

其中, α, β, γ 和 δ 是待定常数. 要使式 (9.2.31) 中的估计量成为现期总体总值的无偏估计量, 必须令 $\beta = -\alpha$ 和 $\delta = 1 - \gamma$, 即有

$$\widehat{t}_y = \alpha(\widehat{t}_{zs_a} - \widehat{t}_{zs_m}) + \gamma(\widehat{t}_{ys_m} - \widehat{t}_{ys_u}) + \widehat{t}_{ys_u}. \tag{9.2.32}$$

其次, 推导出估计量 $\widehat{t}_y$ 的方差. 可以证明, 当 $\partial V(\widehat{t}_y)/\partial \alpha = 0$ 和 $\partial V(\widehat{t}_y)/\partial \gamma = 0$ 时, 最优系数为

$$\alpha_{opt} = \gamma_{opt} \frac{E(C(\widehat{t}_{ys_m}, \widehat{t}_{zs_m}|s_a))}{E(V(\widehat{t}_{zs_m}|s_a))}, \tag{9.2.33}$$

$$\gamma_{opt} = \frac{V(\widehat{t}_{ys_u}) - C(\widehat{t}_{ys_a}, \widehat{t}_{ys_a^c})}{V(\widehat{t}_{ys_m} - \widehat{t}_{ys_u}) - \frac{[E(C(\widehat{t}_{ys_m}, \widehat{t}_{zs_m}|s_a))]^2}{EV(\widehat{t}_{zs_m}|s_a)}}, \tag{9.2.34}$$

其中, $\widehat{t}_{ys_a} = \sum_{s_a} \frac{y_k}{\pi_{ak}}$, $\widehat{t}_{ys_a^c} = \sum_{s_a^c} \frac{y_k}{\pi_{ak}^c}$. 同样可以证明, 在简单随机抽样设计下, 有

$$\alpha_{opt} = r \frac{S_{yU}}{S_{zU}} \cdot \frac{\mu}{1 - v^2 r^2}, \quad \gamma_{opt} = \frac{\mu}{1 - v^2 r^2}.$$

9.2.3 同时以前期样本资料和现期辅助资料为辅助信息的回归估计量

9.2.2 小节主要讲述了, 在样本轮换的估计中, 利用前期样本资料作为辅助信息得出了以 π 估计量为基础的组合估计量. 我们知道, 当辅助变量与研究变量高度相关时, 回归估计量的方差会很小. 因此, 在样本轮换中, 可以利用前期样本资料和现期辅助变量与现期研究变量之间的相关关系构造回归估计量进行组合估计.

此时, 具体来看, 我们可以考虑辅助变量的两个不同的来源: 一个是 $\boldsymbol{x}_{1k}$, 在 $k \in U$ 上已知; 另一个是 z_k, 为前期样本 s_a 中的研究变量值. 与上节一样, 可以把现期样本分为拼配样本和非拼配样本两部分: 拼配样本可以看成是从前期样本中抽出的一个子样本, 它可利用辅助变量 $\boldsymbol{x}_k^{\mathrm{T}} = (\boldsymbol{x}_{1k}^{\mathrm{T}}, z_k)$ 对总体总值 $t = \sum_U y_k$ 做回归估计; 而非拼配部分可利用辅助变量 $\boldsymbol{x}_{1k}$ 做回归估计, 下面分别予以讨论.

1. 关于拼配样本的回归估计

对于拼配样本, 可构造总体总值 $t = \sum_U y_k$ 的近似无偏估计量为

$$\widehat{t}_{r1} = \sum_U \widehat{y}_{1k} + \sum_{s_a} \left(\frac{\widehat{y}_k}{\pi_{ak}} - \frac{\widehat{y}_{1k}}{\pi_{ak}} \right) + \sum_{s_m} \frac{y_k - \widehat{y}_k}{\pi_{ak} \pi_{k|s_a}}, \qquad (9.2.35)$$

其中, $\widehat{y}_k$ 和 $\widehat{y}_{1k}$ 分别是利用底水平和顶水平得出的回归估计值.

(1) 底水平.

底水平的估计值 $\widehat{y}_k$ 是根据辅助变量 $\boldsymbol{x}_k, k \in s_a$, 对 $k \in s_a$ 中的抽样单元进行的估计. 回归模型 ξ 假设为

$$\begin{cases} E_\xi(y_k) = \boldsymbol{x}_k^{\mathrm{T}} \boldsymbol{\beta}, & k \in s_a, \\ V_\xi(y_k) = \sigma_k^2, & k \in s_a. \end{cases} \qquad (9.2.36)$$

如果现期的 y_k 值在 s_a 上已知, 那么在 s_a 水平上的回归系数 $\boldsymbol{\beta}$ 的估计值为

$$\boldsymbol{B}_{s_a} = \left(\sum_{s_a} \frac{\boldsymbol{x}_k \boldsymbol{x}_k^{\mathrm{T}}}{\sigma_k^2 \pi_{ak}} \right)^{-1} \sum_{s_a} \frac{\boldsymbol{x}_k y_k}{\sigma_k^2 \pi_{ak}}. \qquad (9.2.37)$$

可得到总体残差为

$$E_k = y_k - \boldsymbol{x}_k^{\mathrm{T}} \boldsymbol{B}_{s_a}, \quad k \in s_a. \qquad (9.2.38)$$

事实上, 可以计算出来的回归系数的样本估计量为

$$\widehat{\boldsymbol{B}}_{s_m} = \left(\sum_{s_m} \frac{\boldsymbol{x}_k \boldsymbol{x}_k^{\mathrm{T}}}{\sigma_k^2 \pi_{ak} \pi_{k|s_a}} \right)^{-1} \sum_{s_m} \frac{\boldsymbol{x}_k y_k}{\sigma_k^2 \pi_{ak} \pi_{k|s_a}}. \qquad (9.2.39)$$

估计值为

$$\widehat{y}_k = \boldsymbol{x}_k^{\mathrm{T}} \widehat{\boldsymbol{B}}_{s_m}, \quad k \in s_a. \qquad (9.2.40)$$

样本残差为

$$e_{ks_m} = y_k - \widehat{y}_k, \quad k \in s_m. \tag{9.2.41}$$

(2) 顶水平.

顶水平的估计值 $\widehat{y}_{1k}, k \in U$ 是在已知 $\boldsymbol{x}_{1k}, k \in U$ 及 $y_k, k \in s_m$ 的基础上给出的估计. 此时的回归模型 ξ_1 假设为

$$\begin{cases} E_{\xi_1}(y_k) = \boldsymbol{x}_{1k}^{\mathrm{T}} \boldsymbol{\beta}_1, & k \in U, \\ V_{\xi_1}(y_k) = \sigma_{1k}^2, & k \in U. \end{cases} \tag{9.2.42}$$

假设总体完全拟合了该模型, 则回归系数 $\boldsymbol{\beta}_1$ 的估计量为

$$\boldsymbol{B}_1 = \left(\sum_U \frac{\boldsymbol{x}_{1k} \boldsymbol{x}_{1k}^{\mathrm{T}}}{\sigma_{1k}^2} \right)^{-1} \sum_U \frac{\boldsymbol{x}_{1k} y_k}{\sigma_{1k}^2}, \tag{9.2.43}$$

总体残差为

$$E_{1k} = y_k - \boldsymbol{x}_{1k}^{\mathrm{T}} \boldsymbol{B}_1. \tag{9.2.44}$$

在前期样本的基础上对 $\boldsymbol{B}_1$ 进行样本估计, 样本估计量为

$$\widehat{\boldsymbol{B}}_{1s_a} = \left(\sum_{s_a} \frac{\boldsymbol{x}_{1k} \boldsymbol{x}_{1k}^{\mathrm{T}}}{\sigma_{1k}^2 \pi_{ak}} \right)^{-1} \sum_{s_a} \frac{\boldsymbol{x}_{1k} y_k}{\sigma_{1k}^2 \pi_{ak}}. \tag{9.2.45}$$

但 y_k 在 s_a 中往往是未知的, 所以事实上可以算出回归系数的样本估计量为

$$\widehat{\boldsymbol{B}}_{1s_m} = \left(\sum_{s_m} \frac{\boldsymbol{x}_{1k} \boldsymbol{x}_{1k}^{\mathrm{T}}}{\sigma_{1k}^2 \pi_{ak} \pi_{k|s_a}} \right)^{-1} \sum_{s_m} \frac{\boldsymbol{x}_{1k} y_k}{\sigma_{1k}^2 \pi_{ak} \pi_{k|s_a}}, \tag{9.2.46}$$

估计值为

$$\widehat{y}_{1k} = \boldsymbol{x}_{1k}^{\mathrm{T}} \widehat{\boldsymbol{B}}_{1s_m}, \quad k \in U. \tag{9.2.47}$$

样本残差为

$$e_{1ks_m} = y_k - \widehat{y}_{1k}, \quad k \in s_m. \tag{9.2.48}$$

式 (9.2.35) 中的估计值 $\widehat{y}_k$ 和 $\widehat{y}_{1k}$ 分别是由式 (9.2.40) 和式 (9.2.47) 所得, 估计量不是无偏的 (只是近似无偏). 上述估计量也可以用 g 权数来表示, 在讨论方差时 g 权数很有用. 下面定义与上述两个水平相对应的 g 权数分别为

$$g_{ks_m} = 1 + \left(\sum_{s_a} \frac{\boldsymbol{x}_k}{\pi_{ak}} - \sum_{s_m} \frac{\boldsymbol{x}_k}{\pi_{ak} \pi_{k|s_a}} \right)^{\mathrm{T}} \left(\sum_{s_m} \frac{\boldsymbol{x}_k \boldsymbol{x}_k^{\mathrm{T}}}{\sigma_k^2 \pi_{ak} \pi_{k|s_a}} \right)^{-1} \frac{\boldsymbol{x}_k}{\sigma_k^2}, \quad k \in s_m, \tag{9.2.49}$$

$$g_{1ks_a} = 1 + \left(\sum_U \boldsymbol{x}_{1k} - \sum_{s_a} \frac{\boldsymbol{x}_{1k}}{\pi_{ak}} \right)^{\mathrm{T}} \left(\sum_{s_a} \frac{\boldsymbol{x}_{1k} \boldsymbol{x}_{1k}^{\mathrm{T}}}{\sigma_{1k}^2 \pi_{ak}} \right)^{-1} \frac{\boldsymbol{x}_{1k}}{\sigma_{1k}^2}, \quad k \in s_a. \tag{9.2.50}$$

(3) 回归估计量及其方差.

根据上述结论, 得到基于拼配样本的关于总体总值 $t = \sum_U y_k$ 的近似无偏回归估计量为

$$\widehat{t}_{r1} = \sum_U \widehat{y}_{1k} + \sum_{s_a} \left(\frac{\widehat{y}_k}{\pi_{ak}} - \frac{\widehat{y}_{1k}}{\pi_{ak}} \right) + \sum_{s_m} \frac{(y_k - \widehat{y}_k)}{\pi_{ak}\pi_{k|s_a}}, \qquad (9.2.51)$$

其中, $\widehat{y}_k$ 和 $\widehat{y}_{1k}$ 分别由式 (9.2.40) 和式 (9.2.47) 所得. 该估计量的近似方差为

$$AV_1(\widehat{t}_{r1}) = \sum\sum_U \Delta_{akl} \breve{E}_{1k} \breve{E}_{1l} + E_{p_a}\left(\sum\sum_{s_a} \Delta_{kl|s_a} \breve{\breve{E}}_k \breve{\breve{E}}_l \right), \qquad (9.2.52)$$

其中, $\breve{E}_{1k} = E_{1k}/\pi_{ak}$, $\breve{\breve{E}}_k = E_k/\pi_{ak}\pi_{k|s_a}$, 总体残差 E_k 和 E_{1k} 分别由式 (9.2.38) 和式 (9.2.44) 给出. 方差的估计量为

$$\widehat{V}_1(\widehat{t}_{r1}) = \sum\sum_{s_m} \frac{\Delta_{akl}}{\pi_{akl}\pi_{kl|s_a}} g_{1ks_a}\breve{e}_{1ks_m} g_{1ls_a}\breve{e}_{1ls_m} + \sum\sum_{s_m} \frac{\Delta_{kl|s_a}}{\pi_{kl|s_a}} g_{ks_m}\breve{\breve{e}}_{ks_m} g_{ls_m}\breve{\breve{e}}_{ls_m}, \qquad (9.2.53)$$

其中, $\breve{e}_{1ks_m} = e_{1ks_m}/\pi_{ak}$, $\breve{\breve{e}}_{ks_m} = e_{ks_m}/\pi_{ak}\pi_{k|s_a}$, 这里 e_{1ks_m}, g_{1ks_a}, e_{ks_m} 和 g_{ks_m} 分别由式 (9.2.48), 式 (9.2.50), 式 (9.2.41) 和式 (9.2.49) 给出.

2. 关于非拼配样本的回归估计

对于非拼配样本, 可构造关于总体总值 $t = \sum_U y_k$ 的近似无偏估计量为

$$\widehat{t}_{r2} = \sum_U \widehat{y}_{1k} + \sum_{s_u} \frac{y_k - \widehat{y}_{1k}}{\pi_{ak}^c \pi_{k|s_a^c}}. \qquad (9.2.54)$$

与拼配样本一样, 这里也分为底水平和顶水平两种情况分别进行讨论.

(1) 底水平.

底水平的估计值 $\widehat{y}_k$ 是根据辅助变量 $\boldsymbol{x}_{1k}, k \in s_a^c$, 对 $k \in s_a^c$ 的样本单位所做的估计. 回归模型 ξ 假设为

$$\begin{cases} E_\xi(y_k) = \boldsymbol{x}_{1k}^{\mathrm{T}} \boldsymbol{\beta}, & k \in s_a^c, \\ V_\xi(y_k) = \sigma_k^2, & k \in s_a^c. \end{cases} \qquad (9.2.55)$$

如果现期的 y_k 值在 s_a^c 上已知, 那么在 s_a^c 的水平上回归系数 $\boldsymbol{\beta}$ 的估计值为

$$\boldsymbol{B}_{s_a^c} = \left(\sum_{s_a^c} \frac{\boldsymbol{x}_{1k}\boldsymbol{x}_{1k}^{\mathrm{T}}}{\sigma_k^2 \pi_{ak}^c} \right)^{-1} \sum_{s_a^c} \frac{\boldsymbol{x}_{1k}y_k}{\sigma_k^2 \pi_{ak}^c}. \qquad (9.2.56)$$

可得到总体残差为

$$E_k = y_k - \boldsymbol{x}_{1k}^{\mathrm{T}} \boldsymbol{B}_{s_a^c}, \quad k \in s_a^c. \qquad (9.2.57)$$

利用样本数据可计算出回归系数的样本估计量为

$$\widehat{\boldsymbol{B}}_{s_u} = \left(\sum_{s_u} \frac{\boldsymbol{x}_{1k}\boldsymbol{x}_{1k}^{\mathrm{T}}}{\sigma_k^2 \pi_{ak}^c \pi_{k|s_a^c}}\right)^{-1} \sum_{s_u} \frac{\boldsymbol{x}_{1k}y_k}{\sigma_k^2 \pi_{ak}^c \pi_{k|s_a^c}}. \tag{9.2.58}$$

估计值为

$$\widehat{y}_k = \boldsymbol{x}_{1k}^{\mathrm{T}} \widehat{\boldsymbol{B}}_{s_u}, \quad k \in s_a^c. \tag{9.2.59}$$

样本残差为

$$e_{ks_u} = y_k - \widehat{y}_k, \quad k \in s_u. \tag{9.2.60}$$

(2) 顶水平.

顶水平的估计值 $\widehat{y}_{1k}$ 是在已知 $\boldsymbol{x}_{1k}, k \in U$ 及 $y_k, k \in s_u$ 的基础上计算 $k \in U$ 上的估计值, 这时的回归模型 ξ_1 假设为

$$\begin{cases} E_{\xi_1}(y_k) = \boldsymbol{x}_{1k}^{\mathrm{T}} \boldsymbol{\beta}_1, & k \in U, \\ V_{\xi_1}(y_k) = \sigma_{1k}^2, & k \in U. \end{cases} \tag{9.2.61}$$

假设总体完全拟合了该模型, 则回归系数 $\boldsymbol{\beta}_1$ 的估计量为

$$\boldsymbol{B}_1 = \left(\sum_U \frac{\boldsymbol{x}_{1k}\boldsymbol{x}_{1k}^{\mathrm{T}}}{\sigma_{1k}^2}\right)^{-1} \sum_U \frac{\boldsymbol{x}_{1k}y_k}{\sigma_{1k}^2}. \tag{9.2.62}$$

总体残差为

$$E_{1k} = y_k - \boldsymbol{x}_{1k}^{\mathrm{T}} \boldsymbol{B}_1. \tag{9.2.63}$$

在 $k \in s_a^c$ 基础上对 $\boldsymbol{B}_1$ 进行样本估计, 样本估计量为

$$\widehat{\boldsymbol{B}}_{1s_a^c} = \left(\sum_{s_a^c} \frac{\boldsymbol{x}_{1k}\boldsymbol{x}_{1k}^{\mathrm{T}}}{\sigma_{1k}^2 \pi_{ak}^c}\right)^{-1} \sum_{s_a^c} \frac{\boldsymbol{x}_{1k}y_k}{\sigma_{1k}^2 \pi_{ak}^c}. \tag{9.2.64}$$

但 y_k 在 s_a^c 中是未知的, 所以事实上可以得到的样本回归系数为

$$\widehat{\boldsymbol{B}}_{1s_u} = \left(\sum_{s_u} \frac{\boldsymbol{x}_{1k}\boldsymbol{x}_{1k}^{\mathrm{T}}}{\sigma_{1k}^2 \pi_{ak}^c \pi_{k|s_a^c}}\right)^{-1} \sum_{s_u} \frac{\boldsymbol{x}_{1k}y_k}{\sigma_{1k}^2 \pi_{ak}^c \pi_{k|s_a^c}}. \tag{9.2.65}$$

估计值为

$$\widehat{y}_{1k} = \boldsymbol{x}_{1k}^{\mathrm{T}} \widehat{\boldsymbol{B}}_{1s_u}, \quad k \in U. \tag{9.2.66}$$

样本残差为

$$e_{1ks_u} = y_k - \widehat{y}_{1k}, \quad k \in s_u. \tag{9.2.67}$$

式 (9.2.54) 中的回归估计量只需要知道估计值 $\widehat{y}_{1k}$, 它由式 (9.2.66) 计算得到, 该估计量不是无偏的 (只是近似无偏). 上述估计量也可以用 g 权数来表示, 它在讨论估计量方差时很有用. 我们定义与上述两个水平相对应的 g 权数分别为

$$g_{ks_u} = 1 + \left(\sum_{s_a^c} \frac{\boldsymbol{x}_{1k}}{\pi_{ak}^c} - \sum_{s_u} \frac{\boldsymbol{x}_{1k}}{\pi_{ak}^c \pi_{k|s_a^c}} \right)^{\mathrm{T}} \left(\sum_{s_u} \frac{\boldsymbol{x}_{1k}\boldsymbol{x}_{1k}^{\mathrm{T}}}{\sigma_{1k}^2 \pi_{ak}^c \pi_{k|s_a^c}} \right)^{-1} \frac{\boldsymbol{x}_{1k}}{\sigma_{1k}^2}, \quad k \in s_u, \tag{9.2.68}$$

$$g_{1ks_a^c} = 1 + \left(\sum_U \boldsymbol{x}_{1k} - \sum_{s_a^c} \frac{\boldsymbol{x}_{1k}}{\pi_{ak}^c} \right)^{\mathrm{T}} \left(\sum_{s_a^c} \frac{\boldsymbol{x}_{1k}\boldsymbol{x}_{1k}^{\mathrm{T}}}{\sigma_{1k}^2 \pi_{ak}^c} \right)^{-1} \frac{\boldsymbol{x}_{1k}}{\sigma_{1k}^2}, \quad k \in s_a^c. \tag{9.2.69}$$

(3) 回归估计量及其方差.

根据上述结论, 可由式 (9.2.54) 得到基于非拼配样本的关于总体总值 $t = \sum_U y_k$ 的近似无偏回归估计量, 式中的 $\widehat{y}_{1k}$ 由式 (9.2.66) 计算得到, 该估计量的近似方差为

$$AV_2(\widehat{t}_{r2}) = \sum\sum_U \Delta_{akl}^c \breve{E}_{1k} \breve{E}_{1l} + E_{p_a^c}\left(\sum\sum_{s_a^c} \Delta_{kl|s_a^c} \widecheck{E}_k \widecheck{E}_l \right), \tag{9.2.70}$$

其中, $\breve{E}_{1k} = E_{1k}/\pi_{ak}^c$ 和 $\widecheck{E}_k = E_k/\pi_{ak}^c \pi_{k|s_a^c}$, 总体残差 E_k 和 E_{1k} 分别由式 (9.2.57) 和式 (9.2.63) 给定. 方差的估计量为

$$\widehat{V}_2(\widehat{t}_{r2}) = \sum\sum_{s_u} \frac{\Delta_{akl}^c}{\pi_{akl}^c \pi_{kl|s_a^c}} g_{1ks_a^c} \breve{e}_{1ks_u} g_{1ls_a^c} \breve{e}_{1ls_u} + \sum\sum_{s_u} \frac{\Delta_{kl|s_a^c}}{\pi_{kl|s_a^c}} g_{ks_u} \widecheck{e}_{ks_u} g_{ls_u} \widecheck{e}_{ls_u}, \tag{9.2.71}$$

其中, $\breve{e}_{1ks_u} = e_{1ks_u}/\pi_{ak}^c$, $\widecheck{e}_{ks_u} = e_{ks_u}/\pi_{ak}^c \pi_{k|s_a^c}$, 这里 e_{1ks_u}, $g_{1ks_a^c}$, e_{ks_u} 和 g_{ks_u} 分别由式 (9.2.67), 式 (9.2.69), 式 (9.2.60) 和式 (9.2.68) 给定.

3. 组合估计量及其方差

把式 (9.2.35) 和式 (9.2.54) 结合起来, 可得到一个组合估计量为

$$\widehat{t}_y = w_1 \widehat{t}_{r1} + w_2 \widehat{t}_{r2}, \tag{9.2.72}$$

其中, 权重 w_1 和 w_2 是非负的常数, 满足 $w_1 + w_2 = 1$. 对于此组合估计量, 可得出近似方差为

$$AV(\widehat{t}_y) = w_1^2 AV_1(\widehat{t}_{r1}) + w_2^2 AV_2(\widehat{t}_{r2}) + 2w_1 w_2 AC, \tag{9.2.73}$$

其中, $\widehat{t}_{r1}$ 和 $\widehat{t}_{r2}$ 的近似方差及方差的估计量分别由式 (9.2.52), 式 (9.2.53), 式 (9.2.70) 和式 (9.2.71) 给出, 而

$$AC = -\sum\sum_U \Delta_{akl} \frac{y_k}{\pi_{ak}} \cdot \frac{y_l}{\pi_{al}^c}. \tag{9.2.74}$$

类似式 (9.2.17) 的推导，当式 (9.2.73) 中的方差达到最小时，有

$$w_1 = 1 - w_2 = \frac{AV_2 - AC}{AV_1 + AV_2 - 2AC}. \tag{9.2.75}$$

此时，最小方差为

$$AV(\widehat{t}_y)_{\min} = \frac{(AV_1)(AV_2) - (AC)^2}{AV_1 + AV_2 - 2AC}. \tag{9.2.76}$$

特别地，当只有前期数据可用时，回归模型可以简化为

$$\begin{cases} E_\xi(y_k) = \alpha + \beta z_k, \\ V_\xi(y_k) = \sigma^2. \end{cases} \tag{9.2.77}$$

在回归估计量式 (9.2.51) 中，$\widehat{y}_{1k}$ 不可预测，去掉这部分，则有

$$\widehat{t}_{r1} = \sum_{s_a} \frac{\widehat{y}_k}{\pi_{ak}} + \sum_{s_m} \frac{y_k - \widehat{y}_k}{\pi_{ak}\pi_{k|s_a}}, \tag{9.2.78}$$

其中，$\widehat{y}_k = \widehat{A} + \widehat{B} z_k$，代入式 (9.2.78) 中，有

$$\begin{aligned}
\widehat{t}_{r1} &= \sum_{s_a} \frac{\widehat{A} + \widehat{B} z_k}{\pi_{ak}} + \sum_{s_m} \frac{y_k}{\pi_{ak}\pi_{k|s_a}} - \sum_{s_m} \frac{\widehat{A} + \widehat{B} z_k}{\pi_{ak}\pi_{k|s_a}} \\
&= \sum_{s_m} \frac{y_k}{\pi_{ak}\pi_{k|s_a}} + \widehat{A} \left(\sum_{s_a} \frac{1}{\pi_{ak}} - \sum_{s_m} \frac{1}{\pi_{ak}\pi_{k|s_a}} \right) + \widehat{B} \left(\sum_{s_a} \frac{z_k}{\pi_{ak}} - \sum_{s_m} \frac{z_k}{\pi_{ak}\pi_{k|s_a}} \right) \\
&= \widehat{t}_{y s_m} + \widehat{A}(\widehat{N}_{s_a} - \widehat{N}_{s_m}) + \widehat{B}(\widehat{t}_{z s_a} - \widehat{t}_{z s_m}),
\end{aligned} \tag{9.2.79}$$

这里，

$$\widehat{A} = \widetilde{y}_{s_m} - \widehat{B} \widetilde{z}_{s_m}, \quad \widehat{B} = \frac{\sum_{s_m} (z_k - \widetilde{z}_{s_m})(y_k - \widetilde{y}_{s_m})/\pi_{ak}\pi_{k|s_a}}{\sum_{s_m} (z_k - \widetilde{z}_{s_m})^2/\pi_{ak}\pi_{k|s_a}},$$

而 $\widetilde{z}_{s_m} = \widehat{t}_{z s_m}/\widehat{N}_{s_m}$，$\widetilde{y}_{s_m} = \widehat{t}_{y s_m}/\widehat{N}_{s_m}$。

$\widehat{t}_{r1}$ 是 t_y 的近似无偏估计量，它的近似方差为

$$AV_1 = \sum\sum_U \Delta_{akl} \frac{y_k}{\pi_{ak}} \cdot \frac{y_l}{\pi_{al}} + E\left(\sum\sum_{s_a} \Delta_{kl|s_a} \frac{E_k}{\pi_{ak}\pi_{k|s_a}} \cdot \frac{E_l}{\pi_{al}\pi_{l|s_a}} \right), \tag{9.2.80}$$

其中，

$$E_k = y_k - \widetilde{y}_{s_a} - \widehat{B}_{s_a}(z_k - \widetilde{z}_{s_a}),$$

这里，

$$\widetilde{y}_{s_a} = \widehat{t}_{y s_a}/\widehat{N}_{s_a}, \quad \widetilde{z}_{s_a} = \widehat{t}_{z s_a}/\widehat{N}_{s_a}, \quad \widehat{B}_{s_a} = \frac{\sum_{s_a} (z_k - \widetilde{z}_{s_a})(y_k - \widetilde{y}_{s_a})/\pi_{ak}}{\sum_{s_a} (z_k - \widetilde{z}_{s_a})^2/\pi_{ak}}.$$

对于非拼配样本仍采用式 (9.2.2) 给出的估计量 $\widehat{t}_2 = \widehat{t}_{ys_u}$, 关于 $\widehat{t}_{yr}$ 的线性组合估计量的方差及何时达到最小方差, 可类似讨论.

与本节上述两个例子一样, 假设在简单随机抽样下, 估计量 $\widehat{t}_{r1}$ 可表达为

$$\widehat{t}_{r1} = N[\overline{y}_{s_m} + \widehat{B}(\overline{z}_{s_a} - \overline{z}_{s_m})],$$

其中, $\widehat{B} = S_{zys_m}/S^2_{zs_m}$. $AV_1 = V_1, V_2$ 和 $AC = C$ 分别由式 (9.2.22), 式 (9.2.23), 式 (9.2.24) 给出, 可以推出:

$$AV(\widehat{t}_{yr})_{\min} = N^2 \frac{S^2_{yU}}{n} \left(\frac{1 - vr^2}{1 - v^2 r^2} - f \right). \tag{9.2.81}$$

这个近似方差与式 (9.2.25) 一样, 因此, 最优样本轮换率也与式 (9.2.26) 一样, 方差的相对减少量也如表 9.2.1 所示.

习　题

9.1 简述二重抽样与二阶抽样的区别, 并说明二重抽样的应用场合.

9.2 在哪些调查中需要考虑样本轮换问题? 样本轮换时可以利用哪些辅助信息来提高轮换效率和估计精度?

9.3 证明: 式 (9.1.14) 可以表达成如下形式:

$$\widehat{V}(\widehat{t}_{\pi^*}) = \sum\sum_s \breve{\Delta}^*_{kl} \breve{y}_k \breve{y}_l,$$

其中, $\Delta^*_{kl} = \pi^*_{kl} - \pi^*_k \pi^*_l, \breve{\Delta}^*_{kl} = \Delta^*_{kl}/\pi^*_{kl}$.

9.4 证明: 估计量 t_{tpyr2} 的估计误差为式 (9.1.51) 所示, 即

$$\widehat{t}_{tpyr2} - t = \left(\sum_{s_a} \frac{y_k}{\pi_{ak}} - \sum_U y_k \right) + \left(\sum_s g_{ks} \frac{E_k}{\pi^*_k} - \sum_{s_a} \frac{E_k}{\pi_{ak}} \right).$$

9.5 试证明式 (9.2.10), 式 (9.2.11) 和式 (9.2.12) 表示的方差和协方差等式.

9.6 试证明式 (9.2.17) 表示的最小方差在例 9.2.2 中具体推导为式 (9.2.25), 并可得到式 (9.2.27) 给定的最优样本拼配比例.

9.7 推导并证明式 (9.2.33) 和式 (9.2.34) 表示的 α 和 γ 的最优值; 同时, 推导并证明在简单随机抽样下 α_{opt} 和 γ_{opt} 的表达式.

9.8 在某项调查中实施二重抽样估计研究变量 y 的总体总值. 在第一重抽样中, 使用简单随机抽样抽出样本 s_a, 样本量 $n_a = 160$, 调查样本 s_a 的辅助变量 x 的值; 然后将第一重样本按照规模大小均匀地分为 4 层, 在每一层中再应用简单随机抽样抽出样本量为 20 的样本, 调查研究变量 y 的值. 各层样本计算结果如下:

层 h	层均值 $\bar{y}_h$	层方差 $S_{ys_h}^2$
1	17	20
2	19	24
3	22	28
4	31	42

(1) 计算研究变量 y 的总体总值的无偏估计量;

(2) 根据式 (9.1.25) 计算上述估计量的方差估计值.

9.9 在某项二重抽样中, 第一重和第二重抽样均使用简单随机抽样, 第一重样本量 $n_a = 100$, 第二重样本量 $n = 50$. 研究变量 y 和辅助变量 x 的样本信息汇总计算如下:

$$\sum_{s_a} x_k = 2\,619, \quad \sum_s x_k = 1\,230, \quad \sum_s y_k = 9\,594,$$

$$\sum_s x_k y_k = 520\,753, \quad \sum_s x_k^2 = 64\,078, \quad \sum_s y_k^2 = 4\,272\,462.$$

(1) 使用式 (9.1.58) 表示的二重抽样下的回归估计量计算上述研究变量 y 的总体总值.

(2) 计算上述回归估计量的方差估计值, 并给出近似置信水平 95% 的置信区间.

第 10 章 非抽样误差

在 1.6 节曾指出, 统计调查误差包括抽样误差和非抽样误差. 在抽样调查中, 这两种误差都有可能发生. 而在全面调查中只有非抽样误差发生, 不会出现抽样误差.

抽样误差是一种重要的统计调查误差. 它是由于样本不能代表总体而产生的误差. 根据抽取的样本估计总体, 总是会或多或少地存在误差, 这就是抽样误差产生的根本原因. 依据概率抽样产生的抽样误差都是随机误差, 这是由样本的选取方式决定的.

非抽样误差是指统计调查中, 除抽样误差以外, 由于各种原因而引起的误差. 非抽样误差可能产生于统计调查的各个阶段, 如调查设计、数据收集和数据处理等. 其中调查设计阶段对非抽样误差的研究主要集中于如何设计更加合理的调查问卷以降低非抽样误差; 数据处理阶段对非抽样误差的研究则侧重于对调查结果的编码和录入环节; 最能体现非抽样误差思想的是数据收集阶段, 能够用统计技术对其影响进行度量和调整的也是数据收集阶段的非抽样误差.

非抽样误差按误差的来源、性质和处理方法的不同可以将其分为无观测误差和观测误差. 无观测误差主要包括抽样框误差和无回答误差, 观测误差主要包括测量误差和处理误差. 抽样框误差是由于目标总体和抽样总体不一致而产生的误差; 无回答误差是指由于各种原因未能获得被抽出样本单元的相关数据而产生的误差; 测量误差是调查所获得的数据与真实值不一致而产生的误差; 处理误差是指来自编码、转录、插补、编辑、异常值处理中产生的误差. 在现代计算机辅助数据收集方法中, 由于数据收集和数据处理趋向于一体, 处理误差很有可能被消除. 因此, 本章只对抽样框误差、无回答误差和测量误差这三类非抽样误差的影响以及处理方法进行讨论.

10.1 抽样框误差

10.1.1 抽样框缺陷

在 1.4 节我们曾定义构成抽样框的实体称为抽样单元, 组成总体的实体称为总体单位 (个体). 一项调查, 首先要从抽样框中抽取一个由抽样单元组成的样本, 然后通过样本中的抽样单元识别、联系和观测对应的总体单位 (比如个人、农场、企业). 抽样框单元与总体单位存在一定的关联, 通过这种关联机制, 从抽样框抽取样本对总体单位进行观测. 下面我们比较正式地给出抽样框和总体的关系.

设抽样框是 M 个单元的集合

$$F = \{F_1, \cdots, F_i, \cdots, F_M\},$$

抽样框单元 F_i 通常以电子记录或名单的形式表现. 设总体单位为 E_k. 对于任意的抽样框单元 F_i 和总体单位 E_k, 定义一个示性变量 L_{ik}, 即

$$L_{ik} = \begin{cases} 1, & \text{如果抽样单元 } F_i \text{ 和总体单位 } E_k \text{ 存在连接,} \\ 0, & \text{其他.} \end{cases}$$

也就是, 当 $L_{ik}=1$ 时, 抽样单元 F_i 和总体单位 E_k 存在连接. Dalenius (1986) 定义了抽样框单元和总体单位之间的 3 种重要连接关系.

(1) 一对一关系.

每一个抽样框单元 F_i 连接唯一一个总体单位 E_k, 每一个总体单位 E_k 也只连接唯一一个抽样框单元 F_i.

(2) 多对一关系.

每一个抽样框单元 F_i 连接唯一一个总体单位 E_k, 但是每一个总体单位 E_k 可能连接多个抽样框单元 F_i. 例如, 在住户调查中, 当抽样单元为个人, 总体单位为住户时, 这种情况可能发生.

(3) 一对多关系.

每一个抽样框单元 F_i 连接多个总体单位 E_k, 而没有总体单位 E_k 连接多个抽样框单元 F_i. 例如, 在农业调查中, 总体单位可以是某国或某地区的农场, 抽样单元为该国或该地区的行政区域, 这时一个抽样框单元 F_i 对应多个农场.

区分不同总体单位的集合是必要的. **目标总体** U 定义为我们希望研究的总体, 也就是需要收集总体单位 E_k 的信息对其进行估计的总体. **抽样框总体** U_F 定义为与抽样框 F 连接的总体单位 E_k 的集合. 引入连接的数学表达式, 有

$$U_F = \{E_k : L_{ik}=1, \text{对某些 } i, \text{如果 } F_i \in F\}.$$

也就是 U_F 中的每一个 E_k, 都至少与抽样框中的一个抽样单元 F_i 连接. 注意, U_F 可能包含目标总体 U 的总体单位, 也可能包含不属于 U 的单位 (非总体单位).

例如, 总体单位可以是每个个人, 目标总体是居住在某个国家的人. 任何不居住在该国的人是非总体单位. 可能的原因是, 有些人在某个时期居住在该国, 被包含在抽样框总体中, 而当这些人不再居住在该国时, 可能还包含在抽样框中; 一些去世的人也可能仍存在于抽样框中. 另一种情况是, 属于目标总体的人没有出现在抽样框中. 总体单位的全集表示为

$$C = U \cup U_F.$$

这个全集可以分解成以下两两不相交的 3 部分:
(1) 和抽样框 F 连接的目标总体单位的集合

$$U_{link} = U \cap U_F;$$

(2) 和抽样框 F 没有连接的目标总体单位的集合

$$U_{nolink} = U - U_{link};$$

(3) 和抽样框 F 连接的非总体单位的集合

$$\overline{U} = U_F - U_{link}.$$

令与抽样框单元 F_i 连接的目标总体单位的数量为

$$L_{i\cdot} = \sum_{k \in U} L_{ik};$$

令与总体单位 E_k 连接的抽样框单元的数量为

$$L_{\cdot k} = \sum_{i \in F} L_{ik}.$$

从抽样框中抽取样本的过程如下: 以特定的抽样设计从抽样框 F 中抽取一个样本, 该样本中的单元与总体单位的集合 s_F 连接, 其中 $s_F \subset U_F$. s_F 中的某些单位属于目标总体, 即有集合 $s = s_F \cap U$; 剩余的单位集合表示为 $\bar{s} = s_F - s$, 由非目标总体单位构成. $\bar{s}$ 中的单位可能不再存在, 或者即使存在, 也不是调查的对象.

我们希望抽样框中的单元与目标总体的总体单位能保持一致, 两者有一对一的对应连接关系. 但是, 实际中能够得到的抽样框往往不能尽如人意, 常常存在这样或那样的缺陷. 我们把抽样框缺陷分为以下 5 种类型, 前 3 种容易用连接的概念来描述:

(1) 一些目标总体单位与抽样框中的任何单元都没有连接, 所以它们不会在调查中被抽中, 即 U_{nolink} 是非空的, 也可以说对 U 中的某些总体单位而言, 有 $L_{\cdot k} = 0$.

(2) 抽样框中的某些单元与非总体单位连接, 即 $\overline{U}$ 是非空的, 也可以说对 $\overline{U}$ 中的某些总体单位而言, 有 $L_{\cdot k} > 0$.

(3) 一些目标总体单位可能连接多个抽样框单元, 即对 U 中的某些总体单位而言, 有 $L_{\cdot k} > 1$.

(4) 抽样框包含了可用于分层、与规模成比例的概率抽样或者回归估计的辅助信息, 但是这些信息不正确.

(5) 抽样框信息可能过时或不够详细, 不能保证与某些目标总体单位的有效联系.

抽样框可能同时存在上述几种缺陷,前 3 种缺陷分别被称为涵盖不全、过涵盖和重复清单. 第 4 种缺陷可能降低调查估计的精度,但是对推断结果的有效性影响不大. 第 5 种缺陷与涵盖不全的情形相似,不过此时可以明确地知道某些总体单位不能通过抽样框抽取,而存在涵盖不全的情形时,调查员并不知道哪些总体单位与抽样框没有连接.

我们对目标总体和抽样框总体进行了区分,有时候还存在一些其他的区分. 假设某位社会学家要研究一个特定人群的总体,他对目标总体的认识可能并不实际,一些个人可能根本无法接触,可接触的人可能反映的又不是研究真正需要的. 在调查计划阶段,统计学家的责任之一就是明确一个现实中能够调查的总体,也就是说,对于这样的总体,在给定预算下,能够建立一个好的抽样框. 调查总体 (survey population) 有时用来表示这种 "能够真正用于研究的总体" 或 "现实的目标总体". 所以调查总体可能和最初的目标总体不一致,它们与最终得到的抽样框总体也可能不一致.

10.1.2 抽样框缺陷下的估计

本节讨论在 3 种常见抽样框缺陷下的估计技巧. 令 s_F 表示从抽样框中抽取的概率样本,其中 $s_F \subset U_F$,U_F 为抽样框总体,U 为目标总体.

1. 抽样框过涵盖, 但没有其他缺陷

在这种情形下,目标总体 U 是抽样框总体 U_F 的一部分,从 U_F 中抽取概率样本 s_F,由于 $U \subset U_F$,对 U 中的每一个总体单位,能保证正的包含概率 π_k,所以仍满足概率抽样的要求.

如果每一个样本单位可以在观测时识别并确定是否属于目标总体 U 中的单位,则可以剔除非目标总体单位,属于目标总体 U 的样本表示为 $s = U \cap s_F$,其样本量是随机的. 目标总体 U 的参数可以有效地估计出来. 如果过涵盖是轻微的,那么由于过涵盖引起的样本量减少也是轻微的. 估计量 $\sum_s y_k/\pi_k$ 是总体总值 $\sum_U y_k$ 的无偏估计量,其统计性质可以利用域估计理论推导出来,参见 Särndal, Swensson 和 Wretman (2003). 如果不能识别并剔除目标总体 U 中的非总体单位,情况将比较复杂,详细内容可以参考 Lessler (1982).

2. 重复清单, 但没有其他缺陷

在这种情形下,某些目标总体单位有 $L_k > 1$. 假设以已知的、正的概率从抽样框抽取样本. 如果每一个目标总体单位 E_k 连接的抽样框单元数量 L_k 已知,则可以像从抽样框进行无放回简单随机抽样一样,确定目标总体单位的包含概率,采用标准估计方法对目标总体的参数进行估计. 否则,无法满足每一个目标总体单位的包含概率已知且为正的条件,需要更复杂的技术去解决. 显然,如果经费允许,补救的最好办法是在抽样前检查抽样框,识别并剔除重复的清单.

3. 抽样框涵盖不全, 但没有其他缺陷

在这种情形下, $U_F \subset U$. 涵盖不全意味着只能从部分目标总体获取数据, 没有涵盖的总体单位部分, 记为 $U - U_F$, 由于其没有被包含在抽样框中, 总体单位的包含概率 $\pi_k = 0$. 此时, 要进行目标总体参数的估计将比较复杂. 如果从 U_F 中抽取概率样本 s_F, 则

$$\widehat{t}_{F\pi} = \sum_{s_F} y_k/\pi_k$$

是抽样框总体 U_F 总量的无偏估计量. 但是, 如果 $\widehat{t}_{F\pi}$ 作为目标总体总值 $t = \sum_U y_k$ 的估计量, 显然存在负的偏差 (假设对所有的 k, 有 $y_k > 0$). 此时, 可以采用合适的比率调整来减少偏差. 假设已知辅助信息 $\sum_U x_k$, 则可以建立估计量

$$\widehat{t}_{Fra} = \sum_U x_k \frac{\sum_{s_F} y_k/\pi_k}{\sum_{s_F} x_k/\pi_k}.$$

相对偏差近似表达为

$$\frac{E(\widehat{t}_{Fra}) - t}{t} \doteq \frac{R_{U_F}}{R_U} - 1, \tag{10.1.1}$$

其中 $R_{U_F} = \sum_{U_F} y_k \big/ \sum_{U_F} x_k$, $R_U = \sum_U y_k \big/ \sum_U x_k$. 偏差可能为正, 也可能为负. 如果丢失总体部分与涵盖的总体有以下关系: $R_{U_F} = R_U$, 则 $\widehat{t}_{Fra}$ 是 t 的近似无偏估计量. 然而, 由于抽样框涵盖不全, $R_{U_F} = R_U$ 的假设通常无法证明.

10.1.3 多重抽样框

多重抽样框技术是指在某项抽样调查中组合使用两个或两个以上的抽样框, 虽然每个抽样框都存在涵盖不全的缺陷, 但是它们的组合能够覆盖目标总体. 假设:

(1) 有两个抽样框 U_A 和 U_B, 目标总体的每一个总体单位 k, 至少属于两个抽样框中的一个;

(2) 从抽样框 U_A 中抽取一个概率样本, 记为 s_A, 从抽样框 U_B 中抽取一个概率样本, 记为 s_B;

(3) 每个样本单位来自哪个抽样框可以确定.

如此, 将总体 U 分为 3 个互不相交的子域:

(1) 域 A, 只包含来自抽样框 U_A 的总体单位, 即 $A = U - U_B$;

(2) 域 B, 只包含来自抽样框 U_B 的总体单位, 即 $B = U - U_A$;

(3) 域 AB, 包含同时来自抽样框 U_A 和抽样框 U_B 的总体单位, 即 $AB = U_A \cap U_B$.

根据以上假设, 则 $U = A \cup B \cup AB$. 总体总值 $t = \sum_U y_k$ 的一个无偏估计量为

$$\widehat{t} = \widehat{t}_A + \widehat{t}_B + \widehat{t}_{AB},$$

其中等式右面的 3 项分别是域总值 $\sum_A y_k, \sum_B y_k$ 和 $\sum_{AB} y_k$ 的无偏或近似无偏估计量. 此时, 可以采用 π 估计量或其他更有效的估计量. 利用域估计的理论, 可以得出其方差和方差的估计量. 值得注意的是, $\hat{t}_A, \hat{t}_B$ 和 $\hat{t}_{AB}$ 通常不独立.

10.1.4 抽样框的建立和维护

一般来说, 已经建立的抽样框可供多项调查或同一调查多次使用. 所以, 从一开始就建立一个高质量的抽样框, 并定期对其进行维护非常重要. Wright 和 Tsao(1983) 提出建立和维护抽样框的一般步骤:

第一步 选择抽样框单元. 在这一步骤中, 一般要考虑的因素是
(1) 建立和维护连接总体单位以及获得满意辅助信息的成本;
(2) 抽样框单元希望得到的辅助信息的可获得性;
(3) 抽样框单元的稳定性;
(4) 建立抽样框所需的时间.

第二步 建立抽样框 (建立数据库). 在这一步骤中, 需要对收集和组织抽样框单元所需的各种信息进行大量的研究.

第三步 检验抽样框的有效性. 在这一步骤中, 需要检查由第一、第二步所建立的抽样框的质量, 包括抽样框的覆盖面以及所包含信息的有效性.

第四步 抽样框的管理. 如果抽样框要供多项调查长时间使用, 则需要对抽样框进行监督管理, 还要考虑不同调查的需求, 对抽样框进行及时的改进和更新.

第五步 抽样框的维护. 在这一步骤中, 要求根据需求对抽样框进行调整和更新. 去除重复单元和消亡单元, 并将新的单元包括进来, 同时对辅助信息进行更新. 对于变化很快的总体, 除非持续对其进行更新, 否则耗巨资建立的抽样框可能很快过时. 所以对抽样框进行更新维护的费用可能很高昂, 因此才有对优良抽样框建立时有效辅助信息最大化与费用最小化的均衡性要求.

10.2 无回答误差

10.2.1 无回答的定义和回答模型

1. 无回答的定义

长久以来, 无回答被认为是调查的一个主要问题. 如果无回答仅仅导致方差的增加, 我们可以忽略它的影响. 但是无回答真正的危害在于它通常会导致抽样估计量发生偏差. 例如, 如果高收入者更倾向于不回答, 则这一群体可能在最终的数据集里缺乏代表性. 这意味着这个数据集合用于估计与收入正相关的研究变量时, 如储蓄或最低消费支出, 包含了太少相对大的值和太多相对小的值, 最终造成抽样的无效.

几乎在所有的调查中都会出现无回答, 但是对于不同的调查, 无回答的范围和影响是多种多样的. 因此, 必须有专门的估计技术方法来处理这类问题.

无回答是指不能从样本 s 中获得需要观测的数据. 调查的目的是观测被抽中的总体单位, 假设这些总体单位与 q 个研究变量 $y_1, \cdots, y_j, \cdots, y_q$ 有关, 而这些变量又与调查表中的 q 个项目相对应. 令 y_{jk} 为总体单位 k 的第 j 个变量的值, n_s 为样本 s 的样本量. 调查中的完全回答是指, 对每一个 $k \in s$, 对应一个完全的 q 维变量的观测值 $\boldsymbol{y}_k = (y_{1k}, \cdots, y_{jk}, \cdots, y_{qk})$, 这些值组成了一个没有缺失值的 $n_s \times q$ 的矩阵. 在所有的其他情形, 都存在无回答. 无回答现象是普遍存在的, 即在数据收集和编辑后, $n_s \times q$ 矩阵中至少有一个 y_{jk} 值丢失.

在一项调查中完全回答几乎不可能. y_{jk} 值缺失的原因很多, 例如, 在一项邮寄调查中, 问卷可能没有回复, 或者回复了但是没有全部回答; 在一项面访的调查中, 某些人拒绝回答部分或全部问题; 某些人几次回访, 都不在家. 由于疾病或语言问题都有可能造成面访失败. 由问卷或面访得到的一些值没能通过编辑审核, 这些值被认为是假的或值得高度怀疑而以空格记录, 这里把不可接受的值也作为无回答的部分. 对于总体单位 k, 无回答可分为两类:

一类是对应的研究变量向量 $\boldsymbol{y}_k = (y_{1k}, \cdots, y_{jk}, \cdots, y_{qk})$ 的观测值全部缺失, 称为单元无回答 (unit nonresponse);

一类是对应的研究变量向量 $\boldsymbol{y}_k = (y_{1k}, \cdots, y_{jk}, \cdots, y_{qk})$ 的观测值部分缺失, 称为项目无回答 (item nonresponse).

2. 回答集

我们定义 r_j 为第 j 个回答集, 即它是样本 s 的一个子集, 记为 $r_j = \{k : k \in s \text{ 且 } y_{jk} \text{ 已被记录}\}$. 在调查中, 通常 q 个回答集 $r_1, r_2, \cdots, r_q$ 不完全相等. 抽样调查时, 集合 s 通过一个已知的抽样设计来抽取, 回答集 r_j 则是从 s 中抽取得到.

存在无回答的样本调查可以看成先从总体 U 中抽取样本 s, 再从样本 s 中选出回答集 r. 我们一般不知道回答集 r_j 是如何生成的. 假设存在一个从 s 生成 r_j 的概率回答机制. 用 $p_j(r_j|s)$ 表示在给定样本 s 的回答集 r_j 实现的概率. 但是, 这个回答分布 $p_j(\cdot|s)$ 一般是不知道的. 为了借助回答者的数据得到关于有限总体的统计结论, 我们必须对分布 $p(r_j|s)$ 做出假定, 比如假定回答的总体单位相互独立, 或者两个及两个以上的相似总体单位有同样的回答概率. 这些假定通常是不能被证明的. 由于在实践中回答集 $r_1, r_2, \cdots, r_q$ 通常是不同的, 这就要求在估计阶段要分别处理每一个研究变量, 而且第二重抽取使得估计更加复杂, 计算量也比完全回答情形要大得多.

3. 回答模型

如果无回答层与回答层存在显著差异 (大多数情况下是这样的), 则由于无回答层没有提供样本数据, 而在估计总体参数时会产生两种较大的影响:

一是, 估计量可能是有偏的, 因为样本中没有调查到的部分可能与被调查到的部分显著

不同;

二是, 由于实际调查到的样本量比目标样本量小, 所以估计误差可能会增大.

这些都影响调查结果的系统性和完整性, 给进一步的统计分析带来一系列麻烦. 因此, 为了减少无回答的数量, 缩小无回答的影响, 我们需要进一步讨论控制无回答的措施.

以下我们利用回答分布模型来构造估计量. 回答模型就是一系列真实的未知回答分布的假定. 在制订调查计划时, 要根据现实中的回答模型, 考虑不同的估计量, 选择一个低误差和较小方差的估计量. 通常, 要获得这样的估计量需要大量的辅助信息, 当然还要考虑这类信息是不是存在. 用估计的回答分布来处理无回答最早可以追溯到 Politz 和 Simmons (1949), 他们的估计方法就是用估计回答概率的倒数作为对观察值所赋的权重.

为简单起见, 我们只考虑单个研究变量 y 的情形, 目的是估计总体总值 $t = \sum_U y_k$. 我们假设如下调查条件:

(1) 根据抽样设计 $p(s)$ 从有限总体 $U = \{1, \cdots, k, \cdots, N\}$ 抽出样本量为 n_s 的样本 s, 包含概率 π_k 和 π_{kl} 为正.

(2) 为了得到一个高的回答率, 调查是被精心设计的, 然而某些无回答依然是无法避免的. 用 r 表示回答集, 其容量为 m_r, $m_r < n_s$.

考虑一个简单的回答模型. 对任意的 s, 所有的 k 和 $l \in s$, 有

$$\Pr(k \in r|s) = \theta_k = \theta, \quad \Pr(k \& l \in r|s) = \theta_k \theta_l = \theta^2, \tag{10.2.1}$$

其中 $\theta > 0$. 这是一个描述总体数据随机缺失的模型, 但是这个模型过于简单, 它假定总体单位之间的回答行为没有差别. 这与实际中遇到的回答模型并不相符, 并且可能产生严重的估计偏差.

下面我们考虑更一般的回答模型. 假定样本 s 唯一地对应一个回答分布, 这个回答分布产生一个回答集 r. 我们的任务就是尽可能地构造一个能精确描述未知回答分布的模型.

首先, 我们对模型给出如下假设: 实现了的样本 s 分割为 H_s 个组, 用 $s_h, h = 1, 2, \cdots, H_s$ 表示分割的组. 给定 s, 假定 s_h 中的所有总体单位具有相同的回答概率, 不同的组具有不同的回答概率, 所有总体单位的回答都是相互独立的. 我们称这种模型为回答同质组 (response homogeneity group, RHG) 模型, 集合 $s_1, \cdots, s_h, \cdots, s_{H_s}$ 称为回答同质组. 对每个样本 s 和 $s_h, h = 1, 2, \cdots, H_s$, RHG 模型可以表示为

$$\begin{cases} \Pr(k \in r|s) = \pi_{k|s} = \theta_{hs} > 0, & \text{对于所有 } k \in s_h, \\ \Pr(k \& l \in r|s) = \pi_{kl|s} = \Pr(k \in r|s)\Pr(l \in r|s), & \text{对于所有 } k \neq l \in s. \end{cases} \tag{10.2.2}$$

对于不同的样本 s, 组数可以互不相同, 即使具有相同组数的两个不同样本, 总体单位 k 也可能被分配到不同的组. 在重复抽取样本的设定下, 当 s 给定, 组的构成也就确定了.

组的选择标准是对于样本 s, 使得式 (10.2.2) 尽可能精确地描述未知的回答分布. 统计学家在构造组的过程中必须借助他的判断和调查经验, 使之尽可能地达到组内回答概率为常

数的条件. 调查员的数量, 他们的技能和背景, 回答者的特征, 如年龄、性别和住处 (城或乡), 都是要考虑的因素. Rosenbaum 和 Rubin(1983), Little(1986) 提出用回答倾向得分技术来构造组.

在式 (10.2.2) 的回答模型中, 以样本 s 为条件, 假定在样本的每个子组 s_h 中的数据缺失是随机的, 与假定数据缺失在整个总体中是随机的模型 (10.2.1) 相比, 它更符合实际. 例如, 假定回答概率与收入成负相关, 平均来说高收入者比低收入者的回答概率低. 对于任何与收入成强正相关的研究变量, 如储蓄或某种类型的消费来说, 此时如果采用式 (10.2.1) 中的模型, 则研究变量值较大的回答者代表性不足, 这将导致估计中的负偏差.

与假设整个总体具有相同的回答概率的模型相比, 假设样本的子组内具有相同回答概率的模型可以大大减少偏差. 设 r_h 为组 s_h 的回答子集, 令 n_h 和 m_h 分别表示 s_h 和 r_h 的容量, r 为总的回答集, 其容量为 m_r, 则

$$r = \bigcup_{h=1}^{H_s} r_h, \quad m_r = \sum_{h=1}^{H_s} m_h.$$

如果式 (10.2.2) 中的模型成立, 则对给定的 s, 回答集 r 服从分层伯努利抽样设计($STBE$). 我们只要对二重抽样理论的结论稍做修改, 利用现成的辅助信息, 就能得到总体总值 $t = \sum_U y_k$ 的估计量.

建立每组的回答数量向量 $\boldsymbol{m} = (m_1, \cdots, m_h, \cdots, m_{H_s})$, 对于 $h = 1, 2, \cdots, H_s$, 其条件回答概率为

$$\pi_{k|s,\boldsymbol{m}} = \Pr(k \in r|s, \boldsymbol{m}) = \pi_{kk|s,\boldsymbol{m}} = f_h = m_h/n_h, \quad \text{对所有的 } k \in s_h, \quad (10.2.3)$$

$$\pi_{kl|s,\boldsymbol{m}} = \Pr(k\&l \in r|s, \boldsymbol{m})$$
$$= \begin{cases} f_h(m_h-1)/(n_h-1), & \text{所有 } k \neq l \in s_h, \\ f_h f_{h'}, & k \in s_h, l \in s_{h'}, h \neq h'. \end{cases} \quad (10.2.4)$$

这些概率分布和 $STSI$ 类似, 对给定的 s 和 $\boldsymbol{m}$, RHG 模型下回答集 r 的产生和在 $STSI$ 下从 s 抽取的原理一样. 假设 RHG 模型有效, 给定 s 和 $\boldsymbol{m}$, 组 h 中任何一个总体单位回答的概率就是该组的回答率 f_h.

导致无回答的原因是多方面的, 一般来说也是不可避免的. 此时, 我们就要关注如何对缺失数据进行补救以及缺失数据带来估计量偏差的大小程度. 针对基于回答模型的不同, 下面着重讨论加权调整法、插补法以及校准调整法等方法.

10.2.2 加权调整法

简单地讲, 加权调整法就是对回答单位数据采取事后分层, 将无回答单位的抽样权重在回答单位中重新分配, 对回答单位的权数进行调整, 从而提高回答单位数据的代表性, 减少

由于无回答造成的估计量偏差的影响. 它的假定前提是回答单位能代表无回答单位, 并且无回答单位具有回答单位的相似特征.

1. 单纯加权调整估计量

在式 (10.2.2) 的 RHG 模型中, 第 k 个总体单位的合适权重是

$$1/\pi_k^* = (1/\pi_k)(1/\pi_{k|s,\boldsymbol{m}}),$$

这里 $1/\pi_k$ 是抽样权重, $1/\pi_{k|s,\boldsymbol{m}}$ 是由式 (10.2.3) 定义的无回答调整权重. 显然, 总体单位的无回答调整权重是其所属组的回答率的倒数. $t = \sum_U y_k$ 的加权调整估计量为

$$\widehat{t}_{c\pi^*} = \sum_r \breve{y}_k/\pi_{k|s,\boldsymbol{m}} = \sum_{h=1}^{H_s} f_h^{-1} \sum_{r_h} \breve{y}_k, \tag{10.2.5}$$

其中 $\breve{y}_k = y_k/\pi_k$.

下面我们来求估计量 (10.2.5) 的期望和方差. 这时可以将它的期望看成一系列试验的平均值, 这些试验的步骤如下:

第一步 根据给定的抽样设计抽取样本 s, 在此基础上按 RHG 模型的分组要求进行分组;

第二步 对于给定的样本 s, 得到的回答集合为 $r = \bigcup_{h=1}^{H_s} r_h$, 它满足 RHG 模型的条件.

假定 RHG 模型 (10.2.2) 与真实回答分布 (true response distribution, RD) 相一致, 则给定 s, 估计量 (10.2.5) 的条件期望为

$$E_{RD}(\widehat{t}_{c\pi^*}|s) = E_{\boldsymbol{m}} E_{RD}\left(\sum_{h=1}^{H_s} f_h^{-1} \sum_{r_h} \breve{y}_k | s, \boldsymbol{m}\right)$$

$$= E_{\boldsymbol{m}}\left(\sum_{h=1}^{H_s} \sum_{s_h} \breve{y}_k | s\right) = \sum_s \breve{y}_k = \widehat{t}_\pi.$$

上式反映了无回答调整估计量 $\widehat{t}_{c\pi^*}$ 的一个重要性质: 对任意给定的样本 s, $\widehat{t}_{c\pi^*}$ 平均说来等于 $\widehat{t}_\pi = \sum_s \breve{y}_k$, $\widehat{t}_\pi$ 是在假定每个样本总体单位都有回答的情况下的估计量.

读者可能留意到在 RHG 模型下, 事件 $\overline{A}_1 = \{m_h = 0,$ 对 $h = 1, 2, \cdots, H_s$ 中的一些$\}$ 发生的概率被忽略了. 这是一个必要条件, 因为如果 $\overline{A}_1$ 发生, 式 (10.2.5) 的估计量是不能计算出来的. 为了涵盖这种事件, 必须给 $\widehat{t}_{c\pi^*}$ 一个专门的定义. 但是, 当样本量较大时, 如果 $\overline{A}_1$ 发生的概率可忽略, 那么对如何确定这个定义的影响并不大. 令 $E_p(\cdot)$ 表示与抽样设计有关的期望. $\widehat{t}_{c\pi^*}$ 的无条件期望为

$$E(\widehat{t}_{c\pi^*}) = E_p(E_{RD}(\widehat{t}_{c\pi^*}|s)) = E_p(\widehat{t}_\pi) = t.$$

这就是说，如果 RHG 模型成立且 $\overline{A}_1$ 发生的概率可忽略，则 $\widehat{t}_{c\pi^*}$ 是无偏估计量. 定义事件 $\overline{A}_2$ 如下:
$$\overline{A}_2 = \{m_h \leqslant 1, \text{对 } h = 1, 2, \cdots, H_s \text{ 中的一些}\}.$$

结论 10.2.1 如果 RHG 模型成立，且事件 $\overline{A}_1$ 发生的概率可以忽略，那么直接加权估计量为

$$\widehat{t}_{c\pi^*} = \sum\nolimits_r \breve{y}_k/\pi_{k|s,\boldsymbol{m}} = \sum_{h=1}^{H_s} f_h^{-1} \sum\nolimits_{r_h} \breve{y}_k. \tag{10.2.6}$$

它是 $t = \sum_U y_k$ 的无偏估计量，其方差为

$$V(\widehat{t}_{c\pi^*}) = \sum\sum\nolimits_U \Delta_{kl} \breve{y}_k \breve{y}_l + E_p E_{\boldsymbol{m}}\left(\sum_{h=1}^{H_s} n_h^2 \frac{1-f_h}{m_h} S_{\breve{y}s_h}^2 \Big| s\right). \tag{10.2.7}$$

其中 $S_{\breve{y}s_h}^2$ 是 s_h 中 $\breve{y}_k = y_k/\pi_k$ 的方差，$E_p(\cdot)$ 是和抽样设计有关的期望，$E_{\boldsymbol{m}}(\cdot|s)$ 表示给定 s，与固定样本下组回答数量向量 $\boldsymbol{m}$ 的分布有关的条件期望. 如果模型 (10.2.2) 成立且事件 $\overline{A}_2$ 发生的概率可以忽略，那么其无偏方差估计量为

$$\widehat{V}(\widehat{t}_{c\pi^*}) = \sum\sum\nolimits_r \frac{\breve{\Delta}_{kl}}{\pi_{kl|s,\boldsymbol{m}}} \breve{y}_k \breve{y}_l + \sum_{h=1}^{H_s} n_h^2 \frac{1-f_h}{m_h} S_{\breve{y}r_h}^2, \tag{10.2.8}$$

其中 $\pi_{kl|s,\boldsymbol{m}}$ 由式 (10.2.3) 和式 (10.2.4) 给出，$S_{\breve{y}r_h}^2$ 是 r_h 中 $\breve{y}_k = y_k/\pi_k$ 的方差.

式 (10.2.7) 中等式右端的第一部分与完全回答下 π 估计量的方差一样，第二部分可以看成无回答导致的方差增加的部分，所以在完全回答的情况下，这一部分为 0. 方差估计量 (10.2.8) 是一般的简洁形式，其等式右边的每一项都是式 (10.2.7) 中相应项的无偏估计. 实践中，这个方差估计量必须在具体的抽样设计下计算，其结果并不简洁.

例 10.2.1 假定通过 SI 设计抽取样本 s，其容量为 n，根据式 (10.2.6) 我们有

$$\widehat{t}_{c\pi^*} = \frac{N}{n} \sum_{h=1}^{H_s} n_h \overline{y}_{r_h} = N\widehat{\overline{y}}_U. \tag{10.2.9}$$

我们称之为**加权类估计量** (weighting class etimator)，它在实际中的应用很广泛，其方差和方差估计量分别为

$$V(\widehat{t}_{c\pi^*}) = N^2 \frac{1-n/N}{n} S_{yU}^2 + \frac{N^2}{n^2} E_p E_{\boldsymbol{m}}\left(\sum_{h=1}^{H_s} n_h^2 \frac{1-f_h}{m_h} S_{ys_h}^2 \Big| s\right) = V_1 + V_2, \tag{10.2.10}$$

$$\widehat{V}(\widehat{t}_{c\pi^*}) = \widehat{V}_1 + \widehat{V}_2, \tag{10.2.11}$$

其中

$$\widehat{V}_1 = N^2 \frac{1-n/N}{n} \left[\sum_{h=1}^{H_s} \frac{n_h}{n} (1-\delta_h) S_{yr_h}^2 + \frac{n}{n-1} \sum_{h=1}^{H_s} \frac{n_h}{n} (\overline{y}_{r_h} - \widehat{\overline{y}}_U)^2 \right], \qquad (10.2.12)$$

$$\widehat{V}_2 = N^2 \sum_{h=1}^{H_s} \left(\frac{n_h}{n} \right)^2 \frac{1-f_h}{m_h} S_{yr_h}^2, \qquad (10.2.13)$$

$$\delta_h = \frac{1 - n_h/n}{m_h} \cdot \frac{n}{n-1}.$$

式 (10.2.10) 中, 第一项 V_1 即是 SI 设计下样本量为 n 的总体总值估计量 $\widehat{t}_\pi = N\overline{y}_s$ 的方差, 而第二项 V_2 与二重抽样设计下的方差估计具有类似的形式.

2. 同时利用辅助变量的加权调整估计量

如果存在能预测 y 值的辅助信息, 我们就可以对加权估计量 (10.2.6) 进行实质性的改进. 改进表现在两方面: 减少偏差和方差. 9.1.5 小节给出了一个二重抽样的回归估计量

$$\widehat{t}_{tpyr} = \sum_U \widehat{y}_{1k} + \sum_{s_a} \frac{\widehat{y}_k - \widehat{y}_{1k}}{\pi_{ak}} + \sum_s \frac{y_k - \widehat{y}_k}{\pi_k^*}.$$

现在我们把它用于无回答出现时的情况. 在 RHG 模型中, 式 (9.1.28) 表示的回归估计量变为

$$\widehat{t}_{cr} = \sum_U \widehat{y}_{1k} + \sum_{h=1}^{H_s} \left(\sum_{s_h} \frac{\widehat{y}_k - \widehat{y}_{1k}}{\pi_k} + f_h^{-1} \sum_{r_h} \frac{y_k - \widehat{y}_k}{\pi_k} \right). \qquad (10.2.14)$$

这个估计量使用了两类回归预测:

$$\widehat{y}_k = \boldsymbol{x}_k^{\mathrm{T}} \widehat{\boldsymbol{B}}_r = \boldsymbol{x}_k^{\mathrm{T}} \left(\sum_{h=1}^{H_s} f_h^{-1} \sum_{r_h} \frac{\boldsymbol{x}_k \boldsymbol{x}_k^{\mathrm{T}}}{\sigma_k^2 \pi_k} \right)^{-1} \sum_{h=1}^{H_s} f_h^{-1} \sum_{r_h} \frac{\boldsymbol{x}_k y_k}{\sigma_k^2 \pi_k}, \qquad (10.2.15)$$

$$\widehat{y}_{1k} = \boldsymbol{x}_{1k}^{\mathrm{T}} \widehat{\boldsymbol{B}}_{1r} = \boldsymbol{x}_{1k}^{\mathrm{T}} \left(\sum_{h=1}^{H_s} f_h^{-1} \sum_{r_h} \frac{\boldsymbol{x}_{1k} \boldsymbol{x}_{1k}^{\mathrm{T}}}{\sigma_{1k}^2 \pi_k} \right)^{-1} \sum_{h=1}^{H_s} f_h^{-1} \sum_{r_h} \frac{\boldsymbol{x}_{1k} y_k}{\sigma_{1k}^2 \pi_k}, \qquad (10.2.16)$$

这里, $\boldsymbol{x}_k$ 是样本水平上的辅助变量向量. 要计算估计量 (10.2.14), 我们首先必须知道所有的组 h 的总值 $\sum_{s_h} \boldsymbol{x}_k$, 而且对于任何总体单位 $k \in r$, $\boldsymbol{x}_k$ 也要已知. $\boldsymbol{x}_{1k}$ 是总体水平上的辅助变量向量, 即这个估计量要求我们知道 $\sum_U \boldsymbol{x}_{1k}$ 以及对于所有 h 的 $\sum_{s_h} \boldsymbol{x}_{1k}$, 并且对于 $k \in r$ 的总体单位的个体值 $\boldsymbol{x}_{1k}$ 也必须知道.

下面我们来观察估计量 (10.2.14) 的两种特殊形式:

(1) 若只能获得样本水平上的辅助信息. 式 (10.2.14) 的估计量变为

$$\widehat{t}_{cr} = \sum_{h=1}^{H_s} \left(\sum_{s_h} \frac{\widehat{y}_k}{\pi_k} + f_h^{-1} \sum_{r_h} \frac{y_k - \widehat{y}_k}{\pi_k} \right) \qquad (10.2.17)$$

这是实际情况中常见的一种情形, 因为在许多调查中, 要获得样本中总体单位的辅助信息所费精力和费用甚少, 且相对比较容易, 此举可以减少无回答的偏差和估计量的方差.

(2) 若只可以获得总体水平的辅助信息, 而没有进一步可利用的样本水平上的辅助信息. 估计量 (10.2.14) 则变成

$$\widehat{t}_{cr} = \sum_U \widehat{y}_{1k} + \sum_{h=1}^{H_s} f_h^{-1} \sum_{r_h} \frac{y_k - \widehat{y}_{1k}}{\pi_k}. \tag{10.2.18}$$

要得出式 (10.2.14) 以及以上两种情况下的方差和方差估计量, 我们首先要计算出如下的残差:

$$\breve{E}_k = E_k/\pi_k = (y_k - \boldsymbol{x}_k^\mathrm{T} \boldsymbol{B}_s)/\pi_k. \tag{10.2.19}$$

对 $k \in s$, 有

$$\boldsymbol{B}_s = \left(\sum_s \boldsymbol{x}_k \boldsymbol{x}_k^\mathrm{T}/\sigma_k^2 \pi_k \right)^{-1} \sum_s \boldsymbol{x}_k y_k/\sigma_k^2 \pi_k, \tag{10.2.20}$$

$$\breve{E}_{1k} = E_{1k}/\pi_k = (y_k - \boldsymbol{x}_{1k}^\mathrm{T} \boldsymbol{B}_1)/\pi_k. \tag{10.2.21}$$

对 $k \in U$, 有

$$\boldsymbol{B}_1 = \left(\sum_U \boldsymbol{x}_{1k} \boldsymbol{x}_{1k}^\mathrm{T}/\sigma_{1k}^2 \right)^{-1} \sum_U \boldsymbol{x}_{1k} y_k/\sigma_{1k}^2. \tag{10.2.22}$$

令

$$\breve{e}_{kr} = e_{kr}/\pi_k = (y_k - \widehat{y}_k)/\pi_k, \tag{10.2.23}$$

$$\breve{e}_{1kr} = e_{1kr}/\pi_k = (y_k - \widehat{y}_{1k})/\pi_k. \tag{10.2.24}$$

对于回归估计量 (10.2.14), 我们有下面的结论.

结论 10.2.2 如果 RHG 模型 (10.2.2) 成立, 则回归估计量

$$\widehat{t}_{cr} = \sum_U \widehat{y}_{1k} + \sum_{h=1}^{H_s} \left(\sum_{s_h} \frac{\widehat{y}_k - \widehat{y}_{1k}}{\pi_k} + f_h^{-1} \sum_{r_h} \frac{y_k - \widehat{y}_k}{\pi_k} \right)$$

是总体总值 $t = \sum_U y_k$ 的近似无偏估计量. $\widehat{y}_k$ 和 $\widehat{y}_{1k}$ 的值可分别从式 (10.2.15) 和式 (10.2.16) 中求出. 这个近似无偏估计量的近似方差是

$$AV(\widehat{t}_{cr}) = \sum\sum_U \Delta_{kl} \breve{E}_{1k} \breve{E}_{1l} + E_p E_{\boldsymbol{m}} \left(\sum_{h=1}^{H_s} n_h^2 \frac{1-f_h}{m_h} S^2_{\breve{E}s_h} \bigg| s \right), \tag{10.2.25}$$

这里 $S^2_{\breve{E}s_h}$ 是集合 s_h 中 $\breve{E}_k$ 的方差; 其方差估计量是

$$\widehat{V}(\widehat{t}_{cr}) = \sum\sum_r \frac{\breve{\Delta}_{kl}}{\pi_{kl|s,\boldsymbol{m}}} \breve{e}_{1kr} \breve{e}_{1lr} + \sum_{h=1}^{H_s} n_h^2 \frac{1-f_h}{m_h} S^2_{\breve{e}r_h}, \tag{10.2.26}$$

其中 $S^2_{e_{r_h}}$ 是集合 r_h 中由式 (10.2.23) 求出的 $\breve{e}_{kr}$ 的方差, 而 $\breve{e}_{1kr}$ 和 $\pi_{kl|s,\boldsymbol{m}}$ 可由式 (10.2.24), 式 (10.2.3) 和式 (10.2.4) 求出.

接下来, 我们来看结论 10.2.2 的一些具体应用.

例 10.2.2 在 SI 设计下抽取一个样本量为 n 的样本 s, 假设只有样本总体单位的辅助变量值 x_k 已知, 且为正, 并且模型可以较好地拟合点 (x_k, y_k) 的分布. 模型设定为

$$E_\xi(y_k) = \beta x_k, \quad V_\xi(y_k) = \sigma^2 x_k,$$

我们采用 RHG 模型作为回答模型, 此时可以根据式 (10.2.17), 通过分类加权调整获得比估计量

$$\widehat{t}_{cr} = \frac{N}{n}\left(\sum_s x_k\right)\widehat{B}_r = \frac{N}{n}\left(\sum_s x_k\right)\frac{\sum_{h=1}^{H_s} n_h \overline{y}_{r_h}}{\sum_{h=1}^{H_s} n_h \overline{x}_{r_h}}. \tag{10.2.27}$$

它的近似方差为

$$\begin{aligned} AV(\widehat{t}_{cr}) &= N^2 \frac{1-(n/N)}{n} S_{yU}^2 + \frac{N^2}{n^2} E_p E_{\boldsymbol{m}}\left(\sum_{h=1}^{H_s} n_h^2 \frac{1-f_h}{m_h} S_{Es_h}^2 \Big| s\right) \\ &= V_1 + AV_2, \end{aligned} \tag{10.2.28}$$

其中 $S^2_{Es_h}$ 是 s_h 中残差 $E_k = y_k - x_k B_s$ 的方差, 这里 $B_s = \sum_s y_k / \sum_s x_k$. 它的方差估计量是

$$V(\widehat{t}_{cr}) = \widehat{V}_1 + \widehat{V}_2,$$

其中 $\widehat{V}_1$ 可以从式 (10.2.12) 计算得出, $\widehat{V}_2$ 是式 (10.2.26) 的第二部分. 近似回归残差为

$$e_{kr} = y_k - \widehat{B}_r x_k.$$

例 10.2.3 假设抽得一个样本量为 n 的简单随机样本 s, 对其进行事后分层. 为了解释 y 变量, 考虑使用组均值模型, 对任意 $k \in s_h$, $h = 1, 2, \cdots H$, 都有

$$E_\xi(y_k) = \beta_h, \quad V_\xi(y_k) = \sigma_h^2.$$

假设总体组的数目已知, 向量 $\boldsymbol{x}_{1k} = (\underbrace{0, \cdots, 0, 1, 0, \cdots, 0}_{H})^{\mathrm{T}}$, 它表示总体单位 k 所属的那个组, 其总体总值 $\sum_U \boldsymbol{x}_{1k} = (N_1, N_2, \cdots, N_H)^{\mathrm{T}}$ 已知, 这些组与 RHG 模型中的分组是一样的, 所以可用估计量 (10.2.18), 则有

$$\widehat{t}_{cr} = \sum_{h=1}^{H} N_h \overline{y}_{r_h},$$

它又称为事后分层估计量. 更准确地说, 这是通过对组的无回答加权调整来对样本 s 进行事后分层得到的估计量, 这里的事后层与 RHG 模型中的组是一致的. 当事后层和 RHG 模型中的组有交叉时将产生下例所示的估计量.

例 10.2.4 假定可以将样本 s 中的总体单位分成 $s_1, \cdots, s_g, \cdots, s_{G_s}$ 个组, 同组中总体单位的 y_k 值相近, 只围绕其组均值有稍微的变化. 并假设只在样本水平上而不是在总体水平上知道组数, 对组 g 中的总体单位 k, 定义单一 ANOVA 模型:

$$E_\xi(y_k) = \beta_g, \quad V_\xi(y_k) = \sigma^2,$$

它能较好地描述变量 y. 我们把组 s_g 看作样本量为 n_g 的层, 并假定可用不同准则作为 RHG 模型中 H_s 的分类标准, 例如按收入分类, 我们认为回答与收入相关, 而不是与年龄和性别相关. 层和回答同质组 (RHG) 的交叉分类生成 $G_s H_s$ 个单元格 (cell), 令落在 gh 单元格的样本单元的集合为 s 的子集 s_{gh}, 并令 r_{gh} 为 s_{gh} 中回答单元的集合, n_{gh} 和 m_{gh} 分别为 s_{gh} 和 r_{gh} 的样本量, 回答组 h 的回答率为 $f_h = m_{\cdot h}/n_{\cdot h}$, 其中

$$n_{\cdot h} = \sum_{g=1}^{G_s} n_{gh}, \quad m_{\cdot h} = \sum_{g=1}^{G_s} m_{gh}.$$

此时我们可以用回归估计量 (10.2.17) 来估计总体. 如果抽样是按照抽样比为 $f = n/N$ 的 SI 设计得到的, 那么估计量为

$$\widehat{t}_{cr} = \frac{N}{n} \sum_{g=1}^{G_s} n_{g \cdot} \widehat{B}_{gr}, \tag{10.2.29}$$

其中 $n_{g \cdot} = \sum_{h=1}^{H_s} n_{gh}$, 且

$$\widehat{B}_{gr} = \left(\sum_{h=1}^{H_s} f_h^{-1} \sum_{r_{gh}} y_k \right) \bigg/ \left(\sum_{h=1}^{H_s} f_h^{-1} m_{gh} \right). \tag{10.2.30}$$

方差估计量为

$$\widehat{V}(\widehat{t}_{cr}) = \widehat{V}_1 + \widehat{V}_2,$$

其中 $\widehat{V}_1$ 可由式 (10.2.12) 给定, $\widehat{V}_2$ 则是式 (10.2.26) 中的第二项. 层 g 中的总体单位 k 的残差为

$$e_{kr} = y_k - \widehat{B}_{gr}, \quad g = 1, 2, \cdots, G_s.$$

实际上, 以上结论都是建立在 RHG 模型能够真实反映未知回答分布假定基础上的, 然而在实际中, 从未有人能够确定他们选择的模型是正确的, 所以我们从这些回答模型推出的估计量或多或少都会有些偏差. 不少统计学家致力于研究一些改善回答模型质量的方法,

如在不同的真实回答假设下, 通过 Monte Carlo 模拟来判断相应的估计量的优劣性, 参见 Särndal 和 Swensson(1987). 或者假设组中的回答概率不同, 而估计单个回答概率 θ_k, 如 Cassel, Särndal 和 Wretman(1983) 把 θ_k 看成是已知样本辅助变量 x_k 的函数, 由于通过 x_k 可以预测 y_k, 则回答概率的估计量间接地依赖于 y_k. Giommi (1987) 利用同类型的辅助信息, 提出用密度估计量来估计个体回答概率的非参数方法.

10.2.3 插补法

插补 (imputation) 是对缺失数据进行补救的一种方法, 其实质是利用已有数据合理地模拟出缺失数据, 然后用调查中所收集到的数据和模拟出的缺失数据对总体的有关特征进行估计. 已有的数据可能来自两个渠道:

(1) 一个渠道是以前曾进行过的类似调查, 或缺失数据的辅助信息. 如果能分析出变量之间的函数关系, 建立起反映数据之间相互关系的模型, 则可以对缺失的数据进行推算估计. 但有些变量之间并不存在函数关系, 且这种资料的获得渠道也常常受到限制, 因而运用中有不少局限.

(2) 已有数据的另一条获取渠道是目前正在进行的调查, 即从回答者的数据中进行抽选, 被选中的数据作为插补值, 插到缺失数据的位置上, 而这种方法有可能人为地扭曲数据的真实分布.

假设调查有 q 个研究变量 $y_1, \cdots, y_j, \cdots, y_q$, 对应着 q 个问卷项目, s 表示一个概率样本, 令 r_j 为变量 y_j 的回答集. 定义单元回答集 (回答了一个或多个项目的总体单位集合) 为 $r_u = r_1 \cup r_2 \cup \cdots \cup r_q$, 提供完全回答向量 $\boldsymbol{y}_k = (y_{1k}, y_{2k}, \cdots, y_{qk})$ 的总体单位集合为 $r_c = r_1 \cap r_2 \cap \cdots \cap r_q$, 假设项目无回答集 $r_u - r_c$ 和单元无回答集 $s - r_u$ 都是非空的.

如果对不同的 y 变量建立不同的回答同质组, 那么估计过程将变得更加复杂. 例如, 调查者就会按照组内回答概率不变的原则, 将变量 y_1 按年龄分组, 变量 y_2 按职业分组等. 此外, 这种逐项回答集方法还可能使得估计无法获得. 例如, 假定 $q = 2$, 从 r_1 中估计 $\sum_U y_{1k}$ 和 $\sum_U y_{1k}^2$, 从 r_2 中估计 $\sum_U y_{2k}$ 和 $\sum_U y_{2k}^2$, 在 $r_1 \cap r_2$ 中估计总值 $\sum_U y_{1k} y_{2k}$. 如果这 5 个估计值用来计算有限总体中变量 y_1 与 y_2 间的相关系数, 这个值可能落在接受域 $[-1, 1]$ 之外.

为了简化数据处理, 通常采用完全数据矩阵方法, 或称为纯数据矩阵方法. 最简单的方法就是把 r_c 当作一个简化了的单元回答集, 只使用 $k \in r_c$ 中的 y 值, 这种方法忽略了 $r_u - r_c$ 中的 y 值. 如果 $r_u - r_c$ 中仅包含了少量的总体单位, 损失的信息就不多, 但如果集合 $r_u - r_c$ 中包含的信息量不容忽视, 我们就要考虑用插补法来产生完全数据矩阵. 在调整前, 由于缺失值的存在, 使原数据集上出现许多 "空白", 给一些统计分析方法的使用带来不便. 采用插补的方式填补了缺失值的空缺, 允许统计人员应用标准的完全数据矩阵分析方法, 而且不同统计人员使用的是同一套经过插补调整的数据, 也保证了分析结果的一致性.

插补有两个好处:

一是, 减小由于数据缺失可能造成的估计量偏差;

二是, 构造一个完全的数据集, 从而可以预测缺失数据所服从的分布.

插补的效果取决于插补值与缺失值的近似程度, 为了使模拟出的插补数据与被插补的缺失数据尽可能地相似, 可以利用有关的辅助信息对目标总体进行分层, 使层内各单位性质尽可能相似, 利用同一层内回答单位的信息对缺失数据进行模拟.

要构造插补值 $\tilde{y}_{jk}$, 往往需要用到辅助信息找出无回答单位和其他已知总体单位的一些统计联系, 下面我们将具体讨论各种插补方法. 如果没有特别提示, 下文提及的插补值仅对项目无回答而言, 即仅对 $k \in r_u - r_c$ 中的缺失值 $y_{jk}, j = 1, 2, \cdots, q$ 进行插补, 对每个缺失值 y_{jk} 都生成一个插补值 $\tilde{y}_{jk}$, 最终产生一个 $n_{r_u} \times q$ 的完全数据矩阵. 并且, 假定单元无回答已经用 10.2.2 小节中的加权方法进行了调整.

1. 总体均值插补法

总体均值插补法 (overall mean imputation) 是指用全部回答数据的均值来代替缺失值. 也就是说, 对于项目 j, 关于 $r_u - r_j$ 集合中的每一个缺失值 y_{jk} 都用回答项目的均值 $\bar{y}_{r_j}$ 替代. 均值插补法的特点是操作简便, 并且可以产生总体总值 $t_j = \sum_U y_{jk}$ 的一个合理的点估计值. 但是如果我们希望利用标准方差估计量计算置信区间时, 该方法就缺乏吸引力. 对于项目 j, 令 s 为样本集, r 为项目 j 的回答集, m 为项目 j 的无回答集, S^2 为样本方差, S_r^2 为样本回答数据方差, $\bar{y}_j$ 为样本均值, $\bar{y}_{r_j}$ 为回答数据均值, y_{r_jk} 为第 k 个回答单位观察值, y_{m_jk} 为第 k 个单位的缺失值, n 和 n_r 分别为样本量和回答单位数, 采用均值插补后, 有

$$\bar{y}_j = [n_r \bar{y}_{r_j} + (n - n_r) \bar{y}_{r_j}]/n = \bar{y}_{r_j},$$

则

$$\begin{aligned}
S^2 &= \sum_s (y_{jk} - \bar{y}_j)^2/(n-1) \\
&= \left[\sum_r (y_{r_jk} - \bar{y}_{r_j})^2 + \sum_m (y_{m_jk} - \bar{y}_{r_j})^2\right]/(n-1) \\
&= \sum_r (y_{r_jk} - \bar{y}_{r_j})^2/(n-1) \\
&= S_r^2(n_r - 1)/(n - 1),
\end{aligned} \tag{10.2.31}$$

其中 $S_r^2 = \sum_r (y_{r_jk} - \bar{y}_{r_j})^2/(n_r - 1)$. 因为在数据缺失的情况下, $n > n_r$, 所以 $S_r^2 > S^2$, 这说明均值插补法人为地提高了估计的精度. 该方法通过均值来代替缺失值, 相当于人为地制造了一个峰值, 扭曲了样本分布, 使得插补后样本的变异性小于真实样本的变异性. 除非无回答是可忽略的, 或者对方差估计量做修正, 否则这种方法往往会产生一个严重低估的方差估计和无效的置信区间.

2. 类均值插补法

类均值插补法 (class mean imputation) 的基本原理和总体均值插补法一样, 不同的是它首先根据辅助信息将样本分为若干组, 使组内各单位的主要特征相似; 然后分别计算各组目标变量的均值 $\bar{y}_{r_j}$, 各个插补组中的所有的总体单位 k 对应的项目 j 的缺失值由它所在组的回答均值来代替. 该方法可以产生总体总值 $t_j = \sum_U y_{jk}$ 的一个更为合理的点估计值, 但是依然存在对变量值自然分布的一定扭曲, 不过与总体均值插补法相比, 失真程度要小得多.

3. 热卡和冷卡插补法

热卡插补法 (hot-deck imputation) 的步骤是, 首先根据辅助变量的信息将样本分为若干层, 使层内各单位的主要特征相似; 然后依据某种概率抽样方式, 从同一层的回答单位中抽取与无回答单位数量相同的样本量, 以抽取的样本单位的数据作为无回答单位的缺失数据的插补值. 用于插补的数据来自目前正在进行调查的回答单位的数据资料. 热卡插补法的优点是, 由于抽取的数据与缺失数据具有相似的特征, 因此插补出的数值应该是比较准确的, 而且插补后仍可以保持数据的回答分布形式. 如果数据是用随机的方式选出的, 那么该方法就是随机热卡插补, 否则就是确定性热卡插补.

冷卡插补法 (cold-deck imputation) 与热卡插补法类似, 不同之处在于热卡插补法使用当前调查的数据, 而冷卡插补法的缺失数据由当前调查以外的其他信息来进行插补, 如前期的调查数据或其他历史数据.

4. 随机插补法

为避免均值插补中插补值形成一个人为的 "峰值" 的弱点, 随机插补法 (random overall imputation) 应运而生. 它的基本原理是按照某种概率抽样的方法从回答单位数据中随机抽取插补单位, 以抽取的插补单位的实际回答值代替无回答单位的缺失值. 此时项目 j 的回答分布接近真实数据的变异性, 但它还是不能像标准技术那样准确地计算方差估计和置信区间.

5. 随机分类插补法

随机分类插补法 (random imputation within classes) 的原理和类均值插补法类似, 通过适当的辅助信息, 划分了合适的类. 对于给定类中的总体单位, 插补值来源于同一类的随机抽取. 显然, 根据已知的辅助信息, 将样本单位进行分层, 然后在各层中使用随机插补法, 就会有较好的插补效果.

6. 距离函数配对法

距离函数配对法 (distance function matching) 是从项目 j 的回答集 r_j 中选择距离最近的观测值 y_{jk} 作为项目 j 的缺失数据的提供者. 距离函数一般都是辅助变量的函数, 所选择的辅助变量在性质上应与目标变量相似, 而且两者应具有密切的关系.

7. 回归插补法

回归插补法 (regression imputation) 的一个简单的做法是利用回答数据拟合一个回归模型,在模型中一个或更多的插补值依赖于其他可获得的变量,假定这些变量对插补值有很高的预测价值. 这些在模型中充当预测因子的变量既可以是研究变量 (问卷中的其他项目), 也可以是辅助变量. 所拟合的回归方程被用来产生插补值. 比如, 对于一个有 $q=5$ 项的调查问卷, 研究变量 $y_1, y_2, \cdots, y_5$, 令 y_{jk} 为第 k 个总体单位的 y_j 值. 对于确定的总体单位 $k \in r_u - r_c$, 假定 y_{1k} 和 y_{4k} 缺失, 则该总体单位调查的信息记录为 $(-, y_{2k}, y_{3k}, -, y_{5k})$. 记录中的两项缺失值的插补值按如下程序产生: 令 $\widetilde{y}_1 = \widetilde{f}_1(y_2, y_3, y_5)$ 是 y_1 关于 y_2, y_3 和 y_5 的回归方程, 运用总体单位 $k \in r_c$ 的数据拟合回归方程; 相应地, y_4 关于 y_2, y_3 和 y_5 的回归方程表示为 $\widetilde{y}_4 = \widetilde{f}_4(y_2, y_3, y_5)$. 利用拟合的 2 个回归方程和记录的 3 个观测值, 即可产生关于总体单位 k 的两个插补值 $\widetilde{y}_{1k} = \widetilde{f}_1(y_{2k}, y_{3k}, y_{5k})$ 和 $\widetilde{y}_{4k} = \widetilde{f}_4(y_{2k}, y_{3k}, y_{5k})$. 其他总体单位 $k \in r_u$ 的插补值可类似计算得到.

10.2.4 校准加权调整法

传统的加权调整方法是建立在 RHG 模型能够准确反映现实回答分布的基础上, 但回答分布受多种因素的影响, 有些因素的影响难以量化, 所以其应用也有局限; 而各种插补方法也都局限于某一个特殊的调查研究, 很难产生广泛的一般化结果, 而且插补往往会低估估计量的方差, 扭曲样本的真实分布. 为了充分利用辅助信息, 解决变量加权调整的问题, 下面介绍校准加权调整法, 即利用辅助信息来调整回答集中样本的权数, 从而减少由于无回答对调查数据精度带来的损失. 本小节仅讨论项目无回答的情况, 但这一方法也可以推广到单元无回答的情形.

1. 校准加权调整法处理无回答的条件

校准估计量是通过使用辅助信息来调整估计量中的权数, 提高样本对总体的代表程度, 进而提高估计的精确度. 为表述简单起见, 我们这里假定只有一个辅助变量 x. 校准估计量必须满足两个条件:

条件 1 保证样本中辅助变量的加权总值等于实际辅助变量的总体总值, 即

$$\sum_s w_k x_k = \sum_U x_k.$$

为提高样本对总体的代表性, 我们可以利用与目标变量相关的辅助变量信息, 调整样本的初始权数 $d_k = 1/\pi_k$, 使得 $d_k \doteq w_k$, 使辅助变量的样本分布与其总体分布较为一致. 而在目标变量与这些辅助变量密切相关的情况下, w_k 也能使目标变量的样本分布与相应的总体分布比较一致, 从而校准估计量 $\widehat{t}_{cal} = \sum_s w_k y_k$ 能够更精确地估计目标变量总值 t_y.

条件 2 在确定校准权数 w_k 的过程中, 为了充分保留原抽样设计的信息, 要使 w_k 与 d_k 的差别尽量小. 根据抽样理论, 通过 d_k 可获得目标变量总值 t_y 的无偏估计. 这样得到的

估计量也会成为目标变量总值 t_y 的渐近无偏估计量, 而且估计量的抽样方差也会相应减少. 因此, 校准估计法中校准权数 w_k 的确定可以转变成求条件最优化的问题: 在辅助变量的样本加权总值与总体总值相等, 即 $\sum_s w_k x_k = \sum_U x_k$ 的约束下, 使 w_k 与 d_k 的 "距离" 最小.

2. 校准加权调整法的步骤

首先, 当无回答存在时, 只能获得回答集中目标变量的数据, 因此, 我们也只能在回答集中考虑校准权数. 要确保回答集中辅助变量的加权总值等于辅助变量的总体总值, 即

$$\sum_r w_k x_k = \sum_U x_k. \tag{10.2.32}$$

不同的 "距离" 表现形式 (即距离函数) 对应着不同的校准权数或校准估计量. 由于非线性距离估计计算起来比较困难, 而且一般也是以线性距离估计量为初始值, 再采用迭代法进行迭代, 因此下文仅采用线性校准估计, 此时距离函数可以表达为

$$\sum_r (w_k - d_k)^2/2d_k. \tag{10.2.33}$$

利用拉格朗日定理求解线性距离最小化得

$$\min\left\{\sum_r (w_k - d_k)^2/2d_k - \lambda\left(\sum_r w_k x_k - \sum_U x_k\right)\right\}, \tag{10.2.34}$$

求得

$$w_k = d_k(1 + x_k\lambda). \tag{10.2.35}$$

将其代入约束等式 (10.2.32), 得

$$\left(\sum_r d_k x_k^2\right)\lambda = \sum_U x_k - \sum_r d_k x_k = t_x - \widehat{t}_{x\pi r}, \tag{10.2.36}$$

即

$$\lambda = \left(\sum_r d_k x_k^2\right)^{-1}(t_x - \widehat{t}_{x\pi r}). \tag{10.2.37}$$

将 λ 代入式 (10.2.35) 可得到 w_k, 从而校准估计量为

$$\begin{aligned}\widehat{t}_{ycal} &= \sum_r w_k y_k \\ &= \sum_r d_k(1+x_k\lambda)y_k = \widehat{t}_{y\pi r} + (t_x - \widehat{t}_{x\pi r})\widehat{B}_r,\end{aligned} \tag{10.2.38}$$

其中

$$\widehat{B}_r = \left(\sum_r d_k x_k^2\right)^{-1}\sum_r d_k x_k y_k. \tag{10.2.39}$$

从式 (10.2.38) 可以看出, 校准估计可以通过回答单位集建立的模型来预测目标变量的缺失值, 从而得到目标变量的估计值. 它的形式与一般回归估计方法一致.

由于传统两阶段点估计和校准估计存在相通性, 因此, 我们不妨利用传统两阶段估计量的方差来估计校准估计量的方差. 设估计回答概率为

$$r_{sk} = 1 \Big/ \left[1 + \left(\sum_s d_k x_k - \sum_r d_k x_k \right) \left(\sum_r d_k x_k^2 \right)^{-1} x_k \right]. \tag{10.2.40}$$

当我们只能获得总体的辅助信息时, 校准估计量的方差估计量为

$$\widehat{V}(\widehat{t}_{ycal}) = \sum\sum\nolimits_r (d_k d_l - d_{kl})(g_k r_{sk} \widehat{e}_k)(g_l r_{sl} \widehat{e}_l) \\ - \sum\nolimits_r d_k(d_k - 1) r_{sk}(r_{sk} - 1)(g_k \widehat{e}_k)^2 + \sum\nolimits_r d_k^2 r_{sk}(r_{sk} - 1) \widehat{e}_k^2, \tag{10.2.41}$$

其中

$$\widehat{e}_k = y_k - x_k \left(\sum\nolimits_r d_k r_{sk} x_k^2 \right)^{-1} \sum\nolimits_r d_k r_{sk} x_k y_k, \tag{10.2.42}$$

$$g_k = 1 + \left(\sum\nolimits_U x_k - \sum\nolimits_s d_k x_k \right) \left(\sum\nolimits_s d_k x_k^2 \right)^{-1} x_k. \tag{10.2.43}$$

上面讨论的是总体辅助信息已知的情况, 但在现实中, 总体的辅助信息可能是未知的, 我们只有样本的辅助信息, 此时校准估计法的优点就显而易见. 在项目无回答发生时, 虽然目标变量的数据缺失, 但其相应的辅助变量的信息却是已知的. 因此, 校准估计可以利用已知的样本辅助信息调整回答单位集的分布, 使回答单位集的辅助信息的分布与样本的辅助信息的分布比较一致, 从而减少无回答误差. 这时, 校准估计的条件约束式为

$$\sum\nolimits_r w_k x_k = \sum\nolimits_s d_k x_k. \tag{10.2.44}$$

从而

$$\widehat{t}_{ycal} = \widehat{t}_{y\pi r} + (\widehat{t}_{x\pi} - \widehat{t}_{x\pi r}) \widehat{B}_r, \tag{10.2.45}$$

其中 $\widehat{t}_{y\pi r} = \sum\nolimits_r d_k y_k$, $\widehat{B}_r$ 为回答集中计算的加权线性最小二乘估计量, 它的数学表达是

$$\widehat{B}_r = \left(\sum\nolimits_r d_k x_k^2 \right)^{-1} \left(\sum\nolimits_r d_k x_k y_k \right). \tag{10.2.46}$$

所以在只能获得样本数据的辅助信息时, $\widehat{t}_{ycal}$ 的方差估计量为

$$\widehat{V}(\widehat{t}_{ycal}) = \sum\sum\nolimits_r (d_k d_l - d_{kl})(r_{sk} \widehat{e}_k)(r_{sl} \widehat{e}_l) \\ - \sum\nolimits_r d_k(d_k - 1) r_{sk}(r_{sk} - 1)(r_{sk} \widehat{e}_k)^2 + \sum\nolimits_r d_k^2 r_{sk}(r_{sk} - 1) \widehat{e}_k^2, \tag{10.2.47}$$

其中 $\widehat{e}_k$ 由式 (10.2.42) 估计.

当没有可供利用的辅助信息时, 相当于辅助变量 x 等于常数 1, 相应的校准估计约束条件就变成 $\sum\nolimits_r w_k \cdot 1 = \sum\nolimits_U x_k$, 距离函数 (10.2.33) 在这一约束条件下最小化, 得到校准权数

$w = N/m_r$, 其中 r 表示回答集, 它的容量为 m_r. 即校准估计量为剔除缺失数据后的简单随机样本估计量

$$\widehat{t}_{ycal} = w\sum_r y_k, \qquad (10.2.48)$$

其方差与简单随机样本估计量的方差相似.

由式 (10.2.41) 和式 (10.2.47) 可以看出, 前者受目标变量数量级的影响较小. 在辅助变量能比较好地解释目标变量时, 前者方差估计量较后者小, 可以理解成, 在 $\sum_s w_k x_k = \sum_U x_k$ 的前提下, 辅助信息水平越广泛, 估计量也就能更精确地估计总体的特征. 当辅助变量与目标变量的相关性越高, 此时利用辅助变量信息对样本进行校准估计, 调整样本回答集的分布, 就越能使其更好地代表总体, 从而提高估计量的精度.

10.3 测量误差

10.3.1 测量误差的定义和表现

1. 测量误差的定义

在前 9 章, 本书都假设不存在测量误差, 即对每个总体单位 $k \in U$, 都对应一个确定的数值 y_k, 只要总体单位 k 被抽出并进行观测, 其数值 y_k 都可以准确地计量到. 利用观测值 $y_k, k \in s$ 就可以计算得出点估计和相应的方差估计. 测量误差不存在是一种非常理想的假设, 在这种理想假设下, 允许我们集中精力处理纯抽样误差的问题, 但是这种理想的状态在现实中是不存在的.

在抽样调查中, 测量误差指样本单位的观测值与真实值不一致而产生的随机性或系统性误差. 随机性测量误差主要源于调查员、被调查者进行调查时的主观性特性, 当样本量较大时, 这些误差得以相互抵消, 不会对调查估计的结果造成太大的影响. 而系统性测量误差往往来自调查设计不合理、调查员误导、被调查者对调查内容的误解或是不愿意做出真实的回答, 这些因素对调查结果的影响是系统性的, 使得调查获得的数据产生偏差, 即使在大样本观测中, 这种误差也无法消除.

对总体的全面调查 (普查) 不存在抽样误差, 但我们不能说全面调查就不存在估计上的误差. 所以, 为了调查结果的准确性, 仍要考虑测量误差 (还有其他非抽样误差, 例如无回答误差、涵盖误差和处理误差). 实际上, 与抽样调查相比, 全面调查中测量误差的危害可能更大.

本节我们研究测量误差对调查估计的影响 (这里的 "调查" 是广义上的, 把全面调查看成是一种特殊的情形). 由于调查条件的多变性, 每一项调查都有它本身的测量问题, 具体取决于调查员、问卷设计和其他具体的因素.

本节在一般测量模型下为调查的测量误差提供一些基本理论, 并给出一些应用例子. 本节讨论的应用于测量误差的统计模型也可以类似地应用于处理误差.

2. 测量误差的表现

假设对于总体 U 中的每一个总体单位 k, 讨论研究变量的真值是有意义的, 用 $\theta_k, k = 1, 2, \cdots, N$ 表示真值. 记样本 s 中每一总体单位 k 的真值为 θ_k, 但是在个别数据的收集过程中可能会出现误差, 最终记录到的是与真值 θ_k 不一致的数值 $y_k, k \in s$, 并用 y_k 来计算估计量, 差距 $y_k - \theta_k$ 称为总体单位 k 的个体测量误差.

假设利用样本 s 的数据去估计总体总值的真值 $t_\theta = \sum_U \theta_k$, 理想的情况是, 对于所有的 $k \in s$, 不存在测量误差, 因此 π 估计为

$$\sum_s \theta_k / \pi_k. \tag{10.3.1}$$

当用 y_k 去代替 θ_k 时, π 估计就变成

$$\sum_s y_k / \pi_k. \tag{10.3.2}$$

一旦存在误差, 式 (10.3.1) 与式 (10.3.2) 就不一样. 只有对误差做出假设后, 才能对式 (10.3.2) 的统计特征做研究, 所以有必要引出随机测量误差模型.

10.3.2 简单测量模型

接下来将为从有限总体中抽取样本的测量问题建立一个统计模型 (对于全面调查, "样本" 表示总体), 基本思想是将测量结果 (从而测量误差) 作为随机变量, 这样可以用标准的统计工具去评估测量误差对一般估计量精度的影响, 特别地, 着重于评估测量误差对 π 估计量的影响.

对于有限总体 $U = \{1, \cdots, k \cdots, N\}$ 的每一总体单位 $k \in U$, 假设存在一个真值 θ_k, 要估计这些真值的总体总值

$$t_\theta = \sum_U \theta_k.$$

根据一个给定的概率抽样设计 $p(\cdot)$ 得到一个样本量为 n_s 的样本 s. 对于每一个总体单位 $k \in s$, 得到的理想数值是真值 θ_k, 但我们在测量过程中实际得到的是观测值 $y_k, k \in s$. 这一观测值 y_k 是由真值 θ_k 和随机测量误差 $y_k - \theta_k$ 组成. 在没有更好的观测值的情况下, 就得用 y_k 进行估计. 对给定的样本 s, 假设随机变量 $y_k, k \in s$ 服从特定联合概率分布 (在给定 s 的条件下), 称为测量模型, 用 m 来表示.

在本节中, 把调查看作两个阶段过程, 每一阶段都是随机的:

第一阶段, 样本抽取过程, 其结果是得到一个概率样本 s. 随机结构由抽样设计 $p(\cdot)$ 给出.

第二阶段, 测量过程, 即对于每个 $k \in s$, 产生一个测量值 y_k, 随机结构由测量模型 m 给出.

在计算二阶段抽样的期望和方差的时候, 期望值为

$$E_{pm}(\cdot) = E_p(E_m(\cdot|s)), \tag{10.3.3}$$

其中, $E_m(\cdot|s)$ 表示在给定样本 s 的条件下关于测量模型 m 的条件期望; $E_p(\cdot)$ 表示关于抽样设计 $p(\cdot)$ 的期望; $E_{pm}(\cdot)$ 表示关于抽样设计和测量模型的联合期望.

同样地, 对于联合方差, 称为 pm 方差或总方差, 我们有

$$V_{pm}(\cdot) = E_p(V_m(\cdot|s)) + V_p(E_m(\cdot|s)), \tag{10.3.4}$$

其中, $V_m(\cdot|s)$ 表示在给定样本 s 的条件下关于模型 m 的条件方差; $V_p(\cdot)$ 为关于 $p(\cdot)$ 的方差; $V_{pm}(\cdot)$ 为关于 $p(\cdot)$ 和 m 的联合方差.

进一步设定模型 m: 对于同属于一个样本 s 的 k 和 l, 其一阶矩和二阶矩分别为

$$\mu_k = E_m(y_k|s), \tag{10.3.5}$$

$$\sigma_k^2 = V_m(y_k|s), \tag{10.3.6}$$

并且有

$$\sigma_{kl} = C_m(y_k, y_l|s). \tag{10.3.7}$$

很明显, 对于所有 k, 有 $\sigma_{kk} = \sigma_k^2$. 这些矩通常未知.

该模型表明, 对任何给定的样本 s, 观测值 $y_k, k \in s$ 有期望 μ_k 和方差 σ_k^2, y_k 与 $y_l, k, l \in s$ 之间有协方差 σ_{kl}. 正如符号所示, 模型的矩并不依赖于样本 s. 因此, 假设对于所有 $k \in U$, 只要有 $\pi_k > 0$, 则可以根据式 (10.3.5), 式 (10.3.6) 和式 (10.3.7) 得出 U 中的所有 k 和 l 的矩.

我们称模型 m 为简单测量模型, 它满足许多抽样情形的需要, 可以用于本节各种情形的分析.

下面给出简单测量模型 m 中频率解释的明确定义, 这对于理解简单测量模型 m 是重要的. 给定一个概率样本 s 和一个测量过程, 对于每一总体单位 $k \in s$ 产生一个观测值. 假设在同一个样本 s 中测量可以独立地重复多次, 因此对每一总体单位 $k \in s$ 会产生一系列的观测值. 对于某一特定总体单位 k 的观测值 y 在全部的重复测量中并不总是一样的, 它会围绕其序列观测值的期望值 μ_k 和方差 σ_k^2 随机波动, 也就是说会围绕其所谓的 "长期" (long run) 期望值 μ_k 和 "长期" 方差 σ_k^2 随机波动. 而且, 如果同时考虑总体单位 k 和 l, 在一系列的重复测量下会具有 "长期" 协方差 σ_{kl}.

实际上, 在以上的假设下, 想得到独立的重复测量值通常是不可能的, 被调查者及调查员很可能会受到之前所给回答的影响. 所以, 即使得到了重复的测量值, 其产生条件也不一样. 但是在上述简单测量模型中, 我们仍愿意认为第 k 个总体单位的回答为可能回答的假设集合中的一个, 即假设重复试验都是在相同的调查条件中进行的.

在调查中会有许多不同的测量程序,上述简单测量模型是在没有明确说明测量程序下的一般模型,下面将会讨论一般情形下测量误差的影响,并将这些一般的结论应用到特定的测量程序中.

为了估计 t_θ 的估计值 $\widehat{t}$, 定义估计测量误差为 $\widehat{t} - t_\theta$, 这一随机变量的概率分布是由抽样设计 p 和测量模型 m 共同决定的. 按照惯例用误差平方的期望 (这里是关于 $p(\cdot)$ 和 m 的联合期望) 作为估计量 $\widehat{t}$ 的精度的衡量. $\widehat{t}$ 的均方误差的公式为

$$MSE_{pm}(\widehat{t}) = E_{pm}[(\widehat{t} - t_\theta)^2]. \tag{10.3.8}$$

对于 MSE, 我们假设一系列的独立重复调查, 每次重复调查包含这两个步骤:

第一步 抽取一个新的样本 s;

第二步 对于每一个总体单位 $k \in s$, 有一个新的观测值 y_k.

那么 $MSE_{pm}(\widehat{t})$ 表示差的平方 $(\widehat{t} - t_\theta)^2$ 多次重复的均值.

10.3.3 均方误差的分解

为了进一步理解测量误差对 π 估计量精度的影响,将式 (10.3.8) 的均方误差进行分解. 假设观测值适合 10.3.2 小节中提出的简单测量模型 m, 通过对 MSE 进行分解来理解影响精度的因素.

式 (10.3.8) 表示的 $\widehat{t}_\pi$ 的均方误差可以写成总方差和偏差平方之和, 即

$$MSE_{pm}(\widehat{t}_\pi) = V_{pm}(\widehat{t}_\pi) + (B_{pm}(\widehat{t}_\pi))^2,$$

其中总方差为

$$V_{pm}(\widehat{t}_\pi) = E_{pm}[(\widehat{t}_\pi - E_{pm}(\widehat{t}_\pi))^2],$$

而偏差是

$$B_{pm}(\widehat{t}_\pi) = E_{pm}(\widehat{t}_\pi) - t_\theta,$$

这里

$$E_{pm}(\widehat{t}_\pi) = E_p(E_m(\widehat{t}_\pi|s)) = E_p\left(\sum_s \mu_k/\pi_k\right) = \sum_U \mu_k.$$

因此, 称

$$B_{pm}(\widehat{t}_\pi) = \sum_U (\mu_k - \theta_k) = B$$

为测量偏差, 它在测量值的期望与真值不一致时出现.

方差可做如下分解:

$$V_{pm}(\widehat{t}_\pi) = E_p(V_m(\widehat{t}_\pi|s)) + V_p(E_m(\widehat{t}_\pi|s))$$
$$= V_1 + V_2. \tag{10.3.9}$$

式 (10.3.9) 中等号右端的第一项 V_1 为测量方差，可再分解为

$$V_1 = E_p(V_m(\widehat{t}_\pi|s)) = E_p\left(\sum\sum{}_s \sigma_{kl}/\pi_k\pi_l\right)$$
$$= \sum\sum{}_U (\pi_{kl}/\pi_k\pi_l)\sigma_{kl}$$
$$= \sum{}_U \sigma_k^2/\pi_k + \sum\sum{}_{k\neq l}{}_U (\pi_{kl}/\pi_k\pi_l)\sigma_{kl}$$
$$= V_{11} + V_{12}.$$

如果 $A \subseteq U$ 是总体单位的集合，我们将 $\sum\sum_{\substack{k\in A\, l\in A\\ k\neq l}}$ 记为 $\sum\sum_{k\neq l}{}_A$。V_{11} 称为简单测量方差，来自测量个体的变异。如果全部的 $\sigma_k^2 = 0$，即如果对于同一总体单位的所有重复测量值都相等，则 $V_{11} = 0$。V_{12} 称为相关测量方差，它取决于不同总体单位测量值的协方差。如果对于所有 $k \neq l$，$\sigma_{kl} = 0$，则 $V_{12} = 0$。需要注意的是，当全部的 $\sigma_k^2 = 0$，则对于所有 $k \neq l$，$\sigma_{kl} = 0$，从而有 $V_{12} = 0$。

式 (10.3.9) 中等号右端的第二项是

$$V_2 = V_p(E_m(\widehat{t}_\pi|s)) = V_p\left(\sum{}_s \mu_k/\pi_k\right)$$
$$= \sum\sum{}_U \Delta_{kl} \widecheck{\mu}_k \widecheck{\mu}_l.$$

这是因为 $\sum_s \mu_k/\pi_k = \sum_s \widecheck{\mu}_k$ 具有 π 估计量的形式。这一项称为抽样方差，在全面调查中它等于 0。当不存在测量的变异，即所有 $\sigma_k^2 = 0$，那么 $V_1 = 0$，则 $V_{pm}(\widehat{t}_\pi)$ 就只剩下 V_2 项。如果每个总体单位的测量都没有偏差，即对所有 k，$\mu_k = \theta_k$，那么

$$V_2 = \sum\sum{}_U \Delta_{kl} \widecheck{\theta}_k \widecheck{\theta}_l$$

是真值 π 估计量的抽样方差。

结论 10.3.1 在抽样设计 $p(\cdot)$ 和简单测量模型 m 以及一阶矩和二阶矩分别由式 (10.3.5)，式 (10.3.6)，式 (10.3.7) 给定的联合假定下，π 估计量 $\widehat{t}_\pi = \sum_s y_k/\pi_k$ 的均方误差可以分解成

$$MSE_{pm}(\widehat{t}_\pi) = V_{pm}(\widehat{t}_\pi) + B^2, \tag{10.3.10}$$

其中

$$B = \sum{}_U (\mu_k - \theta_k) \tag{10.3.11}$$

为测量偏差；

$$V_{pm}(\widehat{t}_\pi) = V_1 + V_2 = V_{11} + V_{12} + V_2 \tag{10.3.12}$$

为总方差. 总方差又由 V_1, V_2 两项组成, 第一项

$$V_1 = \sum\sum_U (\pi_{kl}/\pi_k\pi_l)\sigma_{kl}$$

为测量方差, 它由 V_{11}, V_{12} 两项组成, 其中

$$V_{11} = \sum_U \sigma_k^2/\pi_k \tag{10.3.13}$$

为简单测量方差;

$$V_{12} = \sum\sum_{k\neq l\,U} (\pi_{kl}/\pi_k\pi_l)\sigma_{kl} \tag{10.3.14}$$

为相关测量方差; 而总方差的第二项

$$V_2 = \sum\sum_U \Delta_{kl}\,\breve{\mu}_k\,\breve{\mu}_l \tag{10.3.15}$$

为抽样方差.

注意到, 测量方差 V_1 同时取决于测量模型 (通过 σ_k^2 和 σ_{kl}) 和抽样设计 (通过包含概率 π_k 和 π_{kl}). 如果将 V_1 中不受抽样影响的部分分离出来将得到一个有意思的结果, 也就是, 即使抽样调查最终成为全面调查, 这一项依然存在. 可用一个简单的例子加以证明:

$$V_1 = V_{1cen} + V_{1sam}, \tag{10.3.16}$$

其中

$$V_{1cen} = \sum\sum_U \sigma_{kl},$$
$$V_{1sam} = \sum\sum_U \Delta_{kl}\sigma_{kl}/(\pi_k\pi_l).$$

第二项 V_{1sam} 在全面调查设计情况下为 0, 因为此时对所有 k 和 l, $\Delta_{kl} = 0$; 而第一项 V_{1cen} 独立于抽样设计.

进一步分析式 (10.3.16) 的分解, 考虑平均模型矩

$$\mu = \sum_U \mu_k/N, \tag{10.3.17}$$
$$\sigma^2 = \sum_U \sigma_k^2/N. \tag{10.3.18}$$

并定义

$$\rho = \sum\sum_{k\neq l\,U} \sigma_{kl} \big/ [N(N-1)\sigma^2] \tag{10.3.19}$$

为平均协方差除以平均方差, 属于相关测量. 特别地, 如果对所有 $k \neq l$, $\sigma_{kl} = 0$ (每一对都没有测量相关), 那么 $\rho = 0$. 我们也可以得出, 对所有 $k \neq l$, 当 $\sigma_1^2 = \sigma_2^2 = \cdots = \sigma_N^2 = \sigma^2$ 和

$\sigma_{kl} = \sigma_k \sigma_l$ 时, 也就是说, 当所有的总体单位有相等的测量方差, 且对于全部成对总体单位的测量完全相关时, 有 $\rho = 1$.

根据式 (10.3.18) 和式 (10.3.19), 有

$$V_{1cen} = \sum\sum_U \sigma_{kl} = N[1 + (N-1)\rho]\sigma^2$$
$$= N^2[1 + (N-1)\rho]\sigma^2/N.$$

最后一个表达式中的 N^2 表示总体总量是要估计的. σ^2/N 表示每个总体单位测量的方差. 由此得出以下结论.

结论 10.3.2 在抽样设计 $p(\cdot)$ 和简单测量模型 m 下, 测量方差的另一种分解是

$$V_1 = V_{1cen} + V_{1sam},$$

其中全面调查部分是

$$V_{1cen} = N[1 + (N-1)\rho]\sigma^2,$$

这里, σ^2 和 ρ 分别由式 (10.3.18) 和式 (10.3.19) 给出; 抽样调查部分是

$$V_{1sam} = \sum\sum_U \Delta_{kl}\sigma_{kl}/(\pi_k\pi_l).$$

出于基本的考虑, 要求 V_{1cen} 非负. 然而, 从 10.3.2 小节的模型公式得到的 V_{1cen} 在数学上并不必然非负. 模型表明, 对每个可能的样本, $n_s \times n_s$ 矩阵 $\{\sigma_{kl}\}$ 是半正定的, 但并不保证 $N \times N$ 矩阵 $\{\sigma_{kl}\}$ 是半正定的, 要使其为半正定, 必须使 $V_{1cen} = \sum\sum_U \sigma_{kl} \geq 0$. $V_{1cen} < 0$ 的情形详见 Wretman (1983). 在全面调查中, $s = U$ 的概率为 1, V_{1cen} 当然是非负的, 且 $\rho \geq -1/(N-1)$.

例 10.3.1 为了说明结论 10.3.1 和结论 10.3.2, 让我们计算抽样比为 $f = n/N$ 的 SI 设计下产生的各方差的组成. μ, σ^2 和 ρ 分别由式 (10.3.17), 式 (10,3.18) 和式 (10.3.19) 给出.

(1) 根据结论 10.3.1, 简单测量方差为

$$V_{11} = N^2\sigma^2/n,$$

相关测量方差为

$$V_{12} = N^2(n-1)\rho\sigma^2/n,$$

总测量方差为

$$V_1 = V_{11} + V_{12} = N^2[1 + (n-1)\rho]\sigma^2/n. \tag{10.3.20}$$

如果 σ^2 和 ρ 为常数, 且 $\rho > 0$, 则随着样本量的增大, 简单测量方差会减少. 但是样本量的增大对相关测量方差几乎没有任何影响. 这表明相关测量对调查估计的精度影响较大, 即使 ρ 值接近 0 也会对 V_1 有一定程度的影响, 尤其在大样本的情况下, 因为由相关测量产生的增加量由 $(n-1)\rho$ 来衡量.

(2) 根据结论 10.3.2 给出了 V_1 的另一种分解, 有

$$V_{1cen} = N^2[1 + (N-1)\rho]\sigma^2/N,$$
$$V_{1sam} = N^2(1-f)(1-\rho)\sigma^2/n.$$

为了对比这两部分, 建立如下比率:

$$\frac{V_{1cen}}{V_{1sam}} = \frac{f}{1-f} \cdot \frac{1+(N-1)\rho}{1-\rho}.$$

通常 f 是适中的, 而 ρ 较小, 但为正. 因此, 由于 $(N-1)\rho$ 的影响, 通常 V_{1cen} 比 V_{1sam} 大得多.

(3) 最后, 抽样方差是

$$V_2 = N^2(1-f)S_{\mu U}^2/n,$$

其中

$$S_{\mu U}^2 = \frac{1}{N-1}\sum_U (\mu_k - \mu)^2.$$

当假设 $S_{\mu U}^2$ 不变, V_2 随着 n 的增大而减少.

例 10.3.1 表明, 当 n 增加时, 事实上 V_1 和 V_2 会减少, 但这要假设 μ, σ^2 和 ρ 保持不变. 然而当样本很大的时候, μ, σ^2 和 ρ 不变并不现实, 随着样本量的增大, σ^2 会增加, 因为大型调查可能会分散调查资源, 从而降低测量的质量, 因此, V_1 可能会增加, 而不是减少.

在绝大多数调查中, 我们只有样本单位的单个观测值 y_k, 在这样的条件下求 π 估计量的 pm 方差是困难的. 例如, 考虑简单测量模型, pm 方差是

$$V = V_{pm}(\hat{t}_\pi) = V_{11} + V_{12} + V_2,$$

其中 V_{11}, V_{12} 和 V_2 依赖于式 (10.3.5), 式 (10.3.6), 式 (10.3.7) 的未知模型矩 μ_k, σ_k^2 和 σ_{kl}. 为了估计 V, 必须先估计每个样本单位的模型参数. 但是没有总体单位 k 的重复观测值, 则无法估计 μ_k, σ_k^2 和 σ_{kl}. 在 10.3.4 小节我们将介绍用重复测量的方法来进行方差估计, 在 10.3.5 小节提出交叉子样本的方法用于在没有重复测量的情况下估计 V.

首先考察 "标准" 方差估计方法. 假设没有测量误差, 对每一个样本单位 $k \in s$, 只有一个观测值 y_k. 假设这种情形下的标准方差估计公式为

$$\widehat{V}_{stand} = \sum\sum_s \widecheck{\Delta}_{kl} \widecheck{y}_k \widecheck{y}_l. \tag{10.3.21}$$

当 y_k 包含测量误差时, $\widehat{V}_{stand}$ 是总体方差 V 的有偏估计量, 容易证明

$$E_{pm}(\widehat{V}_{stand}) = V - V_{1cen} = V_{1sam} + V_2. \tag{10.3.22}$$

详见 Koch, Freeman 和 Freeman (1975). 因此, 用 $\widehat{V}_{stand}$ 作为 V 的估计量的偏差为

$$E_{pm}(\widehat{V}_{stand}) - V = -V_{1cen} = -\sum\sum_U \sigma_{kl} = -N^2[1+(N-1)\rho]\sigma^2/N, \qquad (10.3.23)$$

其中 σ^2 和 ρ 分别由式 (10.3.18) 和式 (10.3.19) 给出. 假设 $\sigma^2 > 0$, 式 (10.3.23) 可以进一步得到如下结论:

(1) 式 (10.3.23) 给出的偏差独立于抽样设计, 但是, 由于 σ_{kl} 随调查条件的变化而变化, 该偏差可能对抽样设计是敏感的.

(2) 当 $\rho > -1/(N-1)$ 时, 式 (10.3.23) 的偏差为负, 这在实际中很可能会出现, 因此, $\widehat{V}_{stand}$ 经常会低估 V.

(3) 当 $k \neq l$ 时, 如果 $\sigma_{kl} = 0$, 即如果不同总体单位的测量是无关的, 那么 $\widehat{V}_{stand}$ 会低估 V, 因为

$$E_{pm}(\widehat{V}_{stand}) - V = -\sum_U \sigma_k^2 < 0.$$

(4) 实际上, 对许多成对的总体单位 (k,l) 来说, 很可能有 $\sigma_{kl} > 0$ (例如, k 和 l 都是由同一个调查员访问, 很可能会导致测量协方差为正), 导致 ρ 为正. 假设 $\sigma^2 = \sum_U \sigma_k^2/N$ 不变, 低估 V 会比不相关测量情形下的后果更严重.

因此, 平均来说, $\widehat{V}_{stand}$ 不足以覆盖总方差 V. 但它足以覆盖样本方差 V_2 吗? 由式 (10.3.22) 可得 $\widehat{V}_{stand}$ 作为 V_2 的估计量的偏差为

$$E_{pm}(\widehat{V}_{stand}) - V_2 = V_{1sam} = \sum\sum_U \Delta_{kl}\sigma_{kl}/(\pi_k\pi_l).$$

在许多情况下, 这一数值是正的, $\widehat{V}_{stand}$ 会高估 V_2. 比如在下面的情形中:

(1) 对所有的 $k \neq l$, 当 $\sigma_{kl} = 0$ (不相关测量), 那么

$$E_{pm}(\widehat{V}_{stand}) - V_2 = \sum_U (1-\pi_k)\sigma_k^2/\pi_k > 0;$$

(2) 在 SI 设计下, 且有 $\rho < 1$, 那么如例 10.3.1 所示,

$$(E_{pm}(\widehat{V}_{stand}) - V_2)/V_2 = (1-\rho)\sigma^2/S_{\mu U}^2 > 0.$$

总的说来, 由 $\widehat{V}_{stand}$ 得到的估计值经常会大于抽样方差 V_2 而小于总方差 V.

10.3.4 方差估计中的重复测量方法

针对测量误差, 有时会采用一些特殊调查设计去估计方差. 这些设计通常与重复测量、交叉子样本, 或两者的结合相关, 详见 Bailar 和 Dalenius (1969), Lessler (1984). 本小节用一个例子来说明重复测量在估计式 (10.3.12) 给出的总方差中所起的作用.

假如从原始样本中抽取一个大小适当的子样本, 对子样本中每一个总体单位的 y 值重复测量一次. 这样, 对子样本中每个总体单位的同一变量 y 有两个观测值. 这么做的意图并不是要给出一个最优的方差估计量, 而是想要得到关于获得一个无偏方差估计量的启示.

考虑以下的条件:

(1) 根据抽样设计 $p(\cdot)$, 从总体 U 中抽出的样本量为 n_s 的原始样本 s, 其包含概率为 π_k, π_{kl}.

(2) 采取 SI 设计, 从样本 s 中抽出子样本 $r, r \subseteq s, r$ 的样本量 $n_r = fn_s$, 其中 f 是事先确定的常数, 因此, 如果 n_s 是随机变量, n_r 也是随机变量.

(3) 对每一总体单位 $k \in s$, 观测 y 变量, 记观测值为 y_{k1}.

(4) 对每一总体单位 $k \in r$, 第二次观测 y 变量得到的重复值记为 y_{k2}.

假设两次测量条件是一样的, 或近似一样. 令 M 表示测量模型, 当 s 和 r 给定时, 我们用模型 M 来描述 $n_s + n_r$ 个测量 $\{y_{k1} : k \in s\}$ 和 $\{y_{k2} : k \in r\}$ 的联合分布. 该模型假设 10.3.2 小节的简单测量模型对 n_s 个 y_{k1} 测量成立, 且同样的模型对于 n_r 个 y_{k2} 测量也成立 (具有相同的一阶和二阶模型矩). 模型 M 进一步假定 y_{k1} 测量值与 y_{k2} 测量值无关, 对给定的 s 和 $r, r \subseteq s$, 令 $E_M(\cdot|s,r)$ 表示模型 M 的期望值. 模型设定如下:

对 $k \in s$, 有
$$E_M(y_{k1}|s,r) = \mu_k;$$

对 $k \in r \subseteq s$, 有
$$E_M(y_{k2}|s,r) = E_M(y_{k1}|s,r) = \mu_k;$$

对 $k \in s$, 有
$$E_M[(y_{k1} - \mu_k)^2|s,r] = \sigma_k^2;$$

对 $k \in r \subseteq s$, 有
$$E_M[(y_{k2} - \mu_k)^2|s,r] = E_M[(y_{k1} - \mu_k)^2|s,r] = \sigma_k^2;$$

对 $k, l \in s$, 有
$$E_M[(y_{k1} - \mu_k)(y_{l1} - \mu_l)|s,r] = \sigma_{kl};$$

对 $k, l \in r \subseteq s$, 有
$$E_M[(y_{k2} - \mu_k)(y_{l2} - \mu_l)|s,r] = \sigma_{kl};$$

对 $k \in s, l \in r \subseteq s$, 有
$$E_M[(y_{k1} - \mu_k)(y_{l2} - \mu_l)|s,r] = 0.$$

最后一个假设很重要, 它要求所有重复的测量与所有最初测量无关. 比如, 一个在初始测量中很高的值, 在重复的测量中不存在得到很高值的系统性倾向. 不幸的是, 回忆效应会导致这种并不希望出现的正相关. 实际中必须慎重实施重复测量, 使模型的假设成立.

基于样本 s 的 π 估计量, 记为

$$\widehat{t}_\pi = \sum_s y_{k1}/\pi_k. \tag{10.3.24}$$

我们希望估计的 pm 方差为

$$V = V_{pm}(\widehat{t}_\pi) = V_{11} + V_{12} + V_2, \tag{10.3.25}$$

其组成部分与结论 10.3.1 一致.

我们的目的是求解 V 及其组成部分 V_{11}, V_{12} 的无偏估计量. 这些估计量基于 s 和 r 中的数据. 此处所指的无偏性同时考虑样本的随机性与模型 M. 回顾随机抽样的两个步骤:

第一步 根据给定的抽样设计 $p(\cdot)$ 选择样本 s;

第二步 用 SI 设计抽取子样本 r.

这样的抽样计划记为 P, 关于 P 的期望记为 $E_p(\cdot)$. 如果 $\widehat{V}$ 是 pm 方差 (10.3.25) 式的估计量, 则希望

$$E_p(E_M(\widehat{V}|r,s)) = V.$$

在 10.3.3 小节中, 有标准方差估计量

$$\widehat{V}_{stand} = \sum\sum_s \widecheck{\Delta}_{kl}\,\widecheck{y}_{k1}\,\widecheck{y}_{l1}, \tag{10.3.26}$$

其期望为

$$E_{pM}(\widehat{V}_{stand}) = V - V_{1cen},$$

其中

$$V_{1cen} = \sum\sum_U \sigma_{kl} = N[1+(N-1)\rho]\sigma^2.$$

可以证明, 在 P 与 M 的联合假定下, V_{1cen} 的无偏估计为

$$\widehat{V}_{1cen} = \frac{n_s}{2n_r}\sum_r z_k^2/\pi_k + \frac{n_s(n_s-1)}{2n_r(n_r-1)}\sum\sum_{k\neq l\ r} z_k z_l/\pi_{kl},$$

其中对于 $k\in r$, z_k 是两次测量的差值, 即

$$z_k = y_{k1} - y_{k2}.$$

因而, V 的无偏估计量为

$$\widehat{V} = \widehat{V}_{stand} + \widehat{V}_{1cen}.$$

还可以得出式 (10.3.25) 中的 V_{11} 和 V_{12} 的无偏估计, 分别为

$$\widehat{V}_{11} = \frac{n_s}{2n_r}\sum_r (z_k/\pi_k)^2,$$

$$\widehat{V}_{12} = \frac{n_s(n_s-1)}{2n_r(n_r-1)}\left[\left(\sum_r z_k/\pi_k\right)^2 - \sum_r (z_k/\pi_k)^2\right].$$

如此实现了我们的最初目的.

例 10.3.2 采用 SI 设计抽出样本 s, V_{11} 和 V_{12} 的估计量可分别简化为

$$\widehat{V}_{11} = \frac{N^2}{2n_s n_r} \sum_r z_k^2,$$

$$\widehat{V}_{12} = \frac{N^2}{2n_s n_r} \cdot \frac{(n_s-1)}{(n_r-1)} \left[\left(\sum_r z_k \right)^2 - \sum_r z_k^2 \right].$$

实际上, 重复测量方法经常作为监控调查员表现和评估调查的工具, 评估是针对已经实施的调查结果的质量进行评估, 评估方法见 Statistics Canada (1978).

10.3.5 测量模型的应用

在 10.3.3 小节对简单测量模型进行讨论时, 我们将从给定样本 s 中得到的测量值看作具有矩 μ_k, σ_k^2 和 σ_{kl} 的随机变量集 $y_k, k \in s$ 的数值实现值, 并没有明确要求观测值应该通过某种测量程序 (例如, 邮寄问卷、电话访问或面访) 而获得. 这种不固定测量程序的好处是可以推广其使用范围, 10.3.3 小节和 10.3.4 小节给出了总方差各个组成部分的关于分解和估计的一般性结论.

本小节将讨论这些一般性结论的应用. 假设数据是由调查员收集的, 调查员可能把偏差、方差和相关性带入测量, 这种调查员效应已经在许多实际研究中出现过了. 假设每一个调查员都会访问几个被调查者, 这可能导致这些被调查者的回答是相关的. 分配调查员到不同回答者组的规则会形成不同的情形. 在所有这些情形中, 简单测量模型所要满足的要求是 μ_k, σ_k^2 和 σ_{kl} 不依赖于样本 s. 下面将讨论在各种情形下, 假定的这些矩的具体表达, 并应用前几小节的结论得到方差组成部分 V_{11}, V_{12} 和 V_2 的公式.

情形 A: 调查员确定性分配.

假设存在一组给定的调查员, 把调查员按以下分配规则分配到给定的总体分组中:

(1) 对固定的 a 个调查员, 分别记为 $i = 1, 2, \cdots, a$;

(2) 在调查之前, 已经把总体固定地分成了 a 组, 表示为 $U_1, U_2, \cdots, U_a$, 这样每一个调查员 i 就以一个确定的、非随机的方式与唯一的一组 U_i 相关联;

(3) 预先分配好的调查员 i 负责访问与他关联的 U_i 中的样本总体单位.

令 N_i 表示组 U_i 的大小, 有

$$U = \bigcup_{i=1}^{a} U_i, \quad N = \sum_{i=1}^{a} N_i.$$

将从 U 中抽出的概率样本 s 进行分组:

$$s = \bigcup_{i=1}^{a} s_i,$$

其中, $s_i = s \cap U_i$ 是分配给第 i 个调查员的样本. 根据抽样设计, 分配到各组的样本量 $n_{s_i}, i = 1, 2, \cdots, a,$ 可以是固定的, 也可以是随机的.

测量模型 m 设定测量值 y_k 等于真值加上一个误差, 即

$$y_k = \theta_k + \varepsilon_k, \quad k \in s.$$

这里进一步假设 ε_k 有如下随机结构:

$$E_m(\varepsilon_k|s) = b_i, \quad k \in s_i,$$
$$V_m(\varepsilon_k|s) = v_i, \quad k \in s_i,$$
$$C_m(\varepsilon_k, \varepsilon_l|s) = \begin{cases} \rho_i v_i, & k \in s_i, l \in s_i, k \neq l, \\ 0, & k \in s_i, l \in s_j, i \neq j, \end{cases}$$

其中, b_i, v_i 和 ρ_i 是未知的常数, $|\rho_i| < 1$. 真值 θ_k 是一个常数, 因此由式 (10.3.5), 式 (10.3.6) 和式 (10.3.7) 所定义的模型矩, 可以表示为

$$\mu_k = \theta_k + b_i, \quad k \in U_i, \tag{10.3.27}$$

$$\sigma_k^2 = v_i, \quad k \in U_i, \tag{10.3.28}$$

$$\sigma_{kl} = \begin{cases} \rho_i v_i, & k \in U_i, l \in U_i, k \neq l, \\ 0, & k \in U_i, l \in U_j, i \neq j. \end{cases} \tag{10.3.29}$$

该模型有两个重要的特征:

(1) 由同一个调查员 i 测量的 y_k 受同一不变调查员效应 b_i 的影响;

(2) 由同一个调查员测量的值是相关的, 即 $\rho_i \neq 0$, 而不同的调查员测量的值是无关的.

将 10.3.3 小节的结论应用到以上模型, 将式 (10.3.27), 式 (10.3.28) 和式 (10.3.29) 的矩表达式放在结论 10.3.1 和结论 10.3.2 中, 得到 π 估计量的不同方差组成部分的表达式. 简单测量方差为

$$V_{11} = \sum_{i=1}^{a} \left(\sum_{U_i} 1 \big/ \pi_k \right) v_i, \tag{10.3.30}$$

相关测量方差为

$$V_{12} = \sum_{i=1}^{a} \left(\sum_{k \neq l} \sum_{U_i} \pi_{kl} \big/ \pi_k \pi_l \right) \rho_i v_i. \tag{10.3.31}$$

由于

$$\sigma^2 = \sum_{i=1}^{a} N_i v_i \Big/ N, \tag{10.3.32}$$

$$\rho = \frac{\sum_{i=1}^{a} N_i(N_i - 1)\rho_i v_i}{(N-1)\sum_{i=1}^{a} N_i v_i}, \tag{10.3.33}$$

测量方差的全面调查部分为

$$V_{1cen} = \sum_{i=1}^{a} N_i \big[1 + (N_i - 1)\rho_i\big] v_i, \tag{10.3.34}$$

测量方差的抽样部分为

$$V_{1sam} = \sum_{i=1}^{a} F_i(1 - \rho_i)v_i + \sum_{i=1}^{a} G_i \rho_i v_i, \tag{10.3.35}$$

其中

$$F_i = \sum_{U_i} \Delta_{kk}/\pi_k^2 = \sum_{U_i} \big[(1/\pi_k) - 1\big], \tag{10.3.36}$$

$$G_i = \sum\sum_{U_i} \Delta_{kl}/\pi_k \pi_l = \sum\sum_{U_i} \big[(\pi_{kl}/\pi_k \pi_l) - 1\big]. \tag{10.3.37}$$

抽样方差为

$$V_2 = \sum_{i=1}^{a} \sum_{j=1}^{a} \sum_{k \in U_i} \sum_{l \in U_j} \Delta_{kl} \frac{(\theta_k + b_i)(\theta_l + b_j)}{\pi_k \pi_l}, \tag{10.3.38}$$

偏差为

$$B = \sum_{i=1}^{a} N_i b_i. \tag{10.3.39}$$

由式 (10.3.33) 可以看到, 如果 $N_i = 1$, 即如果每一个总体单位对应一个调查员, 那么 $\rho = 0$. 假设全部的 $\rho_i > 0$, 且 σ^2 不受调查员人数的影响, 这样对 N_i 的选择同样会得到一个最小的 V_{1cen} 值. 从成本的角度考虑, 每个调查员访问一个总体单位不现实. 事实上, 只要 σ^2 不变, 增加调查员的数量就会减少 V_{1cen}. 当然, 在自填问卷方式下, 每一个被调查者就是他 (她) 自己的调查员, 即每个总体单位对应一个调查员, 然而这种情况下, σ^2 值可能会比用受过培训的调查员访问调查要高得多.

对比由两个不同的抽样设计得到的测量方差 V_1:

(1) 采用 SI 设计抽出 $n = fN$ 个总体单位;

(2) 采用按比例分配的 $STSI$ 设计, 且每组 U_i 作为一层, 有 $n_i = fN_i$, 且 $\sum_{i=1}^{a} n_i = n$.

令 $V_{1,SI}$ 表示 SI 设计下的测量方差, $V_{1,STSI,prop}$ 为按比例分配的 $STSI$ 设计下的测量方差. 由于测量方差的全面调查部分式 (10.3.34) 不受抽样设计的影响, 这两个抽样设计的测量方差之差可以表示为

$$V_{1,SI} - V_{1,STSI,prop} = V_{1sam,SI} - V_{1sam,STSI,prop}. \tag{10.3.40}$$

由例 10.3.1 我们知道

$$V_{1sam,SI} = N^2(1-f)(1-\rho)\sigma^2/n, \tag{10.3.41}$$

其中 σ^2 和 ρ 分别由式 (10.3.32) 和式 (10.3.33) 给出. 同样可以证明

$$V_{1sam,STSI,prop} = N^2 \frac{1-f}{n} \sum_{i=1}^{a} W_i(1-\rho_i)v_i, \tag{10.3.42}$$

其中 $W_i = N_i/N$. 这样式 (10.3.40) 为

$$V_{1,SI} - V_{1,STSI,prop} = N^2 \frac{1-f}{n} \cdot \frac{N}{N-1} \sum_{i=1}^{a} W_i(1-W_i)\rho_i v_i > 0. \tag{10.3.43}$$

假设对所有的调查员, $\rho_i > 0$, 这在实际中是可能的. 因此, 按比例分配的 $STSI$ 设计的测量方差的确比 SI 设计的要小.

在当前的模型下, 由于对调查员进行事先分配, 测量均值 μ_k 由真值 θ_k 和偏差 b_i 组成. 接下来研究抽样方差 V_2 是如何受调查员偏差的影响. 对比上述两种抽样设计下的抽样方差. 在 SI 设计下, 抽样方差 V_2 为

$$V_2 = V_{2,SI} = N^2 \frac{1-f}{n}(S^2_{\theta U} + S^2_{bU} + 2S_{\theta bU}), \tag{10.3.44}$$

其中

$$S^2_{\theta U} = \frac{1}{N-1} \sum_U (\theta_k - \overline{\theta}_U)^2,$$

$$S^2_{bU} = \frac{1}{N-1} \sum_{i=1}^{a} N_i(b_i - \overline{b}_U)^2,$$

$$S_{\theta bU} = \frac{1}{N-1} \sum_{i=1}^{a} N_i(\overline{\theta}_{U_i} - \overline{\theta}_U)(b_i - \overline{b}_U),$$

这里，
$$\overline{\theta}_{U_i} = \sum\nolimits_{U_i} \theta_k \Big/ N_i,$$
$$\overline{\theta}_U = \sum\nolimits_{U} \theta_k \Big/ N = \sum_{i=1}^{a} N_i \overline{\theta}_{U_i} \Big/ N,$$
$$\overline{b}_U = \sum_{i=1}^{a} N_i b_i \Big/ N.$$

在比例分配的 $STSI$ 设计下, 抽样方差 V_2 为

$$V_2 = V_{2,STSI,prop} = N^2 \frac{1-f}{n} \sum_{i=1}^{a} W_i S_{\theta U_i}^2, \qquad (10.3.45)$$

其中
$$S_{\theta U_i}^2 = \frac{1}{N_i - 1} \sum\nolimits_{U_i} (\theta_k - \overline{\theta}_{U_i})^2.$$

对比式 (10.3.44) 和式 (10.3.45) 的抽样方差, 我们看到 $V_{2,SI}$ 受到调查员偏差的影响, 而 $V_{2,STSI,prop}$ 不受其影响, 因为在每一层中调查员偏差为常数.

抽样方差式 (10.3.44) 中的 S_{bU}^2 由调查员间的调查员偏差的变异造成, $S_{\theta bU}$ 由调查员的偏差和真值间的协方差造成. 如果所有的调查员有相同的偏差 b_i, 那么 $S_{bU}^2 = S_{\theta bU} = 0$. 但实际中, 调查员是不同的. 如果不能通过分层抽样的方法去掉样本方差中调查员的影响, 还可以采用随机分配调查员和交叉子样本等方法来解决这一问题.

情形 B: 调查员随机分配.

实际应用中, 调查员更多的是随机地分配到各组中去的, 采用随机分配的一个原因是避免调查员偏差和真值间的相互作用. 对各组随机分配调查员的过程如下: 对总体进行事前的分割, 得到 $U_1, U_2, \cdots, U_a$, 各组大小分别为 $N_1, N_2, \cdots, N_a$, 因此有

$$U = \bigcup_{i=1}^{a} U_i, \quad N = \sum_{i=1}^{a} N_i.$$

从 U 中抽取的概率样本 s 可以分割成

$$s = \bigcup_{i=1}^{a} s_i,$$

其中 $s_i = s \bigcap U_i$, 且 s_i 中所有的访问调查都由同一个调查员实施.

将随机选择调查员作为测量误差模型的测量程序的一个组成部分, 包括两个步骤:

第一步 为每一个样本组 $s_i, i = 1, 2, \cdots, a$ 从调查员池子中随机选择一个调查员;

第二步 随机选择的调查员访问 $s_i, i = 1, 2, \cdots, a$ 中的每个总体单位.

随机分配是否可行取决于调查的实际情况, 如果 U_i 是不同的地理区域, 要把调查员分配到不同的地理区域, 其成本是比较高的. 将调查员随机分派到一个有限的地域范围内, 如一个城市或一个城镇就比较可行, 这种情况可以看成在当地采用不同的随机分配模型. 如果统计机构有固定的调查员, 则采用调查员确定性分配模式更有效. 在电话访问中, 随机分配调查员较容易做到.

我们的测量模型 m 现在可以设定为, 观测值 $y_k, k \in s$ 假设是由真值 θ_k 和测量误差 ε_k 组成, 即
$$y_k = \theta_k + \varepsilon_k,$$

其中误差项可写成
$$\varepsilon_k = B_i + e_k, \quad k \in s_i.$$

上式等号右端第一项 B_i 是随机分配调查员到 s_i 造成的调查员效应, s_i 中所有总体单位的测量都受其影响; 第二项 e_k 为误差项, 表示调查中由其他因素所造成的误差. B_i 和 e_k 都是随机变量, 有以下的统计性质:

(1) $B_1, B_2, \cdots, B_a$ 是具有相同期望 μ_B 和相同方差 v_B 的独立同分布的随机变量;

(2) $e_k, k \in s$ 是具有零期望值和同方差 v_e 的独立随机变量;

(3) 随机变量 $B_i, i = 1, 2, \cdots, a$ 独立于随机变量 $e_k, k \in s$.

性质 (1) 也可以理解成: $B_1, B_2, \cdots, B_a$ 是从调查员效应的无限总体中抽取的一个随机样本. 调查员效应 B_i 是测量误差的一部分, 对同一个调查员, 所有观测的调查员效应都一样. 剩下的误差项 e_k 相互独立, 即使由同一调查员调查.

特别地, 当调查员方差 v_B 为 0 时, 对所有的测量, 调查员效应都相同, $B_i = \mu_B$(可能为 0, 也可能不为 0). 例如, 采用问卷调查时, 调查员几乎没有影响.

这 3 个性质可以看成传统理论中随机效应线性模型下的假设. 测量过程的第一步是确认每一个 s_i 的 B_i 值, 而第二步是确认每个 $e_k, k \in s_i$ 值 (因此总误差是 $\varepsilon_k = B_i + e_k$).

在上述性质下, 很容易得到式 (10.3.5), 式 (10.3.6), 式 (10.3.7) 所定义的模型矩

$$\mu_k = \theta_k + \mu_B, \quad k \in U, \tag{10.3.46}$$

$$\sigma_k^2 = v_B + v_e, \quad k \in U, \tag{10.3.47}$$

$$\sigma_{kl} = \begin{cases} v_B, & k, l \in U_i, k \neq l, \\ 0, & k \in U_i, l \in U_j, i \neq j. \end{cases} \tag{10.3.48}$$

我们再来讨论 π 估计量 $\hat{t}_\pi$ 及其相应的均方误差. 把式 (10.3.46), 式 (10.3.47) 和式 (10.3.48) 代入结论 10.3.1 和结论 10.3.2 中, 得到各部分的表达式. 简单测量方差为

$$V_{11} = (v_B + v_e) \sum_U 1/\pi_k, \tag{10.3.49}$$

相关测量方差为
$$V_{12} = v_B \sum_{i=1}^{a} \sum_{k \neq l} \sum_{U_i} \pi_{kl}/\pi_k \pi_l, \tag{10.3.50}$$

测量方差的全面调查部分为
$$V_{1cen} = v_e N + v_B \sum_{i=1}^{a} N_i^2. \tag{10.3.51}$$

因为
$$\sigma^2 = v_B + v_e,$$
$$\rho = \frac{v_B}{v_B + v_e} \cdot \frac{\sum_{i=1}^{a} N_i^2 - N}{N(N-1)},$$

所以测量方差的抽样部分为
$$V_{1sam} = v_e \sum_{i=1}^{a} F_i + v_B \sum_{i=1}^{a} G_i, \tag{10.3.52}$$

其中 F_i 和 G_i 分别由式 (10.3.36) 和式 (10.3.37) 给出. 抽样方差为
$$V_2 = \sum\sum_U \Delta_{kl} \frac{(\theta_k + \mu_B)(\theta_l + \mu_B)}{\pi_k \pi_l}. \tag{10.3.53}$$

最后得到偏差为
$$B = N\mu_B. \tag{10.3.54}$$

所以, 在 SI 设计下 ($f = n/N$), 测量方差为
$$V_1 = V_{1,SI} = V_{1cen,SI} + V_{1sam,SI},$$

其中, $V_{1cen,SI}$ 由式 (10.3.51) 给出, 且
$$V_{1sam,SI} = N^2 \frac{1-f}{n} \left(v_e + v_B \cdot \frac{N^2 - \sum_{i=1}^{a} N_i^2}{N(N-1)} \right); \tag{10.3.55}$$

抽样方差为
$$V_2 = V_{2,SI} = N^2 \frac{1-f}{n} S_{\theta U}^2, \tag{10.3.56}$$

其中 $S_{\theta U}^2$ 为真值的总体方差. 由于随机分配调查员, 抽样方差不再像确定性分配那样取决于调查员的变化.

而在 $STSI$ 设计下, 即每组为一层, 且按比例分配 ($f_i = f = n/N$), 测量方差为

$$V_1 = V_{1,STSI,prop} = V_{1cen,STSI,prop} + V_{1sam,STSI,prop},$$

其中, $V_{1cen,STSI,prop}$ 由式 (10.3.51) 给出, 且

$$V_{1sam,STSI,prop} = N^2 \frac{1-f}{n} v_e; \tag{10.3.57}$$

抽样方差为

$$V_2 = V_{2,STSI,prop} = N^2 \frac{1-f}{n} \sum_{i=1}^{a} W_i S_{\theta U_i}^2, \tag{10.3.58}$$

其中 $S_{\theta U_i}^2$ 是第 i 层真值的总体方差, 这和确定性分配调查员的情形有相同的抽样方差.

对 SI 设计和 $STSI$ 设计所得到的测量方差进行比较, 由式 (10.3.55) 和式 (10.3.57) 可得

$$V_{1,SI} - V_{1,STSI} = \frac{1-f}{n} \cdot \frac{N}{N-1} \left(N^2 - \sum_{i=1}^{a} N_i^2 \right) v_B \geqslant 0.$$

因此, 按比例分配的 $STSI$ 设计的测量方差比 SI 设计的小 (只要 $v_B > 0$ 和 $a > 2$).

比较两种抽样设计下的抽样方差, 由式 (10.3.56) 和式 (10.3.58) 可得

$$V_{2,SI} - V_{2,STSI,prop} = N^2 \frac{1-f}{n} \left(S_{\theta U}^2 - \sum_{i=1}^{a} W_i S_{\theta U_i}^2 \right).$$

可见, 分层情形下的抽样方差一般较小.

上述模型中, 根据定义 $\sigma_{kl}, k \neq l$ 和 ρ 为非负, 其他因素不变, ρ 随着方差 v_B 的增大而增大. 如果调查员效应为常数 ($v_B = 0$), 那么 $\rho = 0$, 测量方差简化为

$$V_1 = v_e \sum_U 1/\pi_k.$$

如果固定调查员数量 a, 每组容量大小 N_i 相等, 那么 ρ 值以及测量方差 V_1 都能达到最小值 (假设其他因素不变, 且 $v_B > 0$).

在每组容量相等的情况下 (对于所有 $i, N_i = N/a = N_0$), 如果调查员个数 $a = N/N_0$ 足够大, 那么

$$\rho = \frac{N_0 - 1}{N - 1} \cdot \frac{v_B}{v_B + v_e}$$

可达到最小值. 极端的情形是一个调查员访问一个总体单位, 此时 $\rho = 0$.

忽略抽样比 $f = n/N$, 再次考虑 SI 设计. 假设在每组容量相等的简单情况下, 即对于所有 $i, N_i = N/a = N_0$, 因为 $\sigma^2 = v_e + v_B$, 由式 (10.3.55) 和式 (10.3.56) 有

$$V_1 + V_2 \doteq N^2 \left(\frac{v_B}{a} + \frac{v_e}{n} + \frac{S_{\theta U}^2}{n} \right). \tag{10.3.59}$$

显然, 增大样本量对包含 v_B 的部分没有影响, 减少这一项的唯一有效的办法是增加调查员的数量. 同样地, 式 (10.3.59) 可写成

$$V_1 + V_2 \doteq N^2[1 + (n_0 - 1)\rho_w]\sigma_{tot}^2/n, \tag{10.3.60}$$

其中 $n_0 = n/a$ 为平均调查员分配数量, 且

$$\sigma_{tot}^2 = v_e + v_B + S_{\theta U}^2$$

表示每一总体单位的总方差 (在样本量为 1 时即为 y 的方差). 最后有

$$\rho_w = v_B/\sigma_{tot}^2,$$

称为内部调查员分配相关系数.

式 (10.3.60) 再次显示了调查员数量的重要性. 例如, 设 $\rho_w = 0.01, n = 10\,000, a = 100$, 平均调查员分配数为 $n_0 = 100$, 则有

$$1 + (n_0 - 1)\rho_w = 1.99.$$

相反, 如果只有 $a = 50$ 个调查员去做 10 000 次访问, 平均调查员分配数为 $n_0 = 200$, 则

$$1 + (n_0 - 1)\rho_w = 2.99,$$

那么第二种情况的总方差约为第一种情况的 1.5 倍.

情形 C: 交叉子样本.

下面讨论分配调查员的第三种方法. 固定调查员集合, 并随机地把样本分给不同的调查员. 与前面的方法不一样的是, 在抽样前不能确定某一组的总体单位一定分给相同的调查员.

在某种抽样设计下从总体 U 中抽取样本量为 n 的概率样本 s. 样本 s 被随机分为 a 组 (即子样本), $s_1, s_2, \cdots, s_a$, 每个子样本的样本量相同, 即有 $m = n/a$ (为简单起见, 假设 n 为 a 的倍数). 对样本 s 进行随机分组意味着, 每组 s_i 都是用 SI 设计从 s 中抽出样本量为 m 的样本. 固定 a 个调查员, 每个调查员会访问组中的所有总体单位. 这种抽样方法称为交叉子样本法, 这种方法适用于不需要太多差旅费或其他费用的调查.

在采用交叉子样本法时, 每个子样本中的数据收集和数据处理都是由独立调查员去操作. 因此, 不同子样本中的测量误差和处理误差是不相关的.

此时, 测量误差模型将对样本进行随机分割的过程包含在测量程序中. 这一程序包含以下两个步骤:

第一步 把样本随机分成大小相同的组, 一个调查员对应一个组;

第二步 调查员访问其对应组的每个总体单位.

交叉子样本法的测量模型 m 如下: 假设观测值 y_k 可以表示为

$$y_k = \theta_k + \varepsilon_k, \quad k \in s, s = \bigcup_{i=1}^{a} s_i,$$

其中 ε_k 是随机测量误差且满足

$$E_m(\varepsilon_k|s; s_1, s_2, \cdots, s_a) = b_i, \quad k \in s_i, \qquad (10.3.61)$$

$$V_m(\varepsilon_k|s; s_1, s_2, \cdots, s_a) = v_i, \quad k \in s_i, \qquad (10.3.62)$$

$$C_m(\varepsilon_k, \varepsilon_l|s; s_1, s_2, \cdots, s_a) = \begin{cases} \rho_i v_i, & k \neq l, k \in s_i, l \in s_i, \\ 0, & k \neq l, k \in s_i, l \in s_j, i \neq j, \end{cases} \qquad (10.3.63)$$

这里, b_i, v_i 和 ρ_i 为未知常数, 且 $|\rho_i| \leqslant 1$. 需要说明的是, 如果总体单位 k 由第 i 个调查员访问, 测量误差就包含了作为常数部分的调查员效应 b_i, 包含一个方差 v_i 和一个协方差 $\rho_i v_i$, 其中协方差 $\rho_i v_i$ 为与同一调查员访问另一个总体单位的测量误差的协方差. 假设不同分配间的测量不相关.

式 (10.3.61), 式 (10.3.62) 和式 (10.3.63) 采用与情形 A 确定性分配调查员类似的假设, 同时增加了随机子样本的假设. 我们使用如下表达式:

$$\bar{b} = \frac{1}{a}\sum_{i=1}^{a} b_i, \quad S_b^2 = \frac{1}{a}\sum_{i=1}^{a}(b_i - \bar{b})^2,$$

$$\bar{v} = \frac{1}{a}\sum_{i=1}^{a} v_i, \quad \bar{\rho} = \sum_{i=1}^{a}\rho_i v_i \Big/ \sum_{i=1}^{a} v_i,$$

经计算有

$$\mu_k = \theta_k + \bar{b}, \quad k \in U,$$
$$\sigma_k^2 = \bar{v} + S_b^2, \quad k \in U,$$
$$\sigma_{kl} = \left[(m-1)\bar{\rho}\bar{v} - S_b^2\right]\big/(n-1), \quad k \neq l \in U.$$

在情形 C, μ_k 和 σ_k^2 的运算近似于情形 B. 但是, 对总体中的每对总体单位 (k,l) 而言, 协方差 σ_{kl} 为常数.

我们同样根据结论 10.3.1 和结论 10.3.2 来求 π 估计量的均方差的各组成部分的表达式. 用

$$\sigma^2 = \bar{v} + S_b^2, \quad \rho = \frac{(m-1)\bar{\rho}\bar{v} - S_b^2}{(n-1)(\bar{v} + S_b^2)},$$

我们可以把简单测量方差表示为

$$V_{11} = \sigma^2 \sum_U 1/\pi_k,$$

相关测量方差为
$$V_{12} = \rho\sigma^2 \sum\sum_{k\neq l}{}_U \pi_{kl}/\pi_k\pi_l,$$

抽样方差为
$$V_2 = \sum\sum_U \Delta_{kl}\frac{(\theta_k+\overline{b})(\theta_l+\overline{b})}{\pi_k\pi_l},$$

偏差为
$$B = N\overline{b}.$$

当采用 SI 设计时 $(n=fN)$, 测量方差简化为
$$V_1 = N^2\big[1+(m-1)\overline{\rho}\big]\overline{v}\big/n, \tag{10.3.64}$$

抽样方差简化为
$$V_2 = N^2(1-f)S_{\theta U}^2\big/n. \tag{10.3.65}$$

虽然每个个体的测量方差 σ_k^2 都包含了调查员变异 S_b^2, 但在 SI 设计下, 测量方差 V_1 独立于 S_b^2. 把式 (10.3.64) 和式 (10.3.65) 加起来可得总方差
$$V_{pm}(\widehat{t}_\pi) = V_1 + V_2 = N^2\big[\overline{v}+(m-1)\overline{\rho v}+(1-f)S_{\theta U}^2\big]\big/n.$$

把样本 s 随机地分割成 $s_1, s_2, \cdots, s_a$, 可以近似看成 Hansen, Hurwitz 和 Madow (1953) 提出的非独立随机组 (dependent random groups). 所以, 可以将非独立随机组的方差估计方法应用到交叉子样本中, 得到一个近似无偏方差估计量. 假设采用抽样比为 $f=n/N$ 的 SI 设计, 总体总值的 π 估计量为
$$\widehat{t}_\pi = N\overline{y}_s = N\sum_{i=1}^a \overline{y}_{s_i}\big/a.$$

根据非独立随机组的方差估计方法 (详见 Särndal, Swensson 和 Wretman, 2003), 可得到 $V_{pm}(\widehat{t}_\pi)$ 的估计量为
$$\widehat{V} = \frac{N^2}{a(a-1)}\sum_{i=1}^a (\overline{y}_{s_i}-\overline{y}_s)^2 = \frac{N^2}{n}MS_b, \tag{10.3.66}$$

其中,
$$MS_b = \frac{m}{a-1}\sum_{i=1}^a (\overline{y}_{s_i}-\overline{y}_s)^2$$

为组间均方差, 且
$$E_{pm}(MS_b) = \big[1+(m-1)\overline{\rho}\big]\overline{v} + S_{\theta U}^2 + \frac{n}{a-1}S_b^2. \tag{10.3.67}$$

假设 $S_b^2=0$, 即调查员有相同的调查员效应, 由式 (10.3.66) 给出的 $\widehat{V}$ 是 $V_{pm}(\widehat{t}_\pi)$ 的近似无偏估计. 所以在不进行重复测量的情况下, 通过交叉子样本, 可以得到总方差的近似无偏估计 (包括测量方差和抽样方差).

采用 SI 设计, 且 $S_b^2=0$, 还可以估计相关测量方差. 为此目的, 考虑组内均方差

$$MS_w = \frac{1}{a(m-1)} \sum_{i=1}^{a} \sum_{s_i} (y_k - \overline{y}_{s_i})^2,$$

则

$$E_{mp}(MS_w) = (1-\overline{\rho})\overline{v} + S_{\theta U}^2. \tag{10.3.68}$$

假设 $S_b^2=0$, 由式 (10.3.67) 和式 (10.3.68), 得到 $\overline{\rho}\,\overline{v}$ 的近似无偏估计为 $(MS_b - MS_w)/m$. 当 $S_b^2 = 0$ 时, 相关测量方差为

$$V_{12} = N^2(m-1)\overline{\rho}\,\overline{v}/n;$$

当 $S_b^2 = 0$ 时, V_{12} 的一个近似无偏估计量为

$$\widehat{V}_{12} = N^2 \frac{m-1}{m} \cdot \frac{MS_b - MS_w}{n}.$$

这是交叉子样本技术的又一个优点.

习 题

10.1 当抽样框涵盖不全时, 估计量 $\widehat{t}_{Fra} = \sum_U x_k \dfrac{\sum_{s_F} y_k/\pi_k}{\sum_{s_F} x_k/\pi_k}$ 可以用来估计总体总值 $t = \sum_U y_k$. 试证明在模型 $E_\xi(y_k) = \beta x_k, V_\xi(y_k) = \sigma^2 x_k, k \in U$ 下, $\widehat{t}_{Fra}$ 是模型无偏的, 并求 $\widehat{t}_{Fra}$ 的模型均方误差.

10.2 考虑抽样框过涵盖, 但没有其他缺陷的情形. 假设抽样框 F 中的单元与总体 U_F 中的总体单位存在一对一关系, 而且检查样本后也没能发现抽样框过涵盖的情况. 设 $\widehat{t}_{U_F}$ 是 $t_{U_F} = \sum_{U_F} y_k$ 的无偏估计量. 证明: $\widehat{t}_{U_F}$ 作为 $t_U = \sum_U y_k$ 的估计量, 其相对偏差

$$RB(\widehat{t}_{U_F}) = \frac{t_{U_F} - t_U}{t_U}$$

可以写成

$$RB(\widehat{t}_{U_F}) = \frac{\overline{y}_{\overline{U}}}{\overline{y}_U} \cdot \frac{1-W_U}{W_U},$$

其中,

$$\overline{U} = U_F - U, \quad \overline{y}_{\overline{U}} = \frac{\sum_{\overline{U}} y_k}{N_{\overline{U}}}, \quad \overline{y}_U = \frac{\sum_U y_k}{N}, \quad W_U = \frac{N}{N_{U_F}},$$

这里 N, N_{U_F} 和 $N_{\overline{U}} = N - N_{U_F}$ 分别是 U, U_F 和 $\overline{U} = U_F - U$ 的总体单位数. 试讨论影响相对偏差的因素.

10.3 考虑抽样框涵盖不全, 但没有其他缺陷的情形. 设 $\widehat{t}_{U_{link}}$ 是 $t_{U_{link}} = \sum_{U_{link}} y_k$ 的无偏估计量. 证明: $\widehat{t}_{U_{link}}$ 作为 t_U 的估计量, 其相对偏差

$$RB(\widehat{t}_{U_{link}}) = \frac{t_{U_{link}} - t_U}{t_U}$$

可以写成

$$RB(\widehat{t}_{U_{link}}) = \frac{rW_{U_{nolink}}}{1 + (r-1)W_{U_{nolink}}},$$

其中, $r = \overline{y}_{U_{nolink}} / \overline{y}_{U_{link}}$, $W_{U_{nolink}} = N_{U_{nolink}}/N$. 试讨论影响相对偏差的因素.

10.4 考虑抽样框存在重复清单, 即对于某些目标总体单位 k 有 $L_{\cdot k} > 1$, 但不存在其他缺陷, 即对于每一 $i \in F$, 有 $L_{i\cdot} = 1$, 并且 $U_F = U$. 从 F 中抽取样本 s_F^0, 包含概率 $\pi_i^F > 0$.

(1) 假设调查员误认为抽样框 F 的每一个单元与总体 U_F 的总体单位一一对应. 令 $z_i = \sum_U L_{ik} y_k$, 即对于每个与 k 连接的 i, 有 $z_i = y_k$. 证明: $\widehat{t}_z = \sum_{i \in s_F^0} z_i/\pi_i^F$ 的期望值可以表示为 $E(\widehat{t}_z) = \sum_U L_{\cdot k} y_k$, 且 $\widehat{t}_z$ 是有偏的.

(2) 对样本中的每个总体单位 k, 假设 $L_{\cdot k}$ 已知, 一组权重 w_{ik} 满足 $\sum_{i \in F} w_{ik} L_{ik} = 1$. 例如, 对于每个与 k 连接的 i, $w_{ik} = 1/L_{\cdot k}$. 定义 $Z_i^* = \sum_U w_{ik} L_{ik} y_k$. 证明: $\widehat{t}_z = \sum_{i \in s_F^0} z_i^*/\pi_i^F$ 为 $t_U = \sum_U y_k$ 的无偏估计量.

10.5 从某省 123 个县的总体中抽取 60 个县的 SI 样本来估计养猪专业户 y 的总体总数, 采用邮寄问卷并回收了 27 个县的问卷, 之后, 又从 33 个无回答县中抽取一个包括 15 个县的 SI 子样本 s_2, 得到了全部 15 个县的调查数据. 根据下列调查计算结果:

$$\overline{y}_{s_{a1}} = 73, \quad s_{ys_{a1}}^2 = 7\,978, \quad \overline{y}_{s_2} = 49, \quad s_{ys_2}^2 = 7\,365,$$

其中, s_{a1} 是邮寄问卷的回答集, 计算总体总数的近似置信水平 95% 的置信区间.

10.6 从某省 1 056 个镇的总体中抽取 100 个镇的 SI 样本来估计镇政府非编制人员 y 的总体总数, 采用邮寄问卷只回收了 58 个镇的问卷, 用公式 $N\overline{y}_r$ 得到的点估计为 56 496, 由于无回答情况较严重, 点估计的结果不能作为可靠的数据发布. 已知回答倾向与镇的人口规模正相关. 决定采用电话调查的方式随访无回答镇. 同时, 根据回答同质组模型进行了初步估计: 对于 100 个样本镇, 根据最近一次人口普查的人口数 (x, 单位: 10^3 人), 对这些镇进行排序, 较小的 50 个镇放在第一个回答同质组, 剩下的 50 个镇放在第二个回答同质组, 得到以下数据:

第 h 组	n_h	m_h	$\overline{y}_{r_h}$	$S^2_{yr_h}$
1	50	25	49.04	781
2	50	33	73.39	2 525

根据式 (10.2.9) 的估计量计算点估计值, 并计算其相应的变异系数.

10.7 继续考虑习题 10.6, 利用变量 y 与 x 近似成比例的关系, 根据下列数据和式 (10.2.27) 对 y 的总体总数进行初始估计, 并计算其相应的变异系数. 下面是提供的补充信息: $\sum_s x_k = 1\,589$.

第 h 组	$\overline{x}_{r_h}$	$S^2_{xr_h}$	S_{xyr_h}
1	9.83	3.56	37.64
2	17.29	29.39	194.73

10.8 证明: 在 10.3.4 小节重复测量方法下, V 的无偏估计量可以表示为

$$\widehat{V} = \widehat{V}_{stand} + \widehat{V}_{1cen}.$$

10.9 在 10.3.5 小节描述的调查员确定性分配情形下, 在测量误差 ε_k 具有的随机结构假定下, 证明: 式 (10.3.27), 式 (10.3.28) 和式 (10.3.29) 所示的模型矩.

10.10 在调查员随机分配, 并采用 SI 设计的情形下, 证明: 式 (10.3.59) 和式 (10.3.60), 有

$$V_1 + V_2 \doteq N^2 \left(\frac{v_B}{a} + \frac{v_e}{n} + \frac{S^2_{\theta U}}{n} \right) = N^2 [1 + (n_0 - 1)\rho_w] \sigma^2_{tot}/n.$$

部分习题参考答案

第 2 章

2.3 (1) $n=2$ 时,$p(s)=1/C_5^2=0.1$;n 等于其他时,$p(s)=0$.

(2) $p(s)=0.3^{n_s}0.7^{5-n_s}, n_s=0,1,2,3,4,5.$

2.4 (1) $E(n_s)=320$; (2) $\pi_k=0.32.$

2.6 (1) $\pi_1=0.7,\pi_2=0.6,\pi_3=0.8,\pi_{12}=0.3,\pi_{13}=0.5,\pi_{23}=0.4$;

(2) $E(n_s)=\sum_U \pi_k=2.1.$

2.7 (1) $E(\widehat{t}_\pi)=0.2\times\left(\dfrac{16}{0.7}+\dfrac{21}{0.6}\right)+\cdots+0.1\times\left(\dfrac{16}{0.7}+\dfrac{21}{0.6}+\dfrac{18}{0.8}\right)=55,$

$V(\widehat{t}_\pi)=105$;

(2) $\Delta_{11}=0.21,\Delta_{12}=-0.12,\Delta_{22}=0.24,\Delta_{13}=-0.06,\Delta_{23}=-0.08,\Delta_{33}=0.16,$

$V(\widehat{t}_\pi)=\sum\sum_U \Delta_{kl}\breve{y}_k\breve{y}_l=105$;

(3) $CV=18.63\%$;

(4) $s_1:6.73, s_2:134.55, s_3:276.25, s_4:-330.45.$

2.13 $\mathrm{deff}(BE,\widehat{t}_\pi)=1+\dfrac{1}{(cv_{yU})^2}=2.5625$,$BE$ 设计的期望样本量应为 65.

第 4 章

4.6 (1) $\widehat{N}_d=NP_d=200\times\dfrac{27}{50}=108,$

$\widehat{V}_{SI}(\widehat{N}_d)=N^2(1-f)\dfrac{p_dq_d}{n-1}=200^2\times\left(1-\dfrac{50}{200}\right)\times\dfrac{27/50\times23/50}{50-1}=152.08,$

置信区间为 $[84,132]$.

4.7 $\widehat{t}_\pi=\dfrac{1}{f}\sum_s y_k=\dfrac{500}{30}\times 1410=23500,\quad S_{ys}^2=\dfrac{1}{30-1}\times\left(70758-30\times\dfrac{1410^2}{30^2}\right)=154.76,$

$\widehat{V}_{SI}(\widehat{t}_\pi)=500^2\times\dfrac{1-30/500}{30}\times 154.76=1212287,$

置信区间为 $[21341.96, 25658.04]$.

4.8 $\widehat{t}_\pi=10000\times 12.5=125000, \widehat{V}_{SI}(\widehat{t}_\pi)=10000^2\times\dfrac{1-100/10000}{100}\times 1252=1239480000,$

置信区间为 [194 004.2, 55 995.75].

4.9 (2) $\widehat{t} = 17$;

(3) $\widehat{V}(\widehat{t}) = 2.943\ 6$.

4.10 (1) $\pi_1 = 0.788\ 5, \pi_3 = 0.290\ 2, \pi_{13} = 0.168\ 5$,

$$\widehat{t}_\pi = \frac{653}{0.788\ 5} + \frac{229}{0.290\ 2} = 1\ 617.266;$$

(2) $\widehat{V}(\widehat{t}_\pi) = 545.740\ 8, cve = 1.44\%$.

4.11 $\widehat{t}_\pi = 13\ 703.35$.

第 5 章

5.1 $\widehat{t} = 7\ 147, \widehat{V}(\widehat{t}) = 213\ 558, cve = 6\%$.

5.2 $\delta_1 = 0.102\ 85, \text{deff}_1 = 1.41, \delta_2 = 0.356\ 8, \text{deff}_2 = 3.46$.

5.3 31.429%, 置信区间为 [22.03%, 40.821%].

5.5 (1) $\widehat{t} = 3\ 170$;

(2) $V_{PSU} = 5\ 811\ 750, V_{SSU} = 4\ 295, V = 5\ 816\ 045, cve = 76\%$.

第 6 章

6.5 $\widehat{t}_{y,dif} = \sum_U y_k^0 + \sum_s \frac{y_k - y_k^0}{\pi_k} = A \sum_U x_k + \sum_s \frac{y_k - Ax_k}{\pi_k} = 82\ 916.72$,

$\widehat{V}(\widehat{t}_{y,dif}) = 3\ 267\ 942, cve = 2.18\%$.

$\widehat{t}_{yreg} = N[\overline{y}_s + \widehat{B}(\overline{x}_U - \overline{x}_s)] = 69.20$,

$AV_{SI}(\widehat{t}_{yreg}) = N^2 \frac{1-f}{n} S_{ys}^2 (1 - r^2) = 5.73$,

置信区间为 $69.20 \pm 1.96 \times (5.73)^{1/2}$.

第 7 章

7.6 $\widehat{t}_{yra} = \sum_U x_k \frac{\sum_s y_k}{\sum_s x_k} = 4\ 046.34$,

$\widehat{V}_{SI}(\widehat{t}_{yra}) = \left(\frac{\overline{x}_U}{\overline{x}_s}\right)^2 N^2 \frac{1-f}{n}(S_{ys}^2 + \widehat{B}^2 S_{xs}^2 - 2\widehat{B}S_{xys}) = 11\ 205.25$,

置信区间为 $4\ 046.34 \pm 1.96 \times 11\ 205.25^{1/2}$.

7.8 (1) $\widehat{t}_{yra} = \sum_U x_k \frac{\sum_s y_k}{\sum_s x_k} = 90.50$,

$$\widehat{V}_{SI}(\widehat{t}_{yra}) = \left(\frac{\overline{x}_U}{\overline{x}_s}\right)^2 N^2 \frac{1-f}{n}(S_{ys}^2 + \widehat{B}^2 S_{xs}^2 - 2\widehat{B}S_{xys}) = 0.35,$$

置信区间为 $90.50 \pm 1.96 \times (0.35)^{1/2}$.

(2) 比率估计量的估计偏差为 $\widehat{t}_{y,dif} - t_y = -0.97$,

$\widehat{t}_{y\pi} = \sum_s \dfrac{y_k}{\pi_k} = 93.93$, 估计偏差为 $\widehat{t}_{y\pi} - t_y = 2.46$,

比率估计量的估计偏差小于 π 估计量的估计偏差.

第 8 章

8.2 $\widehat{t} = 516\,938, cve = 7\%$.

第 9 章

9.8 (1) $\widehat{t} = (17+19+22+31)/(1/4) \times 20 = 7\,120$.

9.9 (1) $\widehat{t} = 57\,403$;

(2) 方差估计为 $26\,103\,758$, 置信区间为 $57\,403 \pm 1.96 \times 26\,103\,758^{1/2} = 57\,403 \pm 10\,014$.

第 10 章

10.5 置信区间为 $7\,355.4 \pm 1.96 \times (2\,256\,034.635)^{1/2} = 7\,355.4 \pm 2\,943.94$.

10.6 $\widehat{t}_{c\pi^*} = 64\,643, cve = 8\%$.

10.7 $\widehat{t}_{c\pi,} = 75\,751, cve = 5\%$.

参 考 文 献

冯士雍, 倪加勋, 邹国华, 2012. 抽样调查理论与方法[M]. 2 版. 北京: 中国统计出版社.

加拿大统计局《调查技能》项目组, 2002. 调查技能教程[M]. 中国国家统计局《调查技能》项目组, 译. 北京: 中国统计出版社.

刘建平, 等, 2008. 辅助信息在抽样调查中的应用模型与方法[M]. 北京: 中国统计出版社.

刘建平, 张国校, 2015. 设计效应在复杂样本设计中的应用研究: 以我国住户调查为例[J]. 数理统计与管理, 34(4): 628–635.

Bailar B A, Dalenius T, 1969. Estimating the response variance components of the US bureau of the Census' survey model[J]. Sankhya B, 31: 341–360.

Bellhouse D R, 1977. Optimal designs for sampling in two dimensions[J]. Biometrika, 64: 605–611.

Bellhouse D R, 1981. Spatial sampling in the presence of a trend[J]. Journal of statistical planning and inference, 5: 365–375.

Bellhouse D R, 1988. Systematic sampling[J]. Handbook of statistics. Amsterdam: North-Holland, 6: 125–145.

Brewer K R W, 1963a. A model of systematic sampling with unequal probabilities[J]. Australian journal of statistics, 5: 5–13.

Brewer K R W, 1963b. Ratio estimation and finite population: some results deductible from the assumption of an underlying stochastic process [J]. Australian journal of statistics, 5: 93–105.

Brewer K R W, 1979. A class of robust sampling designs for large scale surveys[J]. Journal of the American statistical association, 74: 911–915.

Brewer K R W, Hanif M, 1983. Sampling with unequal probabilities[M]. New York: Springer Verlag.

Cassel C M, Särndal C E, Wretman J H, 1983. Some uses of statistical models in connection with the nonresponse problem[J]. Incomplete data in sample survey. New York: Academic Press, 3: 143–160.

Cochran W G. Sampling theory when the sampling-unit are unequal sizers[J]. Journal of the American statistical association, 37 (218): 199–212.

Cox L H, Boruch R F, 1988. Record linkage, privacy and statistical policy[J]. Journal of official statistics, 4: 3–16.

Dalenius T, 1953. About methods for objective crop estimation[J]. Kungliga lantbruksakademiens tidskrift, 92: 99–118.

Dalenius T, 1986. Elements of survey sampling[M]. Stockholm: Sarec, Statistics Sweden.

Deming W E, 1950. Some theory of sampling[M]. New York: Wiley.

Fan C T, Muller M E, Rezucha I, 1962. Development of sampling plans by using sequential (item by item) techniques and digital computers[J]. Journal of the American statistical association, 57: 387–402.

Giommi A, 1987. Nonparametric methods for estimating individual response probabilities[J]. Survey methodology, 13: 127–134.

Hájek J, 1971. Comment on a paper by D. Basu[J]. Foundations of statistical inference. Toronto: Holt, Rinehart and Winston: 236.

Hansen M H, Hurwitz W N, 1943. On the theory of sampling from finite populations[J]. Annals of mathematical statistics, 14: 333–362.

Hansen M H, Hurwitz W N, Madow W G, 1983. Sample survey methods and theory: Vol. I and Vol. II[M]. New York: Wiley.

Hoffman E, 1995. We must use administrative data for official statistics: but how should we use them?[J] Statistical journal of the United Nations(12).

Horvitz D G, Thompson D J, 1952. A generalization of sampling without replacement from a finite universe[J]. Journal of the American statistical association, 47: 663–685.

Isaki C T, Fuller W A, 1982. Survey design under the regression superpopulation model[J]. Journal of the American statistical association, 77: 89–96.

Kiaer A, 1897. The representative method of statistical surveys[M]. Oslo: Central Bureau of Statistics of Norway.

Kish L, 1965. Survey Sampling[M]. New York: Wiley.

Koch G G, Freeman D H, Jr, Freeman J L, 1975. Strategies in the multivariate analysis of data from complex surveys[J]. International statistical review, 43: 59–78.

Lahiri D B, 1951. A method of sample selection providing unbiased ratio estimates[J]. Bulletin of the international statistical institute, 33: 133–140.

Leblond Y, 1990. Contribution à la théorie d'estimation des sous-populations[D]. Department of Mathematics and Statistics, University of Montreal.

Lessler J T, 1982. Frame errors[M]//Lessler J T, Folsom R E, Kalsbeek W D. A taxonomy of error sources and error measures for surveys, final report. Research Triangle Park, NC: Research Triangle Institute.

Lessler J T, 1984. Measurement errors in surveys[J]. Surveying subjective phenomena. New York: Russell Sage Foundation, 2: 405–440.

Little R J A, 1986. Survey nonresponse adjustments[J]. International statistical review, 54: 139–157.

McLeod A I, Bellhouse D R, 1983. A convenient algorithm for drawing a simple random sample[J]. Applied statistics, 32: 182–184.

Midzuno H, 1952. On the sampling system with probability proportional to sum of sizes[J]. Annals of the institute of statistical mathematics, 3: 99–107.

Neyman J, 1938. Contribution to the theory of sampling human populations[J]. Journal of the American statistical association, 33: 101–116.

Neyman J, 1934. On the two different aspects of the representative method: the method of stratified sampling and the method of purposive selection[J]. Journal of the royal statistical society, 97: 558–625.

Politz A, Simmons W, 1949. An attempt to get not-at-homes into the sample without call-backs[J]. Journal of the American statistical association, 44: 9–31.

Rao J N K, 1965. On two simple schemes of unequal probability sampling without replacement[J]. Journal of the Indian statistical association, 3: 173–136.

Rao J N K, Hartley H O, Cochran W G, 1962. On a simple procedure of unequal probability sampling without replacement[J]. Journal of the royal statistical society B, 24: 482–491.

Robison P M, Särndal C E, 1983. Asymptotic properties of the generalized regression estimator in probability sampling[J]. Sankhya B, 45: 240–248.

Rosenbaum P R, Rubin D B, 1983. The central role of the propensity score in observational studies for causal effects[J]. Biometrika, 70: 41–55.

Särndal C E, 1982. Implications of survey design for generalized regression estimation of linear functions[J]. Journal of statistical planning and inference, 7: 155–170.

Särndal C E, Swensson B, 1987. A general view of estimation for two phases of selection with applications to two-phase sampling and nonresponse[J]. International statistical review, 55: 279–294.

Särndal C E, Swensson B, Wretman J H, 1989. The weighted residual technique for estimating the variance of the general regression estimator of the finite population total[J]. Biometrika, 76: 527–537.

Särndal C E, Swensson B, Wretman J, 2003. Model assisted survey sampling[M]. New York: Springer Verlag.

Sen A R, 1953. On the estimate of the variance in sampling with varying probabilities[J].

Journal of the Indian society of agricultural statistics, 5: 119–127.

Srinath K P, Hidiroglou M A, 1980. Estimation of variance in multi-stage sampling[J]. Metrika, 27: 121–125.

Statistics Canada, 1978. A compendium of methods of error evaluation in censuses and surveys[M]. Ottawa: Statistics Canada.

Sunter A B, 1977b. List sequential sampling with equal or unequal probabilities without replacement[J]. Applied statistics, 26: 261–268.

Sunter A B, 1977a. Response burden, sample rotation, and classification renewal in economic surveys[J]. International statistical review, 45: 209–222.

Sunter A B, 1986. Solutions to the problem of unequal probability sampling without replacement[J]. International statistical review, 54: 33–50.

Tepping B J, 1968. Variance estimation in complex surveys[J]. Proceedings of the social statistics section, American statistical association: 11–18.

Wolter K M, 1985. Introduction to variance estimation[M]. New York: Springer Verlag.

Woodruff R S, 1971. A simple method for approximating the variance of a complicated estimate[J]. Journal of the American statistical association, 66: 411–414.

Wretman J H, 1983. On variance estimation in survey sampling with measurement errors[J]. Statistical review, 21: 117–124.

Wright R L, 1983. Finite population sampling with multivariate auxiliary information[J]. Journal of the American statistical association, 78: 879–884.

Wright R L, Tsao H J, 1983. A frame on frames: an annotated bibliography[J]. Statistical methods and the improvement of data quality. New York: Academic Press: 25–72.

Wu C F J, Deng L Y, 1983. Estimation of variance of the ratio estimator: an empirical study[J]. Scientific inference, data analysis and robustness. New York: Academic Press, 1983: 245–277.

Yates F, Grundy P M, 1983. Selection without replacement from within strata with probability proportional to size[J]. Journal of the royal statistical society B (15): 235–261.

索　引

A

按比例分配　104

B

包含概率　6, 27
比率估计量　60, 147
比率均值估计量　152
比率模型　147
编码　13
编码误差　14
变量　3
变异系数　66
标准误　36
伯努利抽样　22, 25, 65
伯努利抽样设计25
不变性　116, 163

C

参数　3, 34
测量方差　232
测量偏差　231
测量误差　13, 15, 18, 207, 228
策略　26
插补（法）　13, 222
插补数据　13
差估计量　131
常数均值模型　155
超总体　19
超总体建模　19
重复清单　11, 210
抽样比　68

抽样单元　3, 7, 207
抽样调查　1, 2
抽样方差　232
抽样间距　74
抽样框　3, 7, 207
抽样框过涵盖　10, 11, 210
抽样框涵盖不全　11, 15, 211
抽样框缺陷（不完美）　11, 207, 209
抽样框误差　10, 12
抽样框总体　11, 208
抽样设计　6, 17, 24
抽样误差　12, 14, 207
抽样误差随机结构　18
初级抽样单元　108
处理误差　15, 18, 207

D

单纯加权调整估计量　216
单元　7
单元回答集　222
单元无回答　213
单元无回答集　222
等概率抽样　150
底水平估计　187, 199, 201
地域抽样　9
地域框　9
点估计　49
电话访问　13
调查的定义目标　17
调查的估计阶段　26
调查的理想目标　17

调查的设计阶段 26
调查评估 14
调查项目 3
调查员方差 244
调查员偏差 243
调查员确定性分配 239
调查员随机分配 243
调查员效应 240, 244
调查总体 210
调查作业 (操作) 12, 17
顶水平估计 187, 200, 202
独立性 116, 163
多重抽样 180
多重抽样框 211
多阶段抽样 109, 123
多阶整群抽样 109

E

二重抽样 180
二重抽样下的 π^* 估计量 181
二重分层抽样 183
二重分层回归估计 192
二重分层回归估计量 193
二级 (次) 抽样单元 108
二阶包含概率 27
二 (两) 阶段总体单位抽样 108
二 (两) 阶整群抽样 108

F

放回抽样 43
放回简单随机抽样 43
非抽样误差 5, 15, 207
非抽样误差随机结构 18
非概率抽样 5
非概率样本 5
非拼配样本 194
非线性估计量 57

分别回归估计量 160
分布审核 13
分层抽样 97
分类资料 10
分析单元 9
辅助变量 130
辅助信息 130
覆盖概率 49

G

概率抽样 5, 6
概率抽样设计 28
概率样本 6, 28
概念名录框 9
个体 2, 7, 21
估计 14
估计的估计量变异系数 37
估计量 33
估计量标准误 36
估计量的变异系数 36
估计量的抽样分布 35
估计量的方差 35
估计量的近似方差 58
估计量的均方误差 35, 231
估计量的偏差 35
估计量的偏差比率 54
估计量期望
估计误差 12
估计值 14
固定样本量设计 31
观测误差 15, 18, 207

H

Horvitz-Thompson方差估计量 40
回答概率 214
回答集 213
回答模型 213

回答同质组　214
回答同质组模型　214
回归插补法　225
回归估计量　134, 138
回归估计量方差　139

J

基于模型的推断　19
基于设计推断　18
加权类估计量　217
加权调整法　215
简单测量方差　232, 244
简单测量模型　229
简单回归估计量　157
简单回归模型　157
简单随机抽样　68
简单随机整群抽样　111
渐近无偏估计量　56
渐近无偏性　56
交叉子样本法　247
校准估计量　225
校准加权调整法　225
近似无偏估计量　36, 139
经济社会调查　1
精确置信水平　49
距离函数配对法　224
均方误差的分解　231

K

可测度　3
可测量的抽样设计　28
可记录　3

L

累积总量方法　89
类均值插补　224
冷卡插补法　224

理论变异系数　36
连接资料　10
连续性抽样调查　193
联系资料　10
两阶段抽样　108, 115, 162
两阶段总体单位抽样　117

M

Monte Carlo 模拟　33, 51
面访　13
名录框　8
模型辅助方法　136
模型辅助估计量　143
模型依赖估计量　143
目标总体　10, 208

N

Neyman分配（最优分配）　103
内部调查员分配相关系数　247

P

π 估计量　38
π 加权比率估计量　152
$\pi p \sqrt{x}$ 抽样　152
pwr 估计量　45
拼配样本　194
频率解释　33, 230
泊松抽样　84
普查　3
普通比率模型　147
普通简单回归模型　157

Q

期望　35
前期抽样　194
全方差　117
全面调查（完全列举）　3, 136, 229

全期望　117
群　9

R
热卡插补法　224
入样概率　5, 6

S
三阶段总体单位抽样　125
设计效应　47
设置样本　44
识别资料　10
实证置信水平　51
事后分层　220
事后分层估计量　221
事后分层回归估计量　160
数据处理　13
数据发布　14
数据审核　13
数据收集　12
随机插补法　224
随机分类插补法　224
随机化推断　18
随机起点　74
随机误差　15, 18

T
泰勒线性技术　57
条件包含概率　117, 181,
条件方差　117
条件回答概率　215
条件期望　117
统计量　31
统计量的 (设计) 方差　32, 33
统计量的 (设计) 期望　32, 33
统计量的协方差 (设计协方差)　32, ,33
推算误差　14

W
完全 (纯) 数据矩阵方法　222
维护资料　10
无放回的简单随机抽样　5, 68
无放回与规模成比例概率抽样　86
无观测误差　15, 18, 207
无回答　13, 213
无回答误差　207
无偏估计量　35
无偏性　36

X
系统抽样　74
系统误差　15, 18
现期抽样　194
线性成本函数　101
线性估计量　56
相对标准误　36
相关测量方差　232
项目无回答　213
项目无回答集　222
行政记录 (数据文件)　5, 130
修正数据　13
序列清单抽取方案　22

Y
Yates-Grundy-Sen 方差估计量　40
研究变量　3, 22
研究域　2, 3
研究总体特征　3
样本　3, 22
样本抽取　12
样本抽取方案　22
样本调查　2
样本方差　42
样本量　25

样本量方差　29
样本量期望值　29
样本轮换方法　193
样本轮换率　195
样本拼配率　195
样本设计　26
样本示性变量　27
样本依赖权重　139
一般回归估计量　135
一次性抽样调查　193
一阶包含概率　27
一阶（单阶）整群抽样　108, 162
一致估计量　56
一致性　56
一致性审核　13
优良抽样框　10
邮寄问卷　13
有放回的简单随机抽样　43, 73
有放回与规模成比例概率抽样　46, 86
有限总体　2, 21
有效方差估计　28
有效性审核　13
有效置信区间　28
有序抽样设计　44
有序样本　44
与规模成比例的概率抽样设计　88

Z

真值　229
整群抽样　108, 163
直接个体抽样　7

置信区间　49
置信上限　49
置信水平　49
置信下限　49
中心极限定理　50
逐个抽取序列方案　22
转录误差　14
子样本　180
子总体　2
总调查设计　15
总体　3, 7, 21
总体参数　3
总体单位　2, 208
总体方差　34
总体均值　21, 34
总体均值插补法　223
总体总值　21, 34
组合比率估计量　151
组合估计量　195
组合回归估计量　160
组回归模型　160
组间均方差　249
组均值模型　220
组内均方差　250
组内同质系数　79, 112
组内相关系数　78
最优的样本轮换率　197
最优的样本拼配率　197
最优样本分配　101
最终抽样单元　109